원칙의 배신

THE FUND
Copyright © 2023 by Rob Copeland
All rights reserved
Korean translation copyright © 2025 by SangSangSquare

Korean translation rights arranged with Creative Artists Agency through EYA Co., Ltd.

이 책의 한국어판 저작권은 EYA Co., Ltd.를 통해
Creative Artists Agency와 독점 계약한 상상스퀘어가 소유합니다.
저작권법에 의하여 한국 내에서 보호를 받는 저작물이므로 무단 전재 및 복제를 금합니다.

원칙의 배신

레이 달리오와 브리지워터의 진실

롭 코플랜드 지음 · 임경은 옮김

THE FUND

상상스퀘어

사람들은 부자가 하는 말이라면
다 옳다고 생각하지.

|

"내가 부자라면", 〈지붕 위의 바이올린(1964)〉 중에서

일러두기

레이 달리오Ray Dalio는 여러분이 이 책을 절대 읽지 않기를 원한다.

실제로 그가 내게 한 말이다. 나는 이 책을 쓰기 시작하면서 달리오의 입장을 듣기 위해 그에게 이메일로 연락했다. 그러나 달리오는 내 책의 의도를 불신하는 반응을 보였다. 그는 한참을 고민하더니 끝내 인터뷰에 응하지 않았다.

나는 나를 믿고 자신들의 시간과 경험을 공유해준 브리지워터 소시에이츠Bridgewater Associates의 직원 및 관계자 수백 분들에게 더할 나위 없이 감사하고 있다. 더불어 과거의 메모, 이메일, 녹취록, 재판 기록, 그 외 회사의 수많은 대내외 문서, 언론 인터뷰 및 기사를 참조하여 이 책을 저술하였다. 성추행을 당했다고 주장한 한 전 직원의 경우만 예외일 뿐, 이 책의 등장인물은 모두 실명으로 거론된다.

이 책에 나오는 대화 중 일부는 당사자의 입에서 직접 나온 것이다. 그 외에 자리에 동석한 사람, 나중에 전해 들은 사람, 특정 사건의 녹음 기록을 들은 사람이 진술한 내용도 있다. 그러니 여기 인용된 모든 대화가 그들이 내게 직접 한 말이라고 생각하지는 않기를 바란다. 퓰리처상을 수상한 작가 제임스 B. 스튜어트James B. Stewart는 이렇게 썼다.[1] "인간의 기억이 변덕스럽다는 점을 고려하면, 기억 속의 대화는 실제 녹음되거나 기록된 자료와 똑같은 경우가 별로 없다. 그렇다고 다른 많은 기억들보다 더 정확하거나 부정확한 것도 아니다."

달리오 본인의 손으로 쓴 회고록을 대중이 접할 기회는 충분하고도 넘쳤다. 그는 자서전 겸 자기계발서인 베스트셀러 《원칙》을 집필했다. 그리고 지난 10년 동안 다섯 대륙에서 수백 차례의 언론 인터뷰를 통해 자신의 복음을 전파했다. 주요 공중파 및 케이블방송, 인기 팟캐스트, 잡지 표지에도 등장했다. 기네스 팰트로Gwyneth Paltrow와 인터뷰한 적도 있고, 《원칙》 출간 당시 링크드인 팔로워 수가 250만 명에 육박하기도 했다. 그의 TED 강연은 700만 회 이상 조회되었으며, 가장 인기 있는 유튜브 영상은 3,400만 회 이상 조회되었다.

달리오는 스포트라이트에 맛을 들인 최초의 금융가라 볼 순 없지만, 인류의 가장 까다로운 두 가지 숙제에 대한 해결책을 자신만이 발견했다고 주장한 최초의 금융가라면 맞을 수도 있겠다. 그 두 가지는 첫째, 인간은 서로 의견 충돌을 꺼리는 경향이 있다는 것과 둘째, 인간은 의미 있는 삶을 추구한다는 것이다. 달리오는 브리지워터의 전 직원이 평등한 경쟁의 장에서 평가되며, 직원 간 직위나 권한의 격차는 각자의 장점을 파악하는 엄격한 시스템을 통해서만 가려진다는 입장을 수년 동안 고수해왔다. 그러나 사실 브리지워터는 조지 오웰George Orwell의 소설처럼 전체주의 사회에 가깝다. 이곳에는 남보다 유독 더 평등한 일부가 있다.

그중 그 누구보다 평등한 사람, 레이 달리오의 이야기를 지금부터 시작한다.

- 롭 코플랜드

주요 인물 소개

레이 달리오	브리지워터 창립자
그렉 젠슨	한때 달리오의 후계자로 주목받은 공동 CEO 겸 CIO
아일린 머레이	브리지워터의 첫 여성 공동 CEO
데이비드 매코믹	브리지워터 공동 CEO
밥 프린스	달리오와 오랜 시간 호흡을 맞춘 공동 CIO
존 루빈스타인	브리지워터 공동 CEO
폴 맥도웰	브리지워터의 인사 평가 시스템 설계자
카티나 스테파노바	불가리아 출신의 중간 관리자
밥 엘리엇	종신 계약을 한 브리지워터 환거래 책임자
크레이그 먼디	마이크로소프트 출신의 브리지워터 부회장
니코 캐너	CEO 후보로 거론되던 중간 관리자

들어가는 글

폴 맥도웰Paul McDowell은 전화를 끊고 몇 분 후, 눈길 위에 털썩 무릎을 꿇은 채 셔츠의 단추를 천천히 매만지며 가쁜 호흡을 가다듬었다.

혼란스럽다기보다는 감개무량했다. 갓 탈모가 시작된 캐나다인 맥도웰은 평소 큰 위험을 무릅쓰지 않는 편이었지만, 이번에는 세계에서 손꼽히는 한 갑부와 협상하는 인생 최대의 도박을 감행했고 승리가 거의 확실했다. 앞으로 놀랄 일은 더 많이 생길 예정이었지만, 아무튼 그는 이게 도대체 무슨 일인가 싶었다.

그날 오후 일생일대의 전화를 받기 전, 맥도웰은 베어링포인트BearingPoint 캐나다 지부의 작은 사무실에서 근무 중이었다. 베어링포인트는 조금 안타깝게도 매킨지앤드컴퍼니McKinsey & Company가 퇴짜 놓은 프로젝트를 주로 떠안는 기업 컨설팅사였다.

맥도웰은 수화기 너머 레이 달리오의 낮고 걸걸한 목소리를 들었다.

달리오는 바로 본론으로 들어갔다. "폴, 당신 같은 사람을 도저히 못 찾겠소."

맥도웰은 가슴이 뜨거워지는 것을 느꼈다. 그에게는 누군가가 칭찬은 고사하고 전화를 걸어주었다는 것 자체가 영광이었다. 맥도웰의 인맥이라 봤자 회사 동료를 제외하면 같은 캐나다인 몇몇뿐이었기 때문이다. 많은 컨설턴트와 달리 그는 컨설팅계에서 흔한 관행인 번지르르한 프레젠테이션이나 고객과 넉살 좋게 인사하기 등을 질색했다. 그러나 이혼하고 빚도 갚아야 할 그에게는 보수가 좋은 직장이 필요했다. 그는 기술 인프라, 인적자원, 보상 관리 등에서의 전문가였다. 따분한 분야이긴 하지만 열심히 일하고 스프레드시트를 인내심 있게 다루다 보면 조직 생활할 틈도 없었다. 맥도웰은 자신이 과소평가되고 있다고 느낄 때가 많았지만, 고객에게 작은 변화로 경영에 큰 영향을 미치는 참신한 방법을 찾아주는 전문가로서 자신의 역할을 값지게 여겼다.

그런데 다른 누구도 아닌 레이 달리오가 자신을 발탁하다니, 맥도웰은 당황스럽고도 황송했다. 달리오는 보통 비즈니스 거물이 아니었다. 세계 최대 헤지펀드 중 하나인 브리지워터어소시에이츠의 창립자이자 금융계에서 급부상하는 유명 인사였다.

월가가 대부분 혼란에 빠져 있던 2008년 12월, 달리오는 자신의 경력에서 최고의 한 해를 보내고 있었다. 그는 이미 전년도에 주택담보대출 시장이 붕괴 직전에 있다고 공개 발언해 부동산 버블을 경고한 것으로 유명했다. 달리오는 이제 현인처럼 보였고, 세계 금융계에서 가장 영향력 있던 벤 버냉키Ben Bernanke 연방준비제도이사회 의장이 미국의 침체 극복 방안을 그와 논의할 정도였다.[1] 맥도웰이 달리오의 전화를 받은 지 일주일 후, 〈뉴욕포스트〉는 "달리오는 경제 상황을 꿰뚫어보는 예지력이 탁월해서, 그의 일일 관측을 읽고 있자면 마치 2주 후의 경제 신문을 미리 읽는 느낌이다"라고 평했다.[2]

이런 달리오에게 맥도웰 같은 사람이 필요하다니 선뜻 이해되지 않을 법도 하다. 맥도웰은 그저 브리지워터가 조언을 의뢰해온 수많은 컨설턴트 중 한 명이었다. 게다가 그는 달리오가 큰돈을 번 투자 업무가 아니라 별로 주목받지 못하는 후선 업무 쪽을 지원했다. 그러나 달리오가 자신의 애로점을 설명하자 맥도웰은 도울 방법을 물색하기 시작했다. 달리오는 브리지워터가 무서운 기세로 성장하고 있어, 회사의 경영 상황을 매일매일 감독할 필요성을 느꼈다고 설명했다. 그러나 그는 전 세계를 다니며 부유한 개인 및 기관투자자를 만나 투자 관리법을 조언하느라 자리를 비울 때가 많았기에, 코네티컷주의 브리지워터 본사를 관리할 적임자로 맥도웰을 찾아냈다는 것이다.

그간 베어링포인트는 브리지워터에 몇 차례 컨설팅 작업을 수행하고 브리지워터의 인재 분석 시스템을 설계해 비용을 절감하도록 도왔다. 맥도웰은 브리지워터가 2008년에만 211명을 신규 채용해 단 1년 만에 직원 수를 30퍼센트 이상 대폭 증원한 것을 보고, 자기 팀이 일을 꽤 잘 해냈다고 생각했다. 맥도웰은 달리오와 직접 대면한 적은 별로 없었지만, 그 몇 안 되는 대면 기회를 통해 브리지워터의 직원들이 달리오에게 납작 엎드린다는 낌새를 금세 알아차렸다. 그가 본 바에 따르면 회의 때마다 달리오는 자신의 경험에서 얻은 교훈을 전파하고 다른 직원들은 열심히 받아 적는 광경이 연출되었다. 달리오가 제조한 어록은 그가 있는 자리든 없는 자리든 다른 사람들에 의해 끊임없이 인용되었다.

폭우가 쏟아지던 어느 날 오후, 맥도웰은 브리지워터 본사의 회의실에서 일하던 중 이 억만장자 창립자가 점심 식판을 든 부하 직원들이 바닥에 고인 빗물을 피해 다니도록 친히 통솔하고 있는 모습을 발견했다. 맥도웰은 이렇게 높으신 분이 아무도 지켜보지 않는 상황에조차 개입하는 타입이라는 걸 마음속에 기억해두었다.

맥도웰은 달리오가 이력서에 얽매이지 않고 최고의 인재를 뽑는 것으로 유명하다는 사실을 알고 있었다. 전에도 달리오는 특정 기술보다 가치관과 인격을 중요시한다고 자주 말하곤 했다. 그는 최고경영진을 뽑든 건물 관리인을 뽑든, 채용 담당자들에게 지원자의 논리적 사고와 솔직한 피드백에 대한 참을성을 눈여겨보라고 당부했다. 달리오는 단순히 업무에 적합한 사람이 아니라 자신의 인생을 함께 하고 싶은 사람을 고용한다고 말했다. 그리고 맥도웰은 여기에 해당되는 몇 안 되는 사람 중 한 명이라고 했다.

달리오는 맥도웰에게 "당신은 여기서 능력을 제대로 발휘할 수 있을 거요. 우리의 경영 철학을 완전히 이해하고 있으니, 여기서 원하는 일은 무엇이든 할 수 있습니다. 경영을 맡겨도 될 것 같소"라고 말했다.

맥도웰은 어안이 벙벙해 잠시 말문이 막혔다. 하지만 달리오는 아랑곳없이, 맥도웰이 앞으로 브리지워터에서 맡게 될 책임에 대해 방대한 설명을 늘어놓으며 열변을 토했다. 그 책임에는 달리오의 고유한 가치관에 따라 직원을 전반적으로 재편성하는 방법을 찾는 것도 포함되었다. 달리오는 자신이 은퇴한 후 CEO 자리를 이어받을 새로운 인물을 찾고 있었고, 맥도웰도 그 자리를 차지할 가능성이 있는 소수 중 한 명이라고 말했다.

드디어 달리오가 할 말을 다 하고 마지막으로 이렇게 물었다. "폴, 우리가 함께 일하게 돼서 아주 기쁩니다. 당신 생각은 어때요?"

"대표님, 제가 딱 한 가지 걱정하는 것은, 많은 직원이 대표님 앞에서 움츠러드는 것 같아서 말입니다. 저는 우리가 그런 관계가 되지 않았으면 하거든요. 서로 간에 눈치 볼 필요 없이 아주 솔직하고 직설적으로 이야기할 수 있기를 바랍니다."

달리오는 한참 침묵하고 나서야 대답했다. "폴, 그 사람들은 '목표'와 과제를 구분하지 못한다는 게 문제입니다. 그런데 당신은 모든 것을 '목표'의 관점에서 완벽하게 이해하고 있잖소." 맥도웰은 마침내 자신을 리더로 알아봐 주는 사람이 생겼다고 생각했다.

맥도웰이 급여에 대해 질문했다. 그러자 달리오는 보너스를 포함해 첫해에만 100만 달러가 넘는 넉넉한 금액을 받을 것이라며, "엄청나게 받을 겁니다. 당신은 곧 '수백만' 달러까지 벌게 될걸요"라고 덧붙였다.

그러고는 맥도웰에게 현 직장 급여가 얼마냐고 물었다. 두 사람은 방금 흉금을 털어놓기로 약속한 터라, 맥도웰은 솔직히 대답했다. 그의 현재 급여는 브리지워터의 기본급과만 비교해도 10만 달러

더 적었다.

달리오는 태연히 말했다. "좋아요, 그렇다면 그만큼 지급하죠. 나는 경력자 채용할 때 전 직장 급여에 딱 맞춰서 지급합니다."

맥도웰의 얼굴이 후끈 달아올랐다. 방금까지 눈앞에 돈다발이 어른거리다가 갑자기 날아간 기분이었다. "잠깐만요, 대표님이 방금 제 가치가 얼마라고 말씀하셨잖아요. 제가 그 돈보다 적게 받고 거기 갈 이유가 있겠습니까?"

"1년에 10만 달러 더 번다는 이유로 우리 회사에 합류하겠다니 실망입니다. 고작 그런 마음가짐으로 결정을 내리면 안 되죠."

그렇게 밀고 당기기를 얼마나 했을까, 결국 먼저 인내심이 고갈된 듯 달리오가 더 이상의 대화를 포기했다. "알았어요, 알았어. 나 원래 절대 안 이러는 사람인데, 당신이 달라는 대로 줄게요. 자, 얘기 끝났습니다."

달리오는 크리스마스 잘 보내라는 인사를 끝으로 전화를 끊었다.

∴

그 후 맥도웰은 몇 주간 매일매일을 정신없이 보냈다. 그는 한순간도 당연하게 여기지 않았다. 48세의 그는 기회를 잡기에 너무 늦은 나이라고 생각했기 때문이다.

양가 모두 대대손손 잉글랜드 북부의 광부 집안 출신인 맥도웰은 좋게 말해 소박한 집안에서 태어났다. 그의 가족에게 그나마 가장 영광스러운 시절은 맥도웰의 아버지가 제2차세계대전 중 잠시 근위병으로 붉은 전통 제복과 털모자를 착용하고 버킹엄궁전에서 복무했을 때였다. 맥도웰의 부모는 그가 태어나기 3년 전에 캐나다 토론토 외곽의 가난한 동네로 이주했다.

그들은 미국 국경보다 위에 살면서도 여러 면에서 전통적인 미국식 노동 윤리의 모범을 보였다. 맥도웰의 아버지는 정유소에 자전거로 출퇴근했고, 고된 일을 마치고 꼬질꼬질해져 집에 와서도 곧장 지하실로 가서 턱걸이, 팔굽혀펴기, 윗몸일으키기를 반복했다. 또한 당시 최고의 인기를 구가하던 텔레비전 시트콤 〈호건의 영웅들Hogan's Heroes〉이 독일군을 비하한다는 이유로 가족들이 이를 시청하지 못하게 했다. 그는 상대를 대할 때 경계심과 예의를 둘 다 잃지 않았으며, 평소에 아들에게 불시의 위험을 조심하라고 누누이 강조했다.

그러나 맥도웰의 어린 시절은 위험의 연속이었다. 그는 늘 동급생들보다 체구가 작아 괴롭힘에 시달렸고, 특히 4학년 때는 워낙 심하게 괴롭힘을 당해 그해 수업을 대부분 빠져야 할 정도였다. 그러다 고등학교 때 급우들에게 미적분을 공짜로 개인 지도해 줌으로써 괴롭힘의 표적에서 벗어났다. 대학에 갈 때까지도 변성기가 오지 않았고, 대학에서는 여유 시간의 대부분을 도서관에서 아마추어 무선, 소련의 강제수용소, 워터게이트 스캔들에 관한 책을 탐독하며 보냈다.

맥도웰은 경력을 뒷받침할 더 중요한 족적을 남기기 위해 필수조직requisite organization이라는, 다소 논란의 여지가 있는 시스템을 도입해 직장을 효과적으로 관리하는 방법을 흥미 있게 연구했다. 이 모델은 직원들의 전반적인 문제 해결력을 평가하고 그 결과에 따라 순위를 매겨야(즉, 등급을 정해야) 하며, 관리자는 항상 부하 직원보다 복잡한 문제를 잘 처리하고 폭넓은 사고력을 갖춰야 한다고 가정했다. 다만 이 필수 조직의 대표적 단점은, 신분제에 가까울 정도로 고도로 구조화된 계층구조를 장려하고 임원과 하급 직원 간의 임금 양극화를 정당화한다는 것이었다. 또 이 논리는 하급 직원과 상사는 단순히 수행하는 업무가 다른 걸 넘어서 본질적으로 서로 다른 부류의 사람들이라고 가정했다. 요컨대 모든 사람들에게 각자의 선천적 능력에 맞는 일을 배정하자는 것이었다.

맥도웰은 브리지워터에 와서 자신의 관심사를 충족할 완벽한 세균 배양접시를 찾았다. 그는 2009년 3월에 입사한 직후부터 몇 주간 긴급회의마다 투입되었다. 회의에서는 모두가 자신의 입장을 정당화하느라 허둥대는 것처럼 보였는데, 알고 보니 달리오의 정기적인 조직 개편 때문이었다. 맥도웰은 달리오가 경제의 큰 그림을 보고 이번 조직 개편을 구상했다는 말을 들었다. 전 세계의 금융 상황이 아직 침체의 초기 단계에 있다고 확신한 달리오는 그의 표현대로 소위 "폭격beatdowns"이라는 일련의 조치를 모색했다. 대부분 부서의 예산은 아무리 액수가 적은 곳이라도 25퍼센트씩 삭감되었다.

맥도웰이 보기에 가장 특이했던 점은 달리오가 직원들에게도 똑같이 기꺼이 폭격을 단행했다는 것이다. 맥도웰이 합류한 지 얼마 안 된 어느 날, 달리오는 그에게 브리지워터의 헤지펀드가 본질적으로 기계이듯 이곳의 모든 직원도 기계와 같다는 점을 상기시켰다.[3] 핵심은 원하는 성과를 내기 위해 어떤 직원들(달리오는 이들을 "부품"이라고 불렀다)이 가장 잘 협력하는지 파악하고 불필요한 부품을 제거하는 것이었다.

맥도웰은 이 접근법이 다소 인간미 없긴 해도 장점이 더 크다고 판단했다. 달리오의 기계식 관리법은 각 역할 간의 서열 관계 확립을 강조한 것으로, 좀 더 다듬기만 하면 맥도웰이 원하는 필수 조직 철학과 잘 맞을 듯했다. 그리고 한 가지는 확실해 보였으니, 바로 폭격 조치를 포함해 달리오의 접근법은 매우 성공적이었다는 것이다. 맥도웰이 입사한 지 한 달 후, 시장조사 매체인 〈알파Alpha〉 매거진은 브리지워터가 우량 기업 JP모건을 뛰어넘어 세계 최대의 헤지펀드 반열에 올라섰다고 발표했다.[4]

달리오는 약속한 대로 맥도웰의 조언을 즉시 믿고 따르기 시작했다. 그는 맥도웰을 경영위원회의 고문으로 임명해, 최고경영진의 의사 결정 자리에 직접 배석할 수 있게 했다. 달리오는 맥도웰에게 자주 조언을 구했다. 연말에는 기계의 다른 부서로 이동시키거나 잘라야 할 사람이 누구인지 파악해달라고 요청했다. 맥도웰은 직원을 등급별로 나눠 평가하는 것이 좋겠다는 의견을 제시했다. 그 아이디어가 마음에 든 달리오는 "당장 해보세"라고 말했다.

맥도웰은 상사에게 좋은 인상을 주고 싶어서 등급제 전문가를 초빙했다. 세 사람은 작은 탁자에 둘러앉았다. 전문가는 등급제가 직원들에게 맞는 직위, 즉 각자에게 너무 쉽지도 어렵지도 않은 역할을 배정하기 위한 취지라고 설명했다. 각 직원은 인터뷰식 심리검사를 받은 후 복잡한 과제를 스스로 처리하는 능력에 따라 1부터 8까지 등급이 매겨졌다. 예를 들어 공장 노동자는 1등급, 이상적인 최고경영자라면 최소 5등급이 되는 식이었다.

달리오는 맥도웰을 가리켰다. "이 사람은 어떻소?"

전문가는 맥도웰이 대략 6등급이라며, 이 등급은 인지 판단과 기질의 척도로서 시간이 지날수록 발전할 수 있다고 강조했다.

달리오는 코웃음을 치며 맥도웰에게 말했다. "자네 등급이 그렇게 높으면 왜 진작 억만장자가 되지 못했나?"

맥도웰은 마른침을 꿀꺽 삼키고는, 등급은 한 사람을 평가하는 척도 중 하나일 뿐이라고 대답했다. 어떤 모델도 누군가의 나이, 내공, 가치관, 배경까지 설명할 수 없으며, 단순한 행운은 더욱 말할 것도 없었다.

맥도웰은 상위 등급이 하락할 수도, 하위 등급이 상승할 수도 있다고 말했다.

얼마 후 달리오는 맥도웰을 불러 등급제 아이디어도 괜찮지만 그것을 더 개선하고 확장하면 좋겠다고 말했다. 달리오가 생각한 아이디어는 시간의 흐름에 따라 자신이 정한 다양한 특성을 기준으로 직원을 평가하고 순위를 매기는 것이었다. 그 특성은 결단력, 옳은 일에 대한 뚝심 등 총 77개 항목이었다. 평가 결과는 메이저리그 선수들의 승패 기록 통계처럼, 이른바 야구카드라는 것에 나열하기로 했다. 야구카드는 브리지워터 전 직원의 대략적인 강점과 약점을 다른 사람에게 공개하는 제도다. 모두가 서로를 평가하고, 모두의 의견이 반영되며, 모두가 같은 범주에서 평가된다. 특히 좋은 점은 야구카드에 나와 있는 모든 정보를 전 직원이 볼 수 있으므로 즉시 책임감을 심어줄 수 있고 진실을 숨기지 못할 것이란 점이었다.

달리오는 맥도웰에게 이 계획을 직접 주도하고 싶다고 제안했다.

맥도웰은 날아갈 듯 기뻤다. 이 프로젝트는 그가 수년 동안 연구해온 것으로, 사내에서 자신의 이름을 떨칠 기회였다.

그러나 야구카드는 금세 골칫거리로 바뀌었다. 맥도웰은 효과적인 시범 모델을 차례차례 만들어갔고, 여기에 오직 달리오만이 기분 따라 새로운 범주를 추가하고 뺄 권한이 있었다. 개중에는 전혀 과학적으로 보이지 않는 항목이 많았다. '실용적'이라는 항목이 있는가 하면, 또 '실용적 사고'라는 항목도 있었다. 프로야구 선수의 볼과 스트라이크는 쉽게 판별되지만, 달리오가 고안한 평가 항목에는 '시각화 visualization' 같은 모호한 영역도 들어 있었다. 이건 대체 뭐란 말인가? 그리고 창의성 같은 주관적인 영역도 수치로 점수를 매길 수 있는가?

이 혼란스러운 상황에서도 한 가지 장점은 있었으니, 맥도웰이 상사에게 얼굴도장 찍힐 일이 잦아졌다는 것이다. 달리오는 맥도웰을 자신의 집무실로 자주 호출했고, 의자에 기대어 비서가 리필해둔 디스펜서의 스카치테이프를 씹으며 카드 진행 상황을 검토하곤 했다. 달리오는 모든 평가의 목표가 전 직원을 단일 척도로 분류하는 것이라고 말했다. 그는 종종 새로운 아이디어를 내놓기도 했다. 예컨대 한번은 타 부서에 제안하기를, 전 직원을 닌자로 훈련한 다음 띠를 두르는 대신 저마다 다른 색깔의 망토를 입혀 최고의 전사를 표시하면 어떻겠냐고 말한 적도 있었다.

아무튼 브리지워터에서 가장 중요하고 포괄적인 평가 항목은 신뢰도 believability였다.

프로젝트가 시작되고 몇 달 후, 달리오는 맥도웰과 둘만의 자리에서 색인 카드를 꺼내 상단에 '신뢰도'라고 쓰고는 동그라미를 여러 번 치고 밑줄을 죽죽 그었다. 신뢰도는 각 범주의 모든 점수를 합친 것으로, 야구카드 상단에 굵은 글씨로 표시되었다. 특정 범주에서 신뢰도가 높게 나온 직원은 다른 사람을 평가할 때 더 큰 비중으로 반영되었다. 달리오는 이를 '신뢰도 가중치'라고 불렀다. 건물 관리인의 평가와 회사 창립자의 평가에 동일한 가중치를 부여해서야 말이 되겠는가?

맥도웰은 포괄적 평가 방식의 장점을 모르는 바 아니었지만 달리오가 결정적인 난제를 놓치고 있다고 생각했다. 그는 이렇게 직언했다. "그건 곤란합니다. 이건 수치를 평균 낼 수 있는 성질의 것이 아니에요… 마치 신발 치수에 체온을 더하고 현재 시각을 더하고 3으로 나눠서 소수점 셋째 자리까지 계산하고는 뭔가를 발견했다고 생각하는 것과 같습니다."

그러나 이 비유로는 통하지 않는 것 같자, 맥도웰은 다른 비유를 시도했다. "정말이지 이건 백혈구 수치를 알려주는 혈액검사가 아닙니다. 직원 평가는 즉관적인 어림치입니다. 단지 서로에 대한 각자의 의견일 뿐이라고요."

달리오는 맥도웰을 바라보더니 일렬종대로 배열된 색인 카드를 가리켰다. "신뢰도 점수순으로 쫙 정리했다네. 자네가 저걸 했어야지. 자네가 할 일을 내가 지금 막 끝냈다는 것 아닌가."

그러고는 자리를 떠나 버렸다.

∴

이제 맥도웰은 달리오가 어떤 문제의 해결책을 알아냈다고 말하면 말대꾸하지 않는 게 상책이라는 것을 깨달았다. 그는 신뢰도 모델을 시험해보겠다고 약속했다.

맥도웰은 몇 달간 아이디어의 큰 틀을 짜고 시범 운영을 해보았다. 그는 어떤 결정을 내려야 할 상황에서 누가 가장 신뢰할 만한 직원인지, 임원들에게 최고 점수순으로 순위를 매겨달라고 요청했다. 이 시스템은 다소 동적으로 작동했다. 예컨대 다수의 임원에게서 대체로 높은 신뢰도 점수를 받은 부하 직원이 있다면, 그 부하 직원이 남에게 매긴 평가는 더 큰 비중을 차지하는 식이었다. 맥도웰은 신뢰도가 브리지워터 전체에서 인재를 식별하는 방법이 될 수 있는지 알아보기 시작했다. 직원들도 자신이 승진할 자격이 있다는 것을 입증할 수단으로 이 아이디어를 받아들이는 것 같았다. 맥도웰은 직원들이 1에서 10까지 서로의 신뢰도 등급을 확인할 수 있는 시범 운영 모델을 사내에 도입했다.

얼마 지나지 않아 달리오에게서 전화가 걸려왔다.

달리오가 맥도웰에게 직접 전화한 것은 캐나다에 있을 당시의 일자리 제안 이후 처음이었다. 맥도웰은 칭찬을 들을 줄 알았지만, 달리오의 목소리는 분노로 가득 차 있었다.

"신뢰도 점수가 계단식으로 착착 떨어져야 하지 않나?"

맥도웰은 "착착 떨어지는데요. 이 야구카드 시범 모델은 수만 개의 데이터를 처리한 결과물입니다"라고 해명했다.

달리오는 그렇게 생각하지 않는 모양이었다. 그의 부하 직원 중 한 명이 방금 의심스러운 결과를 발견해 따로 표시해두었다. 브리지워터 직원 두 명(한 명은 투자연구팀 직원, 다른 한 명은 정보기술팀의 단순직 말단 직원)이 달리오보다 더 높은 신뢰도 점수를 받은 것이다. 사람들은 이에 관해 수군거리기 시작했다.

맥도웰은 달리오에게 이 결과는 야구카드 시스템이 효과적으로 작동하고 있다는 신호이자, 달리오가 원한 대로 브리지워터에서 어느 직원이 훌륭한지 잘 가려지고 있다는 증거라고 설명했다.

하지만 달리오의 목소리는 짜증 난 기색이 역력했다. 신뢰도 순위가 "자신을 기준으로" 정렬되어야 정상이 아니냐는 것이다.

맥도웰은 색인 카드 시안을 다시 구상해야 했다. 그는 달리오가 괜히 신뢰도 개념을 1순위로 놓고 밑그림을 짠 게 아니라는 것을 깨달았다. 달리오는 신뢰도 척도에서 당연히 자신을 맨 위에 두고 그 밑에 나머지 직원을 계단식으로 정렬하고자 한 것이었다.

해결책은 뻔했다. 맥도웰은 부하 직원에게 소프트웨어에 새로운 규칙을 프로그래밍하도록 지시했다. 이제 달리오 본인은 사실상 모든 주요 범주에서 신뢰도의 새로운 표준으로 자리 잡았다. 브리지워터의 창립자이자 가장 신뢰할 수 있는 인물인 달리오의 점수는 이제 수치상 부정적 피드백을 원천 봉쇄할 수 있게 되었다.[5] 전 직원이 그를 어떻게 평가하든, 이 시스템은 그를 기본적으로 최고 위치에 놓고 작동했다.

신뢰도 시스템을 완벽히 조작하기까지는 2년 이상 걸렸다. 그 후 이 시스템은 아이패드용 앱 버전으로 나와, 브리지워터 직원들이 실시간으로 서로의 점수를 입력하고 점수 변동을 확인할 수 있게 되었다. 시스템에 디폴트값으로 내장된 달리오의 점수는 여전히 최상위를 유지했다.

레이 달리오를 신뢰도의 모범으로 만든 공로자에게는 인생의 승진 가도가 뚫릴 터였다.

2011년 말, 맥도웰과 마주 앉은 달리오는 맥도웰이 그해 받을 보너스 금액이 적힌 종이 한 장을 건넸다. 그리고 이제 맥도웰이 브리지워터의 실세 집단에 들어가게 될 것이라고 말했다. 실세 집단이란 회사의 유령 주식phantom equity(실제 주식을 받지는 않으나 주가 상승에 따른 혜택을 함께 누릴 수 있게 하는 보상 체계의 일종. - 옮긴이)이나 실제 주식을 받는 비교적 소수의 임직원들을 가리킨다. 이제 맥도웰은 매 분기 브리지워터가 고객에게서 벌어들인 수수료를 일부 포함한 금액을 받게 된 것이다.

달리오는 조금 전 건넨 종이를 다시 집어 들고 줄을 죽죽 그어 숫자를 지웠다. 그리고 원래 금액에 30만 달러 더 많은 금액으로 고쳤다. 맥도웰은 달리오가 그 거액을 아무렇지 않게 쓱싹 고치는 걸 보고 깜짝 놀랐다. 달리오는 맥도웰에게 종이를 건네주고는 문을 가리키며 나가라는 손짓을 보냈다. "남들한텐 그냥 내가 자네한테 더 얹었다고 전하게."

맥도웰이 나가려 하자 달리오가 한 번 더 말했다.

"자네는 이제 우리 가족이 된 거라고."

차례

일러두기   005
들어가는 글   008

PART 1

01 어느 망할 놈의 회사   027
02 미시와 바이킹   045
03 확실한 장담   063
04 퓨어 알파   077
05 근본 원인   106
06 큰일   123

PART 2

07 룩아웃   139
08 남다른 회사   150
09 수사관 코미   172
10 공격   191
11 진실 공장   212
12 섹스, 거짓말 그리고 비디오테이프   223

PART 3

13	기계	247
14	프린스	265
15	사랑하는 사람들을 저격하라	291
16	인공지능	302
17	원칙 이탈	316
18	존재의 방식	337
19	피드백 순환고리	349
20	우리 편	356
21	"레이, 이건 종교예요"	368

PART 4

22	신뢰의 서클	385
23	선물	411
24	파트너십	428
25	그가 원하는 건 뭐든지	442
26	영웅이 없는 시대	455

맺는 글	469
후기: 레이와 나	488
감사의 글	495
출처에 대한 참고 사항	499
주석	505

PART
1

I

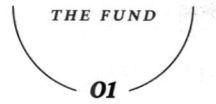

어느 망할 놈의 회사
One Goddamn Place

폴 맥도웰이 자신의 인생을 바꿀 전화 한 통을 받은 지 9개월 후, 또 다른 브리지워터 직원이 눈물을 흘리며 풀썩 주저앉았다. 그것도 그냥 눈물이 아니라 대성통곡에 가까울 정도로, 어깨를 들썩거리고 숨을 헐떡이며 짐승처럼 꺼이꺼이 울었다.

금발을 어깨까지 늘어뜨린 30대 여성 카티나 스테파노바Katina Stefanova는 지금 이 상황이 낯설기만 했다. 그녀는 회사 내부에서 널리 알려진 대로 레이 달리오가 가장 좋아하는 직원 중 한 명이었고, 대개는 다른 사람들을 울리는 입장이었다. 동료들 사이에서 그녀의 별명은 얼음공주Ice Queen였다.

잠시 탁자 주위를 둘러보니, 경직된 임원들이 무표정하게 스테파노바를 마주 보았다. 늦여름의 뜨거운 햇빛이 창문으로 들어와 무미건조한 흰 벽, 빛바랜 카펫, 그리고 이 모든 광경을 가차 없이 집중적으로 비추는 산업용 조명을 향해 내리쬐었다. 만약 스테파노바가 목을 빼고 밖에도 내다봤다면 중세풍 석조 건물의 주차장 옆을 정처 없이 굽이치는 탁한 강물(이라기보다는 개울)도 보였을 것이다. 훗날 그녀가 돌이켜보건대 중세 시대라는 말은 여기서 벌어지는 일을 적절히 설명하는 은유였다.

때는 2009년이었다. 코네티컷주 웨스트포트는 뉴욕시에서 북동쪽으로 차로 약 90분 거리에 있는 도도한 해안 마을로, 이른바 골드코스트라고도 불렸다. 시내에서 북쪽으로 몇 마일 떨어진 곳에는 튜더왕조 양식의 저택들과 다들 비슷비슷하게 생긴 경비실이 밀집한 오지 마을이 있었다. 그리고 라틴어와 고대 그리스어를 가르치는 어느 사립 초등학교 근처에 진입로 하나가 대로에서 갈라져 나왔다. 다른 설명 없이 "글렌디닝 플레이스 1번지ONE GLENDINNING PLACE"라고만 쓰인 주소 표지판이 눈에 띄었다.

나중에 혹자들은 이곳에 "어느 망할 놈의 회사One Goddamn Place"라는 별명을 붙이기도 했다.

스테파노바의 별명은 괜히 얼음공주가 아니었다. 그녀는 살면서 많은 일을 겪었지만, 여간해서는 무너지지 않았다. 훤칠한 키에 긴 금발 생머리, 갈색 눈의 미인이었던 그녀는 어려서부터 홀로서기를 배워야 했다. 스테파노바는 공산국가 불가리아에서 기계공학자인 아버지와 화학자인 어머니 사이에서 태어났다. 그녀가 12살이던 1989년, 베를린장벽이 붕괴했고 그녀의 아버지도 덩달아 무너졌다. 그는 직장도 잃고, 머리숱도 잃고, 잠시 정신까지 잃었다. 이후 스테파노바의 아버지는 금속 기업을 창업해 벼락부자가 되었다가, 1997

년 초인플레이션으로 또 빈털터리가 되었다. 그는 세 번째로 처음부터 다시 시작해야 했다.

그때쯤 스테파노바는 이미 고국을 떠난 뒤였다. 그녀는 불가리아에서 모르몬교 선교사들을 만나, 브리검 영 대학교에 지원하라는 조언을 들었다. 그래서 부모님 몰래 할아버지에게 편도 비행기표를 사달라고 부탁했고 설득에 성공했다. 그녀는 브리검 영 대학교 아이다호주 캠퍼스에 있는 2년제 단과대학 중 한 곳에 입학했다. 그러나 수중에는 현금 200달러밖에 없었고, 둔탁한 영어 발음은 현지 친구를 사귀는 데 별 도움이 되지 않았다. 그래서 닥치는 대로 아르바이트를 했다. 학교 운동장을 관리하고, 도서관에서 일하고, 개인 과외도 했다. 그리고 졸업한 지 얼마 안 되어 결혼했다.

평범한 회사원이 된 스테파노바는 이후 하버드 경영대학원에 입학했다. 그곳에서 고급 금융의 세계에 눈을 떴다. 영화와 드라마에서는 여전히 투자은행가와 트레이더가 최고로 잘나가는 듯했지만, 2000년대 중반 봄 하버드 경영대학원에서 가장 야심 찬 학생들은 그 의미도 다양하게 해석될 수 있는 헤지펀드에 입사하는 게 목표였다. 어떤 헤지펀드는 단순히 최고의 종목을 선별하고, 폭등이나 폭락이 예상되는 기업에 차입으로 베팅 혹은 역베팅을 키우는 게 주목적이라고 했다. 또 다른 펀드들은 경쟁사들에는 너무 티가 안 나거나 굼뜨게만 보이는 상승과 하락의 이상 패턴을 용케 찾아내고 이용해 수익을 냈다. 그 밖에 과학자를 고용해 자동으로 매도와 매수를 결정하는 컴퓨터 프로그램을 개발하고 활용하는 펀드들도 있었다.

브리지워터어소시에이츠는 세계 최대의 헤지펀드 중 하나였고,

스테파노바에게는 운 좋게도 같은 하버드 경영대학원 출신인 레이 달리오가 이곳의 수장이었다. 20년 이상의 역사를 가진 회사인 브리지워터는 전 세계적으로 투자 규모가 1,000억 달러를 넘는 거대 기업이 되었음에도 늘 저자세를 취해 왔다. 듣기로는 달리오에게 각국의 금리 인상이나 감세 등 전 세계의 경제 및 정치 변화에서 큰 그림을 읽어내고 돈을 버는 엄청난 기술이 있다고들 했다. 이것은 충분히 납득이 가는 동시에 전혀 말이 안 되는 소리이기도 했다. 달리오와 브리지워터는 어떻게 전 세계의 다른 모든 헤지펀드보다 훨씬 더 신통한 예측력을 발휘할 수 있었을까? 경쟁사들 사이에서는 달리오가 전직 정부 요원을 고용해 배후에 두었다는 소문도 돌았다.

비결이 무엇이었든, 스테파노바는 브리지워터에서 그 비결이 먹히고 있다는 것을 직감했다. 달리오는 2005년까지 억만장자 명단에 여러 번 올라 하버드 경영대학원 역사상 가장 부유한 졸업생 중 한 명이 되었다. 이는 다시는 고국으로 돌아가지 않기를 바라는 한 이민자의 관심을 끌기에 충분했다.

∴

2005년 봄, 스테파노바는 학교에서 열린 취업 행사에 참석해 브리지워터의 채용 설명회를 들었다. 달리오는 모습을 드러내지 않았다. 대신 최고 대리인인 그레그 젠슨Greg Jensen에게 홍보를 맡겼다.

보통 헤지펀드 남직원의 전형이라 하면 넓은 어깨와 각진 턱 등 외모가 다부지고, 라크로스 얘기만 나오면 입을 다물 줄 모르는 게 특징이다. 그런데 젠슨은 번지수를 잘못 찾은 듯했다. 그는 자신을 브리지워터의 연구책임자라고 소개했다. 꽤 높은 직책이었지만, 실은 그도 대학을 졸업한 지 얼마 안 된 것 같았다. 젠슨은 갈색 더벅머리에 다크서클이 드리워진 눈, 뻗친 눈썹, 한나절 사이에 자란 듯한 수염을 지녔으며, 젊은 나이임에도 확실히 복부 비만의 초기 징후를 보이고 있었다.

브리지워터에 대한 환상과 어울리지 않는 것은 젠슨의 외모뿐이 아니었다. 젠슨이 설명하는 브리지워터에서의 생활도 스테파노바가 듣기엔 승승장구 중인 투자 기업과는 영 동떨어진 것처럼 다가왔다. 젠슨은 주식, 채권 등 자산 매매에 관한 얘기는 별로 하지 않았다. 그보다 브리지워터는 성찰의 길을 통해 자아를 발견하는 의미 있는 삶과 의미 있는 관계를 우선시한다고 했다. 이는 고급 금융의 세계보다 더 고차원적으로 들렸다.

젠슨은 브리지워터 직원들이 매일같이 벌어지는 의견 충돌을 통해 근본적 진실을 발견하고 지금까지 풀리지 않던 문제의 답을 찾을 수 있었다고 힘주어 말했다. 그는 강조의 표시로 손가락을 허공에 찌르며, 그만큼 모두에게 우호적이지만은 않은 거친 환경일 수 있다고 말했다.

얼음공주는 특히 고액 연봉이 보장된다면야 충돌이 두렵지 않았다. 그녀는 이력서를 제출했다. 하지만 오타가 너무 많아서 금방 떨어졌다.

그러나 행운의 여신은 스테파노바의 편이었다. 브리지워터는 이력서를 무작위로 추첨해 면접 일정을 잡는 특이한 관행이 있었고, 스테파노바는 그날 패자부활전에서 승리했다. 직원 수 수백 명 규모의 작은 회사여서인지, 달리오는 웨스트포트 본사에서 후보자를 대부분 직접 면담했다. 스테파노바는 MBTI 성격 테스트를 받으러 오라는 통보를 받았다.

코네티컷주에 도착한 그녀는 재빨리 안내를 받고 55세의 달리오를 만났다. 그녀는 달리오 역시 전형적인 헤지펀드 매니저의 이미지와 거리가 멀다는 사실을 알아차렸다. 백발의 달리오는 하필 가르마를 완전히 치우치게 탄 탓에 탈모가 진행된 이마 선을 더욱 훤히 드러내고 있었다. 이중 턱과 튀어나온 광대뼈는 그가 체계적으로 건강 관리를 하는 사람은 아니라는 인상을 주었고, 그의 옷차림 패턴은 체크무늬, 데님, 코듀로이 같은 벌목꾼 스타일$^{lumberjack\ chic}$로 묘사할 수 있었다. 다리미는 아마 없는 모양이었다. 나중에 〈뉴요커〉는 나름 좋게 표현해서 달리오가 "영국 프로그레시브 록 그룹의 나이 많은 멤버"를 연상시킨다고 촌평했다.[1]

면접이 시작되자 스테파노바는 너무 빼입은 자신의 옷차림만큼이나 금세 얼어붙었다. 달리오는 스테파노바에게 그녀의 배경이나 통찰력이 아닌, 심리에 대해 질문했다. 그는 스테파노바의 MBTI 테스트 결과를 살펴보더니, 예컨대 왜 그녀가 주로 감정보다 이성을 중시하는지를 자세히 캐물었다. 스테파노바는 자신이 쉽게 당황하는 편인지 달리오가 떠보는 것 같다고 생각했다. 달리오는 스테파노바에게 지원 사유를 물을 때도 어떻게 여기에 오고 싶어졌는지가 아닌, 왜 여기로 오겠다고 결심했는지가 궁금하다고 했다.

훗날 그녀는 "나는 똑똑한 사람을 보면 사족을 못 쓰는 편이다. 나는 인성보다 지성을 우선시하는데, 달리오는 정말 똑똑했다"라고 술회했다.

달리오는 별다른 훈계나 설명도 없이 몇 분간 담소만 하다 면접을 끝냈다.

"뭐, 됐소. 합격입니다."

∴

스테파노바는 주임급 투자 직원으로 브리지워터에 입사해 어느새 대규모 연기금, 대학 기부금 관리 등 고객에게 어떤 투자 유형이 그들의 목표에 적합한지 파악하고 추천하는 일까지 맡게 되었다. 아직 서른도 안 되었지만 여기 와서는 벌써 늙은 기분이었다. 브리지워터는 대개 대학을 갓 졸업한 사회 초년생을 고용했고 대부분이 남성이었다. 이로 인해 일부 직원은 구내식당 풍경이 캐주얼 브랜드 제이크루의 카탈로그처럼 보인다고 농담할 정도였다. 특히 젠슨이 남학생회 회장을 지내기도 했던 모교 다트머스 대학교 출신이 엄청나게 많았다.

일은 힘들었고, 새로운 동료들은 낯설었다. 그들은 대부분 사적인 시간을 함께 보내는 듯 서로 묘하고도 끈끈한 유대감을 자랑했다. 그중 일부는 달리오의 주치의가 회사에 와서 빈 사무실에 커튼을 치고 달리오를 진료할 때 같이 진료를 받기도 했다. 그러나 스테파노바는 새로운 곳으로 와서 겉도는 데 이미 익숙했던 터라 시장 조사에 전념하며 즐겁게 일했다. 초기에 그녀는 사내 교육에서 달리오가 몇 시간에 걸쳐 거시경제학 이론을 강의할 때 역사적 투자 주기 간의 연관성에 감탄하며 경청했다. 흥미진진한 내용이었다. 달리오는 스테파노바에게 해당 과정에서 가장 높은 점수인 A⁻를 부여했다. 실제로 그녀 말고 A를 받은 사람은 아무도 없었는데, 달리오는 평소 A가 본인 외엔 아무에게도 주지 않는 점수라고 그녀에게 귀띔했다.

두 사람은 저녁 식사도 함께할 만큼 가까워졌다. 식사 자리에서 달리오는 스테파노바에게 공산주의 치하에서 성장한 삶에 대해 질문 공세를 퍼부었고, 스테파노바는 달리오를 자신의 집으로 초대해 화답했다. 아직 불가리아 억양을 떨쳐 버리지 못한 그녀는 이 귀하신 억만장자가 자신을 그토록 진지하게 대하는 것에 놀랐다. 달리오와의 대화에는 스테파노바가 전 직장에서 경험해본 적 없는 폭과 깊이가 있었다. 그들은 밤늦게까지 철학, 정치, 비즈니스, 재즈에 대해 토론했다. 달리오는 스테파노바에게 자신의 가치 체계에 대해, 그리고 옳고 그름 사이에 명확한 경계가 있는지에 대해 의문을 품으라고 독려했다. 또한 그는 항상 박물학자 부럽지 않게 해양에 관해 이야기보따리를 풀곤 했다. 그는 국립 어류 및 야생동물 재단National Fish and Wildlife Foundation에 막대한 금액을 기부했고, 재단은 새로 발견된 한 산호류를 달리오의 이름을 따서 '에크노미시스 달리오이Eknomisis dalioi'라고 명명했다.[2]

스테파노바는 사회관습적 규칙에 괘념치 않는 달리오의 태도가 특히 매력 있다고 생각했다. 달리오는 게걸스러운 하이에나 무리가 새끼 영양을 죽이는 우화를 들려주곤 했다.[3] 영양은 희생될지언정, 진화적 발전을 촉진하려면 그 죽음은 어쩔 수 없다는 것이다. 달리오는 자신을 하이에나에 비유했다. 그는 스테파노바에게 "자신의 이익을 위해 행동하는 게 최선이야"라고 말했다.

달리오는 자신의 이상대로 사는 것처럼 보였다. 스테파노바와 그녀의 주변인들은 달리오가 크고 작은 문제로 부하 직원들에게 버럭 화내는 모습을 자주 목격했다. 그의 총애가 오래가는 사람은 거의 없었다. 달리오가 없는 자리에서 직원들은 다음 회의 때 달리오의 화풀이 희생양은 누가 될 것인가에 관해 공공연히 이야기했다.

그러나 스테파노바는 자신만큼은 예외라고 생각했다. 달리오는 그녀의 멘토이자 친구였기 때문이다. 그녀는 달리오가 직접 지시한 프로젝트를 맡아 하루 12시간 이상 일했다. 달리오는 다른 사람들에게 "스테파노바는 내 편 중 한 명"이라고 말하고 다녔고, 그럴 때면 스테파노바는 기분이 좋아서 얼굴이 달아올랐다. 그녀는 회사에서 승진 가도를 달렸다. 연봉은 매년 두 배씩 올랐고, 그녀 밑에 직속 부하 직원들도 생겼다. 사내 일각에서는 언젠가 그녀가 달리오의 후계자가 될지도 모른다고 수군대기도 했다.

∴

스테파노바가 브리지워터에 합류한 지 3년 후, 달리오는 그녀에게 중요한 임무를 제안했다. 브리지워터가 급성장 중이어서 거래장을 신축할 것이니 설계를 감독하라는 것이었다. 스테파노바는 자신의 가치를 그에게 증명할 기회가 왔다고 생각했다.

브리지워터는 맹렬한 기세로 확장하고 있었다. 스테파노바가 들어오기 직전인 2003년부터 2004년 사이에만 브리지워터의 자산 규모는 540억 달러에서 1,010억 달러로 두 배 가까이 늘어났다. 몇 년 후에는 무려 1,690억 달러로 증가하게 된다. 그래서 매달 직원을 수십 명씩 뽑아야 했다. 달리오는 연봉이 10억 달러를 넘어 세계 최고 부자 중 한 명이 되었다.

스테파노바는 침착하게 새 임무를 맡았다. 그녀는 이상적인 거래장을 설계하는 방법을 알아야겠다는 핑계로 달리오, 젠슨과 함께 많은 시간을 보내며 브리지워터가 어떤 원리로 돌아가냐고 질문했다. 그녀는 회사 내에서 실시간 거래 상황을 자세히 볼 수는 없었지만 금융시장의 상승, 하락, 횡보 등을 예측하는 장문의 내부 보고서는 엿볼 수 있었다.

전보다 중대한 역할을 맡게 된 스테파노바는 팀 내 기술 담당자 때문에 곧 난관에 빠졌다. 아내도 브리지워터 직원이었던 그는(이곳에서는 사내 연애가 흔했다) 사무실에서 딴짓을 하거나 일을 느리게 처리할 때가 많았다. 스테파노바는 자신이 그다지 훌륭하지 않은 직원들로 구성된 팀에 배정되었구나 싶었고, 달리오가 자신을 시험하고 있을지도 모른다는 것을 감지했다. 달리오는 모든 직원을 높은 기준에 맞추는 것이 중요하다고 자주 말해왔다. 또 그는 "악덕을 용납하지 말라"고 강조하곤 했다.

이것이 시험이라면 그녀가 대비했다는 것을 보여줄 기회는 곧 찾아왔다. 스테파노바는 그 기술직원이 한 컨설턴트를 고용해 도움을 받으려 했지만 그녀에게 말하지 않았다는 사실을 알게 되었다. 이를 추궁하자, 그는 그 사실을 숨겨왔다고 인정했다.

그가 인정했으니 스테파노바로서는 목표를 달성했다. "실수를 인정한다는 건 알겠는데, 이제는 당신의 인격이 어떤지, 당신이 어떤 사람인지도 미심쩍군요." 그녀는 기술직원을 30분 넘게 윽박지른 다음 해고를 통보했다.

그가 브리지워터와 가족적 인연이 있었던 만큼, 그 소식은 달리오와 젠슨에게도 전해졌다. 두 사람은 스테파노바에게 자초지종을 물었다.

그녀는 단지 달리오가 내릴 법한 결정을 똑같이 했을 뿐이라고 말했다.

젠슨도 동의하며 과거의 악덕을 극복하는 것이 브리지워터의 핵심 정신이라고 했다.

젠슨은 "이런 상황에서는 그가 한 짓이 얼마나 역겹고 끔찍한지를 따져봐야 합니다. 그 점이 직원이 받을 상처보다 더 중요하죠"라고 말했다.

달리오도 동의한다는 듯한 표정으로 지켜보았다. 그는 전에도 거짓말이 브리지워터에서 상상할 수 있는 최악의 행위 중 하나라고 자주 말했다. 그는 해고를 승인했다. 그리고 자신의 결정을 입력하고, 브리지워터의 직원 대부분을 참조에 포함해 해당 기술직원에게 이메일을 보냈다.

그 직원의 아내도 다른 직원들과 동시에 메일로 소식을 전달받았다. 얼마 지나지 않아 그녀도 더 이상 브리지워터에 출근하지 않게 되었다.

∴

초가을에 진입했지만 날씨는 아직 여름이 가시지 않은 듯한

2009년의 어느 날, 달리오의 감정 기복도 롤러코스터를 탔다. 브리지워터의 주력 펀드는 2008년 최악의 금융 위기 당시 무려 70퍼센트에 달하는 헤지펀드들이 손실을 입는 와중에도 폭등했다. 그 소문이 퍼지면서 달리오의 명성도 높아졌다. 몇 달 전, 달리오는 〈포춘〉의 표지 모델이 되었다.[4] 여기서 그는 "수수한 집무실에서 아내와 네 아들의 사진을 한가득 곁에 두고 일하는 180센티미터의 건장한 남성"이라는 극찬과 함께 소개되었다. 시간제 컨설턴트로 근무하다 은퇴한 한 심리학자는 〈포춘〉에 이렇게 말했다. "조직 심리학자 5명을 데려와 방에 가두고 완벽한 기업 문화의 청사진을 그리라고 하면 아마 이런 문화가 탄생하지 싶다."

달리오는 인터뷰 기자에게 돈을 벌 수 있는 일련의 거래 공식인 "투자의 성배"를 발견했다고 말했다. "즉, 투자의 성배를 찾으면 당신도 투자에 성공하고 부자가 될 수 있습니다."

기자는 "찾기가 쉽다면 누구나 큰돈을 벌 텐데요"라고 말했다.

문제는 분명 성배가 말라버렸다는 점이다. 브리지워터는 다시 목표를 달성하기 위해 분투하고 있었다.

그 이유는 거래 공식과는 아무런 관련이 없었다. 달리오는 위기로 가는 두 번째 구간이 다가오고 있다고 확신했다.[5] 그는 심지어 시장의 다각적인 부채 축소 또는 청산을 가리키는 "D-프로세스"라는 자신만의 단어를 고안하기도 했다. 그의 책상은 벤 버냉키의 《대공황에 관한 논설집Essays on the Great Depression》, 존 케네스 갤브레이스John Kenneth Galbraith의 《대폭락 1929》 등 역사적 불황에 관한 두꺼운 책 20여 권의 무게를 못 이겨 휘어질 지경이었다. 달리오는 그 책들 한 권한 권에 포스트잇을 붙이고, 여백에 열정적으로 메모를 갈겨썼으며, 과거의 역사와 현재 상황의 무수히 많은 유사점에 주목했다.

또 다른 위기의 징조를 발견한 달리오는 다시금 대박을 터뜨릴 가능성을 확신하며 직원 대모집을 단행했다. 그는 투자에 도움을 원한 게 아니라 (뭐 하러 성배가 두 개씩이나 필요하겠는가?) 관리에 도움이 필요했다. 이제 그는 60세가 되어 은퇴할 나이가 되었다. 오랫동안 남들에게는 죽을 때까지 브리지워터에 남겠다고 말해왔지만, 이제는 자신의 경영 책임 중 일부를 젠슨과 스테파노바 등 부하들에게 넘겨야 할지도 모른다고 말하기 시작했다. 그는 회사의 성장세를 고려해 자신을 대체할 어느 한 명을 지정하기보다 아마 여러 명에게 다양한 책임이 분산되는 시스템이 필요할 수도 있다고 주변인들에게 말했다.

2009년 신규 채용은 스테파노바의 몫이었다. 이번 신입 직원들은 (투자직이 아닌) '관리직' 직원으로 분류되어 브리지워터 기업사의 다음 단계를 위한 실험 대상이 될 예정이었다. 그 단계란 브리지워터 창립자가 물러난 후의 상황을 가리켰으므로, 달리오는 종종 수백 명을 더 뽑아야 할 것이라고 말했다.

스테파노바는 달리오가 한 것처럼 채용 과정에 깊이 관여하고 싶었지만, 이번에 필요한 인원 규모상 불가능했다. 그녀는 과부하에 걸렸다. 달리오는 계속 증원을 요구했고, 스테파노바는 계속 기대에 미치지 못했다.

어느 날 결국 터질 것이 터졌다. 달리오는 관리직이 모두 충원되지 않은 이유를 알고자 했다. 그리고 스테파노바에게 문제의 원인을 규명해주겠다고 말했다. 그것도 많은 사람이 보는 앞에서 말이다.

∴

스테파노바는 자신의 성과에 대해 심문받을 회의실에 불려갔다. 자리에 앉으니 주위에는 그녀를 지켜보는 최고위급 간부들이 가득했다. 10명 남짓의 참석자 중에는 그레그 젠슨, 폴 맥도웰, 그리고 비교적 최근 입사한 전직 월스트리트 은행가 아일린 머레이$^{\text{Eileen Murray}}$도 있었다. 대부분 스테파노바보다 상관이었다.

맞은편에 앉은 달리오는 냅다 고함을 지르기 시작했다. 이제 스테파노바는 그게 달리오의 습관인 걸 알고 있었다. 달리오는 스테파노바의 직원 채용 일정이 몇 달씩 늦어지는 바람에 자신의 은퇴 계획도 지연되고 있다고 말했다. 그러면서 뭔가 조치를 취해야 한다고 했다.

스테파노바는 속으로 '기어이 내게도 이런 일이 오는구나'라고 생각했다.

달리오는 회의실에서 먼저 "취조^{probe}"한 다음 "진단^{diagnosis}"을 내리겠다고 발표했다. 취조 단계에서 그는 스테파노바에게 임무를 제대로 수행하지 못했음을 확실히 인정하라고 말했다. 이어진 진단 결과는 스테파노바가 멍청하다는 것이었고, 달리오는 반복해서 그녀를 멍청이라고 불렀다.

"자네 완전 똥멍청이구먼!" 달리오가 툭 내뱉었다. "본인이 뭘 모르는지도 모르고 말이야."

다른 사람들은 모두 시선을 딴 데로 돌렸다. 달리오 옆에 앉은 젠슨은 굳은 표정으로 서류를 정리하는 척하며 가끔 창밖을 내다보았다. 맥도웰은 천장에 찍힌 점 하나를 응시하려고 필사적으로 노력했다. 참석한 다른 사람들(경쟁자, 동료, 미래의 CEO 등) 중 스테파노바를 감싸주는 사람은 거의 없었다.

스테파노바는 달리오가 직접 쓴 브리지워터 내부 편람을 떠올렸다. 거기에는 "브리지워터는 합리성을 강조한다"라고 쓰여 있었다. "실수는 나쁜 것이 아니라, 배울 수 있는 기회다. 실수를 직시하지 않으면 실수로부터 교훈을 얻을 수 없다."

그녀는 그 논리를 시도해보기로 했다. 그녀는 채용 속도가 회사의 성장 속도를 따라가지 못한다는 건 전에도 여러 번 논의했다고, 달리오도 이미 알던 사실이 아니냐고 말했다. 스테파노바는 목표 기준을 높게 유지하려는 달리오의 바람을 자신이 따라잡으려 노력했다고 생각했다.

스테파노바는 덧붙여 말했다. "전 정말 열심히 노력했어요. 최선을 다했다고요. 대표님 같으면 어떻게 하셨겠어요?"

달리오는 가르칠 기분이 아닌 것 같았다. 그는 자기가 현 채용 상황에 문제가 있다고 생각하지 않았다면 애초에 그 판단이 틀렸다고 지적하지 않은 스테파노바의 잘못이라고 대답했다. 그는 여봐란듯이 스테파노바가 멍청이라는 진단을 힘주어 반복했다. 당시 동석자들의 기억에 따르면 달리오는 고함을 지르고, 스테파노바의 입술이 파르르 떨리자 그녀가 감정을 억제하지 못한다는 이유로 또다시 고함을 질렀다고 한다.

스테파노바는 할 만큼 했다고 생각했다. 경영대학원을 졸업한

지 4년밖에 되지 않은 그녀가 수십억 달러의 자산을 관리하는 거물과 맞섰다. 그녀가 달리오 앞에서 울음을 터뜨린 것은 이번이 처음이자 마지막이었고, 그것도 아주 원 없이 울었다. 처음에는 천천히 흐느끼다가 급기야 봇물 터지듯 울음을 쏟아냈다. 뜨거운 눈물이 그녀의 얼굴에 마스카라 자국을 남기며 흘러내렸다. 함께 있던 다른 몇몇 사람들도 덩달아 마음이 약해질까 봐 시선을 피해야 했다.

스테파노바는 의자를 뒤로 밀치고 울면서 뛰쳐나갔다. 회의는 중단되었다.

∴

처참히 무너진 스테파노바의 모습은 그야말로 한 편의 드라마를 방불케 했다. 달리오는 자신이 회사에서 가장 영향력 있는 직원 중 한 명이자 애제자를 짓밟았다는 걸 알았을 것이다. 이제 그에게 남은 일은 누구도 그 사건을 잊지 못하게 하는 것이었다.

그 방법은 생각보다 쉬웠다.

그날 탁자 중앙에는 VCR만 한 크기의 투박한 블랙박스가 놓여 있었다. 달리오의 불호령에 스테파노바가 만신창이가 되는 동안, 이 녹화 장치에는 그들이 툴툴대고 씩씩대고 훌쩍이는 소리가 모두 기록되었다. 나중에 달리오의 몇몇 충견들은 가장 마음에 드는 부분을 점찍어뒀다가 반복 감상하곤 했다.

스테파노바가 나간 직후, 달리오는 남은 임원들에게 자신의 행동에 만족한다고 말했다. 이것은 어떤 대가를 치르더라도 최고를 추구하는 그의 이상, 그리고 과거 채용 설명회에서 젠슨이 스테파노바

앞에서 설명했듯 근본적 진실을 추구하는 그의 이상을 보여준 모범 사례였다.

달리오는 전 직원에게 그 영상을 보여주라고 단단히 일렀다. 그 테이프는 그가 가장 아끼는 역작 중 하나인 브리지워터의 투명성 라이브러리에 저장되었다. 투명성 라이브러리는 경영위원회의 격렬한 논쟁부터 하급 직원들 간의 지루한 경제 잡담에 이르기까지, 수만 시간의 내부 회의가 소리와 영상으로 담긴 전자 저장소였다.[6]

테이프가 워낙 많아서 두 번 다시 재생되지 않은 것들도 있었지만, 스테파노바 사건의 테이프는 확실히 아니었다. 달리오는 그 테이프를 필수 시청각교재처럼 삼고자 했다. 그는 편집팀에 이 에피소드의 짧은 버전을 만들도록 지시했다. 새로운 버전 속의 달리오는 영웅으로 그려졌다. 스테파노바는 괴로움에 엉엉 우는 모습이 주로 부각된 반면, 달리오는 친절하고도 단호한 심문자로 묘사되었다. 게다가 달리오의 취조 시간은 단 몇 분으로 편집되어, 스테파노바의 반응은 극단적이고 부적절하게 비쳤다.

달리오는 이 사건이 애매하게 해석되지 않도록 "고통 + 자기성찰 = 발전"이라는 확실한 제목도 붙였다. 그는 약 1,000명의 브리지워터 전 직원에게 영상을 보냈고, 입사 지원자들 앞에서도 이 영상을 틀어 브리지워터의 첫인상 중 하나로 각인시키라고 명령했다.

브리지워터는 지원자들에게 개방형 대화 겸 성격 테스트의 첫 관문으로 스테파노바가 괴로워하는 장면을 보여주었다. 그녀가 응당한 대우를 받았다고 생각하는가? 그녀가 불쌍하게 느껴지는가? 점수를 잘 받으려면 답은 정해져 있었다. 달리오와 그의 직속 부하인 임원들의 지령에 따라, 성급하게도 스테파노바를 동정하거나 심지어 그녀가 부당한 처우를 받았다고 답한 지원자는 낮은 점수를 받고 부적격자로 간주되었다. 영상의 속뜻을 이해하지 못했다고 실토한 지원자들의 이력서는 문서 분쇄기로 직행했다.[7]

그렇게 무수히 테이프가 재생되는 내내 달리오가 결코 밝히지 않은 또 다른 비밀이 있었다. 훗날 자신을 인간 행동 전문가라고 주장한 달리오는 그날 끝내 감정이 무너진 스테파노바를 봐줘도 될 상황이었음에도 흔들리지 않은 것으로 보인다. 그 끔찍한 사건이 있기 전에 그녀가 달리오에게 직접 자신의 상황을 이야기했음에도 말이다.[8]

그녀가 평정심을 잃은 것은 단지 그날 억만장자 상사가 면전에 대고 유독 노발대발했기 때문만이 아니었다. 단지 자신이 직장에서 실수했기 때문에, 혹은 상사에게 대들었기 때문만도 아니었다. 자신의 일자리가 걱정된 것도 아니었다.

그녀는 임신 중이었다.

미시와 바이킹
Missy and the Viking

1970년 추수감사절, 조지 리브^{George Leib}와 이사벨 리브^{Isabel Leib} 부부가 사는 파크 애비뉴 복층 아파트에서 성대한 코스 요리 파티가 열렸다.[1] 100년 된 유리 샹들리에 아래에서 블러디 메리로 시작된 파티는 버번으로 이어졌다.[2] 아일랜드인 집사 애나가 편강과 박하를 대접할 때쯤에는, 몇 세대에 걸친 리브 가문의 남자들은 기분 좋게 취해 있었다.

리브가는 파크 애비뉴 740번지 안에서도 알아주는 명문가였다. 아르데코풍의 이 유명한 호화 동네는 나중에 미국에서 억만장자들이 가장 많이 거주하는 본거지로 자리매김하게 된다.[3] 독일에서 미국 루이빌로 이민 온 정육업자의 후손인 조지는 대공황 동안 투자은행 블라이스앤드컴퍼니^{Blyth & Co.}를 이끌다가 이제는 명예 회장이 되었다.[4] 군 시절부터 넓은 어깨를 유지해온 키 195센티미터의 조지는 손주들에게 바이킹이라고 불렸다. 미시Missy라는 애칭으로도 불린 아내 이사벨은 남편보다 약 30센티미터 작았고, 켄터키주 출신답게 정겹고도 느릿한 말투와 밝은 성격이 특징이었다. 그녀는 루이빌의 한 저명한 출판업자의 손녀로, 존 D. 록펠러 2세John D. Rockefeller, Jr., 그리고 각각 윈저 공작과 공작 부인으로 불린 에드워드 8세와 월리스 심슨Wallis Simpson 같은 이웃을 무장해제시킬 정도의 말재간을 자랑했다.

추수감사절 저녁, 아파트 12A호에 모인 사람 중 미시와 바이킹의 친인척이 아닌 사람은 소수에 불과했다. 그나마 대부분 일꾼으로, 그중 애나는 식당에서 정신없이 일하고 있었고 핀란드인 요리사 헬렌은 주방에서 홀로 저녁을 꾸역꾸역 먹고 있었으며 스웨덴 출신 가정부 아스트리드는 6개의 침실로 둘러싸인 위층에 있었다. 그 외에 리브 가족이 아닌 유일한 사람은 코트와 넥타이 차림으로 리브 가족과 함께 식탁에 앉은 21세의 호리호리한 청년 레이 달롤리오Ray Dallolio였다.

언뜻 보기에 달롤리오가 그 자리에 왜 있었는지는 잘 이해되지 않는다. 그는 리브 가족의 이웃도, 동료도, 동 세대 사람도 아니었다. 그는 뉴욕주 교외의 맨해셋에서 아버지 마리노Marino, 어머니 앤Ann과 함께 살았다. 달롤리오 가족 같은 노동계급이 주로 사는 롱아일랜드의 작은 마을과 어퍼이스트사이드 사이의 거리는 30킬로미터밖에 안 되지만 두 동네의 환경은 천지 차이였다. 리브 가족이 전형적인 미국인답게 성공을 향한 질주의 최전선에 있었다면, 마리노 달롤리오는 좀 다른 길을 걷고 있었다. 그는 뉴저지주 남단 근처의 농장에서 자랐고, 부가 아닌 예술을 위해 대도시로 왔다.[5] 그는 맨해튼 음악대학Manhattan School of Music에서 클라리넷, 플루트, 피콜로, 색소폰을 공부한 후 빅밴드 시대인 20세기 초에 때로 모 데일Mo Dale이라는 이름으로 솔로 공연도 다녔다.[6] 마리노는 베니 굿맨Benny Goodman, 프랭크 시나트라Frank Sinatra 같은 전설들과도 협연했지만, 정작 침실이 3개 딸린 자택에서 가족과 함께 머무는 시간은 별로 없었다. 그는 코파카바나Copacabana 클럽, 월도프-아스토리아Waldorf-Astoria 호텔의 엠파이어 룸 등지에서 공연하다가 새벽 3시가 되어서야 귀가해 한낮까지 자곤 했다.

레이 달리오는 나중에 이렇게 회상했다. "아버지와 나는 사이가 좋았지만, 아버지는 매우 강직한 분이셨다.[7] 나는 아버지 성격과 반대에 가까워서, 거의 아무런 책임감이 없었다. 학교에서 공부도 안 하고, 나가 놀며 신나게 즐기곤 했다. 나는 수년 동안 시간을 아무렇게나 보냈다. 그래서 우리는 서로에게 음과 양 같은 관계였다."

외동인 레이는 훗날 형제자매가 있었더라면 좋았을 것이라고 말했다. 대신 그는 자신을 애지중지 키워준 어머니와 친했다. 토요일 밤이면 어머니는 초코칩 쿠키를 굽고, 두 사람은 함께 공포 영화를 시청했다. 어머니를 제외하면 레이가 알고 지내는 사람들은 대부분 어른이었다. 그는 네 가지 악기를 연주하는 아버지와 달리 한 가지 악기를 배울 인내심도 부족했고, 본인의 말로는 암기력도 부족해 성적도 그저 그랬다.[8] 그래서 레이는 신문 배달 등 주로 육체적인 잡일을 했다.[9] 또한 눈 치우기, 테이블 정리, 선반 비축 등의 일도 했다. 12세 때 그는 링크스 골프장the Links Golf Club에 찾아가 캐디 일을 지원

했다.**10**

∴

링크스는 그저 평범한 골프장이 아니었다. 원래는 농장이었다가, 미국에서 골프장 설계의 아버지라 불리는 찰스 B. 맥도널드Charles B. Macdonald가 18홀 코스로 재개발했다.**11** 이러한 특별한 역사 덕분에 특히 월스트리트 손님들이 많이 찾았다. 그들은 세상을 움직이고 흔드는 사람들이었다. 레이는 당시 스스로 알았든 몰랐든, 부자와 권력자 주위에서 처신하고 그들에게 잘 보이는 법을 익히고 있었다.

그는 클럽하우스 주차장에서 가방 하나당 6달러씩 받고 당대 금융계 엘리트들의 골프채를 운반해주었다.**12** 그들은 달리오에게 시장에 대해 이야기하고, 주식 정보를 알려주고, 달리오가 사는 세계와는 완전히 딴 세계에 대한 시각을 제공했다. 단골 중 한 명인 돈 스톳Don Stott은 뉴욕 증권거래소에서 2대째 근무하는 브로커로,**13** 희귀한 프랑스 부르고뉴 와인을 수집하는 게 취미였다.**14** 다른 고객으로는 리브 가족들도 있었다.

다른 곳에서와 마찬가지로 골프장에서도 경쟁심이 강했던 레이는 때로 조지 리브의 캐디를 맡기도 했다. 그러나 이 청년을 특히 좋아한 사람은 이사벨이었다. 이사벨은 좋게 말하자면 취미 골퍼였다. 그녀는 남편과 함께 골프를 칠 때 페어웨이를 따라 모든 지점마다 티샷을 치자는 특별한 규칙을 제안했다. 그러면 조지는 게임이 더 빨리 끝날 것이라며 찬성했다(대부분 다른 캐디들은 코스에 무한정 갇힐까

봐 두 사람을 피했다).**15**

링크스 골프장에서 이사벨과 레이가 나누는 대화는 골프와 금융이 아니라 다른 주제에 대한 것인 경우가 많았다. 레이는 그간 아버지를 통해 간접적으로 쌓은 음악 지식을 풀어놓아 이사벨에게 깊은 인상을 남겼다. 또 그는 해외에 가본 적이 없었지만 다른 골퍼들로부터 대략적으로나마 주워들은 유럽 예술과 문화에 대한 지식을 능숙하게 활용했다. 이사벨은 어느 여름날 파리 여행 중에 남편인 조지를 처음 만났고, 당시 유럽에 매료되어 여전히 좋은 기억을 갖고 있었다. 그리고 이제는 유럽에 대해 해박한 지식을 늘어놓는 레이에게 호감이 갔다.**16**

또한 이사벨과 조지는 젊은 레이를 서로 다른 이유로 마음에 들어 했다. 당시 그들의 아들 중 두 명이 막 기숙학교에서 쫓겨나 군대식 고등학교에 강제 전학했다. 장남은 프린스턴 대학교를 2학년까지 다니다 중퇴했다(그는 결국 가족이 운영하는 중개 회사에 합류했다). 그의 방황은 이제 손자까지 대를 이을 위기에 처했다. 할아버지의 이름을 따 고든Gordon이라 이름 지은 이사벨의 큰손자는 머리를 기르고 전기기타에 푹 빠졌으며, 미성년자 음주와 대마초 흡연으로 기숙학교 두 곳에서 퇴학당했다가 3년 만에 세 번째 기숙학교에 들어갔다. 이사벨은 자신의 유서 깊은 가문과 명예가 먹칠되는 광경을 두 눈으로 지켜봐야 했다.

그러던 중 고든보다 세 살 많은 레이를 만났다. 그들의 캐디인 레이는 말씨가 점잖고, 외모도 단정했으며, 수년 동안 그들 가족을 위해 일해왔다. 문득 이사벨에게, 레이가 고든에게 긍정적인 영향을 미칠 수도 있겠다는 생각이 들었다. 그녀는 레이에게 자신의 손자와 함께 시간을 보내주겠냐고 물었다.

그리고 모든 비용을 대줄 테니 고든과 함께 6주간 런던, 파리, 로마 여행을 다녀오라고 제안했다. 함께 박물관, 콘서트장, 식당에 다니며 고든이 나쁜 길로 새지 않도록 지켜보는 임무를 맡으면 되는 거였다. 레이로서는 별 고민할 필요가 없는 제안이었기에 수락했다.

레이의 동료 캐디인 릭 콜트레라Rick Coltrera는 "레이는 남들보다 훨씬 인간관계에 능했고 이를 자신에게 유리하게 활용했다"라고 술회했다.

레이의 덕이었는지 유럽의 공기에 취해서였는지 아니면 그저 10대의 불가피한 질풍노도의 시기가 끝난 것인지, 어쨌든 고든은 그 여행 이후 성숙해졌다. 그는 머리를 자르고, 로큰롤 대신 클래식에 취미를 붙였으며, 대학 진학을 진지하게 계획하기 시작했다. 이사벨은 손자의 변화에 매우 기뻐했다. 이후 레이는 명절 때마다 그녀가 초대하는 식사 자리에 고정석을 확보했다.

∴

레이가 리브 가문과 가까워질 무렵, 그의 집에는 뜻밖의 변고가 덮쳤다. 어느 날 밤 그의 어머니가 심장마비를 일으킨 것이다. 레이가 입으로 인공호흡을 시도했지만 어머니는 침대에 누워 꼼짝하지 않았다. 그녀는 레이가 보는 앞에서 눈을 감았다. 훗날 레이는 그때 다시는 웃을 날이 오지 않을 것 같았다고 회상했다.[17]

어머니를 여읠 당시 겨우 19세였던 레이는 여전히 본가에서 살고 있었다. 그는 리브 가족에게는 좋은 습관의 귀감이 되었지만, 고등학교 때 서핑하느라 수업을 자주 빼먹은 탓에 성적은 평균 C를 기록했고 진학 선택에 한계가 있었다.[18] 고등학교 3학년 졸업 앨범에는 헨리 데이비드 소로Henry David Thoreau의 다음 말을 인용했다. "만약 어떤 사람이 동료들과 보조를 맞추지 못한다면 아마 다른 고수의 북소리를 듣기 때문일 것이다. 그 박자가 어떻든, 그 소리가 얼마나 멀리서 들리든, 그가 자신이 듣는 음악에 맞춰 행진하게 하라." 레이는 집에서 몇 마일 떨어진 C.W. 포스트 칼리지C.W. Post College에 입학했다.

한 졸업생에 따르면 당시 C.W. 포스트 칼리지는 주로 노동계급 출신인 재학생들 사이에서 4년제 학위를 주는 "제법 괜찮은 커뮤니티 칼리지"로 알려졌다고 한다.[19] 기대치를 낮추는 평판에 비해 그곳의 환경은 기대 이상이었다. 잘 손질된 약 300에이커(약 36만 평. – 옮긴이) 규모의 캠퍼스는 시리얼 회사 포스트 창립자의 이름을 따서 명명되었다.[20] 또한 포스트의 가족이 살았고 종종 《위대한 개츠비》의 주인공이 사는 웨스트에그 저택과 비교되던 튜더왕조풍 저택도 함께 있었다. 재무학을 전공한 레이는 1학년 때 명상을 시작했는데, 훗날 그는 명상 덕에 마음을 다잡고 전 과목 성적을 A학점으로 끌어올릴 수 있었다고 밝혔다.[21]

또한 레이는 링크스에서 캐디로 일하며 얻은 지식을 활용하기 시작했다. 골프장에서 만난 인연 덕에 그는 대학생으로서는 물론 동시대의 평범한 투자자에게도 낯설었던 다양한 시장에서 소액 투자를 시작했다. 그는 금, 옥수수, 콩, 돼지고기, 일반 주식 등에 투자해 돈을 벌었다.[22] 그가 처음으로 투자한 종목 중에는 노스이스트항공

Northeast Airlines 주식도 있었는데, 이유는 가격이 5달러도 안 되고 이름이 들어본 적 있어서였다. 노스이스트항공은 곧 인수 합병 대상이 되어 가치가 3배나 올랐다. 골프장 고객들의 조언에도 일부 힘입어 이렇게 시작한 투자는 곧 수천 달러 가치의 주식 포트폴리오로 불어났다. 레이가 나중에 말했듯 이는 '쉬운 게임'이었다.[23]

대학에 들어간 지 몇 달 후 레이는 또 다른 것을 얻었으니, 바로 새로운 신분이었다.[24] 그는 많은 이민자 후손들이 그랬듯, 나소 카운티 사무소로 가서 발음하기 쉬운 성으로 개명을 신청했다.

달리오라는 성의 시조가 된 레이는 곧 리브 가족과의 관계를 더욱 발전시켰다.

이사벨은 아마 골프장에서의 대화를 통해 자신의 캐디가 금융 시장에 관심이 깊은 이성애자 우등생이라는 사실을 깨달았던 듯하다. 그녀는 손자를 바로잡아 준 청년에게 보답할 기회를 엿보았다. 그녀의 손자 바클리Barclay에 따르면 이사벨은 가족에게 레이에게 기회를 주자고 보챘다고 한다. 그녀의 아들 고든 B. 리브Gordon B. Leib는 달리오에게 여름방학 동안 뉴욕 증권거래소의 벤턴코코런리브앤드컴퍼니Benton, Corcoran, Leib & Co. 창구에서 하급 직원으로 일할 것을 제안했다.

1971년 여름 브로드 스트리트 18번지를 돌아다니는 것은 곧 금융계의 중심지에 있다는 의미였다. 이는 어떤 사람들에게는 단순한 하나의 특권이 아니라 〈월스트리트저널〉의 말마따나 "더 높은 자본주의적 소명"이라는 직업을 얻을 수 있는 귀중한 티켓이었다.[25] 달리오의 일은 고됐다. 당시에는 주식이 거래 용지를 통해 수동으로 매매되었고, 직원들은 하루 종일 소음 속에서 거래 용지를 전달하며 녹초가 되도록 위아래 층을 뛰어다녀야 했다. 그래도 달리오는 이 일의 매력에 푹 빠졌다.²⁶ 그해 8월 리처드 닉슨Richard Nixon 대통령이 달러와 금을 고정비율로 태환하는 것을 중단하고 사실상 금본위제를 탈퇴하자, 달리오는 이를 의기양양했던 미국 패권주의 시대의 종말로 보고 주식시장이 약세로 돌아서리라 예측했다.²⁷ 하지만 금본위제의 종말은 정책 입안자들이 더 융통성 있게 경기 부양책을 이어가게 해준 새로운 계기가 되었으므로, 도리어 주식시장이 반등했다. 달리오는 남은 여름 대부분의 시간을 자신의 직관과 현실을 조화시키는 것이 얼마나 어려운지 깊이 생각하며 보냈다.²⁸

고든은 아들과 어머니의 뒤를 이어 리브 가문에서 레이 달리오와 친해진 세 번째 세대가 되었다. 증권거래소 안에서 종종 스포츠 베팅도 겸했던 열정적인 도박사 고든은 달리오를 술자리와 저녁 식사, 백개먼(주사위를 던져 나온 숫자만큼 말을 전진시켜 자기 쪽 진지로 말을 모으는 놀이. - 옮긴이) 게임에 초대했다. 한때 유럽 챔피언십에서 우승할 만큼 백개먼 실력이 출중했던 고든은 레이와 10~15번씩 연속해서 게임하며 그에게 기본 전략을 가르쳤다.²⁹ 레이는 백개먼을 금방 익혔다.

훗날 고든은 달리오가 증권거래소의 동료들에게서 엇갈린 평가를 받았다고 회상했다. 고든이 아들 바클리에게 전언한 바에 따르면 "그는 그리 발 빠르지 않았다. 유머 감각도 별로 없었다. 팀에 어설프게 녹아들었고, 약간 오만한 탓에 때로 사람들에게 의도치 않은 불쾌감을 주었다"라고 했다.

이제 달리오는 오만한 분위기가 거의 공기처럼 일상인 곳으로 나아갔다. 떠돌이 음악가의 이름 없는 아들치고는 유난히 많은 추천서와 우수한 대학 성적으로 무장한 그는 보스턴 외곽의 한 대학원으로 향했다.

∴

1970년대 초에 하버드 경영대학원을 다녔던 사람이라면 끊임없이 변화하는 주변 세계에 초연하게 시간이 멈춘 듯한 사회에 온 기분이었을 것이다. 그곳은 남학생 비율이 거의 늘 90퍼센트를 넘었다.[30] 들어가기도 어려웠지만(지원자 4명 중 1명만이 합격했다), 들어가고 나면 경쟁은 더욱 치열해졌다.[31] 대부분의 학생들은 달리오보다 훨씬 나이가 많았고,[32] 많은 학생들이 이미 의미 있는 경력을 쌓았거나 군 복무를 마쳤다(달리오는 저혈당증을 진단받은 덕에 베트남 징집을 면했다[33]).

달리오는 금세 두드러졌다. 하버드 경영대학원 학생들은 대개 개별 기업을 조사하고 펀더멘털이나 성장 전망이 좋은 기업을 발굴하는 이른바 가치 투자 접근법을 본보기로 삼았다.[34] 우직하지만 꾸준하고 착실한 방법이었다. 당시 달리오를 알던 사람들은 뉴욕 증권거래소에 막 있다가 온 신입생 달리오가 마치 기습 공격하듯 등장했다고 회상했다. 달리오는 직감대로 거래하지 않는 '기술 분석가'라고 자칭했으며, 자신만의 최첨단 매매 기법을 이용했다. 전 재무장관 앨버트 갤러틴Albert Gallatin의 이름을 딴 붉은 벽돌의 갤러틴 홀Gallatin Hall에서 공용 욕실을 쓰며 독방 생활을 하던 달리오는 주가 차트의 패턴, 공매도, 그리고 외견상 상관관계가 없는 시장들 사이에서 수익의 기회를 찾아내는 방법에 대해 이야기하곤 했다. 자기 방의 벽에는 주가 차트를 붙여놓았다.

경영대학원 동창 조엘 피터슨Joel Peterson은 "어떤 면에서 그는 경험 없는 사람 중에서 가장 노련했다"고 회상했다.35 한번은 두 사람이 조를 이뤄 프레젠테이션을 했는데, 10대 초반부터 시장을 연구해왔다는 달리오에게 피터슨은 기꺼이 발표의 대부분을 맡겼다.

피터슨은 "그를 질투하지는 않았다. 하버드에서는 경쟁이 치열했고 또 경쟁을 독려했지만, 레이에게는 경쟁심을 느껴본 적이 없다"고 말했다.

달리오는 2학년이 되기 직전 모험을 감행했다. 다른 MBA 학생들은 여름방학 아르바이트로 대개 일류 기업의 관리직 일자리를 택했지만, 달리오는 트레이딩으로 돌아갔다. 이번에는 메릴린치Merrill Lynch로 갔고, 여러 팀 중에서 원자재팀을 선택했다. 당시에는 금, 석유 등의 자산 가격이 수십 년째 정체 상태였으므로, 거의 휴면기에 빠진 원자재는 월가에서 변방으로 밀려나 있었다. 달리오는 원자재가 사람들의 관심에서 멀어진 이때가 원자재로 돈 벌기 쉬운 시기라고 생각했다. 그러나 그의 예측은 틀렸다.36 낮에는 원자재팀의 상관 밑에서 일하고 밤에는 스튜디오 아파트의 간이침대에서 잠을 자며 생활한 달리오는 여름이 끝나가도록 거의 한 푼도 벌지 못했다.

그래도 그는 지난여름에 건진 성과가 있다고 생각했다. 자신이 원자재 분야에서 일하기를 좋아한다는 걸 깨달았고, 그 일의 기계적인 특성이 만족스러웠다.37 주식시장은 한마디로 사람들이 좋잇조각을 맹렬히 거래하는 집단이고, 때로는 각 조각이 별다른 이유 없이 더 비싸거나 싸게 팔리는 날이 있었다. 반면에 원자재 가격은 더 단순하게 정해졌다. 가령 쇠고기 가격은 사람들이 정육점 카운터에서 중량당 기꺼이 지불할 가격이었다.

2학년이 되어 학교로 돌아온 달리오는 하버드 경영대학원의 전매특허인 사례 연구에 돌입했다.[38] 이를 위해 명확한 답은 없이 복잡한 비즈니스나 리더십 문제를 분석하는, 거의 수수께끼에 가까운 10~20페이지 분량의 실제 사례 연구를 읽어야 했다.[39] 사례는 흥미로운 것과 지루한 것이 섞여 있었고, 달리오는 이 과제가 늘 재미있지만은 않았다. 평소 같으면 여느 날과 다를 바 없었을 어느 날 저녁, 달리오는 대부분의 학생들이 공부하고 있을 때 복도 바로 건너편에 있는 친구 마이크 쿠빈Mike Kubin의 방으로 불쑥 들어갔다.[40]

쿠빈은 거의 고개도 들지 않고 말했다. "나 공부 중이야."

달리오는 쿠빈의 책상에 놓인 사례 연구집을 휴지통에 던졌다. "그건 그만 봐. 더 재미있는 게 있지."

달리오는 쿠빈을 자기 방으로 데려갔다. 그러더니 테이블을 펼치고 백개먼을 두자고 했다. 두 사람은 몇 시간 동안 백개먼을 두었다.

∴

하버드 경영대학원의 각 수업은 주로 같이 수강하는 학생 100여 명이 여러 조로 나뉘어 진행되었다. 조원들끼리는 워낙 친해져서 서로를 가족처럼 여길 정도였다.

1973년 하버드 경영대학원 H조원들에게 졸업 후 첫 6개월은 흥미진진했다.⁴¹ 밥 쿡Bob Cook은 BMW 오토바이를 사서 전국을 일주했다. 로이 바버Roy Barber와 마크 투마스Marc Tumas는 몬트리올 주변에서 캠핑을 즐겼다. 조엘 피터슨은 프랑스 남부에서 일자리를 얻었다.

반면에 달리오는 H조 급우인 래리 슈워리Larry Schwoeri가 학교 회보에 전했듯, 다른 길을 개척하고 있었다.

"레이 달리오는 첫 직장에서 누구보다 멋진 직함을 얻었다. 도미닉앤드도미닉Dominick & Dominick의 원자재 부문 책임자가 된 것이다. 여러분은 지금 〈월스트리트저널〉을 펼쳐 (1) 도미닉앤드도미닉이 현재 운영 중인지, (2) 지난 몇 달 동안 원자재 시장이 어떻게 흘러갔는지 확인해보길 바란다. 레이, 건투를 빈다."⁴²

도미닉앤드도미닉은 현재 운영 중인 회사가 맞았다. 이 증권사는 토머스 에디슨Thomas Edison이 최초의 현대식 주식시세 표시기를 개발할 때쯤인 1870년 설립되어 지난 100년간 꾸준히 성장했다. 이곳은 원자재 부문도 취급했다. 달리오는 높은 직함과 연봉 2만 5,000달러(오늘날이라면 6자리 급여에 해당)를 받았지만 그게 다였다.⁴³ 사실 이곳의 사업 상황은 엉망이었다.

달리오가 입사할 무렵 도미닉앤드도미닉은 쇠퇴하기 시작했다. 그들은 더 유명한 회사들과 경쟁하겠다는 이유로 소매 부문까지 확장한 터였다.⁴⁴ 그러나 그 직후 주식시장이 급락했고, 도미닉앤드도미닉의 주요 소매 펀드도 폭락했다. 회사는 도산하지 않기 위해 뉴욕 증권거래소에 상장된 5개 종목 중 4개와 아메리카 증권거래소American Stock Exchange에 상장된 2개 종목 중 1개를 매각해야 했다. 당시 달리오가 체결한 거래 중 상당수가 실패했다.⁴⁵ 나중에 그는 한 경영대학원 학생들에게 강연하는 자리에서 이렇게 말했다. "그들은 나를 고용한 게 어리석었음에도 어쨌든 그렇게 했다."**46**

이 회사가 곤경에 처한 게 그의 잘못은 아닌 데다가 달리오에게는 여전히 든든한 하버드 학위가 있었으므로, 이후 그는 유명 증권사인 시어슨헤이든스톤Shearson Hayden Stone으로 발걸음을 옮겼다.**47** 그곳에서 선생과 영업 사원 사이의 어딘가쯤에 해당되는 일을 하면서, 달리오는 정신없는 증권거래소에서 벗어나 더 넓은 부의 세계로 진입하게 되었다. 그는 과거 리브 가족과 함께 식탁에 앉아 있던 고고한 태도를 살려 목장주, 곡물 생산자, 기타 원자재에 의존하는 사업가들에게 하락장에서 이익을 내고 상승장에서 손해를 보는 '헤지'라는 복잡한 거래로 사업을 안정적으로 지키는 방법을 조언했다. 헤지는 대박 날 가능성이 없는 만큼 쪽박 찰 위험도 없었다. 시어슨의 고객들은 달리오를 좋아했다. 한 목장주 단체는 그에게 긴뿔소의 뿔을 선물하기도 했다.**48**

그다음에 무슨 일이 일어났는지는 논쟁의 여지가 있다. 사건의 순서조차 모호하다. 달리오는 나중에 이 일을 술회할 때 종종 순서를 오락가락하기도 했다.

확실한 것은 1974년 새해 전날 달리오가 상사와 격렬하게 말다툼을 벌였다는 것이다. 홧김과 술김이 합쳐져, 달리오는 한순간의 의견 충돌 때문에 상사의 얼굴에 주먹을 날렸다(한 동료 금융인은 나중에 그 주먹질을 "불의의 일격"이라고 표현했다).**49** 달리오는 다시 출근했을 때 곧 해고될 줄 알았다.**50** 하지만 상사는 달리오를 한 번 봐주기로 했다.

몇 달 후, 시어슨의 대표로 캘리포니아 곡물 및 사료 협회California

Grain & Feed Association의 연례 회의에 참석한 달리오는 이 자리를 좀 더 짜릿하게 만들고 싶었다. 그때 사건의 한 가지 버전에 따르면 그는 개인 고객을 위한 프레젠테이션 자리에 스트리퍼를 데려왔다고 한다.[51] 그리고 더 야한 다른 버전도 있으니, 스트리퍼가 보수를 받고 사람들 앞에서 스트립쇼를 했다는 것이다.[52] 이 두 이야기가 합쳐진 버전도 있다. 달리오가 평범한 내용의 프레젠테이션을 진행하면서 스트리퍼에게 플립차트를 넘기게 했다는 것이었다.

세부 내용이야 어떻든 내릴 수 있는 결론은 같다. 달리오는 자신의 감정을 고스란히 분출하고 극적인 것을 좋아하는 성향이 있었다. 그리고 그 결과는 논쟁의 여지가 없었다. 그는 시어슨에서 가차 없이 해고되었다. 이제 26세이고 2년도 채 안 되는 사이에 두 번 실직한 그는 도움이 필요했다.[53] 그리고 제2의 가족에게 도움을 청하기로 했다.

∴

고든 B. 리브는 달리오가 하버드 경영대학원에 진학하기 전 그와 함께 시간을 보낸 이후로도 별로 달라진 게 없었다. 여전히 뉴욕 증권거래소에 있었고, 동료 브로커들에게 인기 있는 도박사였다. 거래소가 문을 닫으면 매일 사교 클럽인 뉴욕 라켓 클럽New York Racquet Club에 가서 술과 수영을 즐기고 백개먼을 몇 판 두었다.[54]

리브는 오랜만에 술 한잔하며 회포를 풀자는 달리오를 보고 그가 몇 년간 힘들게 지냈다는 인상을 받았다. 그리고 시어슨에서 무슨 일이 있었는지 몰라도 달리오가 하버드 동창 밥 쿡과 함께 맨해튼의 침실 두 개짜리 아파트에서 사는 것 외에 별로 하는 일이 없다는 것을 알았다.⁵⁵ 달리오와 쿡은 서로 부추겨 금기에 도전하고, 술을 잔뜩 마시고, 파티를 열고, 거친 여행을 다녔다.⁵⁶ 그들의 동창 래리 슈워리는 하버드 동문 회보를 통해 이 두 친구가 리우데자네이루에서 "광범위한 시장 침투 연구를 수행한 후" 막 돌아왔다는 소식을 생생히 알렸다.⁵⁷

리브는 달리오가 왜 만나자고 했는지 금세 알게 되었다. 달리오는 돈이 필요했다. 고든의 아들 바클리 리브의 전언에 따르면, 달리오는 고든에게 미국에서 외국으로 실물 상품을 운송하는 수출입 사업을 시작하자는 광범위한 계획을 제안했다.⁵⁸ 이 사업에는 훗날 브리지워터라는 이름이 붙게 되는데, 이는 콩기름 등 물적자산을 바다 건너 운송하는 사업이라는 의미와 잘 맞아떨어졌다.⁵⁹

달리오는 리브와 예비 투자자들에게 "1년 안에 성공하려면 밑천 10만 달러가 필요합니다"라고 말했다.⁶⁰ 그는 투자자 한 명당 10퍼센트, 즉 1만 달러를 투자해 주기를 원했다.

도박사이기도 했던 리브는 달리오가 월가에 회사를 창업해 성공할 가능성이 얼마일지 저울질한 끝에 그 가능성이 희박하다고 결론지었다. 제2의 가족 같은 사람에게 퇴짜를 놓긴 했지만, 그는 다른 도움을 주겠다고 제안했다. 그는 달리오를 벤턴코코런리브앤드컴퍼니의 파트너들에게 소개했고, 그들은 달리오의 신사업에 투자하기로 했다. 이렇게 달리오는 자신의 벤처를 시작할 수 있었다.

약 1년 후, 달리오는 다시 와서 전에 받은 돈이 다 날아갔다며 돈을 더 달라고 요구했다. 그의 벤처 사업은 그동안 총 두 건의 거래를 체결했다. 후에 달리오는 "내 사업은, 회사명은 지어놨지만 실체라기보다는 아이디어에 가까웠다"라고 말했다.[61]

달리오가 이번에 세운 새로운 계획은 좀 더 무난한 것이었다. 그는 자신이 시어슨에서 했던 유형의 자문 업무를 제공하는 고급 컨설팅 회사를 열 생각이었다.[62] 때마침 원자재 시장이 반등하고 일반 투자자들이 관심을 보이기 시작했으니 절묘한 타이밍이었다. 달리오는 스스로를 가축, 육류, 곡물, 지방종자의 시황을 능수능란하게 설명할 수 있는 월가의 몇 안 되는 사람 중 한 명이라고 자신 있게 내세웠다.[63]

리브는 귀가 솔깃했지만, 아직 배워야 할 게 많은 한 청년의 새로운 사업 모델에 돈을 투자하는 건 무모한 짓 같았다.[64] 그는 역시 자신의 편안한 삶에서 달리오와 더 엮일 이유가 없다고 생각했다. 리브가 연결해준 파트너들도 이제 발을 뺐다.

하지만 달리오도 더 이상 그들이 필요하지 않았다. 1975년, 룸메이트의 여자 친구가 그녀의 친구 바버라 가발도니Barbara Gabaldoni와 달리오의 소개팅을 주선했다. 바버라는 미술관에서 일했다.[65] 영어가 짧았지만,[66] 상관없었다. 달리오가 나중에 자서전에 썼듯 그들은 "서로 다른 방식으로 소통했기" 때문이다.

바버라는 배경이 복잡한 인물이었다. 한때 스페인에서 성장하기도 했고, 페루계인 아버지는 외교관이었으며, 한 브리지워터 직원이 그녀에게 직접 들은 바로는 어린 시절에 잠깐 유괴된 적도 있다고 했다. 유괴 사건은 짐작건대 단순히 아버지의 직업보다는 어머니 쪽 집안 때문이었을 가능성이 크다. 그녀의 성은 페루 혈통에서 유래했지만, 이름은 거트루드 밴더빌트Gertrude Vanderbilt와 해리 휘트니Harry Whitney의 딸인 할머니 바버라 휘트니Barbara Whitney에게서 따왔다.

바버라 가발도니는 밴더빌트 휘트니 가문으로, 자신의 가문에서 이름을 딴 유서 깊은 뉴욕의 미술관에서 근무 중이었다.

그녀에겐 이제 막 날개를 편 달리오의 사업을 돕는 것이 아무 문제가 되지 않았다.

확실한 장담
Absolute Certainty

달리오는 한동안 자유로운 기분을 만끽했다.[1]

그는 새로운 사업을 시작했지만, 별로 불안하지는 않았다. 사는 재미도 괜찮았다. 그는 이제 집을 재택 사무실로 꾸며, 출퇴근은 한 방에서 다른 방으로 잠깐 걸어가면 그만이었다. 집세 걱정도 전혀 없었다. 아직 20대였던 달리오는 삶의 순간순간에 만족했다. 지금의 상황이나 자신의 사업 자체가 영원히 지속되리라는 확신은 없었다. 그래도 만약 잘 안 풀리면, 그냥 밖에서 다른 직장을 구하면 되었다.

달리오와 바버라의 관계는 빠르게 진전되었다. 자신을 잘 드러내지 않는 성격의 바버라는 사교 모임에서 달리오가 분위기를 주도하게 맡겼다. 몇 달간의 교제 후 그들은 각자의 삶을 완전히 합치기로 했고, 달리오는 완전히 다른 차원의 상류사회로 진입했다. 1977년에 두 사람은 결혼해서 맨해튼의 널찍한 붉은 벽돌집으로 이사했다. 이들 신혼부부는 위의 두 층에 살림을 차렸고, 달리오는 아래 두 층에서 일했다.² 얼마 지나지 않아 바버라는 네 아들 중 첫아들을 낳았다.³

처가 식구들과의 새로운 인연도 부분적으로 한몫해서, 달리오는 계층과 부富라는 것이 어떤 함축적 의미를 시사하는지 값진 교훈을 터득하고 이를 자신의 새로운 사업에도 적용하기 시작했다. 리브 가문은 부유했지만, 그들은 자수성가한 신흥 부자였다. 바이킹은 종종 손주들에게 1920년대에 자신의 가장 묵직한 외투를 판 돈으로 훗날 자신의 이름을 따게 될 증권사의 첫 지분을 매수했다고 말했다.⁴ 반면에 바버라 달리오는 원래 금수저였다.

밴더빌트의 재산은 1810년으로 거슬러 올라간다. 그때 코넬리우스 '제독' 밴더빌트Cornelius "Commodore" Vanderbilt는 어머니에게서 빌린 100달러로 증기선과 철도 제국을 세웠다.⁵ 1877년 그가 사망했을 때 남긴 재산 1억 달러는 미국 재무부 전체 예산을 능가했다. 그러나 정확히 100년 후 달리오가 이 가문에 장가왔을 때, 그 재산은 대부분 파티, 스포츠카, 저택 구매, 승마 등으로 탕진된 뒤였다.⁶ 이제 그들은 대대손손 전해져온 막대한 유산 중 남은 것들을 지키려 애쓰고 있었다. 바버라는 자신이 물려받은 몫을 달리오에게 맡겼다.

달리오는 대를 이은 부자 가족들의 우선순위는 남들과 다르다는 것을 곧 깨달았다. 증권거래소의 트레이더들은 항상 다음에 내놓을 멋진 아이디어를 떠벌렸고, 뻔하게도 그 아이디어의 결론은 자신들만 볼 수 있는 시장의 큰 추세를 앞지르는 것이었다. 그러나 이미 부유해진 사람들은 또 한 번의 대박을 기대하는 데는 관심이 덜

했다. 그들은 부를 더 쌓기보다 유지하는 쪽에 집중했고, 그들의 전략은 꾸준하고 장기적으로 재산을 모으되 큰 손실의 위험을 최소화하는 것이었다. 대학 기부금이나 연기금 기관도 마찬가지로 장기적 관점을 중시했다. 거대한 돈줄을 쥔 이들 집단은 최소한의 위험으로 꾸준히 돈을 불리고 싶어 했다. 그들에게 투자에서 가장 큰 우선순위는 잃지 않는 것이었다. 그 우선순위를 이해하고 달성하는 방법을 짜낼 수 있는 투자자는 큰돈을 벌 수 있었다.

그리고 1970년대 후반부터 1980년대 초반까지, 브리지워터어소시에이츠는 일찌감치 바로 그 방법을 세밀하게 고안한 회사 중 하나였다.

브리지워터와 달리오의 접근 방식을 보여주는 한 예는 패스트푸드 체인 맥도날드와의 계약이었다. 맥도날드는 주력 메뉴를 확장하고자 맥너겟을 비밀리에 개발하고 있었다. 하지만 주재료인 닭고기 가격이 전례 없이 오르락내리락하는 중이었다. 전 세계 3,000개 매장에 제품을 출시해야 할 맥도날드로서는 닭고기 가격이 매일같이 변동하면 곤란했다.[7] 달리오는 닭고기 시세가 불안정한 이유가 옥수수와 콩 시세의 변동성이 커서라고 판단했다. 옥수수와 콩은 닭의 사료로 쓰이며, 농가들의 사료 비용 부담이 커지면 필연적으로 닭고기 가격도 올랐다. 달리오는 맥도날드에 선물거래라는 금융 상품으로 비용 문제를 해결하라고 조언했다. 옥수수와 콩 가격이 올라도 맥도날드가 지출하는 비용을 그대로 유지할 수 있는 방법이었다. 이를 통해 닭고기를 안정적인 가격으로 조달할 수 있게 된 맥도날드는 마침내 맥너겟을 출시했다.

또 다른 고객은 제과 대기업 나비스코였다.[8] 그들의 고민도 맥도날드의 문제와 비슷했다. 나비스코의 제품에 헤아릴 수 없이 다양하게 들어가는 원재료는 가격 변동성이 커서 수익성을 해칠 수 있었다. 달리오는 맥도날드에 했던 조언과 유사하면서도 더 광범위한 방법으로 나비스코의 투자 설계를 도왔다. 그는 나비스코 경영진에게 원료 가격을 안정적으로 유지하는 동시에, 오레오 쿠키를 수출한 대상국의 통화가치가 하락하면 판매 수익이 예상보다 감소하게 되는 위험을 줄이게끔 투자하는 방법을 알려주었다. 그의 복잡한 조언을 따르기로 한 나비스코는 달리오를 일일이 감독하지 않고 그에게 비용 절감분의 일부 금액을 알아서 관리할 정식 권한을 부여했다. 이는 그가 단순한 컨설턴트를 넘어 본질적으로 독립적인 투자 관리자로 거듭난 계기가 되었다는 점에서 그에게 커다란 도약이었다. 그리고 당시로서는 비교적 새로운 계약 방식에 따라, 달리오는 자신이 조언한 거래로 나비스코가 벌어들인 이윤을 일부 취할 수 있었다. 덕분에 그는 나비스코의 매출 수익을 공유하는 엄청난 특권을 얻었고, 여기서 벌어들인 수입이 단순한 고정 수수료 수입을 훨씬 능가했다.

거시적 관점의 트레이더로 거듭난 달리오는 자신의 역할을 단순한 기업 자문 이상으로 확장하면서 이득을 보기 시작했다. 그는 과학적 접근 방식으로 경제를 연구하는 경제 전문가이자 경기 순환의 역사를 날카롭게 꿰뚫어보는 거시적 안목의 사상가로 자신의 이미지를 형성했다. 또한 축산 전문지 등 금융가와 투자자가 주로 읽는 비대중적 산업 간행물에 글을 기고했고,[9] 이를 통해 특수 시장에 대한 능숙한 이해도를 뽐냈다. 그는 체결한 거래마다 체결 근거를 수첩에 적기 시작했고,[10] 나중에 결과를 표로 작성해 자신이 옳았는지 틀렸는지를 기록했다.[11] 또한 자신의 아이디어가 앞으로도 유효할지 확인하기 위해 과거의 추이를 확인했다.[12] 그 결과 소액 투자를 여러 군데에 할 때 자신의 실적이 더 낫다는 것을 발견했다.[13] 그래야 한 거래가 잘못되더라도 전체 포트폴리오가 입는 타격은 크지 않았기 때문이다.

달리오는 자신의 넓은 안목을 한층 더 강력히 입증하기 위해 당대의 시급한 거시경제 문제에 대한 사견과 함께 시황을 설명하는 일일 소식지를 유료로 배포하기 시작했다.[14] 이메일 형태의 뉴스레터가 일반화되기 수십 년 전인 당시, 팩스와 텔렉스를 통해 전송되는 이 소식지는 큰 인기를 끌었다. 달리오는 소수의 직원을 고용해 이 서한을 고객들과 언론에 널리 배포하게 했다. 소식지를 구독하는 고객 중에는 석유계 거물이자 당시 세계 최고의 부자였던 벙커 헌트 Bunker Hunt도 있었다.[15] 달리오는 뉴욕에 있는 하버드 동문 사교 클럽에서 모임을 열곤 했다. 거기서도 몇몇 사람들에게 연구 활동비의 일환으로 매달 3,000달러에 해당하는 소식비 비용을 청구했다.

달리오의 명성이 높아지고 고객도 늘어날 무렵, 그는 바버라와 자라나는 아이들을 데리고 코네티컷주 교외로 이사했다. 여기서 그는 새로운 직함을 얻었다. 정식으로 경제학 교육을 받은 적이 없음에도 그는 스스로를 브리지워터어소시에이츠의 경제 전문가라고 부르기 시작했다.[16] 이 전문가는 곧 닥칠 일에 대해 놀랄 만한 여러 견해를 품고 있었다.

∴

　금융계와 정치계의 관심을 끌 확실한 방법은 경종을 울리는 것이었다. 그리고 1981년 달리오는 곧 재난이 닥칠 기미를 목격했다.
　그는 전국에 걸쳐 고객과 언론에 세계경제가 직면한 역풍을 경고해 불안을 불러일으켰다. 시장은 격동했고,[17] 금값은 치솟고 실업률은 상승했으며 유가는 단 1년 만에 두 배 이상 올랐다. 1981년, 인플레이션을 걱정한 연준은 지출보다 저축을 장려하고자 금리를 무려 21퍼센트까지 인상했다. 경제는 침체기로 빠졌다. 레이건 정부는 경제가 올바른 방향으로 가고 있다고 고집스레 주장했지만, 달리오의 관점은 달랐다.[18] 그는 미국이 제2차세계대전 이후 역사상 최악의 경제 붕괴를 앞두었다고 생각했고, 만나는 사람 모두에게 그렇게 말하고 다녔다. 그는 1982년 3월 〈뉴욕타임스〉와의 인터뷰에서 "주택업계의 절반, 그리고 팬암, 크라이슬러, 어쩌면 포드까지 포함한 여러 기업이 망할지도 모른다"고 경고했다. 몇 달 뒤엔 "희망이 없다. 냉혹한 현실이다"라고 말했다.[19]
　달리오의 치킨 리틀Chicken Little(비관주의자. 유럽의 민담에서 세상의 종말이 다가오고 있다고 믿는 한 닭 캐릭터에서 유래. - 옮긴이) 순회공연은 당장 그에게 순수익을 안겨주진 않았지만 상당한 성과를 냈다. 자칭 전문 비관주의자 단체인 반대 의견 포럼Contrary Opinion Forum의 주최자들은 버몬트주 샴플레인 호수 기슭에서 열리는 연례 회의에 달리오를 연설자로 초대했다.[20] 달리오의 발언은 여기 모인 비관주의자들이 듣기에도 암울했다. 한 참석자는 "왜 불행은 서서히 찾아오는 법이 없죠?"라고 물었다.[21]

몇 달 후 나라의 수도에서 더 큰 기회가 찾아왔다. 실업률 증가 대책을 논하기 위한 의회 합동 위원회에 발언자로 초청된 것이다.[22] 달리오는 검은 양복을 입고 회색 줄무늬 넥타이를 맨 채 장엄한 레이번 하원 빌딩으로 위풍당당하게 들어갔다. 짙은 갈색 머리카락은 탈모가 보일락 말락 하는 이마 선을 거의 완전히 덮도록 쓸어 넘겼다. 이제 33살인 달리오는 실제 나이보다 더 젊어 보였다.

이는 달리오에게 있어서 중요한 순간이었고, 그는 거물급 정치인들의 발언 속에서도 눈에 띄도록 노력해야 한다는 것을 알았을 것이다. 그의 연설은 연습경기나 마찬가지였다. 본경기인 폴 볼커Paul Volcker 연준 의장의 연설 순서가 다음 달에나 예정되어 있었던 걸 보면 말이다. 달리오가 마이크에 손을 뻗을 때, 메릴랜드주 하원 의원 패런 J. 미첼Parren J. Mitchell은 담배에 불을 붙이며 딴청을 피웠다. 그러나 곧 달리오는 도두의 시선을 사로잡았다.

달리오는 이렇게 말문을 열었다. "지난 몇 년간의 경제 상황을 지켜보고 있자니, 마치 미스터리 스릴러를 보는 기분이었습니다.[23] 눈앞에 도사린 위험을 보고 조심하라고 외치고 싶지만 아무도 듣지 못하는 상황 말이죠." 그는 말을 이었다. "여기서 위험은 공황을 말합니다."

"경제가 위험에 처한 지 오래되었지만, 그중 우리 경제 전문가들이 진단해야 할 공황이라는 질병이 있습니다. 의사들이 오랜 잠복기를 거치는 전염병에 익숙하듯, 오늘날의 경제 전문가들은 공황이란 개념에 익숙합니다."

그는 1800년 이래 미국이 14번의 대공황을 겪었으며, 매번 같은 역사적 패턴을 따랐다고 말했다. 이제 15번째 공황이 임박한 게 분명했다. 달리오는 "지금 우리는 공황으로 가는 단계에 있습니다"라고 말했다.

청문회에 참석한 한 의원은 달리오의 태도가 "햄릿 아버지의 유령보다 더 암울했다"라고 말했다.[24]

공황depression은 경기 침체recession와는 또 달랐기 때문이다. 현 상황을 공황으로 진단할 만큼 대담한 분석가는 많지 않았다.[25] 투자자가 제시할 수 있는 가장 무서운 예측으로 무장한 달리오는 미국 제일의 비즈니스 TV 프로그램〈월스트리트 위크Wall $treet Week〉에도 출연했다. 의회에 출석하고 3주 만에 달리오는 더욱 자신감이 충만해졌다. 그는 양옆으로 팔을 벌리고 카메라 앞에 여유롭게 앉아 있었다. 그는 말하면서 눈 하나 깜빡이지 않았다.

"확실히 장담하건대 기업들이나 세계 전체적으로나 유동성 기반을 살펴보면, 현재는 지난 스태그플레이션 시기로 돌아갈 수 없을 만큼 유동성이 완전히 말라붙어 버렸습니다."[26]

쉽게 풀이하자면, 우리를 구원할 돈이 세상에 충분하지 않다는 얘기다.

그러나 달리오의 이러한 세계 최상급 자신감도 그를 사실로부터 구해주지는 못했다. 그가 텔레비전에 출연한 바로 그달에 경기 침체가 끝났다.[27] 주식시장은 그가 반대 의견 포럼에서 연설하기 몇 주 전인 8월에 바닥을 쳤다.

∴

결코 일어나지 않은 공황은 달리오에게 큰 손실을 입혔다. 그는 고객도 잃고 돈도 잃었다. 결국 얼마 안 되는 직원들을 전부 해고하고 홀로 남았다. 그는 다시 일어서기 위해 비극의 예언자 카산드라가 되기를 멈추고 다른 계획을 짜야 했다.

그는 기업들에 복잡한 글로벌 경제 역학의 이해를 돕는 재능을 살려 연구 활동에 전념했다. 특히 그동안 꾸준히 써온 경제 소식지에 가장 집중했다. 그는 이제 소식지에 〈일일 보고서Daily Observation〉라는 이름을 붙이고 배포량도 늘렸다. 그리고 오래된 고객, 생면부지의 사람들, 기삿감을 찾는 언론인들에게 보냈다. 그는 〈일일 보고서〉의 주제를 남들에게 미리 알려주는 법이 거의 없었으므로, 받는 사람 입장에서는 팩스가 도착하면 마치 깜짝 선물을 푸는 것과 같았다. 무엇보다 그의 의욕이 돋보인 제목 중 하나는 "보석상은 무엇을 하는 사람들인가?"였다.[28] 그 논설은 고가의 보석들을 판매용으로 가지고 있는 보석상들이 금과 귀금속을 '매수long'하거나 베팅하는 월가의 트레이더들과 크게 다르지 않다고 상정했다.

달리오는 예상치 못한 시장 충격으로 손실을 보고 싶지 않았던 맥도날드, 나비스코에도 비슷한 논지를 제시했다. 금 시세가 오르면 보석상은 가만있어도 반지와 목걸이 가격이 갑자기 오르니 더욱 유리해진다. 하지만 그 반대의 가능성도 있었다. 평소라면 아무리 성공했을 보석상이라도 시장이 하락하면 망할 수 있다. 달리오가 제시한 해결책은 상품 선물이었다. 그는 보석상들에게 금 선물거래를 권고했는데, 이는 쉽게 말해 금을 나중에 살 권리를 매수하는 계약이었다. 이 계약은 금 시세가 하락할 때 가치를 발하는 구조로 설계되었다. 다시 말해 보석상이 진열장에 금을 가득 '매수long'해둔 탓에 입는 손해를 선물로 얻는 이익이 완충해주는 것이다. 달리오는 경제 붕괴 예측에서는 완전히 엇나갔지만, 이러한 유형의 표적 헤지 전략은 확실히 그의 전문 분야였다.

달리오의 직설적 관점이 고스란히 담긴 〈일일 보고서〉를 통해, 브리지워터는 월가 너머까지 사업 활동을 쭉 이어갈 수 있었다. 오클라호마주 털사에 있는 미드아메리카 은행 연합Banks of Mid-America의 한 고위 임원은 이 소식지를 부하 직원들과 돌려보기 시작했다. 그는 달리오의 논설이 경제의 작동 원리에 관해 자신이 읽은 것 중 최고라고 말했다.[29] 그리고 브리지워터와 연 1만 8,000달러에 계약을 맺었다. 이는 필요시 달리오와 더 중요한 문제를 논의하는 자문 서비스도 포함된 금액이었다. 미드아메리카 은행 연합을 비롯한 고객들이 더 상세한 조언을 요구하기 시작하자, 달리오는 시장의 여러 향방에 따라 특정 날짜에 어떤 종목을 사고팔지 지침이 포함된 매트릭스를 소식지에 추가했다.[30]

소식지 중 한 통은 달리오에게서 몇 마일 떨어지지 않은, 코네티컷주 스탬퍼드에 있는 한 주요 인물의 책상에 도달했다. 달리오보다 다섯 살 어린 폴 튜더 존스Paul Tudor Jones도 월가 밖에서 활동하는 사람이었다. 존스는 테네시주 출신으로, 달리오처럼 원자재 중개인으로 경력을 시작했다. 그러나 달리오가 부진한 가운데 그의 친구 존스는 한창 잘나가고 있었다. 그는 하버드 경영대학원 입학을 거절하고 자신의 이름을 건 투자회사를 열었으며 또 금세 성공을 거뒀다.

존스는 달리오가 공황 예측이 빗나가 두들겨 맞았다는 걸 알았지만 그의 잠재력이 아직 저평가되었다고 여겼다. 그래서 달리오와 대화할 기회를 찾다가 그를 자기 회사로 초대했다.

존스는 "요즘 글로 쓰고 계신 내용을 직접 실행해볼 생각은 없나요?"라고 물었다.

존스에겐 계획이 있었다. 달리오에게 튜더인베스트먼트Tudor Investment Corporation의 자원에 완전히 접근할 권리를 주고, 두 사람이 협력하여 훗날 투자 기금을 설립하는 것이었다. 목표는 최단시간에 최대한의 돈을 버는 것이 아니라 가능한 한 낮은 위험으로 꾸준하고 지속 가능한 이익을 창출하는 시스템을 설계하는 것이었다. 궁극적인 척도는 프로그램의 샤프 비율이었다.[31] 수십 년 전에 세상에 등장한 샤프 비율은 한 포트폴리오의 변동성 대비 수익률을 계산한 것으로, 수치가 높을수록 좋다. 샤프 비율은 2.0만 되어도 준수한 편이었지만 3.0 이상이라면 최고의 투자자들에게는 의심의 여지가 없는 수준이었다.

달리오는 수년간 소식지를 집필하며 깨달은 결과를 취합했다. 그는 한마디로 모든 것을 '만약if 이러하면 그다음then 저렇게 대응'한다는 이프-덴if-then 투자법으로 압축했다. 예컨대 '만약' 한 국가에서 금리가 오르면 '그다음' 달리오는 기계적으로 다른 국가의 채권을 매도해 이를 만회하고자 했다. 이렇게 하면 투자 포트폴리오에서 일상적 의사 결정을 내릴 필요가 거의 없으므로 꽤 체계적인 접근법으로 보였다. 그는 시장의 일회성 움직임에 일일이 대응하지 않는 대신, 심층적 조사와 과거 데이터를 토대로 규칙 자체를 변경할 때만 자신의 방법에 변화를 줄 생각이었다.

몇 달 동안 청사진을 조금조금씩 수정한 달리오는 마침내 만족했다. 그는 청사진을 존스에게 가져갔고, 존스는 이를 자신의 팀에 넘겨 분석을 맡겼다. 결론: 달리오의 청사진은 샤프 비율이 1.0도 안 되었다.

친근한 남부 사투리도 존스가 느낀 실망감을 감춰주지는 못했다. 그는 "도대체 이걸로 뭘 하라고요?"라고 물었다.[32]

존스는 달리오에게 절호의 기회를 주었지만, 돌아온 결과물은 가장 중요한 기준을 충족하지 못했다. 존스는 나중에 한 동료에게 달리오가 똑똑한 건 확실하지만 투자 매니저로서는 별로라고 말했다. 적어도 달리오가 튜더인베스트먼트의 기준치에 미치지 못한 건 분명했다.

달리오는 나가면서 물었다. "투자 시스템은 어때요?"

존스는 콧방귀를 뀌었다. "그냥 가져가요."

∴

달리오는 뭔가 번뜩인 듯 계속 밀어붙였다. 그는 어떤 만남이라도 거절하지 않을 한 사람을 찾아갔다.

힐다 오초아-브릴렘버그^{Hilda Ochoa-Brillembourg}는 현실과는 다소 어긋난 고상한 직함을 지니고 있었으니, 바로 세계은행 연금 투자 부서의 최고투자책임자였다. 그녀의 일은 이 보수적인 세계은행에서 직원 수천 명의 연금 저축을 안전하게 관리하는 것이었다.[33] 출세와 거리가 먼 그녀의 업무는 모든 직원이 스스로 남보다 잘났다고 생각하는 조직에서 뒷전을 차지하는 영역이었다. 오초아-브릴렘버그 본인도 자신의 일이 세계은행에서 가장 흥미진진하고 세계를 누비는 직무가 아니라는 것을 알았다. 세계은행 본부의 사무실들은 정교하게 마감된 바닥과 원목 책상을 자랑했다. 그러나 오초아-브릴렘버그는 리놀륨 바닥의 사무실에서 철제 책상에 앉아 달리오의 〈일일 보고서〉를 읽었다.

오초아-브릴렘버그는 스스로 생각하기에 될성부른 나무의 떡잎을 알아보는 눈이 있었다. 그녀는 성공에 목마른 젊은 투자자들에게 세계은행의 자금을 투자할 의향이 있었다. 그중에서도 브리지워터는 가장 작은 회사였다. 당시 브리지워터 내부 서류에 따르면, 그들이 관리하는 투자금은 한 푼도 없었다.

그러나 달리오가 투자를 요청하러 오초아-브릴렘버그를 찾아갔을 때 그에게는 믿는 구석이 있었다. 오초아-브릴렘버그도 하버드 경영대학원 출신이었기 때문이다. 대화는 수월하게 시작되었고, 그녀는 달리오의 말을 들을수록 그가 명석한 사람이라고 생각하게 되었다. 예를 들면 그는 최근 통화가치와 19세기 철도 채권 가격을 연결 짓는 식으로, 통상 서로 무관해 보일 법한 국가 및 산업계의 세부적인 경제 사실들을 꿰고 있었다.[34] 오초아-브릴렘버그가 보기에 달리오는 어떤 연결 고리를 찾고, 한 곳의 도미노가 멀리 떨어진 다른 곳의 도미노를 넘어뜨린다는 걸 예측할 수 있는 사람 같았다. 또 어떤 데이터가 중요하고 어떤 데이터가 잡음인지 재빨리 판단하는 듯했다. 다만 그녀는 몇 년 전 달리오의 공황 폭탄 발언에 대해서는 들은 바가 없었다.[35] 소식지에도 그 사건이 언급된 적이 없었고, 달리오도 입 밖에 꺼내지 않았다.

오초아-브릴렘버그는 약간 신중을 기한다면 브리지워터에 투자를 걸어볼 가치가 있다고 생각했다. 결국 세계은행은 연기금 계정에서 500만 달러를 브리지워터에 위탁했다. 대신 이 돈은 국채처럼 고정소득이 보장되는 비교적 안전한 영역에 투자되어야 한다는 조건을 달았다. 오초아-브릴렘버그는 달리오가 해외에 베팅해도 괜찮다고 했지만, 미국 국채 시장과의 상대적 성과에 따라서만 평가할 것이라는 입장을 견지했다.[36] 만약 달리오가 해외투자 때문에 돈을 잃으면 용납하지 않겠다는 것이다.

수수료 이야기가 나왔을 때, 모든 패는 오초아-브릴렘버그가 쥐고 있었다. 결국 달리오는 연 0.20퍼센트의 고정 수수료, 즉 연 1만 달러로 포트폴리오를 관리하기로 동의했다.[37] 그가 소식지 발행으로 벌어들이는 금액보다도 적었다. 하지만 이는 새로운 시작이었다.

퓨어 알파
Pure Alpha

달리오가 나무 벤치에 편안하게 앉으려고 엉거주춤하는 사이, 얼어붙은 잔디가 그의 부츠 밑에서 바스락거렸다. 한겨울 밤중의 코네티컷주 야외라는 배경 설정은 그의 선택이 아니었다. 하지만 이 기사의 주제에 대해서는 그가 협상할 처지가 아니었다. 〈포브스〉 편집자들이 기사 주제와 사진 설정이 어울리길 원했으므로, 달리오는 청바지와 캐주얼 재킷을 입고 벤치에 앉아 사진작가의 지시를 따랐다.[1] 최종 인쇄된 사진에서 그의 얼굴은 그림자에 반쯤 가려져 있었다. 이 사진이 전하는 메시지는 그다지 미묘할 것도 없었다.

기사는 이렇게 시작되었다. "공황이 다가온다? 다가오긴 개뿔, 레이 달리오는 이미 와 있다고 말한다."

1987년 2월, 달리오는 다시 비관주의자가 되었다. 이번에 그의 우울한 관점을 촉발한 것은 다름 아닌 미국인의 생활 방식이었다.

달리오는 미국 소비자들이 너무 많이 대출하고, 너무 적게 저축하며, 새 텔레비전을 사느라 돈을 낭비하고 있다고 말했다. 주식시장은 지난 2년 동안 두 배 올랐지만 미국의 사정은 이와 동떨어졌고, 낭비의 대가를 치를 날이 다가오고 있었다. 달리오가 말했다. "사람들은 자신이 부유해졌다고 생각하면 그 부를 소비하기 시작한다. 그들은 파산과 경제적 고통을 겪어야만 저축과 근면의 이점을 이해한다."

음울한 곡조가 달리오의 스탠더드 넘버이긴 하지만, 이번에는 그 악기가 전혀 달랐다. 그는 1985년에 직원을 3명으로 감축한 이후 브리지워터를 〈포브스〉 말마따나 탄탄한 중형 기업으로 키워왔다. 마찬가지로 〈포브스〉의 표현을 빌리자면, 달리오는 이제 뉴욕, 로스앤젤레스, 런던, 홍콩에 지사를 두고 44명의 직원을 이끌게 되었다.* 브리지워터는 2년 전보다 4배 많은 약 2,000만 달러를 관리했다. 달리오의 최근 연구 보고서인 "미국 제국의 쇠퇴"를 받은 고객 중에는 시티은행과 소련 언론사 타스TASS 같은 글로벌 고객도 있었다.

〈포브스〉 기자가 물었다. "폭락이 언제쯤 올까요?"

달리오가 대답했다. "1년쯤 후로 예상합니다."

8개월 후 블랙 먼데이로 알려진 1987년 10월 19일, 38세의 달리오는 자신이 미국 주식시장 역사상 하루 사이 기록된 가장 큰 폭의 하락을 예측했다고 말할 수 있었다.[2] 주가는 단 하루 만에 23퍼센트 가까이 떨어져 크고 작은 투자자들을 충격에 빠뜨렸다. 〈월스트리

---

* 이는 사실과 다르다. 브리지워터에는 그만큼의 직원 수나 지사가 없었다. 하지만 분명 달리오는 정정을 요구하지 않았다.

트저널〉은 맨해튼 어퍼웨스트사이드의 거리가 막 재난에서 탈출한 듯 눈에 초점을 잃은 젊은 트레이더들로 가득했다고 묘사했다.³

북동쪽으로 80킬로미터 떨어진 곳에서 달리오는 자신의 상금을 세고 있었다. 10년 만에 처음으로 하락장이 그와 브리지워터에 이익을 안겨주었다. 그는 자신의 신념을 따랐고 블랙 먼데이를 향해 내리닫는 주식을 매도, 즉 하락 베팅했다. 또한 브리지워터는 위기 때도 성과가 좋았던 전통적인 안전 자산인 미국 국채를 보유 중이었다. 연말에 브리지워터의 자산은 27퍼센트 불어났고, 주식시장보다 몇 배가 넘는 수익률을 기록했다.⁴

달리오의 총수익률은 인상적이었지만 순수익은 비교적 적었을 것이다. 고객 투자금이 2,000만 달러밖에 되지 않아 대박을 노리기엔 충분하지 않았기 때문이다. 달리오의 연구 보고서를 읽고 만족하는 고객은 많았지만 그에게 돈을 맡긴 고객은 거의 없었다. 브리지워터의 투자 조언은 꼭 필요한 것이 아니라 이왕이면, 있으면 좋은 것으로 여겨졌다. 블랙 먼데이 이후 달리오는 폴 튜더 존스가 자기처럼 시장 비관론을 내놓은 후 세계적 유명 인사가 되는 것을 지켜보았다. 두 사람의 차이점은 시장이 폭락했을 당시 존스에겐 2억 5,000만 달러의 자산이 있었다는 것이다.⁵ 존스는 그해에 개인적으로 거래 수익 약 1억 달러를 벌었다.⁶ 달리오는 PBS 다큐멘터리 〈트레이더Trader〉에 나오는 존스를 보았다. 이 다큐멘터리 속에서 존스는 침실 18개가 딸린 별장에서 주말을 즐기고 있었다.⁷

존스 같은 삶을 살려면 예측의 적중 빈도를 높이는 게 문제가 아니었다. 훨씬 더 대규모의 자산을 들고 적중시켜야 했다.

∴

첫 관문은 다시 텔레비전에 출연하는 것이었다.[8] 달리오는 카리스마 넘치고 막 떠오르기 시작한 한 사회자가 진행하는 시카고 지역 방송 토크쇼에 패널로 출연하게 되었다. 사회자는 그를 다음과 같이 소개했다.

"다음 모실 손님은 우리가 일본에 철저히 의존하는 데 익숙해져야 한다고 경고합니다. 그러지 않으면 우리의 생활 수준이 현저히 떨어질 것이라면서요. 바로 경제 전문가, 투자 매니저, 브리지워터의 CEO 레이 달리오입니다."

이 에피소드의 제목은 "외국인이 미국을 점령하다"였다. 실직한 철강 노동자 등이 포함된 스튜디오 방청객은 일본 자금이 물밀듯이 밀려와 미국 부동산 가격을 올린다는 사실에 격분했다. 방청객은 푸른 줄무늬 정장을 입은 달리오의 말을 어찌 받아들여야 할지 몰랐다. 달리오는 미국의 경제력이 끝물에 접어들었다는 의견을 피력했다.

"사람들은 점점 가난해지는 단계로 진입하기 시작했지만, 여전히 자신이 부자인 줄 압니다…."

"그것참 큰일이네요." 오프라 윈프리^{Oprah Winfrey}가 끼어들었다.

"정말 큰일이죠. 미국은 그런 곳입니다. 얼마나 비싼 차를 운전하느냐에 따라 생활 수준을 판단하고, '이렇게 소비할 수 있다면 난 부자야. 이 수준을 유지하려고 얼마나 대출받는지는 중요하지 않아'라고 말합니다. 제가 보기에 미국인들의 사고방식은 원래 그래요."

"다들 그렇게 생각하시나요? 이 의견에 동의하십니까?" 윈프리가 방청객들에게 물었다.

몇몇 사람들이 "아니요"라고 외쳤다.

달리오는 굴하지 않았다. "지금 우리에게 펼쳐지고 있는 일은 사실 수백 년째 진행되어온 일입니다. 우리는 늘 문명의 흥망성쇠를 겪었습니다. 문제는 우리의 과소비입니다. 우리는 VCR과 자유를 맞바꾸고 있습니다."

쇼에 전화를 건 한 시청자가 인종차별 가능성을 제시했다. 일본인은 미국에 거액을 투자할 수 있는 최초의 유색인종이었다. 윈프리는 달리오에게 바로 바통을 넘겼다. "달리오 씨, 이분은 일본인이 유독 비난받는 이유가 이렇게 대규모로 부동산을 사들인 최초의 유색인종이기 때문이라네요. 어떻게 생각하세요?"

이때까지만 해도 쇼에서 별로 뚜렷한 인상을 남기지 못했던 달리오는 시선을 끌 기회를 잡았다. 그는 윈프리에게 말했다. "분명히 말하자면, 일본인은 인종차별주의자입니다. 일본인이 인종차별주의자라는 사실 하나는 확실하죠."

이때 방청객들에게서 뜨문뜨문 박수갈채가 터졌다.

윈프리는 바로 반격했다. "그 말씀이 인종차별적으로 들리네요."

"아니요, 있는 그대로의 사실일 뿐인데요. 제겐 일본인 고객이 많습니다. 그들과 나가서 식사하고 한잔할 일이 많아서 그들을 잘 압니다. 그래서 인종차별주의자라고 말씀드리는 겁니다. 그게 사실이고 현실이에요."

그는 항복의 표시로 팔을 머리 위로 들어 올렸다. 마치 '사실을 전달했을 뿐이니 날 탓하지 말라'라고 말하는 듯했다.

달리오는 대부분의 다른 사람들이라면 하지 않을 발언으로 다시 한번 주목을 받았다.

∴

카메라가 꺼지면, 달리오는 그렇게 열변을 토하지 않아도 되었다. 블랙 먼데이가 직접, 그것도 꾸준히 수익을 안겨주었기 때문이다. 이는 한 세대의 부자 투자자들을 몹시 겁먹게 했다.

달리오는 기회를 포착했다. 그는 약 2년 전 브리지워터의 첫 직원 중 한 명으로 상근직 마케팅 담당자 크리스 스트라이트Chris Streit를 고용했다.⁹ 나이 지긋한 스트라이트는 한때 달리오의 회사에 투자를 고려했던 메릴린치에서 상무이사를 지냈다. 스트라이트는 이미 유명한 인물이어서 브리지워터가 그의 영입을 자랑스럽게 발표할 만했다. 브리지워터는 한 투자 전문지에 이 소식을 전하며 적잖은 과장도 보탰으니, 자신들이 관리하는 자산이 7억 달러라고 밝혔다. 스트라이트는 눈이 휘둥그레지는 그 금액이 실제 금액의 근처에도 못 간다는 것을 알고 있었다. 그는 브리지워터의 소식지를 구독하는 사람이 대부분 브리지워터에 투자하지 않았음에도, 달리오가 그들의 자산을 전부 합쳤을 것이라 짐작했다.¹⁰ 나중에 스트라이트는 "초창기에는 과장이 좀 많았다"라고 회상했다.

스트라이트는 자신의 새로운 상사가 체면을 중시한다는 것을 곧 깨달았다. 달리오는 코네티컷주 윌턴에 개조한 어지러운 헛간을 집 겸 사무실로 썼다. 수십 년 뒤에는 그 시절의 소박한 시골 생활이 그립다는 듯 말하기도 했지만, 당시 그의 야망으로 보건대 그렇지만도 않았던 듯하다. 이미 그는 지위를 강하게 의식하는 사람들, 즉 중국인을 고객으로 유치하려고 계획 중이었다.

덩샤오핑鄧小平이 중국 경제를 개방한 지 10년도 채 되지 않은 그때, 달리오는 여름이면 여러 차례 아내를 데리고 중국에 갔다. 그곳에서 그는 미국 주류 금융계에서는 여전히 관심 밖이었던 여러 사업체를 방문했다. 가장 초기에 그의 고객 중 하나는 중국국제신탁투자공사CITIC였는데, 이 회사는 집권 공산당과 연결된 국영 대기업이었다. 언젠가 한 CITIC 임원이 달리오에게 자기 딸이 일주일간 미국을 여행하니 그녀의 숙박을 도와달라 부탁했고, 달리오는 승낙했다. 그리고 훗날 스트라이트가 회상하기를, 그는 달리오의 요청에 그리니치에 있는 자신의 대저택에 임원의 딸을 묵게 하고 자신의 메르세데스로 직접 기사 노릇까지 했다고 한다.[11] 여기에 숨은 주목적은 그녀가 달리오와 머리 희끗한 베테랑처럼 보이는 동료 스트라이트가 아주 성공한 사람들이라는 인상을 받고 집에 돌아가서 이를 부모님께 전하게 하는 것이었다.

달리오와 스트라이트에게 가장 중요한 표적은 이른바 기관투자자였다. 기관투자자는 자신을 위해 거래하는 개인 투자자나 소매 투자자와 달리, 연기금 같은 더 대규모의 수혜자 집단을 위해 투자를 결정하는 전문 자금 관리자에 의해 운영된다. 1990년대 초반쯤에는 기관투자자가 미국 대기업 주식의 약 40퍼센트와 채권의 상당 부분을 차지했다.[12] 월가의 큰손인 그들은 규모는 크지만 다가가기 까다로웠다. 이들 기관의 투자 담당자들은 깐깐하고 보수적이며 때로는 옹졸하기도 해서, 돈을 잃는 것만큼 체면을 잃는 것도 걱정했기 때문이다.

달리오는 상황 파악을 잘했다. 그의 위험 회피 성향은 그 시대에 잘 들어맞았다. 그의 접근 방식을 일종의 마케팅 술책으로 치부할 수도 있겠지만, 비슷한 시도를 한 많은 유명 경쟁사 중 어디에서도 그만한 성과를 내지 못했다. 달리오는 특히 연기금을 유치하려 노력했고, 또 한 번의 시장 붕괴를 걱정하는 모든 사람들에게 어필할 전략을 알았다.

러스티 올슨Rusty Olson도 시장 상황을 걱정하는 사람 중 한 명이었다.[13] 뉴욕주 로체스터에 소재한 이스트먼코닥의 직원 연금 책임자였던 그에게는 새로운 대책이 절실하게 필요했다. 그는 연금 자금의 절반 이상을 연금보험에 투자해놓았다.[14] 따라서 이스트먼코닥의 퇴직자 수천 명을 위한 연금이 불안하게도 월가의 한 복잡한 금융 상품의 성과에 달려 있었다. 이는 올슨에게 블랙 먼데이 이후 가장 중대한 이슈였다. 올슨은 각지에서 사흘에 한 번꼴로 찾아와 자신들만 믿으라고 주장하는 영업 사원들과 상담했다. 그러던 어느 날 올슨은 세계은행에 재직 중인 지인 오초아-브릴렘버그의 추천으로 달리오를 만나기로 했다.

블랙 먼데이 이후 시장은 꾸준히 회복되고 있었지만, 브리지워터 창립자의 말만 들어서는 아무도 회복세라 생각하지 못했을 것이다. 달리오는 만나는 사람에게마다 공포 발언을 쏟아냈고, 더 끔찍한 미래가 목전에 왔다고 예견했다(한 인터뷰 기자는 "달리오는 경제적 인간이 타락할 수 있다고 진지하게 믿는다."[15]라고 기술했다). 달리오는 해마다 자신만만하게 예측하기를 1988년에는 공황이 온다고 했고,[16] 1989

년에는 3년간 경기가 침체될 것이라 했으며,[17] 1990년에는 다시 공황이 온다고 했고,[18] 1991년에도 여전히 공황 가능성을 강력히 주장했다가,[19] 1992년에는 약간 수정해서 "마치 성대한 파티를 즐긴 후의 숙취처럼 남지만 결코 사라지지 않는… 현대판 공황"이 올 것이라고 말했다.[20] 그는 "미국 경제는 본질적으로 1930년대와 같은 움직임을 보이고 있다. 이것은 침체가 아니라 공황이다"라고 했다.[21]

알고 보니 현실은 공황이 아니었다. 하지만 달리오는 자신의 예측력을 내세워 올슨을 설득하지 않았다. 그는 직관에 반하는 연구 결과들로 중무장하고 찾아왔다. 달리오는 주식시장에 유독 영향받기 쉬운 코닥의 투자 구성에서 위험을 낮출 방법으로, 코닥의 투자액을 줄이는 대신 오히려 레버리지, 즉 차입금을 이용해 투자액을 늘릴 것을 제안했다.[22] 당시 레버리지는 대체로 위험한 수단으로 여겨졌다는 점에서, 달리오가 권한 상품은 반직관적이면서도 혁신적이었다. 하지만 그는 올슨에게 코닥이 국내외 국채 등 주식 이외의 비교적 견고한 종목을 다양하게 구성함으로써 안전하게 "레버리지를 높일" 수 있다고 말했다. 이 베팅은 종목별로만 보면 주식 수익률에 못 미칠 수 있지만, 차입으로 베팅을 확대하면 누적 투자 규모가 불어난다. 중요한 것은 전체적으로 보면 위험이 낮게 유지된다는 것이었다. 달리오가 레버리지를 배치한 시장은 변동성이 거의 없을 만큼 충분히 안정적이었기 때문이다. 그래서 달리오는 올슨을 비롯한 여러 사람들에게 일주일에 몇 번씩 도돌이표처럼 자기 상품을 홍보했다.

달리오는 "이게 성공한다면 엄청난 돈을 벌 겁니다. 무지개 끝의 금단지를 정말로 손에 쥐게 될 거라고요"라고 말했다.[23]

올슨은 설득에 넘어갔다. 그는 코닥의 연금 자금을 브리지워터에 투자했다. 나중에 올슨은 달리오의 발상을 "신개념"이었다고 표현했다.24

∴

그때 달리오의 로체스터 출장길에는 또 한 명이 동행하고 있었으니, 털사 퍼스트내셔널은행First National Bank of Tulsa의 회계 담당자였던 밥 프린스Bob Prince였다. 프린스의 상사는 브리지워터의 소식지를 아주 마음에 들어 해서, 프린스가 북동부의 떠오르는 회사 브리지워터로 이직하는 것을 허락했다. 달리오보다 약 10살 어린 프린스는 브리지워터에서 달리오의 반쪽으로 빠르게 자리 잡아갔다.

푸른 눈의 중서부 출신 미남 프린스는 털사 대학교에서 골프 특기생이었고 MBA와 CPA를 취득했다. 그는 느긋한 성격으로 친구를 쉽게 사귀었는데,25 그중에는 그가 좋아하는 밴드이자 1980년대에만 활동한 뉴웨이브, 얼터너티브 록 그룹 어셔스the Ushers의 멤버들도 있었다. 그들 중에서 프린스가 교회에 자금줄을 대줄 만한 타입이라고 생각한 친구는 아무도 없었다. 젊어서부터 지역 교회에 봉사하며 언젠가 평생 공로를 인정받을 활동가가 된다면 몰라도 말이다.

프린스가 브리지워터에서 일하기 위해 여자 친구와 함께 뉴욕으로 이사했을 때 그는 그다지 도시남 타입은 아니었다. 맨해튼의 전형적인 소형 아파트에 살게 된 프린스는 동네 식료품점에서 다양한 과일과 기타 잡화도 파는 것을 보고 신기해했다. 그는 집들이차 찾아온 한 고향 친구에게 새 상사 달리오가 모든 직원에게 큰 기대를 걸고 있고 자기에게도 남들과 똑같이 대하라고 했다며 달리오를 치켜세웠다. 브리지워터에서는 실수를 질질 끌지 말고 그때그때 발견해 정면으로 해결해야 했다. 한적한 중서부의 은행에서 온 프린스는 이런 분위기가 기분 좋고 짜릿한 변화라고 생각했다. 그는 고향 친구에게 "정말 많은 걸 배우고 있어. 이곳 경영 방식은 신선하고 독특해"라고 말했다.[26]

외모상으로 달리오와 프린스는 서로를 보완하는 한 쌍이었다. 달리오는 점점 체중이 늘고 두 벌의 카키색 바지를 번갈아 입는 고등학교 교사처럼 보인 반면, 프린스는 이두박근을 돋보이게 하는 깔끔한 흰색 폴로 셔츠를 입고 회의에 나타나는 것으로 알려졌다. 기질적으로도 그들은 서로 정반대였다. 달리오는 장황하게 횡설수설하는 경향이 있는 반면 프린스는 조리 있고 말씨가 차분한 편이었다.

프린스는 털사 대학교 시절 현대 포트폴리오 이론에 특히 해박했던 재무학 교수 리처드 버제스Richard Burgess 밑에서 수학했다. 1950년대에 고안된 현대 포트폴리오 이론은 다양하게 이루어진 자산군의 과거 수익률과 변동성을 조사해 투자 포트폴리오를 구축하는 기술이었다. 요령은 어떤 한 악재가 투자를 총체적으로 해치지 않도록, 서로 상관계수가 없거나 동반 등락하지 않는 종목 간에 돈을 나눠 투자하는 것이었다. 버제스는 자신의 모델을 공유해 학생들에게 투자 종목을 얼기설기 혼합하는 방법을 가르쳤다.[27] 이는 주어진 위험 수준에서 가능한 한 가장 높은 수익을 내는 방법을 찾는 실험이었다. 그는 자신의 수업을 들은 제자 중 억만장자가 배출될 것이라고는 상상도 못 했을 것이다. 프린스와 달리오만이 유일하게 이 현대 포트폴리오 이론의 잠재력을 알아냈으니 이는 마땅히 그들의 공적이었다.

프린스가 브리지워터에 합류한 지 몇 달 후, 브리지워터는 달리오의 헛간 집에서 남쪽으로 몇 마일 떨어진 번화가로 이전했다. 그곳에서 프린스, 달리오 그리고 소규모 팀은 점점 유명 고객을 확보하고 수억 달러 규모의 자산을 운용하게 되었다. 코닥을 비롯해 제너럴일렉트릭, 모빌, 듀폰 등 미국의 우량 대기업과 코네티컷주, 위스콘신주 등 주 정부 직원 연금도 합류했다. 달리오는 돈을 더 많이 버는 것보다 번 돈을 유지하는 것에 신경 쓰는 보수적인 회사들을 꾀는 능력이 탁월했다.

달리오는 제공하는 조언뿐 아니라 조언을 표현하는 방식도 고객 맞춤형이었다. 코닥과의 회의를 앞두고 달리오는 직원들에게 코닥 임원들이 브리지워터의 관리 부서 사무실에도 들르게끔 방문 동선을 짜두라고 지시했다. 그래야 브리지워터에서 새로 장만한 고가의 코닥 대형 프린터를 코닥 임원들이 볼 수 있기 때문이었다.

달리오는 강렬하면서도, 때로는 해맑을 정도로 자기 행동에 대해 자각이 없기도 했다. 직원들은 프린스가 입사한 지 몇 년 후, 회사에 직원이 20여 명 정도밖에 안 되었을 때의 한 일화를 종종 끄집어내기를 좋아했다. 회의가 잡혀 있던 어느 날 달리오는 아픈 몸을 이끌고 출근했다. 결국 그는 회의 도중 휴지통을 의자 옆으로 슬쩍 끌어와 그 안에 토했다. "그다음 그는 휴지통을 옆으로 밀었고, 우리는 아무 일도 없다는 듯 회의를 계속했다."[28] 한 전직 브리지워터 직원이 〈맥심〉지에 밝힌 내용이다.

브리지워터와 달리오는 그의 강렬함이 비호감 요소이긴커녕 팔리는 요소라는 것을 알게 되었다. 그 특성은 수십 년 후 실리콘밸리에 만연하게 될, 책상에서 일하고 먹고 자는 유명 기업인들의 일중독을 미화하는 사고방식의 원조 격이었다.

브리지워터의 거래 방식 역시 시대를 앞서 있었다. 월가에서 더욱 정교한 알고리즘이 보편화되기 전인 그때, 브리지워터의 거래 절차는 완전히 수등식이었다. 달리오와 직원들은 시장 움직임에 역사적으로 정부가 어떻게 대응해왔는지를 살펴보고 그 흐름을 현재 시장에 적용할 수 있는지 연구했다. 이때 주로 사용된 도구는 초기 버전의 도표 작성 프로그램인 마이크로소프트 엑셀이었다.[29] 탁자에는 규칙들(기본적으로 주어진 거래의 수익 창출 여부를 기록한 것일 뿐이었다)이 수기로 적힌 노란색 유선 메모지와 휴대용 계산기들이 쌓여 있었다.[30]

달리오는 브리지워터에서 자유로운 영혼이었다. 헝클어진 머리에 플란넬 셔츠를 삐뚜름히 걸친 그는 신발 벗은 발을 책상 위에 올려놓고 파이프 담배를 피우며 몇 시간이고 사무실에서 혼자 보낼 수 있었다.[31] 그러나 이렇게 겉모습이 느긋하다 해서 속마음도 태평스러운 사람은 결코 아니었다. 어느 날 프린스는 혼자만의 시간을 보내던 달리오를 급히 방해할 일이 생겼다.

프린스가 말했다. "저기, 레이. 내가 거래 체결하는 걸 깜빡했네요."

달리오의 얼굴이 시뻘게졌다. "그게 말이 돼?"

프린스는 나중에 인터뷰에서 달리오의 반응이 "불을 뿜는 용" 같

았다고 묘사했다.³²

 달리오에게 실수란 절대 그냥 넘어갈 일이 아니었다. 실수는 특히 달리오 자신이 피할 수 있었던 과오를 포함해, 과오를 저지르는 인간 개개인의 심리 상태를 깊이 파고들 기회였다. 그는 경력 초기에 그런 과오가 잦았다고 종종 말하곤 했다. 예컨대 옛날에 자신의 상사 앞에서 폭발했을 때는 감정을 주체하지 못했고, 의회에 출석해서 앞으로 닥칠 재앙을 예고할 땐 지나친 자신감을 보였다. 그는 자신이 이러한 실수를 일으킨 원인을 제대로 파악하고 바로잡았다고 믿었으며, 같은 실수가 다시 반복되지 않도록 자신의 부하 직원들에게도 이 지혜를 전파하기로 결심했다. 어느 날 달리오는 프린스와 면담하면서 직설적인 피드백을 전달했다. 앞으로 프린스는 회사 안팎에서 비판에 더 자주 노출될 각오를 해야 했다. "자네는 자기 신뢰가 너무 과해. 그러니 어려움을 헤쳐나가지 못하지. 자신감을 좀 죽였더라면… 훨씬 성공했을 텐데."³³

 달리오가 이 피드백을 사적으로 전달했고 그가 가까운 동료라고 생각했기 때문에, 프린스는 그의 피드백을 상사의 유익한 코칭으로 받아들였다.

∴

 브리지워터는 순자산, 즉 고객의 투자금 측면에서 80년대 후반과 90년대 초반에 급성장을 이어갔다. 그들이 관리하는 자산은 1992년, 단 1년 만에 두 배 늘어 12억 달러가 되었으며, 다음 해에도 거의 두 배 늘어났다. 그러나 그 성공 이면에 브리지워터의 사업에는 근본적인 문제가 있었다. 성과가 아무리 좋아도 거의 눈에 띄지 않는다는 것이었다.

이 점은 브리지워터의 결함인 동시에 특징이었는데, 그 기원은 달리오가 경영대학원을 졸업하고 첫 직장에서부터 해왔던 업무 유형으로 거슬러 올라간다. 당시 "위험관리"라고 불리던 것은 이후 10여 년을 거쳐 현재 브리지워터에서 "헤지 포트폴리오"라고 불리는 것으로 바뀌었다.[34] 예컨대 한 고객이 유럽 주식 포트폴리오를 보유한 경우 브리지워터는 유럽 통화가치의 변동이 끼치는 영향을 최소화하는 일련의 거래를 수행할 수 있었다. 이와 같은 방식은 가치가 있었지만, 그 가치엔 한계가 있었다. 꾸준한 수익을 내도 대박을 터뜨리지는 못하니 최고로 쳐줄 순 없었다.[35] 그래서 브리지워터는 헤지 외에도 추가 거래, 즉 오버레이overlay라는 것을 고객에게 홍보하기 시작했다. 이는 달리오와 브리지워터가 가치가 오를 것 같은 통화를 매수해놓고 다른 통화를 반대 베팅으로 매도하는 것이었다. 이로써 브리지워터는 기존의 엄격한 위험관리에서 탈피했지만, 달리오는 여전히 경계를 늦추지 않아야 할 충분한 유인이 있다고 생각했다. 브리지워터는 이 추가 거래가 성공하거나 적어도 손실을 면했을 때만 총수익 또는 손실 절감액의 일정 비율을 취할 수 있었기 때문이다.

이는 명칭만 아닐 뿐이지 사실상 헤지펀드였다.

헤지펀드의 유래는 전직 공산당 스파이이자 중년의 사회학자인 알프레드 윈슬로 존스Alfred Winslow Jones가 1949년 10만 달러로 최초의 펀드를 시작한 것으로 거슬러 올라간다.[36] 존스는 돈을 빌려 추가로 베팅했고, 추가 자금을 일부 이용해 전망이 안 좋을 것 같은 주식을 공매도했다. 한 전기 작가의 표현을 빌리자면 그 결과는 '마법'과 같았다.[37] 매도 포지션 종목은 약한 기업들이었기 때문에 상승장에서는 매수 포지션 종목의 상승폭이 매도 포지션 종목의 상승폭보다 더 커야 했다. 그 반대도 마찬가지였다. 하락장에서 부실한 기업들은 존스가 매수 포지션으로 모아둔 비교적 건실한 기업들보다 더 큰 폭으로 하락할 테니, 그가 매도 포지션에서 얻는 이익이 매수 포지션에서 발생하는 손실보다 클 것이었다. 그만큼 성과는 존스가 전체적으로 주식을 선별하는 안목에 달려 있었다. 따라서 그는 전체 시장과 비교해 자신이 선택한 종목의 성과를 면밀히 추적해 수첩에 기록했다. 시장이 10퍼센트 상승하고 그가 매수한 종목이 같은 기간에 15퍼센트 상승했다면 존스는 이 5퍼센트포인트의 차이를 자신의 기술 덕으로 돌렸다.

이것은 쭉 효과가 있다가 결국 실패했다. 1970년 존스의 펀드는 참담한 종목 선정으로 35퍼센트 폭락했다.[38] 그가 체면을 구길 무렵, 그의 영향을 받은 업계의 체면도 말이 아니었다. 대중은 헤지펀드의 시대는 가고 투자은행과 정크 본드의 시대가 왔다고 생각했다. 이후 무려 20년간의 동면 끝에, 헤지펀드 업계는 헝가리 태생의 트레이더 조지 소로스$^{George\ Soros}$ 덕분에 다시 수면 위에 올랐다. 1992년 신문 1면을 장식한 소로스는 영국 파운드에 수십억 달러를 반대 베팅해 영란은행을 무너뜨려 유명세를 탔다. 소로스가 변론을 위해 미국 의회에 출석했을 때 가장 많이 들은 질문은 "헤지펀드가 뭡니까?"였다.[39]

소로스는 "헤지펀드들의 유일한 공통점은 매니저들이 관리 자산의 고정비율이 아닌 성과에 따라 보상을 받는다는 것"이라고 답했다.

또 소로스는 "솔직히 헤지펀드는 당신들이나 규제 당국이 신경쓸 대상이 아니라고 생각한다"라고 덧붙였다.[40]

달리오는 그런 허세에 자신도 같이 묶일 위험을 알았을 것이다. 1982년 그의 예측이 공개적으로 빗나간 이후 쇼맨이라는 평판만큼은 그에게 절대 필요하지 않았다. 달리오의 고객들은 기업계에서 가장 보수적인 축에 속하는 기관들이었다. 달리오는 그들의 장단에 맞춰 좀 더 저자세를 취해야 했다.

20년 동안 그랬듯 달리오는 무수히 많은 연구로 고객들에게 다가갔다. 그는 고객들에게 자신의 투자 지식 수천 가지를 검토한 결과 대략 20개 중 19개꼴로 버렸다고 말했다. 시장 움직임을 예측할 수 있다는 확신이 들지 않는 규칙은 계속 고수할 가치가 없었기 때문이다. 달리오는 그렇게 해서 탄생한 재무 원칙들의 집합에 '상위 5퍼센트'라는 새로운 브랜드를 붙이고,[41] 이 알토란 같은 상품에 투자할 관심이 있는 투자자를 대상으로 공모를 실시했다.

이 상품은 실패했다. 마케팅 담당자인 크리스 스트라이트는 "처음엔 좋은 줄 알았지만 나중에 보니 대체로 부실 종목들이었다"라고 말했다. 기실 '하위' 5퍼센트를 발견해 놓고 여기에 투자하라고 광고하는 투자회사가 어디 있겠는가?

달리오는 더 별난 방법을 시도했다. 그는 알파와 베타라는 개념을 꺼내기 시작했다. 베타는 모든 투자자가 단순히 시장 위험에 노출됨으로써 그 자체로 기대되는 수익이었다. 예컨대 평균 채권 가격이 8퍼센트 상승하면 가장 기본적인 바닐라 채권 포트폴리오를 보유해 얻은 처음 8퍼센트가 베타에 해당한다. 베타는 본질적으로 좋지도 나쁘지도 않다. 단지 특별하지 않을 뿐이다. 반면에 알파는 일종의 가욋돈이었다. 알파는 유능한 매니저가 베타 수익에 더해 얻을 수 있는 추가 수익이었다.[42] 앞서 언급한 예에서 브리지워터의 채권 포트폴리오가 10퍼센트 상승했다면 브리지워터는 2퍼센트포인트의 알파를 추가로 달성한 것이다.

이런 식으로 투자 성과를 구분하는 것은 전혀 새로운 발견이 아니었다. 40년 전 알프레드 윈슬로 존스가 자신이 선택한 주식 성과를 추적해 수첩에 기록한 것과 정확히 같은 원리였다. 그러나 달리오의 공은 단순히 오랫동안 묻혀 있던 법칙을 다시 발굴한 점이 아니라 그것을 '알파'라는 멋들어진 이름으로 포장해서 발굴했다는 점에 있었다.*

달리오는 알파, 더 정확히는 "알파 오버레이"라고 그가 명명한 아이디어를 자신의 첫 고객인 세계은행에 소개했다. 만약 그가 진정한 알파를 생산할 수 있다면 세계은행은 그에게 기꺼이 수수료를 지불할 의향이 있을까? 오초아-브릴렘버그는 제안을 거절했다. 달리오가 똑똑한 사람인 건 인정했지만, 오초아-브릴렘버그의 입장에서는 대단한 신상품이 나왔다면서 더 높은 수수료를 요구하는 월가의 펀드 매니저들을 진부할 정도로 익히 봐온 터였다. 그녀는 신생 기업이 점점 성장하면서 나중엔 자기네 주머니 채우기에 급급해지는 패

---

* 이러한 맥락에서 달리오가 알파의 활용을 창안했다고 보긴 어렵지만, 알파를 대규모로 시장화한 최초의 인물 중 한 명이었음은 의심의 여지가 없다.

턴을 여러 번 목격했다. 그리고 그녀는 달리오가 아무리 호언장담해도, 그가 자신에게 추천한 거래가 사실상 금리의 상승 또는 하락에 대한 베팅일 뿐이라는 것을 알아차렸다.[43] 월가의 트레이더라면 누구나 자기 의견이 있고 이에 자신 있어 했다. 달리오에게 더 이상 특별한 이점이 있다고 확신하지 못한 그녀는 브리지워터에 투자한 자금을 회수했다.[44]

이후 오초아-브릴렘버그는 다른 기관투자자들이 자신만큼 의심을 품지 않는다는 사실을 알고 놀랐다. 이 기관들은 자기네 펀드매니저 달리오가 최고로 훌륭하고 똑똑하다고 믿었으므로 알파에 충분히 거액을 투자할 가치가 있다고 보았다. 그리고 달리오는 훌륭하고 똑똑하다는 인상을 남기는 데 유리한 고지에 있었다. 어쨌든 그는 수년 동안 머리 아플 정도로 다양한 전 세계 시장을 예측하는 일일 소식지를 발송해온 사람이 아닌가. 코닥을 포함한 몇몇 기관투자자들이 달리오의 새로운 아이디어에 총 1,100만 달러라는 적잖은 금액을 투자했다. 이는 그들이 달리오의 접근법을 지지한다는 증표였다.

그들이 투자한 상품은 달리오의 새로운 발명품인 퓨어 알파Pure Alpha라는 자체 펀드였다. 이 이름에는 두 가지 의미가 있었다. 브리지워터가 최고의 아이디어로 알파를 창출하겠다는 의지인 동시에, 아직 성장 중인 브리지워터가 동종 기업 중 승자라는 의미의 알파로 올라서겠다는 메시지였다.

달리오는 소로스 같은 경쟁자들이 버는 수익과 달리 자신의 알파가 한 개인의 의사 결정에서 나오지 않는다고 주장했다. 브리지워터에서 가장 우위에 있는 투자 시스템에 의해 자동으로 결정된다는 것이다.

∴

퓨어 알파는 뜨거운 인기를 얻었다. 첫해인 1991년부터 성과가 좋았다. 1993년 주식시장이 7퍼센트 상승했을 때, 퓨어 알파는 수수료를 제하고 32퍼센트 상승했다. 1996년에는 시장이 20퍼센트 상승하는 동안 퓨어 알파는 34퍼센트 상승했다. 특히 중요한 점으로, 퓨어 알파의 성과가 주식, 채권, 기타 자산의 표준 비율 포트폴리오를 어떤 해에는 능가했고 또 어떤 해에는 그러지 못했지만, 최소한 돈을 잃는 일은 거의 없었다는 것이다. 그만큼 아주 신뢰할 만해서, 쫄딱 망할 위험을 감수하고 싶지 않은 투자자들에게 매력적이었다.

신규 수탁 자금이 몰려오면서 퓨어 알파의 금고는 10년 동안 매년 약 두 배씩 늘어나 1999년에는 30억 달러에 육박했다. 신규 투자자 중에는 재간접펀드들도 있었는데, 그들은 자기네 고객의 돈을 맡길 최고의 투자사를 찾는 자산 관리사들이었다. 수요가 워낙 많아지자 달리오는 직원들에게 이른바 펀드를 위한 펀드, 즉 소규모 투자자로부터 돈을 모아 집단으로 외주를 맡기는 재간접펀드를 더는 받지 말라고 지시했다. 그가 직원들에게 말하길, 재간접펀드는 큰돈이 안 되는 고객이기 때문이었다. 대신 브리지워터는 호주와 일본 등 머나먼 나라의 기관을 포함해 달리오가 오랫동안 유치하려 했던 대형 기관투자자들의 투자금을 모으기 시작했다.[45] 싱가포르 최대 국부 펀드의 최고투자책임자도 퓨어 알파의 신봉자 대열에 합류했다.⁴⁶ 나중에 그는 "꾸준히 수익을 창출하는 것이 곧 성배다. 그리고 달리오와 브리지워터는 그렇게 했다"라고 말했다.⁴⁷

그 말이 과장이 아닌 이유는 달리오가 스스로 이름 붙인 "투자의 성배"라는 것을 발견했다고 자주 말해왔기 때문이다. 이 성배는 분산투자가 중요하다는 월스트리트의 오랜 격언을 비틀었다. 소로스가 영란은행을 상대로 장타를 날려 유명세와 부를 얻은 반면, 달리오는 브리지워터를 단타자로 여겼다. 첫 10년간 퓨어 알파는 미국 주식의 광범위한 집합인 스탠더드 앤드 푸어스S&P 500 지수를 능가할 때가 반반인 정도에 불과했다. 그러나 달리오는 퓨어 알파가 손실을 보는 경우가 거의 없었으므로 자신의 펀드가 더 저위험으로 실적을 낼 수 있다고 꽤 신빙성 있게 말할 수 있었다. 그는 투자자들에게 연 실적이 어떻든 퓨어 알파가 달리오 개인의 거래나 예측이 아닌 브리지워터 자체의 규칙 시스템을 따른다고 단언했다.

당시 달리오와 자주 만났던 유명한 역발상 투자자 마크 파버Marc Faber는 "달리오는 다른 헤지펀드 매니저들에 비해 매우 규칙 잡힌 접근법을 취했다"라고 말했다.⁴⁸

달리오는 브리지워터가 다양한 종목 발굴에 중점을 두고 있다고 강조했다. 그는 성배를 언급하며 "많은 사람들이 최고의 종목을 찾는 것이 가장 중요하다고 생각한다. 물론 중요하긴 하지만, 다양한 종목과 경쟁할 수 있는 한 가지 최고의 종목이란 없다"고 말했다.⁴⁹ "마법은 간단하다. 이 간단한 일은 양호하고 상관계수가 없는 수익을 내는, 즉 돈이 될 것 같은(돈이 될지 안 될지 아직 모르지만 그럴 가능성이 높은) 동시에 서로 무관한 종목들을 15~20개 정도 찾는 것이다."

이러한 문어발 접근법의 또 다른 장점은 달리오의 일방적인 거시경제 관측이 빗나가도 투자에 영향을 주지 않는다는 것이었다.

퓨어 알파가 놀랍게 성장하는 가운데, 달리오는 여전히 언론 인터뷰를 자주 했다. 그간의 인터뷰에서 달리오는 시장 붕괴가 임박했다고 단언했다가 거의 틀리기가 일쑤였다. 1994년에는 약세장이 올 것이라 예측했다.[50] 1995년에는 "미국 주식시장의 폭락"을 언급했다.[51] 1997년에는 다우존스 산업평균지수의 "폭락"을, 1998년에는 "디플레이션에 의한 붕괴"를 예견했다.[52] 그는 예측이 틀려도 매번 교훈을 얻은 기회였다고 해명했다. 브리지워터는 실수가 자사의 예측에 더 많은 데이터를 추가하고 투자 규칙을 더욱 구체화할 수 있게 해준다는 점에서 실수를 장려하는 곳이었다.[53] 잘못된 예측의 여파가 고객의 자금에까지 미치지 않는 한(대체로 미치지 않았다), 아직 성장 중인 브리지워터로서는 오히려 관심을 끌 기회이기도 했다. 의회에서 잘못 예측한 지 15년 후, 달리오는 다시 정책 입안자들의 부름을 받았다. 클린턴 대통령의 경제 고문들은 브리지워터의 소식지 구독자 목록에 자신들도 추가해달라고 요청했다. 클린턴 행정부의 재무장관 래리 서머스 Larry Summers는 달리오에게 개인적으로 조언을 구하기도 했다.[54]

달리오의 거시적 예측이 브리지워터에 돈을 벌어준 요인이 아니라면 그 요인은 무엇이었을까? 답은 한편으로는 회사가 운용을 잘했고, 또 한편으로는 운이 좋아서였다. 달리오의 말대로 그는 브리지워터의 투자에 있어서 최종 의사 결정자가 아니었다. 그는 시장의 상승 또는 하락을 예측하는 계량적 지표, 즉 그의 표현으로 "신호"라는 것을 엄격히 연구하고 이에 의존했다. 어떤 신호가 앞으로 악재나 심지어 불확실성을 암시한다면, 달리오 본인의 직감이 이와 다르다 해도 브리지워터는 신호를 따라 자산을 사고팔았다. 즉 달리오가 공개적으로 발언한 내용이 당시 그의 생각을 솔직히 피력한 것일지는 몰라도, 그 견해가 반드시 브리지워터의 포트폴리오에 반영된다고 볼 순 없었다. 이러한 자동적, 체계적 접근 방식은 당시로서는 정말 독창적인 것이었다.*

브리지워터에서 또 다른 수익 창출자는 밥 프린스였다. 달리오는 고정 수익이 보장되는 채권 연구를 오랜 동료 프린스에게 위임했다. 프린스는 가장 안전하다고 간주되는 채권, 특히 미국 국채를 포트폴리오의 중심축으로 놓았다. 이는 훗날 선견지명과 수익성을 입증했다. 2000년을 포함해 몇 년간 주식시장이 부진하고 브리지워터가 외환 투자 실패로 나머지 포트폴리오에 부담이 가중될 때도, 국채는 두 자릿수 상승을 기록하며 오랫동안 강한 실적을 이어갔다.[55]

채권 실적 덕분에 프린스는 브리지워터의 동료 투자 직원 중 일등이 되었다. 프린스의 친구들과 동료들의 전언에 따르면, 달리오는 프린스에게 조금조금씩 브리지워터 지분을 매입하라고 돈을 빌려주기 시작했고, 프린스는 브리지워터 소주주가 되었다(브리지워터는 이 대출을 달리오 개인이 아닌 브리지워터의 명의로 주선했다고 밝혔다. 비록 달리오가 압도적인 지분을 갖고 있고 회사의 실세라는 점을 고려하면 거기서 거기지만 말이다). 달리오가 준 선물은 닷컴 버블 붕괴의 여파 속에서 특히 진

---

* 달리오 측 변호사는 "시간이 갈수록 달리오의 개인 견해도 브리지워터 시스템의 투자 방식과 비슷하게 수렴해갔다"라고 말했다.

가를 발휘했다. 당시 달리오는 이미 닷컴 버블이 터질 것으로 예측해 언론의 찬사를 받고 있었다(그가 거의 매년 똑같은 예측을 했다고 지적한 기자는 거의 없었다). 브리지워터는 장하게도 (미국 주식이 평균 두 자릿수 하락률을 기록하던) 2000년에 퓨어 알파에서 단 1퍼센트의 손실을, 또 한 번의 주식 흉년이던 2001년에는 9퍼센트 상승을 기록했다. 달리오는 인정을 받았고 또 인정받아 마땅했다. 신규 및 기존 고객들의 자금이 계속 유입되면서, 2001년 약 100명이던 브리지워터의 직원 수는 2년 후 거의 두 배 늘어났다.

이렇게 인터넷 1세대에 탄생한 많은 벼락부자들이 돈을 몽땅 잃는 동안, 달리오는 변함없이 부를 쌓았다.

그는 그 부를 가지고 무얼 할지 곰곰이 생각한 끝에, 자기 팀에 또 다른 신상품을 구상하라고 지시했다. 다만 매수와 매도 호가 차이가 작고 거래량 많은 종목만으로 구성되어야 한다는 조건이 있었다. 그래야 곧 자신에게 들어올 거액을 현금화하기 쉽기 때문이다. 그의 팀은 달리오 왈 "포트폴리오 이론에 대한 포스트모더니즘식 접근법"이라는 것을 생각해냈다. 이는 경제성장기나 인플레이션기 등 다양한 국면에도, 즉 기본적으로 어떤 경제 상황에서도 별달리 손대지 않고 안정적으로 유지되도록 설계되었다. 달리오는 투자자가 거친 바다를 헤쳐나가도록 인도하겠다는 의미로 이 포트폴리오에 전천후, 즉 올웨더All-Weather라는 브랜드명을 붙였다.*

전 세계의 거의 모든 시장에 베팅하는 퓨어 알파와 달리 올웨더

---

* 달리오 측 변호사는 "올웨더는 고객을 끌어모을 목적으로 만든 것이 아니다"라고 말했다.

포트폴리오는 기본적으로 수많은 채권 집합이었다. 자산 구성은 주식 13퍼센트, 채권 87퍼센트였다. 레버리지도 넉넉히 활용했다. 올웨더는 차입으로 베팅의 판을 키워서 비교적 수익률이 낮은 채권 수익을 극대화했다. 이 방법은 달리오의 성배와 프린스의 전 스승인 털사대학교 교수 리처드 버제스의 연구 결과에서 직접 영향을 받았다.[56] 레버리지는 저위험 투자에만 사용되는 한 이론상으로는 안전했다.

올웨더에는 달리오가 오랫동안 피하라고 이야기했던 것, 즉 베타가 많이 포함되었다. 이 펀드의 수익은 브리지워터의 전문적인 트레이딩 솜씨가 아니라 투자한 시장이 오르는지 내리는지에 좌우되었다. 브리지워터는 다양한 자산의 비율을 대략 일정하게 유지할 목적으로만 도중에 종목을 사거나 팔았다(예컨대 채권 가치가 오르면 포트폴리오에서 채권 가치가 불균형적으로 커지지 않도록 일부를 파는 식이었다). 달리오에게서 알파의 중요성에 대해 수년간 귀 아프게 들어온 고객들은 대개 올웨더를 주시하지 않았다. 하지만 버라이즌투자운용Verizon Investment Management의 연금 책임자 브릿 해리스Britt Harris는 이 새 펀드에 2억 달러를 투자했고, 여기에는 그와 친구 사이인 프린스의 공이 컸다.[57]

달리오는 한층 세게 나갔다. 그는 평생 저축한 자기 돈을 거의 다 올웨더 펀드에 부었다고 말했다.[58]

∴

그 돈이 얼마인지는 웨스트포트의 최측근밖에 알지 못했다. 뮤추얼펀드나 널리 투자되는 다른 상품과 달리 브리지워터 같은 헤지펀드는 규모나 실적을 공개적으로 보고할 필요가 없었고, 정보를 자발적으로 제공하는 헤지펀드도 거의 없었다.

이 신비주의가 헤지펀드 업계에 매력을 더했다. 금융 출판계 쪽에서는 이 트레이더들이 얼마나 부자가 되었는지 알아내려는 자체적 파생 산업이 생겨났다. 2003년 달리오는 금융 전문지 〈인스티튜셔널인베스터Institutional Investor〉가 선정한 가장 부유한 헤지펀드 매니저 순위에 올라 대중의 눈도장을 찍었다. 그는 퓨어 알파로 벌어들인 수수료 덕에 그해 개인 수입 약 1억 1,000만 달러를 기록하며 15위에 올랐다. 이듬해에는 더 늘어난 2억 2,500만 달러를 기록해,[59] 달리오의 투자 시스템을 그토록 무시했던 친구 폴 튜더 존스보다 단 두 계단 낮은 순위에 안착했다.

그러나 달리오는 돈 버는 게 인생의 목적이 아님을 강조했다. 그는 아름답고 정교한 자연의 매력을 참 좋아했다. 연구 조사를 위해 캐나다를 여행하다가 재미로 무게가 1톤에 가까운 아프리카 물소와 멧돼지를 활사냥하기도 하고,[60] 버몬트주에서 스노보드를 즐기기도 했다.[61] 또 코네티컷주 웨스트포트에 있는 소가턱강 옆의 숲속 공터로 브리지워터 본사를 이전했다.[62] 20세기 중반풍의 석조와 유리로 이루어진, 주문 설계한 건물이었다. 별것 없어 보였지만, 그래서 달리오는 이곳이 더 좋았다. 그는 제2의 고향인 그리니치에 시골집을 개축한 3만 평방피트(약 840평. - 옮긴이) 규모의 저택과 화려한 자동차 등이 싫었다고 했다.[63]

언젠가 그는 인터뷰 기자에게 말했다. "윽, 다이아몬드는 안 좋아하냐고 안 물으쇼?"[64]

달리오는 게걸스럽게 부를 축적하기보다 더 높은 이상을 추구한다고 공언해왔다. 돈은 단지 인과관계에 따른 결과를 입증할 뿐이었다. 브리지워터의 투자 규칙이 달리오가 부를 쌓는 데 도움이 되었고, 그렇게 규칙을 따르다 보니 자신이 부자가 됐더라는 것이다. 이 투자 규칙은 브리지워터의 경제 연구에서 취사선택된 것들로, 달리오가 전후 테스트를 거치고, 도전하고, 필요에 따라 수정하기를 반복한 끝에 탄생한 결과물이었다. 이렇게 달리오에게 돈이란 자신의 철학적 접근 방식이 효과가 있음을 입증하는 증표였다. 하나의 규칙은 다른 규칙 없이는 존재할 수 없었다.

거물급 기술 기업가들이 단순히 온라인 상품이나 앱을 출시하는 것을 넘어 더 높은 목적을 추구한다고 자처하듯, 달리오도 점점 자신의 평생 과업을 회사 운영보다 더 중요시하기 시작하는 듯했다. 그는 다시 〈일일 보고서〉 집필에 전념했지만 이제는 시장의 수수께끼보다는 시장에서 볼 수 있는 사고방식에 더 관심 있는 듯했다. 그는 복잡한 문제들을 단 하나의 정답으로 정리하겠다는 생각에 골몰했다. 그는 프린스에게 "성숙해진다는 것은 좋은 대안을 거부할 줄 알게 되는 것"이라고 자주 말하곤 했다.[65] "좋은 대안을 모두 놓치지 않으려다가는, 실제로 그중 어느 것에서도 원하는 결과를 얻지 못할 걸세."

브리지워터 소식지의 편집 직원이 달리오에게 검토받기 위해 그날의 초안을 가져오면, 달리오는 그것을 한쪽으로 치우고 메모를 받아 적게 했다. 그러고는 "우리 회사의 철학은 뭐지? 우리의 핵심 가치가 뭐라고 생각해?"라고 물었다. 그와 몇 마디 나눈 후 편집 직원은 결국 생각해내기를, 서로 상처를 줄까 봐 눈치 볼 걱정 없이 자유로운 논쟁을 장려하는 문화를 브리지워터의 철학으로 꼽았다. 그는 이 내용을 담아 (그가 생각해도 핵심 주제에 비해 많은 분량의) 5페이지짜리 문서로 정리했다.

달리오는 가능한 한 빨리 경영 일선에서 물러나고 싶다고 자주 이야기했다. 그는 2005년 말까지 사실상 모든 경영 일을 그만두고 대표 자리에서 물러나길 바란다고 선언했다.

프린스는 스스로를 달리오의 후계자라기보다 동료로 여겼다. 그는 경영권 승계에 관심이 없었지만, 그 역시 달리오의 접근 방식을 지지했다. 프린스는 동료들에게 "처음에는 그가 이탈리아인이어서 그런 줄 알았다. 그의 모든 스스럼없고 직설적인 습성은 그의 성격을 합리화한 것일 뿐이라 생각했다"라고 말했다. 그러고는 "그러나 시간이 지나면서 나는 그가 제기하는 논쟁의 긍정적 측면을 깨달았고 그것이 성공에 필수적이라고 믿게 되었다"라고 덧붙였다.

브리지워터의 신입 사원용 교육 자료에는 달리오와 프린스가 회사 근무와 군대 복무를 비교하는 내용이 실려 있었다. 달리오가 신입 사원들에게 전하는 메시지는 이랬다. "전쟁 중에 한 장군이 눈앞의 전투에 대해 부관들의 의견을 구하고, 거기에 자신의 전달 방식이 '적절한지'까지 의논한다고 상상해보라. 이번에는 그 장군이 과거 전투에서 자신의 리더십이 어땠는지 부관들에게 의견을 구하고 있다. 그런데 장군이 비판 내용을 받아들이지 않고 부관들의 전달 방식이 가혹하다느니 하며 문제 삼는다면, 부관들은 얼마나 맥이 빠지겠는가."

프린스도 힘을 보탰다. "전쟁에서는 적군과 아군, 그리고 결과가 분명하다. 당신이 적에게 돌격하면서 동료 병사에게 엄호해달라고 부탁했지만 동료가 잊었다고 상상해보라. 참호 속으로 다시 뛰어들려는데 머리 위로 총알이 날아들고 있다. 이 와중에 동료가 왜 당신을 엄호하지 않았는지 물으려고 머릿속으로 신중하게 문장을 구성할 텐가? …당연히 아니다. 그에게 빨리, 머릿속에서 튀어나오는 대로 물어야 한다. 바로 그게 상대방도 원하는 것이다. 모두가 실패를 피할 수 없는 이곳의 전투에서도 우리가 할 수 있는 것을 성취하고 살아남으려면 똑같이 접근해야 한다."

앞으로 피 터지는 전투가 많이 벌어질 참이었다.

근본 원인
Root Cause

뚜벅뚜벅. 바들바들. 뚜벅뚜벅. 바들바들.

희미하던 발소리가 점점 뚜렷해질수록, 브릿 해리스는 정신을 부여잡으려 안간힘을 썼다. 발소리 하나하나가 그에게 주체할 수 없는 신체 반응을 일으키는 것 같았다. 맥박이 빨라졌고, 얼굴은 벌게졌으며, 이마의 식은땀이 앞에 놓인 서류 더미 위로 떨어졌다.

살집 있고 대머리인 46세의 해리스는 곧 자신의 경력에 정점을 찍을 것이다.[1] 침례교 목사의 아들로 사무실에 낡은 성경을 비치해 둘 정도로 신앙심이 두터운 그는 그 정점에 거의 다 왔다고 생각했다.[2] 이제 조금 있으면 브리지워터의 경영자가 되는 것이다. 하지만 그는 곧 골칫덩어리로 전락하게 된다.

영겁 같던 시간이 지나고, 발소리가 문 앞에 다다랐다. 경첩이 삐걱거리며 문이 열리자, 달리오가 엉거주춤 들어왔다. 하체에 요란한 깁스를 하고 있었는데, 부하 직원들의 전언에 따르면 몇 주 전 멕시코 휴가 중 강을 건너다 엉덩이 부상을 입었다고 했다. 달리오는 의자를 밀다가 의자에 부딪히고는 해리스에게 손짓을 했다.

달리오가 말했다. "한번 지켜보러 왔네."

해리스를 CEO로 임명한 것은 달리오의 생각이었다. 브리지워터는 이제 누가 봐도 거대 기업이 되었다. 2003년 540억 달러이던 관리 자산은 불과 1년 후 거의 두 배인 1,010억 달러로 늘어났다. 달리오는 시장의 선두 자리를 지키면서 더 이상 회사를 혼자 경영할 수 없었다.[3] 그는 도움을 멀리서 구하지 않았다. 해리스는 밥 프린스의 절친한 친구이자 미국에서 두 번째로 큰 기업 연기금인 버라이즌투자운용을 운영하는 주요 고객이었다.[4] 그는 초기에 남들이 다 외면하던 브리지워터의 신상품 올웨더에 기꺼이 퇴직연금을 투자한 유일한 사람이었다. 이쯤 되면 그가 지혜로운 사람이라는 신호가 충분히 확인되지 않았겠는가? 달리오는 해리스의 영입을 공식 발표하면서 "우리 브리지워터는 지난 몇 년간 해리스와 함께하면서 그의 유능함을 알아보고 그를 대단히 존경하게 되었다"라고 말했다.[5]

그러나 2004년 말 해리스가 브리지워터에 처음 출근했을 때는 다른 메시지가 기다리고 있었다. 달리오는 첫날 그에게 "자네는 CEO가 아닐세"라고 말했다.

적어도 기능상으로는 그렇지 않다는 얘기였다. 여전히 달리오는 주요 의사 결정에서 표결을 좌우할 지배력이 있는 브리지워터의 대표이자 최고투자책임자, 강력한 경영위원회의 수장이기도 했다.[6] 해리스도 경영위원회에 들어갈 순 있겠지만 그러려면 달리오의 말마따나 "자신의 한자리를 확보하기 위해" 스스로 권력의 지렛대를 개척하도록 노력해야 했다. 달리오는 가장 먼저 해리스를 고객 서비스 부문의 일선에서 가까운 마케팅 부서 감독으로 배치했다. 마케팅 부서는 별로 할 일이 많지 않았다. 브리지워터에는 달리오 외에 아무도 언론과 인터뷰할 수 없다는 규칙이 있었기 때문이다. 다시 말해 브리지워터는 대대적인 광고를 원하지도, 필요로 하지도 않았다.

아마 고객 입장에서 가장 효과적인 연락 창구는 달리오 본인이었을 것이다. 그는 세상의 부를 다루는 데 뛰어난 능력을 입증하고 있었다. 그는 한 임원에게 말하길, 자신이 최근 아부다비의 국부 펀드 대표와 친해져 그를 뉴잉글랜드 사냥 여행에 데려가고 런던의 고급 수제 양복점 거리 새빌 로에서 양복 쇼핑을 도왔다고 했다. 브리지워터에는 수십억 달러의 투자금이 유입되었다. 이는 미국 최대 규모의 공무원 퇴직 연기금인 캘리포니아주에서 노르웨이, 스웨덴, 네덜란드의 거대한 정부 기관 연기금까지, 거의 끊임없이 전 세계에서 고객을 끌어들인 달리오의 종횡무진 활약 덕분이었다.[7] 평균 자금 규모는 거의 4억 달러로 늘어났다. 주력 펀드인 퓨어 알파는 희소 상품이 됐다. 달리오는 주기적으로 신규 투자를 받다가 이 이상의 돈은 감당이 안 된다는 이유로 거절하기를 반복했는데, 이는 또한 퓨어 알파를 없어서 못 파는 상품으로 보이게 해 매력도를 높이려는 판매 전략이었다. 브리지워터에 더 많은 돈을 투자하려는 고객들에게는, 퓨어 알파는 문을 닫았지만 올웨더는 아직 열려 있다는 말을 전했다.

해리스는 마케팅 업무에 성실히 임했다. 새해를 맞아 그는 버라

이즌에서 사용했던 아주 평범한 아이디어를 시도했다. 고객서비스 팀의 전 직원에게 앞으로 몇 달 동안 개선해야 할 사항에 관한 전략 보고서 작성에 참여하도록 요청한 것이다. 2주 후 보고서가 완성되었고, 해리스는 조사 결과를 검토하는 팀원들에게 수고한다며 바비큐 식사를 한턱냈다. 모든 일이 순조로워 보였다.

그래서 블랙베리폰으로 하급 직원 찰스 코친스키Charles Korchinski가 보낸 이메일을 확인했을 때 해리스는 충격을 받을 수밖에 없었다. 해리스는 그와 정식으로 만난 적이 있는지조차 가물가물했다. 이메일은 달리오를 포함한 경영진 전체가 참조로 포함되었다. 코친스키는 "몇 가지 피드백입니다"라며 말머리를 꺼냈다. 그는 바비큐 점심은 좋았지만, 이번 프로젝트는 내내 뒤죽박죽으로 진행됐다고 말했다. 팀은 새해맞이도 제대로 못 하고, 팀원 절반은 이미 녹초가 되었다. 일부는 보고서를 서둘러 마무리하고 해리스의 입맛에 맞게 양식을 조정하느라 밤을 새워가며 일했다. 그들 중 누구도 이 프로젝트를 대체 왜 하는지 몰랐다. 그리고 어쨌든 전략 조사를 하려면 팀원끼리 의견을 주고받을 게 아니라 고객에게 의견을 물어야 할 것 아닌가? 결국 원성이 봇물처럼 터졌고, 다른 팀원들도 불만을 토로하며 맞장구쳤다. 달리오는 해리스를 만나러 갔다.

"해리스, 이번 사태를 어찌 생각하나?"

해리스는 목소리를 높이며 물었다. "도대체 찰스 코친스키란 자가 누굽니까?"

코친스키가 누군지 해리스로서는 알 길이 없었다. 하지만 해리스가 출연 중인 이야기의 원작은 브리지워터 일각에서 "MC 순환기

MC cycle"라 불렸다. 줄거리는 이렇게 시작된다. 한 신입 임원이 성대한 환영을 받으며 브리지워터의 MC^{management committee, 경영위원회}에 입성한다. 높은 직위를 예상했지만 그는 며칠 만에 자신의 전문 분야를 벗어난 평범한 임무를 부여받는다. 응당한 실패의 시기를 보낸 후 그는 달리오에게서 자신의 단점이 무엇이냐는 공개적 질문을 받는다(이 단계는 여러 번 반복될 수 있다). 얼마 후 신입 임원은 떠날 테고, 경영위원회의 새로운 구성원이 소개될 것이다. 달리오는 회사 내부에서 이 과정이 자연스러운 것이며 브리지워터에 도움이 되지 않는 사람들을 걸러내는 방법이라고 표현했다. 그는 자신의 투자 규칙 접근법, 즉 효과 있는 것은 테스트하고 그렇지 않은 것은 버리는 방식을 인적자원에도 적용했다.

　MC 순환기에서 브릿 해리스의 출연분은 결말로 치닫기까지 오래 걸리지 않았다. 브리지워터에 들어온 지 불과 몇 주 만에 그는 병이 나서 결근하는 날이 잦아졌다. 몇 주 동안 단 하룻밤도 잠을 이루지 못했고, 나중에 그는 그 시기를 "생지옥"이라고 표현했다.[8] 출근하는 날이면 안색이 창백하고 초췌했으며, 거의 말을 하지 않았다. 마치 그의 사무실에서 보살핌을 받지 못해 점점 누렇게 변해가는 화분의 식물과 비슷했다. 직원들은 자기 상사와 식물 중 누가 더 오래 살아남을지 내기를 걸었다.

　해리스의 마음속에도 비슷한 생각이 스쳤다. 그의 아버지는 53세의 나이로 세상을 떠났고,[9] 해리스는 동료들에게 자신이 더 빨리 저승길로 갈까 봐 걱정된다고 말했다. 결국 브리지워터 CEO는 반년도 안 되어 사임했다. 그는 이렇게 회상했다.[10] "달리오는 나에게 떠나기 전에 전 직원에게 고별 연설을 해달라고 요청했다… 그 몇 분간은 결코 잊지 못할 시간이었다. 당시 내 처지를 생각하면 그보다 더 괴로운 부탁은 없을 것 같았다." 몇 년 후, 해리스는 자신의 신경쇠약이 업무 외적 요인과 관련이 있었다고 말했다. 그는 자신을 응원해 준 사람은 아내 외에는 오직 달리오뿐이었다며, 달리오가 자신에게 내린 마지막 지시는 "투명성에 대한 과한 헌신과 무지의 소산이 결합된 것"이라고 덧붙였다.

달리오는 공개 성명을 발표했다. "해리스는 6개월간의 숙고 끝에 자신의 자리가 맞지 않는다는 결정을 내렸다."[11]

해리스는 웨스트포트에서 나오자마자 우울증 집중 치료를 받았다.[12]

∴

일련의 투자 규칙을 구축하는 데 숙달되었다고 스스로 생각한 달리오는 경영진에도 그 규칙을 적용했다.

달리오가 주변 사람들에게 말했듯, 그는 해리스 실험에서 금방 두 가지 교훈을 배웠다. 첫째, 브리지워터의 경영 시스템이 대체로 효과가 있다는 것이었다. 브리지워터는 부적합한 채용자를 삼켰다가 뱉었다. 둘째, 브리지워터가 적절한 인재를 확보하고 그들이 신속히 상황을 파악할 수 있게 돕는 방법을 더욱 개선해야 한다는 것이었다. 후자의 임무를 위해 달리오는 전도유망한 임원 카티나 스테파노바에게 신규 직원 수백 명을 위한 교육 프로그램을 짜라고 지시했다.

2006년부터 스테파노바는 각 신입 사원에게 창립자의 행동을 본보기로 삼도록 교육했다. 달리오가 수백 가지의 투자 규칙을 상위 5퍼센트로 공들여 뽑아냈듯, 브리지워터 직원들도 회사 운영 방식에 대한 비판적 시각을 키워야 했다. 그녀는 달리오가 자주 사용하는 문구 중 하나인 "수프를 맛보라"로 브리지워터의 정신을 요약했다. 모든 직원은 자신이 주방장이라는 생각으로, 주방에서 나오는 음식을 책임져야 한다는 것이다. 달리오는 "훌륭한 관리자도 마찬가지"라고 말했다.13 직원들은 어떤 결함을 발견하면 '이슈 로그issue log'에 바로 건의를 기록할 의무가 있었다.14 이슈 로그는 크고 작은 불만 사항을 모두가 볼 수 있게 추적하는 내부 기록소였다.

이슈 로그에 불만을 입력할 때에는 심각도를 1~5단계로 평가하게 되어 있었지만, 사실상 결론은 모든 이슈가 문제이고 고로 모든 문제는 해결되어야 한다는 것이었다. 스테파노바는 신입 사원들에게 "누구도 비판적 의견을 숨기고 억누를 권리는 없다"고 일러두며, "악덕을 용납하지 말라"는 달리오의 또 다른 경구를 덧붙였다.

이렇게 브리지워터는 규모가 커질수록 점점 더 사소한 문제들에 집착하기 시작했다.

직원들은 누구의 무슨 일이 발각되었는지 궁금해서 이슈 로그를 수시로 확인했다. 일지의 각 항목을 보면 이슈를 제기한 직원과 해당 이슈의 상대방, 즉 달리오의 표현으로 "책임 당사자the responsible party, RP"의 신원이 드러났다. 동료들의 관심을 끄는 가장 좋은 방법은 기존 RP에 대한 새로운 불만을 추가하는 것이었다.

RP가 누군지 알아냈으면 다음 단계는 '근본 원인root cause'을 조사하는 것이었다. 달리오는 종종 기차를 놓친 사람을 가상의 예로 들어 설명했다.[15] 여기서 그 사람이 실수한 근접 원인proximate reason은 기차 시간표를 제대로 확인하지 않은 것일 터이다. 반면에 근본 원인은 그 사람의 부주의다. 달리오는 직원의 실수가 단순히 순간적 오판일 수 있다는 생각을 용납하지 않았다. 각 실수를 저지른 사람은 그야말로 공개 심판 대상이 되었다.

이슈 로그는 대흥행했다. 달리오는 각 직원이 다양한 관점에 따라 주당 최소 10~20건의 이슈를 등록해야 하며 이를 지키지 않으면 보너스를 삭감한다는 조건을 추가했다. 만약 어떤 문제가 발생했는데 이전에 이슈 로그에 기록된 적이 없다면, 이 문제를 알고 있던 모든 사람이 더 일찍 신고했어야 할 의무를 태만히 했다는 이유로 인사고과에서 낮은 점수를 받았다.[16]

한 직원은 화장실에서 손을 씻지 않고 나오다 우연히 이를 목격한 동료에게 신고를 받았다고 했다.[17] 그는 자신의 행위에 대한 근본 원인을 해명해야 했다.

하버드 대학교를 갓 졸업한 또 다른 동료는 구내식당 샐러드 바의 완두콩이 싱싱하지 않다고 올렸다. 달리오는 그 게시물을 보고 신임 최고운영책임자에게 어떤 대책을 세우겠냐고 압박했다. 그녀는 "이건 말도 안 됩니다. 전 이런 문제에 시간 낭비할 수 없다고요"라고 대답했다. 하지만 달리오는 브리지워터에 사소한 문제란 없다며 이에 동의하지 않았다.

얼마 후 싱싱한 완두콩이 비치되기 시작했다. 하지만 이를 눈치챈 사람은 거의 없었다.

하급 직원들만 불만을 제기한 것은 아니다. 밥 프린스도 불만 사항을 기록했고 때로는 유독 더 적극적이었다. 어느 초저녁, 통상 카페인을 많이 소비할 시간이 지나자 그는 기다렸다는 듯 전 직원에게 이메일을 보냈다.

발신: 밥 프린스
날짜: 2006년 6월 7일 수요일 오후 5:23
수신: 브리지워터
제목: 커피포트

제가 커피를 마시려 할 때 커피포트가 4번 중 1번꼴로 비어 있습니다. 그럴 때 저는 잠시 시간을 내어 커피를 끓여 채웁니다. 커피포트에 약 36잔을 담을 수 있다는 점을 고려하면 36번 중 1번 정도만 커피포트가 비어 있어야 맞습니다. 저는 커피를 연하게 마시는 편이니 확률은 더 낮아져야겠죠. 따라서 이는 저보다 먼저 빈 커피포트를 마주하지만 남이 채우도록 방치하는 사람들이 그만큼 많다는 뜻임이 분명합니다…
어떤 처벌이나 보상을 따지지 말고, 그저 옳은 일을 하자는 것뿐입니다. 물론 직장 안팎의 여러 일에도 같은 원칙이 적용되어야 합니다.

그 후로 커피 불만은 줄어들었다.

∴

프린스의 독자적인 원칙은 오래 지속되지 못했다.

달리오가 이슈 로그를 꾸준히 확인한다는 소문이 퍼지면서 이 것저것이 부족하다는 문제가 대두되기 시작했다. 또 구내식당에 대한 불만 사항이 너무 많아졌을 뿐 아니라, 참석자가 많은 중요한 회의에서 여러 사람이 같은 안건을 중복으로 제기하는 부작용이 생겼다. 이로 인해 이슈를 제기한 한 사람이 공로를 가져갈 가능성이 희박해졌다. 해결책은 다른 사람이 아무도 없을 때 가장 가까운 동료를 조사하는 것이었다. 새로 승진한 한 관리자는 이러한 접근법을 극단적으로 활용했다.[18] 그녀의 임무에는 비서들을 감독하는 일이 포함되었는데, 그녀는 비서들의 전화를 엿듣고 그들이 자리를 비웠는지 여부를 기록하기 시작했다. 비서들은 하나둘 그만두었고, 빈 책상이 늘어가자 이슈 로그에는 RP를 밝혀달라는 원성이 자자해졌다. 관리자들은 이 혼란을 일으킨 RP를 찾기 위해 각자의 부하 직원들을 캐기 시작했다.

일지를 본 달리오는 신임 관리자와 면담했고, 그녀의 말을 메모에 적었다. 그리고 마지막에 문제의 명백한 원인을 진단했다. 바로 달리오 자신이었다. 그는 그동안 자신의 규준을 충분히 명확하게 전달하지 않았다. 그가 말하길, 결국 필요한 것은 원칙이었다. 그의 투자 원칙은 분명 잘 돌아가고 있었다. 이와 떼려야 뗄 수 없는 경영 및 조직 문화도 잘 돌아가야 했다. 그는 몇 가지 아이디어의 초안을 담은 이메일을 전 직원에게 보냈다.

이메일은 좋게 말해 난장판이었다. 달리오는 부하 직원들이 서로 불평하는 다양한 이메일을 복사해 마이크로소프트 워드 문서에 붙여넣기를 했다. 서로 다른 문장들이 확대되거나 축소되었고, 서식과 색깔도 제각각이었다. 달리오는 사이사이에 자신의 코멘트를 거의 불완전 문장의 형태로 집어넣었다. 그러나 대부분의 직원은 달리오의 이메일을 눈여겨보지 않았다. 프린스는 한 동료에게 이것을 "레이의 원칙"이라고 불렀다. 즉 한 사람의 의견일 뿐, 별것 아니었단 얘기다.

달리오는 포기하지 않았다. 이제 50대 후반이 된 그는 지금까지의 자신의 삶을 되돌아보며 직원들에게 이렇게 썼다. "성공이란 무엇인가? 그냥 자기가 원하는 걸 얻는 것일 뿐이다."[19]

달리오는 잡힐 듯하면서도 속 터질 정도로 잡기 힘든 목표를 꿈꿨다. 주변의 모든 사람이 그가 행동할 법한 방식으로 행동한다면 얼마나 좋겠는가. 그러나 측근들에게 자주 말했듯, 그가 꿋꿋이 한 방향을 바라볼 때마다 또 한편으로는 귓가에서 윙윙거리는 벌레 소리처럼 그를 짜증 나게 하는 뭔가가 있었다. 아무래도 남들도 자신처럼 올바르게 행동하리라는 믿음이 가지 않았다.

이슈 로그는 유용했지만 완전한 해결책은 되지 못했다. 그저 과거를 되돌아보고 이미 존재하고 있는 문제를 사후 보고할 뿐이었다. 브리지워터에는 구성원들에게서 최선의 행동을 이끌어내도록, 각각의 상황에서 올바르게 행동하는 법을 정리한 규칙 체계가 필요했다. 달리오는 아이디어 초안을 전 직원에게 돌리기 시작했다.

"나는 실수에 놀라운 미학이 있다고 믿습니다. 각 실수에는 퍼즐이 숨어 있고, 퍼즐을 풀면 보물을 얻을 수 있기 때문입니다. 어쩌면 각각의 실수는 여러분이나 다른 사람들이 현재의 세상과 상호작용하는 방법을 이해하지 못하고 있다는 의미일지도 모릅니다. 여러분이 이 세상과 소통하는 방법을 알아낸다면 하나 이상의 보석, 즉 내가 말하는 원칙이라는 것을 얻게 될 것입니다."

이 원칙들은 향후 10년 동안 전 세계적으로 달리오와 브리지워터의 동의어가 될 '원칙The Principles'으로 발전했다. 달리오는 이 새로운 목록을 작성하기 시작하면서 다시금 의욕에 불타올랐다. 그는 어떤 원칙은 천천히, 또 어떤 건 갑자기 생각해냈다. 그는 하루 중 시간을 내어 새로운 원칙을 떠올렸고, 몇몇 신입 사원들을 이 일에 동참시켰다. '원칙'은 대략 10개이던 것이 수십 개로, 곧이어 200개 이상으로 늘어났다. 개중에는 하나의 원칙이 한 문단, 혹은 그 이상의 분량을 이룬 경우도 있었다. 이 '원칙'들은 저차원적 본능과 힘들게 싸우고 나면 자기개선을 달성할 수 있다는 확신을 가르쳤다.

∴

많은 브리지워터 직원들이 '원칙'을 좋아했다. 어떤 사람들은 달리오의 규칙 기반 투자 시스템이 이제는 단순한 자금 운용을 넘어 더 넓은 영역까지 자연스럽게 확장, 적용될 수 있겠다고 생각했다. 이제 모두가 달리오의 성공 비결 중 일부를 흡수하고 그를 본받을 기회가 생긴 것이다. 갈등을 성취의 열쇠로 간주하는 '원칙'의 핵심 교리에 불편해하는 사람은 거의 없었다. 하긴 투자회사는 잘못된 아이디어가 손실로 직결되는 곳이니, 견해차가 있으면 최선의 답을 찾을 때까지 끈질긴 논쟁으로 끝을 봐야 하고 그러면 때로는 인생의 병폐도 해결될 수 있겠다는 발상이 어찌 보면 자연스레 일리 있게 다가왔다. 달리오가 '원칙'의 초기 버전에서 말했듯, "브리지워터에

서는 기꺼이 창피를 무릅쓰더라도 진실에 도달하는 것을 절실하리만치 중요하게 생각해야" 했다.[20]

달리오는 이렇게 말했다. "나도 이러한 나의 믿음이 꽤 극단적이라는 걸 안다. 예컨대 나는 극사실주의자로서 선과 악에 대한 인식이 전통적 관점과 다르다. 나는 선이 자연법칙에 따라 일관되게 행동하는 것을 의미한다고 믿는다."[21]

자연법칙이라는 주제는 '원칙' 전반에 걸쳐 자주 등장한다. 달리오는 초안 버전에 다윈의 잘못 퍼진 인용문을 포함시켰다.[22] "가장 강한 종이 살아남는 것도 아니고, 가장 지적인 종이 살아남는 것도 아니다. 변화에 가장 잘 적응하는 종이 살아남는다." 그러고는 이렇게 말을 이었다.[23]

> 예컨대 하이에나 떼가 새끼 영양을 덮치면 이는 선인가, 악인가? 겉으로는 잔인해 보이고, 불쌍한 영양은 고통스럽게 죽으므로 '선'이 아닌 것 같다. 하이에나가 악하다고 말할 사람들도 있을 것이다. 그러나 이런 종류의 외견상 '잔인한' 행동은 동물의 세계 전체에 존재한다. 영양의 죽음과 마찬가지로 하이에나의 포식은, 지구상 생명이 존재한 이래 작동해온 엄청나게 복잡하고 효율적인 체계가 유지되기 위해서는 필수적인 일이다…
>
> 개구리를 끓는 물에 넣으면 즉시 뛰쳐나온다고 한다. 하지만 개구리를 실온의 물에 넣고 서서히 끓이면 개구리는 그 안에서 삶겨 죽는다. 이는 점진적 변화가 갑작스러운 변화보다 훨씬 알아채기 어렵다는 원리를 반영한다.

당사자에게 직접 할 수 없는 말이라면 남에게도 절대 꺼내지 마라. 교활한 족제비처럼 굴어선 안 된다.

그리고 보충 설명이 따른다.

고통은 당연히 쾌락보다 즐겁진 않지만, 쾌락 못지않은 보람이 있을 것이다.

'원칙'에는 브리지워터 특유의 어휘들이 들어 있었다. 달리오는 이를 "우리의 공통 언어"라고 불렀다. 외부인은 거의 이해할 수 없는 말들이었다. "수프를 맛보라" 또는 어떤 과제를 구성 요소로 분해한다는 표현 등이 그 예다. "이중 수행double-do"은 두 사람이 같은 작업을 수행하는 것을 의미한다. 문제가 발생하면 관리자는 그럴듯한 이유를 "진단"한 다음 부하 직원을 "취조"해 근본 원인을 찾아야 했다. 조사 후 역할에 적합하지 않다고 판명된 사람은 "자기의 한자리를 잃고", 조직 내에서 새 직무를 찾아야 하는 미아 신세로 들어선다. 그 고비를 잘 넘기면 여정은 "남들과 다른 쪽the other side으로 올라서는 것"으로 귀결되었다.[24] 그러지 못한 직원은 따로 "분류"되거나 해고되었다.

'원칙'의 상당 부분은 누구를 어떤 위치에 분류할지 결정하는 법을 규정했다.[25]

브리지워터는 돈벌이를 가장 중시하는 사람이 들어오기를 결코 원하지 않는다. 그런 사람은 우리 직원들, 우리 회사, 우리 고객, 나아가 우리 업계 전체의 풍요(즉, 모든 형태의 보상)를 위해 노력하지 않기 때문이다.

모든 의견이 똑같이 가치 있는 것은 아니므로 똑같이 대해선 안 된다. 거의 누구나 의견이 있지만, 그 의견이 다 똑같이 가치 있는 것은 아니다. 쓸모없거나 심지어 해가 되는 의견도 많다. 따라서 각 의견을 똑같은 가치로 대하는 것은 타당하지 않다. 예컨대 실적이나 경험이 없는 사람들의 의견은 실적과 경험이 풍부한 사람들의 의견과 동등하지 않다.

드릴다운drilldown(일반 정보에서 더 자세한 정보로 마치 뚫고 들어가듯 파고드는 기법. - 옮긴이)은 여러분과 팀원이 어떤 문제를 아주 깊이 이해하는 과정이다… 드릴다운은 일종의 취조지만 더 광범위하고 깊다. 잘하면 약 5시간 만에 필요한 대부분의 정보를 얻을 수 있다…

문제를 성공적으로 진단하기 위해 가장 필요한 자질은 논리성, 그리고 진실에 도달하기 위해 (본인이든 타인이든) 자아라는 장벽을 극복하려는 의지다.

부가 설명은 다음과 같다.

진실이라는 무기는 여러 면에서 굉장히 강력하다. 따라서 나는 언제 진실이 도움이 되고 안 되고 편의를 따지기보다, 그저 무조건 진실이 옳다고 믿는 것이 더 바람직하다고 본다.

원칙에 끊임없이 자신을 조화하라. 이는 진실을 위해 싸우는 과정이다… 부정행위를 들킨 누군가가 잘못을 깨달았고 다시는 그러지 않겠다고 말할 때, 믿지 마라. 그는 같은 잘못을 반복할 가능성이 크다.

이 원칙들은 여러분이 더 자주 사용할수록 점점 잘 이해될 것이며, 나아가 '레이의 원칙'에서 '우리의 원칙'으로 발전할 것이다. 즉, 레이라는 이름은 사라지는 것이다.

2006~2007년 내내 달리오는 브리지워터의 다른 사람들에게 자신의 연구 결과에 피드백을 요청했고, 그 결과는 긍정적이었다. 나중에 그는 결과를 발표했다. "검토자들 사이에서는 이 원칙의 타당성에 대해 거의 이견이 없었다." 그리고 이렇게 덧붙였다.[26] "물론 여러분이 내 모든 원칙에 얼마든지 이의를 제기할 수 있다는 건 두말할 나위도 없다."

브리지워터 직원들에 따르면, 실질적으로 이의를 제기한 사람은 거의 없었다. '원칙'을 의문시한다는 것은 곧 달리오의 사상뿐 아니라 그의 성공 근거 자체를 의문시하는 것이었다. 달리오는 이 지침들을 브리지워터라는 투자 기계의 엄연한 구성 요소로 여겼다. 그러니 누가 감히 여기에 이의를 제기하겠는가? 달리오의 측근 중에서도 일부는 몇몇 원칙 조항이 좀 희한하다고 수군대긴 했지만, 전체적으로는 개인의 성장에 도움이 되는 좋은 말들처럼 보였다. 그리고 '원칙'은 워낙 천천히 번식해서, 아무도 '원칙'이 과하게 변해버린 어느 한순간을 집어낼 틈이 없었다.

얼마 지나지 않아 브리지워터는 '원칙'을 흥미로운 철학적 담론으로 보는 사람들과 일종의 계율로 떠받드는 사람들로 대략 나뉘었다. 전자에는 브리지워터의 투자 직원 대부분이 해당되었다. 새로운 규정집은 그들의 일상에 거의 영향을 미치지 않았다. '원칙'은 세계 어느 나라의 경제가 다른 나라보다 더 건실한지, 혹은 어느 나라 통화에 투자해야 할지 알려주지 않았다. 직원 간의 토론을 독려했을지는 몰라도, 돈 안 되는 투자를 수익성 있는 투자로 바꿔줄 수는 없었다.

반면에 브리지워터 내 다른 사람들, 특히 일상적인 거래 손익에 대한 명확한 책임이 없는 사람들에게 '원칙'은 복음이었다. 그들은 '원칙'을 외웠고, 특정 문구를 보지 않고도 인용했다.[27] 그들은 '원칙'의 언어를 체계화하고, 사람들이 서로 '조화'를 이뤄야 한다고 끊임없이 이야기했다. 그들은 다른 사람들 사이에서 원칙인The Principalians이라는 명칭으로 불렸다.

브리지워터에 있는 사람치고 원칙인 중의 원칙인이 누군지 모르는 이는 없었다. 그는 어디를 가든 '원칙'이 적힌 스프링 수첩을 들고 다녔다.

큰일
The Big One

그레그 젠슨은 달리오의 총아였다. 2007년 중엽쯤 그는 브리지워터 창립자의 차기 후계자로 널리 인정되고 있었다.

젠슨의 지위만큼이나 성장 배경도 그의 멘토를 닮아 상서롭지 못한 편이었다. 그가 자란 곳은 뉴욕주 북부의 소도시 니스카유나로, 주도 올버니 근처 도시 스키넥터디 안에 있는 번듯한 중산층 교외 지역이었다. 어린 시절부터 젠슨의 각진 얼굴은 숱 많고 짙은 눈썹 때문에 더욱 나이 들어 보였다. 고등학교 때는 외톨이도 아니고 인기 운동선수도 아닌, 별로 눈에 띄지 않는 내성적인 학생이었다. 여자 친구는 있었지만, 때로 농담을 던져도 몇 안 되는 친구들을 제외하곤 거의 웃어주지 않아 어색한 분위기를 연출하곤 했다.[1] 졸업 앨범 속 그의 자리는 '사진 없음'이라는 한 줄이 대체했다.

니스카유나 고등학교는 아이비리그 진학생을 별로 배출하지 못했지만, 젠슨은 여러 AP 수업(advanced-placement, 고등학생이 대학 과정을 미리 이수하고 학점을 인정받을 수 있는 과정. - 옮긴이)에서 높은 점수를 받고 다트머스 대학교에 합격했다. 그는 엄격한 논리를 요하는 과목들인 경제학과 응용수학을 전공해 발군의 성적을 보였다. 또 사교 활동도 활발히 하기 시작했다.[2]

젠슨은 제타 사이$^{Zeta\ Psi}$라는 남학생회에 가입했고,[3] 붉은 벽돌과 흰색 기둥으로 지어진 교내 동아리 회관에서 거의 눌러 지냈다. 제테^{Zete}로도 알려진 제타 사이는 괜찮은 남학생들을 받아들였지만, 그들의 명성은 그게 전부가 아니었다. 젠슨이 2학년 때, 학생들은 그리스문자로 이름 지은 다양한 동아리를 우후죽순 결성하고 캠퍼스 전역에 무리를 지어 동아리 홍보 포스터를 붙이고 다녔다. 그중 한 포스터에는 "제테로 오세요. 우리는 술과 여자에 질펀하게 빠지면서도 감수성을 잃지 않는 남자들입니다. 그 반대도 마찬가지입니다"라고 적혀 있었다.[4]

젠슨은 남학생회장으로 선출되었다. 거의 매일 저녁 제테의 지하실에서 그를 볼 수 있었다. 그곳에는 플라스틱 휴지통을 다리 삼아 받친 탁구대 한 대(때로는 두 대)가 놓여 있었다. 바닥 배수구에서는 남학생들 사이에서 가장 인기 있는 맥주인 버드와이저와 밀워키스 베스트$^{Milwaukee's\ Best}$의 찌꺼기가 흘러나왔다. 그는 현관문을 고치고 맥주 저장고를 교체하는 등 공식적 업무 외에도 비공식적인 사교의 우두머리 역할을 했다.[5] 아무 때고 회원들이 지하실로 가면 젠슨이 몇몇 회원들을 상대로 일장 연설을 늘어놓는 모습을 흔히 볼 수 있었다. 가입을 철회하겠다고 하는 신규 회원이 있으면, 젠슨은 그를 만나 진득하게 원샷을 나누곤 했다.

제테의 다른 회원들과 달리 젠슨은 자신의 친목 활동을 남학생회 내로만 국한했다. 당시 주변인들의 기억에 따르면 젠슨은 남학생회 외부에서 다른 관심사를 키우는 회원들을 마뜩잖게 여겼다고 한다. 그래서 4학년 때 그는 몇 년 후배인 신입 회원들과 더 가깝게 지냈다. 이때 우리 대 그들로 나누던 사고방식을 그는 훗날 브리지워터에서도 톡톡히 활용하게 된다.

젠슨은 일찌감치 자신의 리더십이 시험대에 오르는 경험을 했다. 어느 날 제테 회원 중 한 명이 자신이 동성애자라며 자기 방 창밖에 무지개 깃발을 걸겠다고 선언한 것이다. 회원 중 약 절반은 형제가 원하는 대로 하게 해주자며 깃발을 거는 데 찬성했다. 하지만 젠슨은 무지개 깃발이 자기네 단체에 해가 된다며 반대했다. 그는 게이 회원을 받아들이는 건 괜찮지만, 이 남학생회가 게이 단체로 비치는 건 원치 않았다. 깃발은 결코 게양되지 못했다.

젠슨의 동료 회원 중 몇몇은 졸업 후 브리지워터에 입사했다. 따라서 그들처럼 젠슨도 브리지워터 인턴으로 들어간 것은 특이한 일이 아니었다. 그는 첫 근무처로 정신없이 바삐 돌아가는 거래 부서에 배정되었다. 거래 부서는 프린스가 근무하던 브리지워터 초창기와 비교해 예나 지금이나 여건이 크게 나아지지 않았다. 관리할 고객 자금이 점점 늘어나면서, 거래를 완료하는 것만도 고된 일이었다. 여름이 끝나갈 무렵 인턴 젠슨은 선배 동료들을 나무랐다. "여기가 맥도날드라고 생각하라고요. 언제 어떤 주문이 들어와도 준비되어 있어야 할 것 아닙니까." 자기주장을 굽히지 않는 젠슨의 의지는 달리오에게 깊은 인상을 주었고, 젠슨은 정규직이 되었다.

　달리오는 젊은 젠슨이 마음에 들기 시작했다. 아마 달리오는 젠슨을 통해 자신의 삶에서 헛헛한 부분을 채웠을 것이다. 달리오 부부에게는 아들이 네 명 있었지만 아무도 아버지처럼 금융인이 될 조짐이 보이지 않았다. 장남인 데번Devon은 운동신경을 타고나서, 어릴 때 아마추어 탁구 선수로 활약했다. 나중에 그가 한 브리지워터 직원에게 들려주어 회사 내에서 널리 회자된 한 일화가 있다. 데번이 10대일 때 한 파티에서, 달리오는 자신 및 자신의 친구들과 탁구 시합을 하자고 데번에게 제안했다. 아들뻘의 나이 차로 가장 어렸던 데번은 쉽게 시합을 이겼다. 그러자 달리오는 5달러를 줄 테니 한 판 더 하자며 내기를 걸었다. 데번이 이기면 그다음엔 달리오에게서 두 배인 10달러를 받는 대신, 지면 딴 돈을 전부 잃는 방식이었다. 이어서 20달러 내기, 40달러 내기 등으로 판이 커졌다. 수십 번의 경기 끝에 지친 데번은 결국 패했다. 데번은 아버지와 아버지 친구들 앞에서 울었지만, 달리오는 아들에게 재시합으로 만회할 기회를 주지 않았다. 달리오는 돈의 가치를 깨우쳐주기 위해서였다고 말했다.

　달리오의 다른 아들들은 각양각색이었다. 맷Matt은 11세 때 중국으로 가 아버지의 중국 지인 가족과 함께 1년간 기거했다.[6] 마크Mark는 투자보다 환경 과학에 더 관심이 있었다.[7] 마지막으로 폴Paul은 수년간 양극성 장애와 조울증 치료를 받았다. 그는 나중에 자신의 경험을 바탕으로 케이티 홈즈Katie Holmes 주연의 영화를 쓰고 감독했다.[8] 달리오 가족은 이 영화에 자금을 지원했다. 코네티컷주에서 이 영화의 상영을 앞두고 무대 인사를 하던 폴 달리오는 관객들에게 어린 시절의 한 일화를 들려주었다. 크리스마스 아침에 달리오네 아들들이 아버지에게 선물을 주면, 아버지는 선물이 좋거나 안 좋다고 바로바로 말하곤 했단다. 그리고 만약 선물이 안 좋다면 달리오는 그것이 왜 잘못된 선택인지 자세히 설명했다.

그레그 젠슨의 공식 직함은 브리지워터의 연구책임자이자 달리오의 최고투자대리인이었지만, 이제 사실상 달리오의 다섯 번째 아들 역할도 추가되었다.

젠슨은 곧 상사의 거친 성격을 보완하는 책임을 맡았다. 그는 회의를 마치면 신입 사원들에게 달리오가 지시하는 내용의 의미를 설명하고 달리오가 좋아하는 문구를 사용하는 법을 가르쳤다. 2006년 달리오는 한 중요한 베이징 출장에 젠슨을 데려가 브리지워터의 가장 귀한 고객들에게 그를 소개했다. 또 달리오는 자신이 가장 좋아하는 책 중 하나인 고故 조지프 캠벨Joseph Campbell 교수의 《천의 얼굴을 가진 영웅》을 그에게 선물했다. 그러면서 달리오는 자신도 젠슨도 모두 캠벨이 연구한 영웅들과 비슷한 여정, 즉 시련, 전투, 유혹, 성공, 실패로 가득 찬 여정을 걷고 있다고 말했다.

젠슨은 금방 브리지워터의 경영위원으로 승진했다.

젠슨은 브리지워터에서 자신의 업무에 '원칙'의 엄격한 지침을 최초로 적용한 직원 중 한 명이었다. 그는 연구책임자로 일하면서, 수년 전만 해도 달리오가 고객과 언론에 깊은 인상을 남기는 데 기여했던 브리지워터의 〈일일 보고서〉의 질이 나날이 떨어지고 있음을 발견했다. 통찰력에 신선함이 사라졌고, 편집을 맡은 연구분석가가 초안을 늦게 건네줄 때가 많았다. 젠슨이 발표한 대책은 '원칙'

에서 찾을 수 있었다. 그는 달리오의 강령에서 한 문구를 참작해, 거래 부서의 전 직원을 대상으로 대대적인 '드릴다운' 인터뷰를 진행했다. 그가 내놓은 아이디어 중에는 직원이 실수를 발견했을 때 누를 수 있는 버튼을 모든 책상에 설치하는 것도 있었다. 가령 거래를 체결하거나 〈일일 보고서〉를 작성할 때 실수가 발생한 시기를 더 잘 추적하기 위해서였다. 다른 회사 같았으면 이런 일은 팀장급의 일상 업무 정도로 간주되었을 것이다. 그럼에도 젠슨은 개인적 공을 인정받기를 고사하고, 달리오와 '원칙'에 공을 돌린다고 동료들에게 말했다.

∴

도움이 필요한 곳은 젠슨의 연구 부서만이 아니었다. 새천년을 거창하게 맞이한 이후, 2005~2006년에 퓨어 알파는 간신히 수익을 유지하는 수준이었다. 달리오는 늘 그랬듯 미래를 어둡게 내다봤다. 그는 브리지워터에서 사용하는 내부 경제 위기 지표가 사상 최고치에 달했다고 고객들에게 말했다.[9] 미국인들은 특히 집을 사느라 지나친 빚을 지고 있었다. 달리오는 주식에서 돈을 빼고 금을 비축하라고 권했다. 그는 서구 국가들, 특히 유럽 경제의 하락세를 보고 2005년과 2006년 유로화에 매도 포지션을 취했다.[10]

그가 좋아했던 분야 중 하나는 신흥 시장으로, 특히 중국과 인도가 성장하고 있다고 생각했다. 성장 중인 국가는 새로운 석유 수요를 창출할 것이다(달리오는 이 상황을 더 이상 채울 수 없는 음료를 빨대로 쭉쭉 빨아들이는 것에 비유했다[11]). 또 그는 유가가 2006년 말이면 배럴당 100

달러 이상까지 치솟을 것으로 예측했다. 하지만 유로화는 2006년에 11퍼센트 상승했고, 이는 다우존스 산업평균지수보다 높은 상승률이었다. 그해 유가는 정체되었고 퓨어 알파도 부진했다. 브리지워터의 투자 기계도 결국 인간이었나 보다.

브리지워터 창립자의 끈질긴 비관론은 직원들 사이에서 농담 소재가 되었다. 마케팅 책임자인 파라그 샤Parag Shah는 회의가 시작되자 그냥 웃기엔 뼈 있는 농담을 던졌다. 그는 자신의 상사가 "지난 경기 침체 0번 중 15번을 예측했다"라고 말했다.

달리오는 웃지 않았다.

이제 브리지워터는 막대한 신규 자금을 모집한 터라, 예측 연습을 하기엔 좋지 않은 시기였다. 그들의 관리 자산 규모는 2001년 330억 달러에서 2005년 1,670억 달러로 성장했다. 그러나 투자 성과에 관계없이 청구되는 약 2퍼센트의 연간 수수료도 있었으므로, 브리지워터의 자산 규모가 확대될수록 최고경영진의 급여도 점점 더 늘어났다.

달리오는 2006년 한 해에만 개인적으로 3억 5,000만 달러를 벌었다.[12] 이는 세간의 큰 주목을 받았고, 이듬해 5월 〈뉴욕타임스〉 기자 데이비드 레온하트David Leonhardt가 브리지워터에 전화로 취재를 요청했다. 그는 달리오와 대화해본 적이 없었다. 하지만 이제 달리오가 고객 수수료 외에도 어마어마한 돈을 벌고 있으니 그에게 몇 가지 궁금증이 생기지 않을 수 없었다. 레온하트의 전화는 여러 사람을 거친 후 마침내 달리오에게 연결되었다.

샤가 바짝 붙어 엿듣는 가운데, 달리오는 레온하트에게 그가 브리지워터의 투자 전략을 오해하고 있는 것 같다고 설명했다. 브리지워터가 해마다 훌륭한 성과를 거두는 건 아니라는 것이다. "우리에게 흉년이란 사실상 침체된 한 해였다는 뜻입니다. 그리고 우리에게 풍년이란 그해 우리가 떼돈을 벌었다는 얘기죠."

레온하트 기자는 "그렇군요"라고 답했다. 그러고는 "실례지만 지금 누구시죠?"라고 물었다.

달리오는 순간 머뭇거리다 대답했다. "저는 파라그 샤라고 합니다."

다음 질문을 들은 그는 또 잠시 멈칫했다.

"어, 내 직함이 뭐지?"

샤는 간 떨려서 숨이 멎을 것 같았다. 그는 달리오가 자기 직함을 아예 모른다는 걸 알았다. 브리지워터에서는 역할과 직위가 자주 바뀌었다. 샤는 더듬더듬 메모 패드를 찾아 '마케팅 책임자'라고 적어 달리오에게 전달했다.

달리오는 즉각 고개를 저었다. 그 직함이 너무 만만해 보였던 것이다. 그리고 기자에게 "임원입니다"라고 답했다.

다음 날 기사는 "엄청난 돈을 번 헤지펀드, 하지만 그들은 그만한 자격이 있는가?"라는 제목을 달고 발표되어 헤지펀드 산업을 폭넓게 개관했다.[13] 브리지워터를 다룬 분량은 적었지만, 레온하트는 중간에 다음의 문구를 집어넣었다.

"브리지워터의 임원 파라그 샤는 '우리에게 흉년이란 사실상 침체된 한 해였다는 뜻이다. 그리고 우리에게 풍년이란 그해 우리가 떼돈을 벌었다는 얘기다'라고 말했다."

∴

〈뉴욕타임스〉와 인터뷰한 적 없는 샤는 그 후 〈뉴욕타임스〉와 인터뷰했다는 이유로 직장에서 집중포화를 받았다. 기사가 게시된 직후 한 동료가 언론 인터뷰를 금지한다는 규칙을 샤가 위반했다고 이슈 로그에 신고한 것이다. 샤는 진실을 말해야 할지 말아야 할지 몰랐다. 만약 샤가 기자에게 자신을 사칭해 인터뷰한 사람이 달리오라고 밝힌다면, 이는 거짓말을 금하는 '원칙'을 위반했다는 혐의를 암묵적으로 달리오에게 씌우는 셈이 된다. 결국 샤는 자신이 덤터기를 쓰기로 했다.

다른 방해 요소도 많았다. 2007년 5월, 부동산 가격이 폭락했다. 이전에 뜨거운 부동산 시장에서 잘나가던 부동산 중개인들은 갑자기 거래가 끊겼다고 전했다. 일부 시장 관측통들은 앞으로 재난이 닥칠 것으로 예측했다.

〈뉴욕타임스〉 인터뷰가 있은 지 불과 5일 후 달리오는 경제에 먹구름이 드리우는 가운데 금융 주간지 〈배런스Barron's〉의 기자와 인터뷰했다.[14] 이번에는 실명을 밝혔다.

인터뷰 기자는 지금 사람들이 부동산 시장을 걱정해야 할 때인지 물었다.

달리오는 "나는 이것이 경고 신호라고 생각하지 않습니다"라고 말했다. 대신 이를 "서브프라임 대출 문제로 인한 일시적 하락"이라고 불렀다. 그는 여전히 투자자들, 특히 중국 투자자들이 꾸준히 자산 가격을 올리고 시장의 활기를 유지시킬 것이라고 믿었다. 그는 더 높은 가격에 자산을 구매할 더 멍청한 사람들은 항상 있게 마련이라는 월스트리트의 격언을 되풀이했다.

기자는 "미국이 경기 침체의 위험에 처했다고 보십니까?"라고 물었다.

달리오는 대답했다. "아뇨, 아직은 아닙니다. 돈이 많이 돌아다니고 있어요. 어디든 유동성이 넘치고 있어서, 이깟 서브프라임 문제가 확산되어 경제까지 침몰시킨다면 나로서는 충격일 겁니다."

그리고 서브프라임 문제는 곧 확산되어 경제를 침몰시켰다.

∴

두 유형의 헤지펀드 거물이 부동산 붕괴 때 떼돈을 벌었다. 그중 한 명은 진정한 총잡이 존 폴슨John Paulson이었다.[15] 그의 이름을 딴 헤지펀드는 부동산 붕괴 가능성에 베팅해 200억 달러를 벌었다. 폴슨과 그 부류의 사고방식은 한 세대 앞선 조지 소로스의 사고방식을 자연스럽게 계승한 것이었다. 그들은 투기가 다른 형태의 투자와 다를 바 없이, 그저 돈을 잃을 집단과 돈을 벌 집단을 분리하는 효율적인 방법이라 여겼다.[16] 전자의 범주에는 집과 전 재산을 잃은 개인 및 소규모 투자자가 포함되었다. 그만큼 대중의 곱지 않은 시선을 받은 폴슨 같은 사람들은 대부분 말을 아꼈다.

그러나 달리오는 과묵함과는 거리가 멀었다. 그는 금융 위기를 예측했다고 수년 동안 자랑하곤 했다. 그리고 어떻게 보면 예측이 맞긴 했다. 그는 〈배런스〉 인터뷰 이후 몇 달 동안 자신의 예측을 사방으로 퍼뜨리고 다녔다.

그는 2007년 8월 브리지워터의 〈일일 보고서〉에 "이번은 큰일"

이라고 썼다. 다만 다음과 같이 해석의 여지는 약간 남겨 놓았다. "지금은 경제 위기가 아니다. 금융시장의 커다란 조정 과정이다."*17 브리지워터는 현재 상황을 "자기강화적 공포 심리가 고위험 투자에서 저위험 투자로 전이되면서 포지션 보유 상태가 좋지 않은 차입 투자자들이 압박을 받는 실정"으로 특징짓고, 과거 사건에 비해서는 피해가 미미할 것으로 예상했다.18 달리오는 그 피해가 대부분 주택담보대출 전문 투자자들에게만 국한될 것이며, 모든 후폭풍은 향후 4~6개월 동안 빠르게 진행될 것이라고 썼다.19

1982년 달리오가 처음 경제 붕괴를 예측한 이래, 경제에 악재인 것이 그의 사업에는 호재로 작용했다. "큰일"을 예측한 지 몇 주 후 달리오는 〈포브스〉 400대 미국 부자 목록에 82위로 처음 등장했다. 여기서 그의 순자산은 40억 달러로 추산되어, 폴 튜더 존스보다 더 높은 액수를 기록했다. 그리고 아무리 달리오가 부의 과시를 경멸한다고 공공연히 밝혔음에도, 그는 자신의 부를 즐기고 있는 것처럼 보였다. 세계경제가 흔들리던 2007년 12월 달리오는 영국의 록 가수 에릭 클랩튼Eric Clapton을 150만 달러에 섭외해, 코네티컷주의 한 컨트리클럽에서 1시간짜리 공연 이벤트를 열었다.20 또 그는 클랩튼이 선택한 자선단체에 100만 달러의 기부금도 쾌척한 것으로 알려졌다.

부동산 위기가 확산되자 달리오는 미래가 불확실하다던 이전의

---

* 달리오는 나중에 저서 《금융 위기 템플릿》 중 자신이 금융 위기를 예측했다고 주장하는 장에서 이 보고서를 일부만 인용했다. 그는 "큰일"이라는 문구만 남기고 "지금은 경제 위기가 아니다"란 대목은 생략했다.

경고를 대부분 철회하고 30년간 갈고닦아온 특유의 비관론에 다시 안착했다. 2008년 1월 그는 브리지워터 고객들에게 "경기가 하강 국면에 접어들더라도 전형적인 경기 침체 형태와는 다를 것"이라고 했다.[21] 그는 "금융계의 부채 축소가 금융 위기를 일으켜 경제 위기로 확대"되는 재앙을 예고했다. 이로 인해 그에게 또 다른 언론 인터뷰들이 쇄도했을 뿐 아니라, 처음으로 정치권에서도 그를 진지하게 주목하기 시작했다.

그는 경종을 울리기 위해 딕 체니^{Dick Cheney} 부통령의 부보좌관 람센 벳파하드^{Ramsen Betfarhad}를 만나러 갔다. 달리오는 미국 은행들이 수조 달러의 잠재적 손실을 안고 있다는 내용의 서류 더미를 가져갔고, 이를 본 벳파하드는 움찔했다.[22] 또한 달리오는 연준이 경기 부양을 위해 돈을 더 많이 찍어야 한다고 독려했다. 그는 데이비드 매코믹^{David McCormick} 재무부 차관과 티모시 가이트너^{Timothy Geithner} 뉴욕 연방준비은행 총재에게 절박하게 호소했다.[23] 가이트너가 달리오의 경고에 충격받은 지 이틀 후, 우량 투자은행 베어스턴스^{Bear Stearns}가 파산했다. 달리오의 시의적절한 경고는 브리지워터 창립자와 미래의 재무장관 간의 관계를 공고히 하는 계기가 되었다.[24]

이렇게 여러 사람과 대담하는 과정에서 달리오는 스스로 공익에 호소하는 자비로운 이미지를 표방했다. 여기엔 장점이 있었다. 그는 브리지워터의 연구 결과를 정책 입안자들과 공유함으로써, 전 세계의 브리지워터 고객들이 거금을 주고 이용했던 지식을 무료로 전수하고 있었다. 이는 물론 브리지워터에도 득이었다.[25]

브리지워터의 자동 매매 시스템은 비교적 보수적으로 설정되었지만, 투자 직원들의 회상에 따르면 2007~2008년에 달리오는 전반적인 하락장에서도 펀드 수익을 늘릴 수 있게 몇 차례 직접 수동 조정을 지시했다고 한다. 이 기간 그는 연준이 경기 부양을 위해 화폐 발행량을 늘리는 시나리오에 일련의 베팅을 했으며, 결과는 그의 예측과 정확히 맞아떨어졌다. 브리지워터는 국채, 금, 원자재를 매수하고 미국 달러를 매도했다.[26] 이 조치는 효과가 있었다. 연준이 경기 부양에 돈을 쏟아부은 결과, 다른 헤지펀드는 2008년 평균 18퍼센트 손실을 입었지만[27] 퓨어 알파는 그해 약 9퍼센트 이득을 봤다.[28] 주력 펀드의 강력한 성과와 브리지워터의 전체 투자금에 붙는 고정 수수료 덕분에, 달리오는 개인적으로 그해 7억 8,000만 달러를 벌었다.[29]

2009년 3월 시장은 최악에 이르렀다. 그리고 다음 달에 브리지워터는 경쟁사들을 제치고 세계 최대의 헤지펀드가 되었다.[30]

세계가 바닥을 쳤을 때, 레이 달리오는 정상에 올랐다.

PART
2

룩아웃
Look Out

2009년 3월 폴 맥도웰이 캐나다를 떠나 세계 최대 헤지펀드의 경영위원회 고문이 되었을 때, 조용조용한 성격의 그로서는 웨스트포트에서 벌어지는 일과 더 넓은 바깥 세계에서 벌어지는 비극의 괴리에 적응하기 힘들었다.

맥도웰은 자신이 행운아라 생각했다. 당시 실업률은 30년 만에 최고치인 8퍼센트를 넘었다. 하지만 그는 과거 그 어떤 직장보다 더 많은 급여를 주는 새 직장을 얻었다. 브리지워터는 그저 앞으로 나아가는 정도를 넘어 번창하고 있었다. 그간 엄청나게 성장해 이제 직원 수가 약 1,000명에 이르렀고, 또 많은 직원이 직장 안팎에서 친구처럼 지냈다. 그들은 전 세계가 힘든 이 시국에도 승승장구 중인 회사에서 일하는 소수의 행운아라는 동질감 때문인지 나날이 더 가까워졌다. 브리지워터는 13미터 길이의 대형 버스를 구매해 100만 달러를 들여 리무진으로 개조하고는 "록스타 버스"라고 이름 붙였다. 이 버스는 일과가 끝나면 직원들을 본사에서 술집, 레스토랑, 카지노, 심지어 달리오의 집까지 데려다주었다.

달리오는 맨해튼에 타운하우스 한 채를 보유했고 가끔 직원들도 초대했다. 많은 직원들이 초대에 감지덕지했지만, 개중에는 달리오가 퇴근 후 코네티컷주 자택으로 가서 가족들과 시간을 보내는 대신 직원들에게 몇 시간 동안 '원칙'을 떠드는 것을 약간 씁쓸해하는 사람들도 있었다. 달리오는 현관 계단에서 대마초를 피우다가 경찰에게 훈방 조치된 일화를 들려주며 분위기를 편안하게 누그러뜨렸다. 몇몇 사람들은 피식 웃으며, 달리오에게도 인간적 약점이 병존한다는 것을 마음 한구석에 새겨넣었다.

아마 달리오가 가장 좋아하는 장소는 브리지워터가 몇 년 앞서 코네티컷주에 매입한 식민지 시대풍의 저택이었을 것이다. 길가에서는 보이지 않는 이곳은 브리지워터 본사에서 모퉁이를 돌아 절벽으로 이어지는 기나긴 찻길을 굽이굽이 오르면 탁 트인 전망과 함께 모습을 드러낸다. 브리지워터는 수백만 달러를 들여 이 집을 리모델링했고, 나선형 계단 끝에는 직원들이 야근으로 귀가하기 어려울 때 하룻밤 묵을 침실을 잔뜩 마련했다. 달리오는 그 집에 브리지워터의 초기 시절 사진을 쭉 걸어 놓았는데, 대부분이 본인 사진이었다. 전문 요리사가 고용되어 음식을 제공했고, 수영장에 자쿠지에, 술도 늘 풍족했다. 저택 이름은 망루라는 뜻의 룩아웃the Lookout으로 붙여졌지만, 많은 브리지워터 직원들은 새 이름을 가족과 친구들에게 비밀로 하도록 권고받았다. 달리오는 딱히 초대받지 않아도 종종 들렀다. 주 침실은 다른 침실이 다 찼을 때를 제외하면 거의 늘 달리오를 위해 비워놓았다.

룩아웃은 성인 전용이었다. 스트립쇼가 하도 빈번히 벌어져서 브리지워터는 서면 규칙까지 마련했다. 문서의 공식 명칭은 "룩아웃의 스트리퍼 관련 정책"이었다. 거기에는 이렇게 적혀 있었다. "모든 예약 손님에게 '그날 밤 특별한 오락 행사'가 있을 것이라는 사실을 미리 알려야 한다."

달리오에겐 외딴 장소일수록 재미가 더 컸다. 달리오는 버몬트주 시골에 그가 때로 "오두막"이라고 부르던 집 한 채를 소유했는데, 이곳을 고객과 직원 도두에게 개방했다. 그는 일본에서 온 브리지워터의 주요 고객 한 명을 사냥 여행에 데려갔고, 두 사람은 달리오의 개인 보좌인의 표현을 빌리자면 "아주 크고 특이하게 생긴 새"를 잡았다.[1] 달리오는 그 새를 박제해 벽에 걸었다. 박제 실력은 걱정할 필요가 없었다. 통나무집 거실의 둥근 천장 아래에는 이미 달리오가 전 세계에서 사냥하고 가져온 온갖 크기의 박제 동물들이 걸려 있었다.

맥도웰은 입사한 지 얼마 안 되어 달리오의 버몬트주 별장에 초대되었다. 처음에는 어깨가 으쓱해져, 달리오와 단둘이 밤늦게까지 전략을 토론할 것이라 상상했다. 맥도웰의 흥분은 침낭을 가져오라는 지시를 듣고 가라앉았다. 그곳에는 하급 직원 약 70명도 와 있었고, 대부분 나이가 맥도웰의 절반이었다. 맥도웰은 그저 달리오도 그곳에 있다는 사실을 위안으로 삼았다. 달리오와 재무부에서 만난 후 최근 브리지워터에 고위 임원으로 영입된 데이비드 매코믹도 와 있었다. 그래도 새 상사와 아무리 잠깐이더라도 대면할 기회를 마다 한다면 말도 안 될 일이었다. 특히 잠재적 경쟁자도 와 있으니 더 그랬다.

맥도웰이 비상용으로 가져온 버트런드 러셀Bertrand Russell의 책을 들고 안에 들어가자 바닥에는 에어 매트리스가 가득 차 있었다. 달리오는 벽난로 앞에 앉았고, 그의 발치에서는 직원들이 황홀한 표정으로 그를 바라보고 있었다. 편안하고 자신감 넘치는 모습의 달리오는 환하게 웃으며 베일에 싸여 있던 자신의 성공담을 풀어놓았다. 내용은 대부분 그가 남들과 크게 다르지 않다는 것이었다. 그는 자신이 포커 플레이어일 뿐이라고, 대신 칩이 많은 포커 플레이어라고 말했다. 좌중에서 웃음이 터졌다.

시간이 흘러 술자리가 시작되었다. 맥도웰은 슬금슬금 책과 침낭을 챙겨 조용한 곳을 찾아나섰다. 마구간을 개조한 별채는 이미 사람이 가득 찼고, 본채의 침실도 마찬가지였다. 맥도웰은 문 주위를 살피다가 다행히도 비어 있는 작은 운동실을 찾았다. 그는 침낭을 펼치고 손전등을 꺼내, 멀리서 들리는 왁자지껄한 소리를 뒤로하고 책을 읽었다. 그러다 결국 그는 잠이 들었다.

맥도웰은 새벽 4시쯤 같은 층 옆에서, 훗날 동료들에게 표현하기를 "인간이 하나둘씩 복제되는 소리"에 깼다고 한다.

맥도웰은 이 상황에서 자신의 선택지를 따져보았다. 그는 세계 금융 위기의 한가운데서 낯선 나라의 낯선 새 직장에 와 있었다. 코앞에 누가 있는지도 모르고, 그들이 당황할지도 모르는 상황에서 굳이 인기척을 낼 필요가 있겠나 싶었다. 그는 심호흡하고, 손으로 귀를 틀어막고, 밖이 잠잠해질 때까지 가만히 기다렸다.

∴

　　맥도웰은 그 후로도 행사 초대에 대부분 불참하는 법을 배웠다. 그에겐 편리한 변명거리가 있었으니, 여자 친구가 있었고 곧 그녀와 결혼했다는 것이다. 브리지워터에는 일부 장기근속 직원들이 결성한, 결혼 생활 문제와 관련해 도움을 주는 한 사조직이 있었다. 그들은 맥도웰의 아내에게 브리지워터의 근무 방식이 가정생활에 미치는 영향에 관해 조언해줄 수도 있었을 것이다. 하지만 맥도웰은 직장 스트레스를 집까지 끌고 가는 일이 절대 없었다.

　　카티나 스테파노바도 그렇게 극기심을 유지하려 애썼지만 잘되지 않았다. 그녀는 맥도웰이 누군지 알았다. 스테파노바가 달리오에게서 굴욕적 심문을 받고 녹화될 때 그 자리에 함께 있었기 때문이다. 그러나 스테파노바는 자신이 울고 있을 때 조용히 앉아 있던 남자 중 한 명이었다는 기억 외에는 그에 대해 별생각이 없었다. 그녀는 아직 임신 중이었기 때문에 더 가까운 미래를 걱정하고 있었다. 2009년 달리오의 취조 사건 후 며칠, 몇 주 동안 그녀는 직장에 복귀하지 않았다. 그녀는 마음속으로 그 사건을 반복 재생했다. 밤에 잠을 이루지 못했고, 자다가도 식은땀을 흘리며 벌떡 깰 지경이었다.

　　달리오는 그녀에게 여러 번 전화해 음성 메일을 남겼다. 그리고 자신은 단지 그녀가 약점을 극복하도록 도우려는 것이었다고, 이 사건을 그녀가 자연스럽게 발전하는 과정의 일부라는 걸 확실히 받아들이라고 말했다. 이쯤 되니 스테파노바는 탈출구가 없다는 생각이 자꾸 들기 시작했다.

　　집에 머무는 동안 스테파노바는 달리오가 그녀를 팔아 고통의 일등 전도사 자리를 선점했지만, 자신도 잠시나마 엇비슷한 힘을 누렸다는 생각을 했다. 이 억만장자가 자신의 휴대전화에 문자 폭탄을 날리다니, 절로 회심의 미소가 지어졌다. 그녀는 몇 달 전부터 달리오가 회사 경영권을 넘기고 은퇴할 뜻을 내비쳐왔다는 것을 상기했다. 그래서 '이번 위기만 무사히 넘긴다면 차기 CEO는 나일지도 몰라'라고 생각했다. 결국 그녀는 직장으로 돌아갔고, 아무 일도 없었던 듯 다시 달리오 밑에서 일했다. 그러나 뭔가 분위기가 달라졌다. 전 직원이 시청한 심문 사건에 대해 동료들은 끊임없이 질문을 퍼부어댔고, 얼음공주는 억지 미소를 지으며 대답을 해야 했다. 그녀는 달갑지 않지만 새로운 유형의 유명 인사가 되었다.

스테파노바는 새로운 동맹이 필요했고, 그 사람은 아일린 머레이였다.

51세의 머레이는 브리지워터의 경영자가 되겠다는 꿈을 안고 맥도웰과 비슷한 시기에 새로 들어왔다. 그녀는 브리지워터 신임 고위 임원의 전형이었다. 많은 사람들은 그녀가 굴욕을 참아야 할 충분한 사정이 있는, 경력상 약간 간절한 처지에 있다는 걸 눈치챘다. 그녀는 경력의 대부분을 거대 투자은행인 모건스탠리에서 보냈으며 그곳에서 관리 부서, 즉 직업윤리는 투철해야 하지만 똑똑하지는 않아도 되는 멋없는 단순 사무직을 거쳐 지금의 자리까지 왔다. 그녀는 맨해튼 칼리지에서 회계학을 전공했으며, 민낯에 카우보이 부츠를 신고 회의에 나타나는 것으로 유명했다. 시끌벅적한 아일랜드계 미국인 가정에서 태어나 형제자매 중 중간 서열인 머레이는 미혼이었으며, 디즈니 월드를 자주 다니고 해리포터 시리즈 대사를 즐겨 인용했다.

2007년 머레이는 아주 안 좋은 시기에 모건스탠리를 떠났다. 그녀는 수백만 달러의 스톡옵션을 보유하고 있었으나 금융 위기 동안 가치가 급락했다. 그 후 한 신생 헤지펀드사로 자리를 옮겨 최고경영자가 되었지만 역시 시기가 안 좋았다. 전 세계가 돈을 잃는 동안 돈을 열심히 모으려던 그 펀드 회사는 1년도 안 돼 문을 닫았다.

머레이와 스테파노바는 이미 구면이었다. 머레이는 브리지워터에서의 면접 첫날, 스테파노바가 다른 직원을 취조하는 모습을 참관하게 되었다. 머레이가 들어오자 스테파노바는 잠깐 멈춰 서서 상냥하게 자신을 소개하더니, 다시 정색하고 심문 모드로 돌아섰다. 머레이는 순간 소름이 돋아서 본능적으로 문 쪽을 보며 문이 잠겨 있지 않은지 확인했다.[2] 훗날 머레이는 그 순간을 회상하며, 그때 자신의 본능대로 문밖으로 나갔다면 어떻게 됐을지 모르겠다고 몇 년 동안 농담하곤 했다.

스테파노바는 직장에 복귀한 지 몇 주 후, 이제 머레이에게 달라붙어야겠다고 생각했다. 그녀는 달리오와 일대일 대화를 요청했다. 스테파노바가 달리오의 집무실로 들어올 때 그는 보는 둥 마는 둥 했다.

스테파노바가 천천히 말을 꺼냈다. "다음 인사이동 때는 머레이 씨 밑에서 일하고 싶습니다."

달리오는 여전히 건성으로 물었다. "왜?"

"머레이 씨를 존경하거든요."

이 말이 그의 주의를 끌었다. 달리오는 의자에서 일어나 양손을 옆으로 벌려 책상에 기댄 채 스테파노바를 바라보았다. 그의 갈색 눈에 분노와 상처가 동시에 스쳤다. 스테파노바는 그에게서 당황한 기색을 감지했다.

"나는 안 존경스러운가?" 그가 약간 말을 더듬으며 물었다.

스테파노바는 당혹스럽기도 하고 기가 차기도 했다. 어떻게 달리오는 그 굴욕적인 취조로 내가 아직도 상처받고 있다는 걸 모르나? 그러나 달리오는 여전히 그녀의 최고 상사였고, 그를 놔두고 다른 사람을 칭찬하는 것은 그의 심기를 건드리는 방법 중 하나였다.

스테파노바는 달리오에게 짐짓 부드러운 어조로 말했다. "물론 존경합니다."

달리오가 한시적으로나마 자존심을 꺾은 덕에, 스테파노바는 머레이 밑으로 들어가게 되었다.

∴

스테파노바와 달리오가 재회한 지 얼마 지나지 않아, 달리오는 그녀와 머레이를 룩아웃에 초대해 다 같이 회식을 열었다. 기록으로 길이 남은 스테파노바의 심문 자리에 동석했던 동료 경영진도 참석했다. 스테파노바는 달리오가 그녀를 용서했고 다시 모두가 하나가 됐음을 임직원들에게 대대적으로 보여주려고 자신을 초대했다는 의심을 떨칠 수 없었다.

스테파노바는 당시 임신으로 배가 눈에 띄게 나왔고 술을 마시지 않는 몇 안 되는 사람 중 한 명이었다. 그래도 그녀는 안전하다고 느꼈다. 여기 모인 직원들은 대부분 여성으로, 이미 회사에 남직원이 너무 많다고 판단한 스테파노바가 직접 뽑았다. 머레이가 곁에 있는 것도 안심이 되었다. 사람들은 거실 난롯가에서 칵테일을 마셨다.

파티가 마무리될 무렵, 달리오가 침묵을 깼다. "한 곡조 뽑아봐."

침묵이 흘렀고, 몇몇 사람들이 어색함을 무마하려는 듯 정중하게 웃었다. 달리오는 60세였고, 그의 주변에는 대부분 젊은, 일부는 달리오의 자식뻘인 여성들이 자리하고 있었다. 달리오는 그녀들의 상사였다. 한마디로 선택의 여지가 없었다.

여직원들은 얌전하게 노래하기 시작했다. 머레이는 억지 미소를 지었다. 그들은 모두 한 명씩 돌아가며 캐럴을 한두 곡씩 불렀다. 달리오는 기분이 좋은 게 분명했다. 별로 웃지는 않았지만 즐기고 있다는 건 확실했다.

스테파노바는 얼굴이 달아오르기 시작했다. 자기 차례가 다가오고 있었다. 하지만 도저히 노래할 순 없었다. 절대 노래하지 않겠다고 생각했다. 그녀는 화장실을 간다며 자리를 피했다.

아니나 다를까 문을 닫자마자 멀리서 달리오의 목소리가 들렸다. "카티나 어디 갔어? 카티나 노래 좀 듣자고."

스테파노바는 종교적인 사람은 아니었지만 이 순간 침묵의 기도를 할 수밖에 없었다. 다행히 그녀가 변명거리를 떠올리기도 전에, 머레이가 "몸이 안 좋대요"라며 끼어들어 스테파노바가 임신부임을 간접적으로 환기시켰다.

누군가가 이제 달리오가 노래할 차례라고 바람 잡았다. 달리오는 자신의 애창곡 중 하나로, 솔티 딕$^{Salty\ Dick}$이라는 가명의 한 포크 가수가 부른 옛날 뱃노래를 부르겠다고 했다. 달리오는 가사 적힌 종이가 필요하지 않았다. 노래는 그의 입에서 바로 나왔다.

한 선원이 죽기 전에 고백했지.
아무래도 거짓말 같진 않아.
그 사람은 한 창녀를 알았는데
그녀는 음부가 아주 넓어서 절대 만족할 줄 몰랐다네.

그래서 선원은 망할 거대한 바퀴를 만들었다네.
놋쇠 공 두 개와 철근 한 개.
놋쇠 공에 윤활제를 가득 바르고
이 화냥질은 내내 증기로 돌아갔다네.

망할 거대한 바퀴가 빙글빙글
철근이 들락날락
마침내 창녀가 외치길
"됐어, 이제 좋아요!"

그런데 결말은 안타깝게도
기계를 멈출 수가 없어서
그녀는 음부에서 가슴까지 산산조각 나고,
이 모든 화냥질은 쫄딱 망했네.

변기 위에 숨죽이고 앉은 스테파노바는 달리오의 모습을 볼 수 없었지만 그의 목소리에서 묻어나는 만족감과, 특정 가사에서는 약간의 웃음기까지 배어나오는 것을 느꼈다. 노래가 계속되면서 스테파노바는 자신이 숨어 있는 장소의 새로운 장점을 알았다. 스테파노바는 달리오가 보이지 않았지만, 달리오에게도 스테파노바가 보이지 않았다. 그렇지 않았다면 그녀가 단순히 임신이 아닌 다른 이유로 메스꺼워하는 모습을 들켰을 것이다.

노래가 끝나자 오랫동안 화장실에 웅크려 있던 스테파노바는 속으로 이렇게 답가를 불렀다.

이제 난 당신의 소유가 아니에요.
난 떠나겠어요.

남다른 회사
A Different Kind of Company

세계경제가 반등하기 시작한 2009년 하반기, 브리지워터에서 달리오의 기분은 내내 암울해 보였다.

처음에 폴 맥도웰과 동료들은 달리오의 기분이 안 좋은 이유가 회사의 투자 성과 때문인 줄 알았다. 맥도웰이 합류한 그달, 브리지워터는 잠재적 손실을 막기 위해 차입을 최소한으로 줄임으로써 올웨더 펀드를 불황 모드로 전환했다.[1] 달리오는 주식시장이 내년에야 바닥에서 벗어날 것이라 믿었다.[2] 하지만 주식시장은 2009년 거의 내내 가파르게 상승했고, 따라서 브리지워터의 포지션은 전년도만큼 수익을 내지 못했다.

그러나 달리오가 우울한 이유를 시장 상황으로만 설명하기엔 역부족이었다. 그는 주식이나 채권과는 전혀 무관한 이유들로 주변 사람들에게 계속 실망하는 듯했다. 맥도웰의 새 동료들에 따르면 이는 브리지워터의 기업 문화를 성문화하여 미래의 일원들에게 전수하려는 달리오의 지독하고도 부단한 노력의 부작용이 틀림없다고 했다. 모든 신규 채용자는 왼쪽 상단에 "원칙"이라는 제목이 붙은 90페이지짜리 인쇄물을 받았다. 그리고 이 지침을 잘 따르면 브리지워터에서 성공할 수 있더랬다.

'원칙'이 제정된 지 5년이 지났지만, 모든 직원이 달리오가 기분 따라 수시로 조항을 넣고 빼는 것을 알았다. 또 맥도웰은 브리지워터에서 성공 가도를 달리는 직원들일수록 이 성문화된 규칙들을 잘 준수한다는 것을 깨달았다. 달리오가 가장 좋아하는 직원은 단연 젠 힐리Jen Healy라는 젊은 여성이었다.[3] 달리오는 때로 그녀를 "우리 딸"이라고 불렀다.[4] 프린스턴 대학교에서 바로 채용된 힐리는 '원칙'을 열과 성을 다해 실천했다. 한번은 동료가 이상하게 생긴 새 스웨터를 입고 온 것을 보고 힐리는 몇 시간 동안 짜증이 나 있었다.[5] '원칙'에 따르면 동료가 발전할 수 있게 비판적 피드백을 전해줘야 하지 않겠는가? 힐리는 그러려고 했지만, 막판에 다른 동료가 만류했다.

'원칙'을 준수하려면 생각뿐 아니라 언어에도 주의가 필요했다. 말 한마디 잘못하면 달리오를 폭발하게 할 수 있었다. 입사 3개월 차가 된 맥도웰은 어느 날 회의에서 경영 감독을 지원하기 위해 최근 고용된 예일 대학교 출신의 한 변호사와 동석하게 되었다. 그 외 참석자들의 면면도 다들 무게감 있었다. 초대된 직원들 외에 각 임원은 자신의 참모(브리지워터 용어로 '레버리저leverager'에 해당하는 사람들)를 데려왔다. 장소는 달리오의 개인 회의실이었으며, 바깥에는 강이 내려다보이는 가운데 캐나다기러기들이 끼룩끼룩 경쾌하게 울고 있었다. 이 회의의 분위기가 틀어지기 시작한 건 신입 변호사가 달리오에게 자신의 쇄신안에 대한 임원들의 피드백을 언제 받아볼 수 있냐고 묻는 순간부터였다. 회의 일정표의 첫 순서는 분명 신출내기의 몫이 아니었다.

변호사가 말했다. "전 열심히 했습니다."

달리오가 대답했다. "난 열심히만 하는 사람은 필요 없네."

신입 변호사는 주말 동안 곰곰이 생각한 끝에 아무리 급여가 많아도 자신이 감당할 수 있는 인내심엔 한계가 있다고 결론 내린 것 같았다. 그는 신사도를 중시하는 가정에서 자랐지만, 여기서는 도무지 신사답게 행동할 자신이 없었다. 그는 사표를 냈고, 달리오는 이를 수리했다.

이를 본 힐리는 말을 꺼내기로 마음먹었다. 어쨌든 '원칙'에는 아무리 직급이 낮은 직원이라도 누군가의 잘못을 목격하면 목소리를 내야 한다고 명시되어 있었다. 그녀는 달리오에게 브리지워터의 새 가족을, 그것도 사람들이 보는 앞에서 왜 그렇게 함부로 대했냐고 물었다.

달리오는 피드백의 가치를 믿는다고 대답했다.

힐리는 그러한 피드백을 좀 더 동료애를 발휘해 전달해주면 좋겠다고 제안했다.

"난 사탕발림은 지긋지긋하네." 달리오가 대답했다. "친절한 피드백은 효과가 없는 법이야."

힐리의 발언은 분명 결과를 이끌어냈지만, 그녀가 의도한 방향으로는 아니었다. 곧 모든 직원이 달리오가 '원칙'에 새로운 조항을 추가했다는 것을 알아챘다. "사탕발림은 당 중독으로 이어진다."

∴

맥도웰이 달리오에게서 발견한 이중성, 즉 상대방을 가르치고 싶어 하면서도 가르침의 대상에게 자주 면박을 주는 태도는 몇 주가 흐르면서 더욱 심해졌다. 달리오가 특히 격노하는 경우는 대개 투자와 거리가 먼 사안에 관련해서였다. 금융 세계는 누구도 부인할 수 없이 달리오의 전문 영역이었다. 몇 년 지난 난해한 경제 사건의 세부 사항도 머리에서 바로바로 튀어나올 정도였다. 그는 주말마다 연구 자료를 서류 가방에 담아 집으로 가져갔고, 월요일에 출근하면 바로 아무나 붙잡고 그 주제로 토론할 기세였다. 달리오가 남들에겐 그저 무관해 보이는 사건들 간의 연관성을 찾아내 자신의 분야에서 정상에 오른 모습은 신통방통했다.

맨해튼 타운하우스의 현관에서든 룩아웃의 벽난로 앞에서든 회사 사무실에서든 달리오는 군중을 거느리는 성공한 사람이 되었고, 브리지워터가 성장할수록 그의 군중도 늘어났다. 직원들은 달리오가 회의 때마다 느닷없이 일어나 화이트보드로 향하는 습성을 알았다. 그의 필살기는 매직펜으로 보드에 구불구불한 나선형의 우상향 곡선을 그리는 것이었다.[6] 가로축은 시간이고 세로축은 개선 수준이었다. 이 그래프는 달리오가 생각하는 이상적 사고 과정을 나타냈다. 나선형 곡선은 실수의 포착 이후 따르는 (대개 비판적인) 피드백을 가리켰다. 이 피드백 순환고리는 일시적으로는 퇴보처럼 보여도 시간이 흘러 길게 보면 꾸준히 우상향하므로 궁극적으로는 개선으로 이어진다는 의미였다. 달리오는 그 옆에 죽음을 상징하는 평평한 선을 그려 둘을 대조하곤 했다. 순환고리가 없으면('원칙'에서는 완곡하게 "나쁜 피드백 순환고리"라고 한다) 결과는 죽음이라는 것이다.

발전을 위해서는 피드백이 필수였으므로, 달리오는 브리지워터의 전 직원이 피드백을 제공할 것을 의무화했다. 지나친 사탕발림의 위험을 경계한 그는 직위에 관계없이 누구나 긍정적 피드백과 부정적 피드백을 나누어야 한다는 규칙을 만들었다. 긍정적 피드백에 너무 치우친 사람은 보너스가 깎였다.[7]

달리오도 자신의 지침이 비정통적이라는 걸 알고 있었다. 인간의 천성은 갈등, 즉 달리오의 말마따나 "신경에 거슬리는 것"을 피하고 싶어 한다. 달리오는 뇌에서 불안을 유발하는 편도체와 반성을 유도하는 전전두피질이라는 두 부분 간의 충돌이 불가피하다고 말했다. 전전두피질은 "고차원적 자아"이고 편도체는 "저차원적 자아"였다. 달리오의 말에 따르면, 뇌의 이 두 부분은 대개 갈등 관계이고 편도체는 비열하게 싸운다.[8] 편도체는 뇌를 "장악"하여 마음을 감정으로 가득 채우고 합리적인 의사 결정을 왜곡하는 "투쟁 혹은 도피" 본능을 일으킨다. 달리오는 한때 공개 게시물에 그것을 "망할 편도체"라고 일컬었다.[9]

그의 말로는 지금까지 그러한 반사작용을 스스로 극복할 수 있었다고 했다. 달리오는 명상을 통해 편도체와 전전두피질을 거의 분리할 수 있었고, 덕분에 감정에 조종되지 않게 되었다고 말했다.[10] 그는 인간의 심리를 이해한 덕에 투자에 성공하고 회사도 경영할 수 있게 됐다고 믿었다. 달리오는 자신의 길을 따르고 싶어 하는 브리지워터의 모든 사람에게 명상 수업을 지원하겠다고 했다.[11] 많은 직원이 그 수업에 동참했다.

달리오는 바람직한 행동의 본보기로 자신을 내세우기 시작했다. 그리고 스스로를 달라이 라마Dalai Lama와 비교했다.[12] 달라이 라마처럼 달리오도 영원히 살 수는 없으므로 언제까지고 브리지워터를 지킬 수는 없는 노릇이었다. 게다가 보아하니 단순히 '원칙' 인쇄물을 나눠주는 것만으로는 그 '원칙'이 지켜지리라는 보장이 없었다. 그에게는 자신과 직접 대면하는 사람뿐 아니라 모든 사람에게 '원칙'을 생생히 각인시킬 방법이 필요했다. 가장 확실한 방법은 사내에서 달리오가 한 말이나 한 일을 거의 다 기록하는 것이었다. 하지만 그걸로도 충분하지 않았다. 모든 사람이 각자의 일상 업무로 바쁜 가운데서도 늘 '원칙'을 따르리라고 기대하는 건 비현실적이었다. 그래서 달리오는 하루 날 잡아서 자신이 가르칠 다양한 수업 목록을 작성했다. 브리지워터는 영상 제작자와 편집자 팀을 구성해 관리 원칙 교육Management Principles Training, MPT이라는, 학습 플랫폼 퀴즐렛용 일일 영상을 제작했다.

전 직원이 의무적으로 이 MPT를 학습해야 했으며, 그날의 영상에 관한 질문이 수반되었다. 각각의 MPT 영상은 어떤 직원이 회사에서 겪은 일을 주제로 다루었다. 그리고 딸려나오는 질문은 이런 식이었다.[13]

> 잠시 후 그 사람은 달리오에게서 가혹한 피드백을 받고 자신의 기분을 이야기한다. 다음 문장의 참/거짓을 판별하라. 이 사람은 고통이 자신의

발전을 가로막도록 내버려두고 있다. 그가 고통을 발전의 계기로 삼도록 관점을 바꾸지 않는다면, 아마 자신의 잠재력에 못 미치는 삶을 살게 될 것이다.

영상 수업이 충분히 축적되자 곧 훨씬 더 광범위한 평가 도구를 만들 수 있게 되었다. 달리오는 팀을 꾸려 MPT를 면밀히 살피고 '원칙' 테스트라는 것을 개발하게 했다. 시험은 5개 부문으로 구성되었고, 완료까지 몇 시간이 걸렸다.[14] 시험은 '클로즈드 북closed book' 방식이어서 문제를 푸는 동안 '원칙' 규정집을 참조할 수 없었다. 이 시험은 브리지워터 전 직원에게 필수 코스였다.

질문: 오만함에 대한 다음 정의 중 우리 브리지워터에서의 오만함을 의미하는 것은 무엇인가?
정답: 자기 의견이 옳다는, 근거 없고 과한 자신감을 보이는 태도.

예/아니요 형태의 질문도 있었다.

우리는 어떤 대가를 치르더라도 진실을 수호하고, 거짓말한 사람은 무조건 해고되어야 하는가?

어떤 질문들은 하위 질문으로 이어졌다.

Q: 도둑질해도 무사히 넘어갈 수 있다는 전제하에, 브리지워터 직원 중

몇 퍼센트가 도둑질할 것 같은가?

Q: 당신도 그중에 포함되는가?

Q: 방금 질문에 정직하게 대답했는가?

Q: 주위를 둘러봤을 때, 브리지워터가 최고의 자리를 유지하려면 당신의 주변인 중 몇 퍼센트가 분류 대상이 되어야 한다고 생각하는가?

Q: 당신도 그들 중 한 명이 될지 모른다고 생각하는가?

테스트 평가 방식은 주로 달리오의 답과 직원이 제출한 답의 일치 여부에 따라 매겨졌다. 모든 사람의 점수는 고이 보관되었다. 이제 달리오는 축적된 데이터를 추적하고 사용할 방법이 필요했다. 이를 위해 그는 새로 고용한 한 직원에게 의지했다.

∴

맥도웰에게 할당된 소위 야구카드 프로젝트는 진전이 없었다. 달리오가 맥도웰에게 직원의 개인별 통계를 한눈에 보기 쉽게 정리하는 작업을 맡긴 직후, 맥도웰은 동료들에게 이 과제가 양날의 검이라는 걸 깨달았다고 털어놓았다. 달리오는 꾸준한 업데이트를 원했으므로, 맥도웰은 브리지워터에서 그 누구보다 달리오와 접촉할 기회가 많아졌다. 이는 그만큼 맥도웰이 달리오에게 찍힐 기회도 남들보다 더 많다는 의미였다.

맥도웰은 이 방면에서 달리오의 첫 번째 도우미는 아니고, 실은 심리학자 밥 아이킨저Bob Eichinger의 연구를 이어받았다. 달리오보다 9살 많은 아이킨저는 경력의 황혼기에 접어들었다. 수십 년 전, 그는 성공 프로파일링success profiling이라는 인사 지원 도구를 만드는 데 이바지했다. 이는 고용주에게 "의사 결정 능력"과 같은 틀에 박힌 표현이 적힌 67장의 카드를 주어진 직무의 중요도순으로 분류하게 하는 방식이었다.[15] 이 접근법은 대중화되지 못했지만, 아이킨저는 경력 개발에 과학적 방법을 적용한 인물로 전국적 명성을 얻었다. 맥도웰을 고용하기 약 1년 전, 달리오는 브리지워터의 시스템 구축에 도움을 받기 위해 아이킨저를 컨설턴트로 영입했다. 달리오는 입사 지원자들을 미네소타주에 있는 아이킨저의 사무실로 비행기에 태워 보내 검사를 받게 했다.

그러면 아이킨저는 지원자들에게 이런 식으로 말했다. "나는 어디에서 태어나…'로 시작해 지금 여기 앉아 있는 순간까지 인생 경로를 쭉 얘기해보세요."

아이킨저와 맥도웰은 금방 친해졌다. 아이킨저는 맥도웰이 "선택받은 사람 중 한 명"이라고 했다.[16] 두 사람은 모두 천문학에 관심이 있었고, 별을 좌표에 표시하듯 인간의 행동도 좌표에 표시할 수 있다고 믿었다. 그렇다고 좌표 만들기가 쉬우리라 생각한 건 아니었다. 문서화된 지침이 없다면 망원경 없이 하늘을 쳐다보는 것과 같아서, 그물망 같은 희미하고 머나먼 점들의 집합만 보일 것이다. 두 사람은 자신들이 적절한 도구를 개발할 특별한 적임자라고 확신했다. 아이킨저의 평가에 따르면 맥도웰은 개념적 사고에 뛰어나고, 대부분의 사람들이 보지 못하는 큰 그림을 볼 줄 알았다. 아이킨저는 맥도웰과 처음 대화할 때 그에게 자기 능력에 의구심이 든 적이 있냐고 물었다. 맥도웰은 브리지워터에 필요한 일을 맡기에 충분한 권한이 주어지지 않을까 봐 그게 가장 걱정이라고 답했다.

맥도웰이 말했다. "전 그저 대표님 직속으로 올라서고 싶습니다."

아이킨저는 의아하다는 듯 그를 바라보았다. "여기에 레이 직속 아닌 사람이 어디 있어요."

맥도웰이 야구카드에 몰두하는 동안 아이킨저는 더 많은 데이터를 얻고자 했다. 그는 전 직원을 대상으로 대대적인 성격검사를 실시하도록 달리오를 설득했다. 성격검사 중 가장 유명한 MBTI 검사는 아이킨저 같은 심리학자의 지도하에 실시해야 했으며, 사람들의 성격을 16가지 유형으로 분류했다.[17] 달리오는 검사 결과 외향형, 직관형, 사고형, 인식형이라는 ENTP로 나왔다.[18] 그는 자신과 딱 맞게 나온 이 희소식을 브리지워터 전 직원에게 알렸다. 그러나 훗날 직원들이 회상하기를, 나머지 직원들도 검사를 받은 후 그 결과를 보고 달리오의 흥분은 가라앉았다고 한다. 결과에 따르면 브리지워터는 정규 분포로 예측했을 시보다 최대 6배나 많은 ENTP 성격을 보유한 것으로 나타났다. 이는 두 가지 해석이 가능했다. 브리지워터의 채용 방식상 특정 유형의 성격이 몰렸거나, 몇몇 사람들이 상사와 같은 범주에 속하는 방향으로 검사에 답변했다는 것이다.

아이킨저는 더 맞춤형 솔루션을 개발하기 시작했다. 그는 달리오에게 프레젠테이션하는 자리에서 이를 "인간 자질 모형people qualities model"이라고 소개했고, 그 슬로건은 "브리지워터: 남다른 회사, 남다른 인재Bridgewater: A different kind of company; a different kind of person"였다. 각 자질은 가장 중요하고 드문 자질이 맨 위에 오도록 피라미드 모양으로 배열되었다. 피라미드 최상단(영양 피라미드로 치면 정크푸드, 과자, 기타 가능한 한 섭취를 줄여야 하는 식품이 들어가는 영역)에는 정신, 변화, 사람, 결과, 문화 등 5가지 민첩성이 포함되었다. 그중 문화적 민첩성은 "극사실주의자가 되는 것, 즉 현실을 깊이 이해하고 받아들이며 이에 맞춰 일하는 것"이라고 설명되었다.

삼각형 아래의 다음 단계에는 영민함, 똑똑함, 적응력 등 11가지 '요소'가 있었다. 그 밑으로는 현재와 미래의 직원들에게서 발굴해야 할 52가지 '역량'이 나왔다.

아이킨저는 기존에 자신이 구성한 67장의 카드 묶음을 토대로 역량 목록을 만들어 달리오에게 제공했다.

내용은 다음과 같았다.

- 지력
- 인내
- 불굴
- 다양성 관리
- 부하 대면 능력
- 갈등 관리
- 시간 관리
- 붙임성
- 유머

달리오는 목록을 검토한 후 불필요한 항목을 삭제했다.

- 지력
- ~~인내~~
- 불굴
- ~~다양성 관리~~
- 부하 대면 능력
- ~~갈등 관리~~
- 시간 관리
- ~~붙임성~~
- ~~유머~~

아이킨저는 이 역량 목록을 맥도웰에게 전달했고, 맥도웰은 이를 즉시 브리지워터 야구카드에 집어넣었다.

야구카드를 카드라고 부르기엔 약간 어폐가 있었다. 그보다는 아이킨저의 상상을 초월할 만큼 수많은 통계가 담긴 몇 장 분량의 출력물이었다. 아이킨저의 제안에 따라 야구카드는 처음에 민첩성의 5가지 항목을 나열했지만, 곧 "빠른 습득력", "통솔력", "자기 개방성" 등 100개 이상의 범주로 세분화되었다. 각 범주에는 1~10등급의 체크박스가 붙어 있었다. 아이킨저가 제안한 항목도 일부 들어갔지만(예: "부하 대면 능력"), 달리오의 '원칙'에서 가져온 범주들이 더 많았다. 초기 야구카드의 첫 번째 섹션에는 "진실한 삶의 태도"에 대한 직원 평가가 포함되어 있었고, 그 뒤를 이어 "취조 - 다른 사람의 잘못을 눈감아주지 않음"에 대한 평가도 있었다.

야구카드는 점점 비대해졌다. 달리오는 아이킨저의 첫 성격 테스트 결과와 MBTI 결과, 기타 등등도 야구카드에 다 넣으라고 지시했다. 그다음 주간 MPT 영상에 각 직원의 테스트 결과가 얼마나 신뢰할 만한지, 그리고 그들의 답변이 달리오의 답변과 얼마나 일치하는지를 기록하는 코너도 만들었다. 마치 끝없이 층수가 늘어가는 건물을 지으며 계속 비계를 설치하듯 새로운 범주가 자꾸 추가되었다. 관리자, 부하 직원, 경영위원회 위원 등이 제출한 점수도 켜켜이 덧보태졌다. 달리오의 진단이 기록될 눈에 띄는 칸도 추가되었다.

당시에는 일일이 종이로 출력했지만, 브리지워터는 이를 디지털 솔루션으로 개발하기 위해 애플의 마우스를 최초로 개발한 것으로 유명한 디자인 회사 아이디오(IDEO)에 작업을 의뢰했다.[19] 아이디오의 시범 모델은 브리지워터 내부에서 한동안 바살(Vassal)이라는 암호명으로 불렸는데, 이는 중세 시대에 봉건영주의 보호를 받는 사람을 뜻했다. 개발 비용은 금세 수백만 달러에 이르렀다.

2009년 중반, 맥도웰은 아이킨저의 모델과 브리지워터의 등급제를 결합한 시범 모델을 아이킨저에게 보여주었다. 아이킨저는 더할 나위 없이 흡족해했다. 그는 한 동료에게 "젠장, 이렇게 훌륭할 수가"라고 말했다. 맥도웰은 주요 임직원들의 결과를 샘플로 골라 달리오에게 보내고는 재가를 기다렸다.

스페인 별장에서 여름휴가를 보내던 중 샘플 평가를 검토한 달리오는 아이킨저와 맥도웰에게 얘기 좀 하자고 했다. 아이킨저는 미니애폴리스에서, 맥도웰과 본사 팀은 웨스트포트에서 각각 달리오에게 전화를 걸었다.

"이거 잘못됐네." 달리오는 젠 힐리의 결과를 포함해 몇몇 사람들의 결과를 살펴보았다. "내가 아는 젠은 이런 사람이 아니라고."

그는 다시 하라고 말했다.

70세의 아이킨저는 의기소침해졌다. 수년간 공들인 기술 작업이 지금 전적으로 한 사람의 기분에 의해 폐기되어버린 것이다. 아이킨저는 맥도웰과 팀원들에게 이 일에서 빠지겠다고 말했다.[20] 하지만 훗날에는 우호적 결별이었다고 표현했다.

∴

달리오는 언젠가 자신이 떠날 수밖에 없음을 염두에 두고 있었다. 60대가 가까워지자 그는 다시 은퇴 이야기를 꺼내기 시작했다. 몇몇 주변인들에게는 죽기 전까지 은퇴는 없다고 말하기도 했지만, 죽을 때까지 이 모든 직함을 유지할 생각은 없다는 말도 덧붙였다.[21]

전설로 남은 브릿 해리스 사건 이후 달리오는 최고경영자와 공동 최고투자책임자 역할을 겸해왔다. 특히 경영과 투자 어느 쪽도 그의 기대에 부응하지 못했기 때문에 그가 자리에서 내려올 기미는 보이지 않았다.

투자 측면에서는, 2009년이 장기 불황이 되리라 예상한 달리오의 굳건한 믿음이 다시 물거품이 되고 있었다. 브리지워터는 올웨더 펀드를 불황 모드로 전환했으나, 알고 보니 시장은 바닥을 찍은 것으로 판명되어 글로벌 시장의 엄청난 반등에 편승하지 못했다. 퓨어 알파도 너무 조심스럽게 포지셔닝되어 경쟁 상품들에 비해 별로 성과가 좋지 않았다. 브리지워터는 고객들에게 시장을 보이는 대로 믿지 말라고 당부했다. 상승장이 시작된 지 몇 달 뒤, 달리오는 "경제와 시장이 겉보기에 정상으로 돌아왔다는 오해를 불러일으킬 수 있으니 조심하라"는 글을 썼다.[22]

브리지워터의 일상적 운영 상황은 더 심각했다. 달리오가 야구 카드 프로젝트에 실망했다는 것은 그만큼 그가 영입해온 직원들에게 더 크게 실망했다는 뜻이었다. '원칙'은 점점 불어나 그 수가 총 277개에 이르렀고,[23] 미래의 CEO 후보 수도 늘어났다.

후보로는 먼저 아일린 머레이, 그리고 전 육군 레인저 출신에 조지 W. 부시George W. Bush 행정부에서 근무한 데이비드 매코믹이 있었다. 외국어 학습 소프트웨어사인 로제타스톤에서 브리지워터로 합류한 톰 애덤스Tom Adams도 있었다.[24] 시카고에서 매킨지앤드컴퍼니의 중서부 지부를 운영하다 동쪽 웨스트포트로 건너온 줄리언 맥Julian Mack,[25] 그리고 또 다른 컨설팅 회사인 부즈앤드컴퍼니Booz &

Company에서 근무한 니코 캐너Niko Canner도 있었다. 신입 임원들은 먼저 능력만 입증할 수 있다면 자신들에게도 CEO가 될 기회가 오리라 믿었다. 대부분 경영위원회의 고문으로 시작한 그들은 사실상 브리지워터 창립자가 어떤 새 임무를 지령해도 참을성 있게 자리를 지킬 수 있어야 했다.

브리지워터에서는 이탈자가 끊이지 않고 발생했으므로 신입 임원들에게는 스스로를 증명할 기회가 지속적으로 주어졌다. 회사의 공식적 발표로는 직원의 3분의 1이 18개월 내에 떠났다고 했지만(그리고 거듭 말하자면, 떠나지 않고 버텨낸 나머지는 달리오의 말마따나 "남들과 다른 쪽"으로 올라갔다),**26** 브리지워터의 많은 사람들은 실제 수치가 더 복잡할 것이라고 의심했다. 일부 직원은 컨설턴트로 입사해 정규직 전환을 전혀 추구하지 않았다. 그 외에 공식 계약 만료일보다 일찍 떠난 사람들도 있었다. 브리지워터는 넉넉한 퇴직금을 제시하면서 엄격한 기밀 유지 협약을 요구했으며, 직원들은 퇴사 시 협약에 기꺼이 서명했다. 결과적으로 몸은 웨스트포트를 떠났어도 오랫동안 계속 급여를 받는 퇴사자들도 많았다. 직원들의 입사와 퇴사가 워낙 소용돌이처럼 빈번해, 때로는 달리오조차 누가 들어오고 나갔는지 잘 몰랐다.

하지만 그는 주변에서 사람들이 사라지는 것에 마냥 깜깜하지는 않았다. 2009년 말, 그는 스테파노바 등 몇몇 사람들에게 지난 18개월 동안 계약 종료와 사직 건수가 늘어난 이유를 보고서로 요약하라고 지시했다. 이 임무는 직원 관계 책임자인 타라 아놀드Tara Arnold에게 위임되었고, 그녀는 보고서를 작성해 경영위원회에 제출했다. 아놀드의 이메일은 "제가 브리지워터에서 근무한 지난 5년간 보낸 이메일 중 가장 중요한 건입니다"라는 말로 운을 떼었다.[27]

발신: 타라 아놀드
날짜: 2009년 10월 6일 화요일
수신: 경영위원회
제목: 중요 - 브리지워터에서 피어오르는 연기smoke

…아래에 제가 강조한 '문제'들은 '징후smoke'라고 보시면 되겠습니다…

1. 주요 구성원들이 극심한 피로를 호소하고 있습니다…
2. 우리의 시장 평판이 악화되고 있습니다.

- 2009년 우리의 일자리 제안 중 19퍼센트가 거절되었습니다. 이는 2008년의 15퍼센트와 비교되는 수치로, 요즘 시황이 좋지 않고 실업률이 높은데도 그렇습니다. 특히 최근 3개월간의 거절률은 25퍼센트에 가깝습니다…

- 보험사 시그나Cigna에 따르면 작년에 가입자당 항우울제 총비용과 전반적인 정신 건강 처방 건수가 증가했습니다. 또한 복리후생 부서와 응급팀에서는 정신과 의사에 대해 문의하는 직원이 늘어나고 있다고 합니다…

- 퇴사자 인터뷰에 따르면 '원칙' 교육 외에 중요한 직무 및 경력 개발 교육이 크게 부족한 것으로 나타났습니다…

- 비교적 신입인 몇몇 직원들은 제게 직접적으로 이야기하기를, 자신의 직업이 불안정하고 언제 해고될지 몰라 두렵다고 했습니다… 또한 최

근 일부 직원(3년 이상 근속)은 대표님의 원칙들이 너무 곧이곧대로 적용되는 느낌이라고 말했습니다…
- 일각에서는 우리 문화에 대한 오해가 워낙 심해, 일부 지원자들이 우리가 사이비 종교 집단이고 "미쳤다"고 얘기하는 실정입니다.

아놀드는 자신이 위에서 제기한 모든 이슈가 회사 전체의 정량적 설문 조사에 반영되지 않았음을 강조하며 마무리했다. 그녀는 확증 가능한 데이터가 부족한 것은 응답자의 두려움 때문인 것 같다고 설명했다. 아놀드와 스테파노바는 근본 원인을 파악하기 위해 직원을 대상으로 익명 설문 조사를 시행하자고 제안했다. 아놀드는 이 설문 조사가 "어떤 대가를 치르더라도 진실에 도달하려는 브리지워터의 철학과 부합"할 것으로 보았다.

달리오는 그날 저녁 "자네가 정리한 보고서는 현실을 균형 있게 설명하지 못하네"라고 답장했다.

발신: 레이 달리오
날짜: 2009년 10월 6일 화요일
수신: 타라 아놀드; 경영위원회
제목: RE: 중요 - 브리지워터에서 피어오르는 연기

타라에게 - 보고서 고맙게 잘 봤네. 자네가 말한 모든 내용에 공감하는 사람이 상당히 많으리라 확신하네…
나는 우리 회사가 생각보다 일하기 힘든 곳이라는 걸 잘 아네. 나도 예외

가 아니어서, 대부분의 다른 사람들이 그렇듯 나도 힘들 때가 많구먼…
나는 우리 브리지워터가 훌륭한 기업이 되기 위해 다음 두 가지 중 하나
가 필요하다고 믿는다네. 첫째, 모든 임직원이 자기 일을 훌륭히 수행할
것. 아니면 둘째, 각자 통찰력을 키우고 우리 회사가 훌륭해질 방법을 다
같이 공론화할 수 있을 것…
자네가 지적한 대로 심각하고 안 좋은 결과가 있기는 하지만, 우리가 현
명하고 공개적으로 이 문제에 대처한다면 무사히 해결할 수 있다는 게
내 개인적 생각일세…

아놀드가 채 답장하기도 전에 달리오는 두 문장짜리 이메일을 추가로 보냈다.

발신: 레이 달리오
날짜: 2009년 10월 6일 화요일
수신: 타라 아놀드; 경영위원회
제목: RE: 중요 - 브리지워터에서 피어오르는 연기

타라에게 - 이런 문제를 겪고 있는 사람들이 누군지 알려주면 내가 가서
이야기해도 괜찮고, 아니면 그들이 내게 와서 이야기하도록 독려해도 좋
네. 서로 간에 현실을 솔직히 이야기하는 게 중요하지 않겠나.

살아남은 사람들에게는 이 길의 끝에 포상금이 놓여 있었다. 브
리지워터에 다니면 삶이 얼마나 윤택해질 수 있는지를 보여준 전형

은 밥 프린스였다.

달리오보다 10살 어린 프린스는 표면적으로는 달리오의 당연한 후계자로 보였다. 처음엔 중서부 출신의 해맑은 이주민이었던 그는 오래전부터 브리지워터에서 비교적 호감형 임원 중 한 명이었다. 프린스는 '원칙'을 인용하는 법이 거의 없었고, 무엇보다 달리오의 곁을 한결같이 지켰다. 또 말을 부드럽게 하는 편이었으며, 달리오 때문에 기분이 상한 사람들의 고충도 열린 마음으로 들어주었다. 그럴 때면 프린스는 달리오가 자신에게도 거칠게 대한다고 말하며 위로했다. 과거엔 달리오가 프린스를 형편없는 관리자로 여겨, 몇 년 동안 프린스 밑에 직속 참모도 배정하지 않았다는 일화도 들려주곤 했다. 한 입사 지원자가 면접 중 프린스에게 개인적으로 가장 중요한 것이 무엇이냐고 질문했을 때, 그는 "가족, 신, 브리지워터 순"이라고 답했다.

실제로 그는 50번째 생일 파티에 가족, 교회 사람들 그리고 다수의 브리지워터 임직원까지 각양각색의 지인들을 초대했다. 파티가 무르익을 무렵, 그는 연설하기 위해 일어섰다. 하지만 일반적으로 생일 파티에서 말할 법한 내용은 아니었다. 그는 사람들 앞에서 지난 25년 동안 달리오에게 거액을 빚지고 있었다고 토로했다. 달리오는 파트너에게 매년 회사 지분을 매입할 기회를 후하게 주었지만, 회사 가치가 성장함에 따라 그 지분의 가격도 매년 상승했다. 그래서 프린스는 이런 유형의 대출을 제공할 수 있는 유일한 사람인 달리오를 찾았고, 그 결과 그가 브리지워터에서 일하며 차차 갚아야 할 빚은 수억 달러에 달하게 되었다.[28] 그리고 그는 오늘 이 중요한 자리를 빌려, 달리오에게 진 빚을 마침내 청산했다는 말을 전할 수 있게 됐다고 선언했다. 그는 이를 기념하기 위해 동네 해변으로 가 사람들 앞에서 모닥불을 피우고 대출 서류를 불태우는 의식을 거행했다고 말했다.

친구, 가족, 동료 모두 일제히 함성과 환호를 터뜨렸다.

그날 이후 프린스는 눈에 띄게 달라 보였다. 그는 아내에게 벤틀리 자동차를 선물 받았다. 또 헬리콥터 조종 수업을 듣고부터는 헬리콥터 조종사의 생활에 대해 장황하게 늘어놓기 시작했다. 그와 아내는 1억 2,000만 달러를 들여 미국에서 가장 비싼 땅에 대형 교회를 착공했다.[29]

많은 직원들이 프린스의 발자취를 따르고 싶어 했다. 언젠가 프린스처럼 보상받을 수 있다면 몇 년, 아니 몇십 년이 불행해도 괜찮았다.

하지만 프린스에게는 거기까지였다. 그는 브리지워터 경영권의 소용돌이에서 한 발짝 떨어져 있으면서도 달리오의 비위를 잘 맞춰줄 줄 알았다. 최고경영자 후보로 자신의 이름이 거론될 때마다 프린스는 자신은 그릇이 못 된다며 선을 그었다. 그는 달리오가 프린스의 결점을 지적하는 내용으로 제작한 MPT 교육 영상을 들먹였다. 그리고 "나는 경영에 소질 없다"라고 말했다. 그가 자기 일만 묵묵히 하겠다니, 다른 여러 사람들에게는 잘된 일이었다.

이후 프린스는 브리지워터에 남아 있으면서도 달리오의 회사 경영권 문제에 거의 초연히 지냈다. 프린스는 공동 투자책임자에 머물러(덕분에 달리오는 두 사람의 안정적인 파트너 관계를 대외에 자랑할 수 있었다),

출세에는 별 도움이 안 돼 보이는 경제 연구나 전 털사 대학교 교수가 본의 아니게 개발을 도운 저비용의 올웨더 펀드 구성에 전념했다. 프린스는 사실상 투자수익 중 눈에 덜 띄는 지분을 자기 몫으로 챙겨갔다. 그는 달리오에게 반기를 들지도 않았고, 달리오에게 반기를 든 사람을 감싸지도 않았다. 사석에서 많은 직원들은 프린스가 그렇게 돈을 두둑이 모아 결국 고향으로 돌아갈 것 같다며 질투심을 내비쳤다.

프린스가 리더 역할을 마다한 반면, 그의 공동 투자책임자는 지향하는 방향이 달랐다. 그레그 젠슨은 곧 공석이 될 리더 자리 경쟁에 돌입했다. '원칙' 신봉자 젠슨은 달리오를 제외하고 브리지워터 내의 모든 측면에 손을 뻗친 유일한 사람이었다. 달리오는 이 청년에 대한 총애를 숨기지 않았고, 2010년에는 열쇠를 넘겨주기 직전까지도 갔다.[30] 이제 달리오는 은퇴를 준비하는 차원에서 "정신적 지주 겸 멘토"로 남겠다고 밝혔다.[31] 젠슨은 공동 최고투자책임자인 동시에 공동 최고경영자가 유력했다. 이 두 직위는 지금까지 달리오 본인만이 겸했던 역할이었다.

최고경영자 대열에 젠슨과 함께 누가 합류할지를 놓고, 이제 브리지워터에서는 각자 자신의 경쟁자들을 진단하고 취조할 열의를 숨기지 않는 후보들이 난무하게 되었다. 문제는 이 시합에 심판이 없다는 것이었다. 그렇다면 '원칙'을 각자 입맛대로 해석해 회사의 모난 돌을 공격하고 모든 잔챙이들을 쫓아내는 용도로 활용할 수 있었다. 그러다 보니 사람들은 사내의 아무리 사소한 문제라도 비디오 녹화, 내부 공개 "재판", 조사 등을 요구했다. 결국 달리오는 유명한 전직 검사 출신의 한 변호사를 연봉 700만 달러에 데려왔다.[32] 그리고 이 새로 온 사람이 회사의 "대부godfather"가 될 것이라고 직원들에게 알렸다.[33]

그의 이름은 제임스 B. 코미James B. Comey였다.

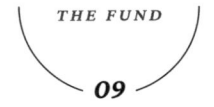

수사관 코미
Comey and the Cases

헤지펀드에서 변호사로 일한다는 건 고역이다. 고객 약정서와 세금 신고서를 작성하고, 거래 확인서를 이중 삼중으로 확인해야 한다. 또 매년 상당 기간을 수백 페이지에 달하는 필수 규정 준수 서류를 작성하는 데 소비하며, 이를 읽지도 않고 이해하지도 못하는 규제 기관에 제출한다.

하지만 새로운 법률고문이 이끄는 브리지워터의 법무 부서는 사내에서 가장 역동적인 부서로 변모하고 있었다.

제임스 코미가 2010년 브리지워터에 법률고문으로 입사했을 때, 그는 누구나 이름을 아는 유명 인사와는 거리가 멀었다. 그의 인지도는 정치인으로 대접받고픈 높은 양반급, 아니면 퀴즈쇼 〈제퍼디 Jeopardy!〉 최종 라운드에서 난도 높은 이름 맞히기 소재가 될 만한 정도라고 보면 될 듯했다. 코미는 2년 동안 뉴욕 남부 지방 검사로 재직하면서 마사 스튜어트Martha Stewart를 내부자거래 혐의로 기소한 것으로 가장 잘 알려져 있었다. 나중에는 조지 W. 부시 행정부의 법무부 차관을 지냈고, 민간인 사찰에 반대 입장을 취해 헤드라인을 장식했다.[1] 그는 민간 부문에 진출하기로 한 결정이 돈 때문이라고 친구들에게 솔직하게 말하고 다녔다. 슬하에 다섯 자녀를 두었고, 그중 한 명은 하버드 법과대학에 진학했다.

브리지워터에서의 첫날, 코미는 이 새 직장을 다니려면 어느 정도 희생을 감수해야 한다는 걸 알게 됐으니 그중 하나가 자존심이었다. 그는 31세의 공동 연구책임자인 매튜 그라네이드Matthew Granade가 브리지워터 표현으로 자신의 이른바 "스키 강사ski partner"로 지정되었다는 소식을 들었다.[2] 스키 강사는 신입 사원의 강점과 약점을 평가하고 그가 브리지워터 생활에 적응하도록 항상 가까이에서 도와줄 선배 직원을 가리켰다.

코미는 재빨리 나 홀로 스키를 타기 시작했다. 그는 종종 규칙이 자신에겐 적용되지 않는다는 듯 행동했다. 키가 203센티미터인 그는 때로 천장으로 손을 뻗어 조명 기구에 숨겨진 녹화 장치를 끄곤 했다.

코미는 회의에서 자신의 경험을 바탕으로 의견을 꺼내는 경향이 있었고, 그럴 때면 얼른 달리오와 젠슨은 코미의 원칙 말고 회사의 원칙이 먼저라고 충고했다. 언젠가 코미는 달리오의 보물이자 끝없는 개선의 순환고리를 상징하는 나선형 곡선에 대해 예리한 질문을 한 적이 있다. 가로축이 시간이고 곡선이 가끔 왼쪽으로 움직인다면 달리오가 타임머신을 발명한 셈이 아니냐는 것이다. 달리오가 매일 내주는 과제도 코미에겐 시시했다. 회사 안에서 은밀하고도 공공연히 공유된 녹음 파일에서, 코미는 MPT 교육 영상이 너무 쉬운 수준에 뻔한 패턴이라고 말했다. 각 영상의 끝에 나오는 문제는 코미가 보기에 그저 다음 세 항목 중 답을 고르는 난이도와 같았다. (a) 우리 어머니는 군화를 신으셨다. (b) 나는 새끼 고양이를 믹서에 넣었다. (c) 레이 달리오의 말은 항상 옳다.

그래도 코미는 브리지워터에 계속 남았다. 워싱턴에 민주당 정권이 새로 들어서자, 이 공화당 변호사는 당장 세간의 이목을 끌 정부 요직을 맡을 가능성이 희박해졌다. 코미는 영리해서 재빨리 방향을 틀었고, 곧 '원칙'을 누구보다 열심히 인용하는 사람이 되었다. 오죽하면 달리오는 회사 전체에 코미를 "짹짹거리는 사람chirper"이라고 표현하고 다녔는데,[3] 이는 달리오 기준으로 최악의 비판에 해당했다.[4] 달리오가 생각하는 참새들의 특징은 자신의 아이디어를 떠올리기보다 남의 아이디어를 우려먹는 편이었다. 그래도 달리오는 본인이 형편없는 사람을 고용했다고 자책할 사람이 절대 아니기에, 대신 코미의 스키 강사인 그라네이드를 취조해 그가 곁에서 스키 강습을 제대로 하고 있는지를 캐기 시작했다.

코미도 아마 달리오가 자신을 좋아하지 않는다는 걸 알았을 테고 언젠가 자신의 가치를 증명하기를 열망했던 만큼, 시간을 내어 달리오의 크고 작은 문제에 대해 해결사를 자처했다. 얼마 지나지 않아 코미는 점수를 딸 기회를 얻었다.

입사한 지 얼마 안 된 변호사 리아 구겐하이머Leah Guggenheimer는 '원칙'을 열정적으로 받아들였다. 하버드 법과대학을 졸업한 그녀는 표면상으로는 관리직의 레버리저 내지 참모 역할을 맡았지만, 약속한 날에 베이글을 가져오지 않은 동료를 신고하는 등 이슈 로그에 열성적으로 참여하는 것으로 유명했다(그녀의 베이글 불만을 곁에서 들은 한 제삼의 동료는 "빌어먹을, 철 좀 들어"라고 말했다). 아일린 머레이는 구겐하이머와 몇 번 충돌한 후 인내심을 잃고 그녀를 재판과 투표에 부쳤다(머레이는 "우리 모두 이런 사람과 같이 일하고 싶지 않다는 데 동의하지 않나요?"라고 물었다). 한 명을 제외하고 모두 그녀를 해고하는 쪽에 투표했다. 그렇게 구겐하이머는 일자리를 잃었다.

몇 주 후 소식을 들은 달리오는 한 직원이(아무리 짜증 나는 직원이라도) '원칙'을 고수하며 자신의 생각을 솔직히 말했다고 처벌된 상황이 마음에 들지 않았다. 그는 코미에게 좋은 생각이 없냐고 물었다.

코미는 자신의 새 상사에게 깊은 인상을 줄 기회가 왔다고 느낀 듯했다. "판례법대로 처리하면 어떻겠습니까?"

달리오는 그러면 좋겠다고 맞장구쳤다.

"음, 대표님, 재판이 열렸습니다. 적법한 절차를 거쳤고요. 보아하니 '원칙'대로 한 듯합니다. 그러므로 재심은 아무 의미가 없습니다. 우리가 처음부터 접근하지 않는다면요."

"무슨 말이야?"

"재판이 아예 없었다 치고 모든 걸 새로운 시선으로 봐야 한다는 거죠."

달리오는 괜찮은 생각이라며 동의했다.

코미는 직접 수사에 나섰다. 그는 구겐하이머에게 철 좀 들라고 한 말이 녹음된 테이프를 포함해 모든 테이프를 다시 들었다(코미는

"아주 재미있는 경험이었다"라고 말했다). 그다음 달리오는 더 큰 규모의 청문회를 열고 그레그 젠슨, 아일린 머레이, 그 외 모든 관련자를 불렀다. 커다란 탁자 중앙에 녹화 장치가 놓인 그곳에서 달리오는 코미에게 개회사를 시켰다.

코미는 별로 뜸 들이지 않고, 검토 결과 해고가 정당하다고 말했다. "테이프를 쭉 들어봤습니다. 오죽하면 순하고 점잖은 폴 맥도웰조차 구겐하이머에게 '빌어먹을, 철 좀 들어'라고 말하네요."

뒷좌석에 앉은 맥도웰은 얼어붙었다. 마른하늘에 날벼락이었다. 그는 이 일과 전혀 얽히고 싶지 않았다.

젠슨이 말했다. "폴, 다른 사람이 문제를 지적하는데 핀잔을 줬군요. 이건 용납할 수 없습니다. 우리 회사는 문제 제기를 장려하는 곳입니다."

맥도웰은 북받친 듯 다급하게 말했다. "문제라는 것도 수준이 있죠. 정말 어이없었다고요."

다행히 재판은 다음으로 넘어갔다.

달리오는 코미가 베이글 사건을 조목조목 판결한 건 둘째 치고 코미의 진단이 잘못되었다고 결론지었다. "자네는 아직 근본 원인을 못 찾았어." 이렇게 달리오는 코미에게 세 번째 조사를 명령했다.

이번에 코미는 수위를 높여 강제력을 동원했다. 그는 구겐하이머의 업무용 휴대전화 기록을 추적한 결과 그녀가 첫 재판 이후 집에서도 업무용 휴대전화를 켠 것을 알아냈다. 그녀가 개인 연락처를 저장하기 위해서였다고 항변하자, 코미는 허락을 구했어야 했다고 말했다. 또 그는 구겐하이머의 사무실 컴퓨터에 저장된 파일을 뒤졌다. 딱히 눈에 띄는 기록이 없다가, 드디어 약점이 될 만한 것을 찾았다. 미혼인 구겐하이머는 컴퓨터로 데이트 웹사이트에 메시지를 보내고 있었다. 코미는 일부 메시지가 "음란물에 가까울" 정도로 선정적이었다고 말했다.

달리오의 생각은 달랐다. "음란물이라는 게 뭔가?" 그는 생각에 잠긴 듯 중얼거렸다. 그리고 사람들은 누구나 사생활이 있으며, 구겐하이머의 메시지는 해고 사유까지는 아니라는 결론을 내렸다.

달리오가 말했다. "제임스, 그건 근거가 약해."

달리오는 구겐하이머에게 해고를 철회하겠다고 했고, 그녀는 회사에 남을지 다시 고민에 빠졌다. 그러면서 우선, 자신이 부재 시에 받지 못한 월급을 돌려달라고 요청했다.

달리오는 "장난하나?"라고 대답했다. 그가 재판에 회부된 적 있는 직원에게 돈을 줄 일은 결코 없을 것이었다.

구겐하이머가 물었다. "좋은 사람으로 비치고 싶으세요, 아니면 정말 좋은 사람이 되고 싶으세요?"

달리오는 전자를 택했다.

여러모로 당황한 구겐하이머는 브리지워터로 돌아가지 않았다.

∴

코미는 브리지워터의 보안을 감독할 책임도 맡았다. 이로써 그는 회사의 거의 모든 구석구석을 쑤시고 들출 수 있는 광범위한 권한을 얻게 되었다. 이와 관련해 '원칙'은 최소한만 규정했다. '원칙'의 한 구절에 따르면 "다른 사람의 부정행위에 노출되지 않도록 자제력

을 잘 갖추어야 한다"라고 되어 있었다.[5]

회의 녹화는 브리지워터의 감시 생태계 중 일부분에 불과했다. 전직 FBI 관료가 보안을 책임지게 된 데다, 그는 전 동료들을 자기 부하로 고용하기까지 했으니 말이다.[6] 카메라가 사방에 깔렸고, 그것도 실시간으로 감시하는 것 같았다. 아주 잠깐 자리를 비웠을 뿐인데도 화면 보호기를 설정하지 않았다고 경고하는 스티커 메모가 모니터에 붙어 있곤 했다. 키 누름과 출력 기록도 추적되었다. 복사기는 맞춤형 하드웨어를 장착한 덕에 모든 복사 내역을 기록할 수 있었다. 이메일에 첨부하는 파일조차 일일이 승인받아야 했다.[7] 비밀과 보안에 대한 집착은 회사 업무의 범위를 넘어서까지 확장되었다. 신입 사원들은 회사 체육관에서 운동복을 대여할 때 조심하라는 경고를 자주 들었다. 어느 날 한 직원은 강도 높은 운동에 정신을 못 차린 채 대여한 양말을 신고 그냥 나갔다. 그 직원은 얼마 후 해고되었다.

헤지펀드 전문지인 〈앱솔루트리턴Absolute Return〉에 따르면, 투자직 직원은 월스트리트 내 주요 경쟁 업체 직원과 업무 외적으로 어울리는 것도 금지되었다고 했다(나중에 브리지워터는 그러한 규칙을 둔 적이 없다고 주장했다).

코미가 사무실 도청기를 수색하면서, 당연히도 대부분의 브리지워터 직원들은 사무실에서든 그 밖에서든 자신들의 말이 도청될까 봐 공포에 떨었다. 어떤 직원들은 회사 안에 연결된 모든 기기에 실시간 녹음 장치가 장착되었다고 확신해서, 가족이나 친구와 함께 있을 때는 업무용 휴대전화의 배터리를 빼놓았다. 보안 부서는 사전

통지 없이 휴대전화 마이크를 켤 수 있는지 묻는 직원들의 질문에 직접 답변하지 않음으로써 사실상 직원들의 걱정을 더 부채질했다. 투자 직원들은 매일 아침 개인 휴대전화를 반납하고 하루 동안 신호 차단 사물함에 보관해야 했다. 그 외 부서 사람들은 회사에서 개인적 통화를 할 때면 사무실 밖으로 나와 주위의 숲으로 터덜터덜 걸어갔다. 이런 습관은 코미 팀이 주변 휴대전화 기지국에 전파가 도달하기 전에 통화를 엿들을 수 있는 장치를 나무에 설치하려 한다는 소문이 내부에 퍼질 때까지 계속되었다.

보안 책임자로서 코미는 젠슨에게 직속으로 보고할 의무가 있었다. 그리고 젠슨도 달리오 못지않게 자신이 사내 보안 유지를 심각하게 신경 쓴다는 것을 증명하고 싶은 듯했다. 그러나 실제 확증이 없다 보니, 그들은 스스로 증거를 만들기로 했다. 코미는 젠슨의 것이라고 분명하게 표시된 서류철을 아무도 없는 사무실에 갖다 놓는 계획을 짰다. 이는 신통한 효과를 발휘했다. 코미는 한 하급 직원이 우연히 서류철을 발견하고 자세히 읽는 것을 지켜보았다. 젠슨과 코미는 해당 직원을 재판에 회부하고 유죄판결을 내린 후 달리오의 승인하에 해고했다.

철저한 감시 속에서 사람들은 필연적으로 긴장하게 되었고, 위에 카메라가 없는지 확인하려는 듯 항상 천장을 슬쩍 쳐다보는 버릇이 생겼다. 달리오와 가까이에서 근무하는 사람일수록 긴장감은 더욱 팽팽해졌다. 한 전 직원이 회상하기를, 여느 때와 같이 평범한 어느 날 달리오의 비서가 그의 집무실을 확인했더니 문이 열린 채 비어 있었다. 그녀는 즉시 큰일 났다고 생각했다. 달리오는 결코 자신의 성소를 무방비 상태로 두고 나갈 사람이 아니었기 때문이다. 그녀는 가장 가까운 회의실로 달려가 회의 중인 사람들에게 달리오가 납치되었다는 사실을 알리고, '원칙'에 의하면 어떻게 대처해야 하냐고 물었다. 약 30초 후, 달리오가 문 앞에 나타나 비서가 왜 무단으로 자리를 비웠는지 날카롭게 추궁했다. 그는 화장실에 다녀온 것이었다.

∴

며칠, 몇 주, 몇 달 내내 브리지워터 전 직원 사이에서는 누가 고용되고 누가 해고될지가 최대 화두인 것처럼 보였다.

코미가 한창 권세를 누리던 2010년, 점잖은 영국인 마이클 파팅턴Michael Partington이 채용 책임자가 되었다. 그의 아내와 젠슨의 아내는 전부터 친구 사이이기도 했다. 파팅턴은 우량 컨설팅 회사인 매킨지앤드컴퍼니에서 20년 동안 채용 책임자로 근무하다 브리지워터로 왔다. 그만큼 그는 채용에 있어서 전문가였다. 매킨지는 연간 100만 건이 넘는 지원서를 접수하는 것으로 유명했으나 채용률은 그중 1퍼센트도 안 되었다.[8] 브리지워터는 파팅턴을 200만 달러가 넘는 연봉에 데려와, 그에게 매킨지 시절의 축소판 업무를 수행하게 했다(브리지워터는 매년 수백 명씩만 새로 뽑으면 되었다[9]).

달리오는 파팅턴이 브리지워터를 "약속의 땅"으로 인도할 사람이라고 전 직원에게 소개했다.

브리지워터는 아직 약속의 땅과는 상당히 거리가 멀었다. 신입교육에는 질적, 양적 면에서 엄청난 데이터가 필요했다. 지원자들은 한방에 모여 낙태와 같은 뜨거운 이슈에 대해 토론해야 했고,[10] 브리지워터 직원 한 명이 이를 지켜보고 평가를 기록했다. 한 금융 전문지의 보도에 따르면, 다음 단계로 진출한 지원자들은 이미 필수로 치르고 온 성격 테스트 외에도 전 직장 급여를 부풀리지 않았음을 증명할 직전 5년간의 소득세 신고서를 제출해야 했다. 또 브리지워터는 그들에게 아무런 설명도 없이 진통제 처방 요청 이력을 포함해 치과 진료 기록도 요구한 것으로 전해졌다.[11]

합격한 신입 사원들은 입사하자마자, 야구카드 형태로 구현된 브리지워터의 등급 시스템에 즉시 내던져졌다. 이때부터 수백 명의 직원이 실시간으로 서로를 평가하기 시작했고, 이 과정을 도트dot라고 불렀다. 카드는 1부터 10까지의 도트, 즉 동료들이 평가한 점수로 채워졌다. 도트는 24시간 언제라도 매길 수 있었는데, 회사의 치밀한 녹화 시스템 덕에 특정 사건 당시 현장에 없었던 직원들도 사후에 서로 도트를 찍을 수 있었기 때문이다.

신입 사원들이 초기에 흔히 겪은 한 가지 문제는 평가 기록이 전혀 없는 빈 야구카드가 동료들로 하여금 야박한 점수를 매기게 하는 유인이 된다는 점이었다.* 동료들로서는 신입 사원에게 굳이 튀는 점수를 줄 이유 없이, 남들이 매긴 점수에 묻어가면 그만이었다. 신입 사원들도 자신들이 높은 점수를 받는 가장 좋은 방법은 이미 높은 점수를 받은 다른 사람들의 의견에 동조하는 것임을 며칠 만에 깨달았다. 그러려면 필연적으로 최고경영진의 견해를 충실히 따

---

* 브리지워터 측 변호사들은 '신입 교육과 성격 테스트 결과를 출발점으로 삼아 신입 사원들이 자신의 강점과 약점을 성찰하도록 독려했다'라고 말했다.

르는 수밖에 없었다. 달리오나 젠슨은 회의 도중 본론에서 벗어나, 어떤 부하 직원이 일을 잘하는지 여부를 투표에 부치는 경우가 잦았다. 회의의 본래 주제를 달리오가 어떻게 생각하는지는 어차피 애초에 답이 정해져 있었다.

야구카드 시스템의 원래 취지는 직원들을 쉽게 적재적소로 재배치하기 위한 것이었지만, 그보다 모든 사람이 모든 주제에 대해 의견을 제시할 수 있는 플랫폼이 주 역할이 되어버렸다. 이와 관련해 '원칙'은 최소한만 규정한 듯했다. '원칙'에서는, 악덕을 찾아내는 것은 그것이 발생하는 순간부터 모두의 책임이라고 규정했다. 매일매일 새로운 문제가 불거지면서 신입 사원들은 불려 나가 취조를 받았고, 취조는 녹화되어 브리지워터의 기록 보관소에 새로운 사례로 저장되었다. 사건은 갈수록 사적 문제로 비화되었다. 달리오는 파팅턴 팀의 한 30대 직원이 빚을 지고 있다는 소문을 듣고는 약 50명의 입회인을 소집해 그 직원에게 빚진 이유를 심문했다. 진단 과정은 녹화되었고, '원칙'이 직업적 문제와 개인적 문제 양쪽에 적용될 수 있다는 모범 사례를 제시하는 차원에서 전 직원에게 전송되었다.

이 사건으로 파팅턴의 이미지가 구겨졌다. 그가 채용 담당자로 브리지워터에 입사한 지 약 1년 후, 달리오는 회사 전체에 투표를 실시했다. "마이클 파팅턴이 우리 회사에 가치를 더하는가?" 반대표가 차곡차곡 쌓였다.

달리오가 파팅턴에게 말했다. "자네는 우리를 약속의 땅으로 데려가지 못했어."

그러고는 파팅턴의 연봉을 절반으로 삭감했다.

∴

"화장실 바닥에 소변이 흘러다닙니다."

브리지워터의 기계를 원활히 운영하기 위해 데려온 전직 육군 레인저 출신의 매코믹을 포함해 몇몇 사람들이 달리오에게서 받은 이메일에 이렇게 쓰여 있었다.

그 배경 이야기는 곧 모든 사람들에게 퍼졌다. 달리오는 회의 중 잠시 자리를 비우고 가장 가까운 공용 화장실로 갔다. 그는 소변기에서 용변을 본 후 아래를 내려다보았다. 바닥에 소변이 흐르고 있었다.

달리오는 이런 일은 그냥 두고 볼 수 없다고 말했다. 누구 짓인가? 그리고 이 지경이 되도록 방관한 자는 누구인가? 달리오는 "빌어먹을 소변 조준도 못하는 사람은 여기서 일할 자격이 없다"고 선언했다.

남자 화장실 문제에 신경이 쓰인 달리오는 조사를 시작했고, 일련의 취조를 거쳐 올바른 진단을 내렸다. 그야말로 완전히 생난리였다. 달리오는 직접 시설 책임자를 불러 심문했다. 직원 수십 명이 교대로 화장실 밖에서 경비를 서며 모든 사람이 들어오고 나갈 때마다 바닥이 깨끗했는지 여부를 기록했다. 한 명 한 명 볼일이 끝나면 청소 직원들이 들어와 서둘러 바닥을 청소했다. 테스트를 위해 새로운 소변기도 들여왔다. 남직원들에게 더 효과적인 표적을 만들어 주기 위해 소변기에 강박적일 정도로 스티커를 부착했다. 그러더니만 다음에는 스티커의 위치 자체가 정확했는지가 취조의 도마 위에 올랐다.

이번 사건은 명명백백한 악덕이었으므로, 전 과정을 촬영해 모든 사람에게 교훈을 줄 사례 연구로 만들어졌다.

∴

소변 사건은 훗날 알려졌듯 나날이 상승하는 달리오의 분노 지수가 반영된 일이었다. 그는 항상 뭔가가 불만스러운 것 같았다. 브리지워터에서 비교적 중요도가 낮은 한 관리직으로 고용된 장남 데번도 봐주지 않았다는 게 지인들의 전언이었다. 한 전직 임원은 데번이 거의 울기 직전의 표정으로 문밖에 서 있는 모습을 여러 번 포착했다고 회상했다.

달리오는 아마 회사에서 가장 아래에 있는 단순직 종사자들에게 특히 무자비했던 것 같다. 그는 '원칙'을 주의 깊게 적용하면 쉽게 해결할 수 있는 기본적 문제가 터졌을 때 더 쉽게 화를 냈다.*

따라서 건물 관리인, 비서, 기타 단순직 업무를 담당하는 직원들은 위험 지대에 있었다. 그들은 두말할 나위 없이, 브리지워터를 떠날 경우 소득 면에서 앞날이 가장 막막한 부류에 속했다. 그들의 일상 업무는 다른 회사의 업무와 크게 다를 바 없었다. 프린터 옆에 종이를 채우거나 주차장을 순찰하는 방법에 회사마다 차이가 있어 봐야 얼마나 있겠는가. 하지만 브리지워터는 연봉을 후하게 줬다(어떤 이의 기억에 따르면 비서 연봉이 20만 달러 이상이었다고 한다). 그 대가로 그들은 남들과 마찬가지로 '원칙'을 준수하고 그에 따라 등급이 매겨질

---

* 달리오 측 변호사는 달리오가 "모든 직원을 평등하게 대우하고, 모든 직위의 사람들을 존중하며, 그들에게 차별 없는 혜택을 제공했다"고 말했다.

각오를 해야 했다. 그들의 직장 생활은 소동이 일상이었다. 가령 버스 운전사는 차 안이 너무 덥거나 너무 춥다는 이유로(때로는 양쪽에서 상충하는 불만을 제기해서 한꺼번에 두 이유로) 종종 조사를 받았다. 매일 아침 간식 냉장고가 가득 차 있으면 아무도 신경 쓰지 않는 반면, 음료수가 떨어지기라도 하면 최하급 직원에게 초신성만큼 맹렬한 도트 공격이 떨어졌다.

상사가 회의에 늦는 것이 그들의 잘못이 아님에도 비서들은 일정 관리의 책임을 뒤집어쓰고 낮은 도트를 받았다.

사내에서 가장 저임금을 받는 직원들에게 더 엄하게 대하는 게 아닌지 의혹을 품는 사람들도 있었지만, 달리오는 그러한 우려를 일축했다. 결국 다른 사람들도 그의 뜻을 따랐다.

하급 직원들은 직장 밖에서도 덜미가 잡힐 수 있었다. 한 경비원은 주차 단속을 더 용이하게 하려고 직원 차량의 뒷유리에 부착할 주차권 양식을 바꿨다가 난처한 상황에 처했다. 한 직원이 새 주차권이 너무 커서 앞 유리의 시야를 가린다고 불평하는 이메일을 쓴 것이다. 그는 이메일에 달리오와 젠슨을 참조에 넣었다. 달리오는 솔선수범하기로 결정했다. 브리지워터 용어로 취조와 진단이 있었고 두 사람이 자리, 즉 직업을 잃었다.

어쨌든 브리지워터는 새 주차권을 도입해 사건을 종결했다.

더욱 기억에 남을 소동은 이른바 화이트보드 사건이었다.[12] 회의 중 달리오는 자리에서 일어나 매직펜을 집어 들고 화이트보드에 흐름도를 그렸다. 그러다가 그림을 고치려고 보드에 붙어 있는 지우개를 들었다. 그는 몇 초 동안 지우개를 문지르더니 동작을 멈췄다. 그리고 좌중을 돌아본 후 자신의 등 뒤를 가리켰다.

매직펜 글씨가 지우개로 완전히 지워지지 않아서 보일락 말락 한 얼룩이 진 것이다. 보드 전체에 잉크 자국이 옅게 남아 있었다.

달리오에겐 이것도 악덕이었다. 이건 누구 책임인가?

누구 책임인지는 몰라도 회의실에 그 사람이 없는 건 확실했다. 달리오의 레버리저 중 한 명이 서둘러 책임 당사자를 색출하러 나섰다. 하지만 역시 빠른 답을 얻지 못했다. 누가 이 화이트보드를 골랐는지에 대한 기록은 없었다.

책임 당사자가 없다는 것은 시설 부서 전체가 책임을 져야 한다는 의미였다. 이후 6주 동안 달리오는 시설 부서를 상대로 드릴다운 취조에 열렬히 몰두했다. 그는 시설 직원들을 불러 카메라가 돌아가는 가운데 화이트보드 시연을 시켰다. 그는 계속 보드에 그림을 그리고 지우기를 반복했다. 어떻게 자신보다 먼저 문제를 눈치챈 사람이 아무도 없단 말인가?

시설 직원들은 자신의 일자리가 위기에 처했다는 생각에 부랴부랴 움직였고, 사실 그 생각은 틀리지 않았다. 먼저 그들은 화이트보드 대용으로 커다란 판지 조각을 달리오에게 가져와, 보드를 어디서 어떤 용도로 쓸지 정확히 보여달라고 부탁했다. 한 관계자는 "그 후 우리는 시중에 나와 있는 화이트보드를 하나씩 죄다 주문했다"고 말했다. 직원들은 각 보드가 들어올 때마다 달리오 앞에서 시연하고 그의 피드백을 기록했다. 지우개가 필요 없는 전자 화이트보드도 있었다. 그러나 이 보드는 대부분의 사람들이 알지도 못하는 주 정부의 장애인 복지 규정에 따라 휠체어 높이에 맞게 설계되었고, 달리오는 낮은 높이가 다음에 들지 않아 재빨리 후보에서 제외했다. 또한 그는 문제 해결에 지나친 인력과 시간이 소모되는 것을 원치 않았다.

달리오가 외쳤다. "지금 자네들끼리 걸리적거리고 있잖아!"

화이트보드 사건은 두 가지(화이트보드가 결국 교체된 것까지 치면 세 가지) 불멸의 유산을 남겼다. 편집된 조사 영상은 "화이트보드 한 대를 설치하려면 시설 직원 몇 명이 필요한가?"라는 아주 인상적인 제목을 달고 공개되었다. 이는 많은 시설 직원들을 불쾌하게 했다. 상사의 명령을 따르는 자신들의 모습이 우스꽝스럽게 그려졌기 때문이다.

또 하나의 유산은 브리지워터의 어휘집에 새로운 표현이 등재되었다는 것이다. 앞으로 몇 년 동안 브리지워터의 전문직 직원들은 시설 직원의 일 처리가 마음에 들지 않을 때마다 누군가가 "지금 자네들끼리 걸리적거리고 있잖아!"라고 신속히 진단해줄 것을 기대하게 되었다.

∴

달리오는 아무리 평범한 문제라도 필사적으로 달려들어 일부 평직원들 사이에서 별명을 얻었으니, 바로 레이맨$^{Ray\text{-}man}$이었다.[13] 더스틴 호프만$^{Dustin\ Hoffman}$이 자폐증 남성을 연기해 오스카상을 수상한 영화 제목을 패러디한 것이었다.

그러나 달리오가 도가 지나치다고 생각하는 사람은 소수에 불과했다.

MPT 교육이 공헌한 게 한 가지 있다면 조직의 다양한 결점들을 직원들의 기억에 각인시킨 것이었다. 화이트보드가 기준 미달이라는 것, 주차권이 운전자의 시야를 가려서 불만인 사람이 있다는 것, 구내식당 음식의 질이 떨어진다는 것 등에 대한 달리오의 진심 어린 불쾌감에 동화되지 않고서야 MPT의 사례 문제를 풀기는 불가능했다. 사례에서는 달리오가 유독 문제 해결에 능한 인물로 그려졌지만, 현실에서는 이런 볼품없는 일들에 마지못해 총대를 멘다는 인상을 자주 주었다. 모든 사례를 관통하는 한 가지 주제가 있다면, 브리지워터 창립자가 주변인들에게 계속 실망하고 있다는 것이었다. 한 영상에는 달리오가 어느 부하 직원의 잘못을 직접 진단하는 모습이 담겼는데, 여기서 달리오는 그 직원 앞에서 화이트보드에 "정신과 의사가 필요함"이라고 썼다.

희한하게도 이 모든 교훈과 그 후의 반성에도, 상황은 전혀 나아지지 않는 듯했다. 여기에는 몇 가지 이유가 있었다.

그중 가장 큰 이유를 들자면, 달리오는 몇몇 레버리저, 보좌인, 분석가로 사례연구팀을 구성했다. 이 팀의 주 업무는 회사에서 녹화된 영상을 쭉 살펴보고, 달리오의 눈엣가시가 될 법한 핵심 장면으로 빨리 감기를 한 후, 그 부분을 MPT 사례 연구로 제작하는 일이었다. 이렇게 전사적 공개용으로 선정된 사례도 있지만 공개되지 않은 사례가 더 많았다. 언제나 또 다른 위기는 발견되게 마련이었고, 사례연구팀원들에게는 그 위기가 곧 자신들의 생계 수단이었다.

어찌 보면 위기는 달리오의 생계 수단이기도 했다. 순간적 부주의가 몇 달간 씨름해야 할 문제로 이어질 수 있다는 사실을 일깨우는 것은 모두가 '원칙'을 철저히 지키게 할 강력한 방법이었기 때문이다. 직원들이 가장 싫어한 일은 달리오가 빤히 응시하는 가운데 왜 '원칙'의 "수프를 맛보라" 규정을 지키지 않았는지 사후 조사를 당하는 것이었다. 모든 직원은 마치 누군가가 자기를 지켜보는 듯 자기 안위를 지키고, 취조하고, 평가하고, 도트를 매겼다. 실제로 늘 누군가가 지켜보고 있었다.

지나치게 쌓이는 사례 연구만큼이나 데이터도 산더미가 되어, 야구카드팀은 전담 소프트웨어 엔지니어와 수많은 고액 컨설턴트를 두고도 과부하에 걸렸다. 그래서 달리오는 기본으로 돌아가기로 결정했다. 그는 브리지워터의 약 300명에 달하는 관리자들에게 각자 카드를 초기화하고 100개 이상의 범주에서 자기 점수를 재평가하라고 지시했다. 그는 일주일의 기한을 주었다. 이제 지침은 "절대평가" 방식을 사용하라는 것이었다. 달리오는 이해를 돕기 위해 어떤 경우가 1, 2, 3점에 해당한다는 식으로 예를 제시했다. 그리고 기한 내에 마치지 못한 사람들에게는 "신뢰도 점수에서 불이익을 받을 것"이라는 사실을 이메일로 고지했다.

대상자의 약 1퍼센트인 10여 명이 두 번째 마감일을 놓쳤다. 그중 일부는 사무실에 없었고, 나머지는 세계 최대의 헤지펀드를 돌아가게 하느라 바빴다. 개중에는 자신은 관리자가 아니므로 이메일 수신인에 잘못 포함된 줄 알았다고 생각한 사람도 있었다. 영문이야 어찌 됐든, 그들은 모두 달리오의 레버리저가 달리오를 참조에 넣고 집착에 가깝게 독촉하는 이메일을 받았다. "최대한 빨리 끝내세요."

누군가 끝낼 틈도 없이, 이번에는 달리오가 직접 이메일을 보냈다.¹⁴ "두 번이나 재촉했음에도 묵묵부답인 사람들은 해고입니다."

그는 누군가가 답장할 틈도 없이 재차 이메일을 보냈다. "시킨 일을 못하거나, 내가 같은 말을 두 번 하게 하고도 의사소통이 제대로 안 되는 부류의 사람들을 여러분 같으면 믿고 고용하고 싶겠습니까?"

"어쨌든 이곳에는 내가 고용하고 싶은 부류의 사람이 없습니다."

공격
The Offensive

'원칙'은 생겨난 지 5년 동안은 브리지워터에만 국한되었다. 그리고 대중이 모르는 사이 마치 암세포처럼 퍼지고 변모했다. 대부분의 신입 사원은 오리엔테이션 때 브리지워터에서 "문화 전수자culture carrier"라 불리는 선배들에게서 '원칙' 인쇄물을 건네받기 전까지는 '원칙'이란 걸 들어본 적도 없었다. 폴 맥도웰도 문화 전수자 중 한 명이었다. 약 한 달에 한 번, 그는 신입 사원들 앞에서 이렇게 연설하곤 했다. "뉴턴은 자신만의 법칙이 있었죠. 달리오 대표님에게도 자신만의 법칙이 있습니다. 유일한 차이점은 뉴턴의 법칙이 물리학에만 국한된다는 것입니다."

신입사원들에게 있어서 이 '원칙'은 마치 처음에는 별로였지만 갈수록 점점 좋아지는 비밀 메뉴처럼 다가왔다. 이 비밀 메뉴는 시간이 지날수록 더 맛있게 느껴졌을 뿐 아니라 직장 안팎의 삶을 개선해주기까지 했다. 이것은 매력적이었고, 비밀을 공유하게 된다는 것은 묘한 쾌감을 주었다.

비밀의 문은 2010년 5월 금융 뉴스 블로그 〈딜브레이커Dealbreaker〉가 '원칙'을 입수하면서 활짝 열렸다. 블로그는 '원칙'을 "달리오의 도道"라고 소개하며 호기롭게 한 방을 날렸다(서두 중에는 "이 개소리들은 도대체 뭔가?"라는 문장도 있었다).[1] 블로그는 익명의 한 직원이 한 말을 이렇게 인용했다. "브리지워터 전체 문화가 그렇지만, '원칙'도 상당히 컬트적이다. 어느 날 회사 공청회에서 달리오는 모든 사람에게 친필 서명이 적힌 '원칙'을 나눠주었다."

〈딜브레이커〉가 소위 "레이의 규칙Ray's Rules"이라고 불리는 '원칙'을 설명하는 어조는 그것을 그대로 인용하는 것인지 조롱하는 것인지 분간하기 어려울 정도였다.

하이에나가 되어라. 영양을 공격하라.

당신은 진실을 감당할 수 있는가?

상대방의 눈을 똑바로 보고 그들이 형편없다고 말하라.
그들에게 형편없다고 말할 때 말을 빙빙 돌리지 마라. 정말 작정하고 비판하라.

달리오는 부들부들 떨며 이 기사를 읽었고, 자신의 평생 업적이 잘못 설명되었다고 느꼈다. 그 글이 기자 3명과 익명의 독자 1명이 쓴 블로그 게시물에 불과하다는 사실도 그에게 위안이 되지 않는 것 같았다. 그도 그럴 것이, 〈딜브레이커〉는 금융계에서 널리 읽혔다. 그는 해명을 위해 〈월스트리트저널〉과 인터뷰를 잡았다. 그가 '원칙'을 공개적으로 심도 있게 논한 것은 이번이 처음이었다.

그는 기자에게 브리지워터에서 가장 중요한 철학은 '극사실주의'로, 무자비할 정도의 정직이 최고의 결과를 가져온다고 주장했다.[2] 그리고 브리지워터는 누군가를 등 뒤에서 비판하는 것을 금지하며, 이를 세 번 위반하면 해당 직원은 해고될 수 있다고 말했다. 달리오는 "사실 대부분의 직원들은 우리 규칙을 좋아한다"라고 말했다. 외부에는 이상하게 보일지라도, 달리오로서는 알 바 아니었다. 그는 "세상 사람들 앞에서" '원칙'을 논하는 데 관심이 없었다.

그가 말하지 않은 것은 회사 내부에서 아주 작은 반란이 일어나고 있다는 것이었다. 그리고 그 반란은 '원칙' 자체와 직접 관련이 있었다.

∴

반란의 주도자는 줄리언 맥이었다. 그는 금융 위기 이후, 제임스 코미와 비슷한 시기에 브리지워터에 합류했다. 맥은 옆 가르마 헤어스타일에 자신감 넘치는 장신의 남성으로, 코미와 마찬가지로 브리지워터의 신진 알파남alpha male(리더형 남성, 엄친아와 비슷. - 옮긴이) 부류에 쉽게 녹아들었다. 맥은 데이비드 매코믹과 금방 친해져 늘 그와 같이 점심을 먹었다. 넓은 어깨를 자랑하는 매코믹은 육군사관학교 재학 당시 네 차례 레슬링 대표팀에 뽑힌 바 있으며, 만나는 사람들에게 거의 매번 그 무용담을 빠뜨리지 않았다(그는 4학년 때 십자인대 부상에도 전국 선수권대회에 출전했다). 그는 나중에 걸프전 때 지뢰밭 제거에 공헌해 청동성장을 수훈했다. 매코믹도 맥처럼 매킨지앤드컴퍼니 출신이었다.

맥과 매코믹은 고용된 직위도 서로 비슷했고, 둘 다 차기 CEO를 가려낼 예비 심사 차원에서 경영위원회의 일원으로 뽑혔다.

맥의 일상적 책임 중에는 폴 맥도웰의 야구카드를 비롯해 그 외 다양한 '원칙' 기반 특성에 따라 직원을 평가하는 도구를 감독하는 것도 있었다. 이 임무는 사실상, 그리고 어쩌면 계획적으로 달리오의 비판에 자주 노출될 운명이었다. 달리오가 '원칙'을 자꾸 추가하고 수정한다는 것은 '원칙'과 관련된 도구를 개발하는 사람은 누가 됐든 달리오의 집중 표적이 될 수밖에 없다는 의미였다.

맥이 브리지워터에 입사한 지 6개월도 안 됐을 때다. 사람들은 달리오가 야구카드 등 평가 도구의 개선이 또 늦어지는 데 대해 '책임 당사자'로 맥을 지목하는 날이 언제가 될지 추측하기 시작했다. 달리오의 사고방식에 따르면 이는 달리오의 잘못일 순 없었다. 그래서 잘못을 다른 사람에게 돌려야 했고, 이번에는 맥이 낙점되었다. 달리오는 매코믹을 포함한 최고경영진을 불러모아, 맥의 일 처리 속도가 느린 것이 '원칙'을 완전히 흡수하지 않아서가 아닌지 논의했다. 달리오는 이것을 정식재판이 아닌 진단이라고 표현했지만, 실은 한 임원을 한참 동안 비난하고 "학습 기회"라는 구실로 녹화 테이프를 사내에 퍼뜨릴 기회였다.

진단 과정에서 달리오는 대화의 주도권을 잡았다. 그는 맥이 큰 그림을 보는 시야가 부족하다고 지적했다. 달리오는 맥이 주어진 '원칙'이 타당한지 부하들에게 묻는 등 사소한 문제에 갇히는 바람에 더 중요한 일을 처리하지 못한다고 했다. 맥은 이제 참지 않고 솔직한 생각을 죄다 쏟아내기로 했다. 이 문제는 주변인들이 달리오에게 흔히 품는 불만이었기에 회의실에 있는 누군가는 주의를 환기하기 위해 나서서 싸워야 했다.

"엉뚱한 방향에 총질하지 말게." 달리오는 맥에게 '원칙'의 한 구절을 인용해 말했다.

매코믹이 끼어들었다. "그러게 말입니다."

달리오의 진단 시간에 사람들은 으레 공격을 받는 사람과 거리를 두고 달리오의 의견에 동조하곤 했다. 하지만 이 순간 매코믹은 자기 친구를 공격하고 있었다. 맥은 갑자기 이게 아닌데 싶었다. 그는 순간 자신의 선택을 저울질했다. 이 굴욕을 참고 극복할 것인가, 아니면 되받아칠 것인가?

일단 맥은 달리오에게 침착하게 말했다. "대표님이 왜 본인 말씀을 사실이라고 믿는지는 알겠습니다."

그다음 맥은 매코믹에게로 향했다. "하지만 데이비드의 말은 사실이 아닌 것 같군요."

맥은 매코믹이 주변에 듣는 사람이 없을 때면 달리오와 브리지워터에 대해 불평했다고 폭로했다. 이 말의 속뜻은 분명했다. 아첨꾼들에게 둘러싸여 있으면서도 달리오 본인은 그것조차 몰랐다는 것이다.

이것은 폭탄 발언이었다. 맥은 자신의 친구를 고자질쟁이 족제

비라고 비난했을 뿐 아니라 브리지워터 경영 시스템의 급소를 가격했다. 달리오가 최측근 중에도 자신을 지지하지 않는 사람들이 있다는 사실을 지금까지 몰랐다면 이를 어떻게 해석해야 한단 말인가?

달리오는 범위를 넓혀 매코믹도 진단 대상에 포함했다. 달리오는 진정한 리더십이란 어떤 대가를 치르더라도 진실에 다가가려는 노력이라고 말했다. 그는 팀을 소집해, 맥과 매코믹의 회의 장면이 녹화된 모든 테이프를 보고 둘 중 누가 정직한지 의논하고 보고하게 했다. 달리오는 다음 주 경영위원회 회의에서 조사를 계속하겠다고 말했다.

결전이 다가온다는 소식이 회사 전체에 퍼졌다. 어떤 사람들은 개인적으로 맥을 찾아가 걱정된다고 토로했다. 그 외 사람들은 매코믹을 지지하면서, 다른 대부분의 직원들도 그렇게 처신했을 것이라고 두둔했다. 그들에게 달리오의 표현상 "무자비한 정직"을 액면 그대로 믿는 것은 무자비한 어리석음에 불과했다. 매코믹에게 죄가 있다면 달리오의 말에 반사적으로 동의했다는 것이고, 이는 적어도 그에게는 영리한 선택이었다.

당시의 몇몇 동석자들이 회상하기를, 맥과 매코믹은 다음 경영위원회 회의 때 거의 눈도 마주치지 않았다고 한다. 두 사람의 단짝 관계는 이미 끝난 듯했다.

달리오는 절차를 개시했다. "나는 사실을 알고 싶네…."

매코믹이 불쑥 나섰다. "먼저 드릴 말씀이 있습니다. 저는 참전 경험이 있습니다. 생사가 오가는 상황에서도 제 밑에는 부하들이 있었죠. 군인으로서 우리가 무사히 전쟁을 치를 수 있는 유일한 방법은 서로에게 충성하고 있다고 믿는 것입니다. 그런데 대표님이 줄리언의 말에 귀를 기울이시다니, 여기서는 전쟁터에 나갈 의욕도 생기지 않는군요."

달리오가 대답했다. "이건 충성 문제가 아냐. 사실에 관한 거라고."
그리고 맥에게 고개를 돌렸다. "뭐가 사실인가?"

맥은 달리오에게 사실인즉, 지난주 내내 직원들에게서 사실을 밝히기가 두렵다는 말을 들었다고 실토했다.

"대표님은 다른 어떤 논리보다도 본질적으로 우월하다는 어떤 한 사고 체계를 여기에 뿌리내리셨죠. 그러니 체계에 의문을 제기해도 대표님에게서는 이미 그 체계를 통해 걸러진 답변밖에 들을 수가 없는 겁니다. 마치 종교에서 자기 교리를 수호하려고 자기 교리를 동원하면 그 교리에 점점 더 함몰되는 것처럼 말이죠."

달리오는 매코믹을 조사하다가 갑자기 '원칙'을 옹호하기 시작했다. 지금 그는 모든 사람 앞에서 비판을 독려하고 있지 않냐는 것이다. 달리오는 바로 지금 이 자리가 '원칙' 체계의 장점을 입증한다고 말했다.

그는 "나처럼 개방적인 사람이 또 있겠나?"라고 물었다.

그는 이제 논점을 맥으로 돌렸다. 달리오는 동원할 수 있는 모든 데이터를 바탕으로 증거를 신중히 제시하라고 요청했다. 하지만 맥이 가진 증거라고는 익명의 지지자들에게서 들은 은밀한 귓속말이 전부였다. 소위 지지자라는 이 사람들이 애초에 솔직하게 나서지도 못했다는 건 그들에게서 별 기대할 게 없다는 뜻이었다.

달리오는 단순한 진단으로 시작된 이 일을 본격적인 정식재판으로 전환하기로 하고, 이후 공청회를 열어 직원 수백 명을 소집했다. 가능한 한 많은 참석자를 수용할 수 있게 몇몇 교육실과 구내식당 사이의 칸막이벽을 접었다. 또 나중에 모두가 다시 볼 수 있도록 진행 과정을 녹화했다.

달리오와 맥은 군중 앞에 앉아 서로 마이크를 번갈아 쓰며 이야기했다.

달리오는 "여기 줄리언 맥이 우리 회사에 뭔가 잘못된 게 있다고 하는군요"라고 말했다.

맥은 흐트러짐 없는 자세와 목소리로 자기주장을 펼쳤다. "저는 이곳 문화가 사람들이 진실한 생각을 표출하지 못하게 억압한다고 생각합니다."

달리오는 맥에게 손을 뻗어 마이크를 건넸다. "물어보게."

맥은 사람들을 향해 섰다. "여러분도 우리 회사가 억압적이라고 생각하시죠?"

아무도 손을 들지 않았다.

"저기 말이야…." 달리오가 말했다.

"아무도 없어요?!" 맥이 소리쳤다. "정말 이러실 건가요? 여러분 중 몇몇 분은 나한테 직접 말했잖습니까."

역시나 조용했다.

달리오가 마이크를 가져갔다. "뭐가 불만인지 모르겠네, 줄리언. 문제는 자네야."

맥은 다음 경영위원회 회의에서 해고되었고, 바로 그날 짐을 쌌다. 이후 그는 이 사건을 절대 공개적으로 이야기하지 않았다.

∴

맥은 자신의 지지 기반을 잘못 판단했을지 모르지만, 그래도 그는 사내에서 인기가 좋았다. 2010년 말이 되기 전, 그가 달리오와의 정면 대결 후 물러난 대사건은 브리지워터에 위협적인 먹구름을 드리웠다. 하지만 그 일만 빼면 브리지워터는 눈부신 수익을 거둔 한 해였다.

브리지워터의 투자 기계는 강력한 연승 행진 중이었다. 이는 새로운 아이디어보다는 기존 아이디어를 혼합한 덕분이었다. 세계경제는 2009년부터 회복되기 시작하더니 다시 지지부진해졌고, 브리지워터는 늘 그랬듯 시장 약세에 베팅해 왔다. 브리지워터가 보유하고 있는 채권, 금 등 소위 안전 자산은 조심해야 할 시기에 더 나은 성과를 내는 경향이 있었고 2010년에 다시 수요가 늘었다.[3] 퓨어 알파는 레버리지를 활용한 공매도를 통해 그해에만 가치가 45퍼센트나 올랐다.[4] 올웨더 펀드도 두 자릿수 상승률을 기록했다. 2010년 달리오는 혼자서 30억 달러가 조금 넘는 돈을 벌어 순자산이 거의 두 배 늘었다.[5]

따라서 2011년은 공격을 개시하기에 완벽한 시기였다.

달리오는 〈딜브레이커〉 기사와 그 기사가 번진 이후 외부 언론으로부터 입은 상처가 아직 아물지 않은 듯했다.[6] 그는 자신이 그저 또 한 명의 부유한 호사가가 아니라는 것을 세상에 보여주고 싶은 것 같았다. 그는 홍보 회사를 고용해, 그들에게 자신의 목표가 버크셔해서웨이Berkshire Hathaway의 창립자 워런 버핏Warren Buffett 수준의 공인 이미지를 확립하는 것이라고 말했다. 오마하의 현인은 투자자로서도 전설이 되었을 뿐 아니라 개인 투자자들의 친구 같은 존재로 여겨졌다. 그는 솔직하게 말하고, 검소하게 생활했으며, 월가의 정설에 도전하기를 두려워하지 않았다. 매년 봄이면 버크셔해서웨이의 충실한 지지자 수만 명이 버핏의 연설을 듣기 위해 네브래스카주로 모여들었다. 달리오도 그러한 무대를 갈망했다. 달리오의 새 고문들은 버핏의 명성이 거저 생긴 것이 아니라 자신의 견해를 세계에 전달하는 일을 믿고 맡길 수 있는 언론인 집단과 차근차근 관계를 구축해왔기 때문이라고 알려주었다.[7] 달리오는 자신도 그러리라 다짐했다.

달리오가 본보기로 삼은 또 한 사람은 그가 자주 말했듯 스티브 잡스$^{Steve\ Jobs}$였다. 잡스를 향한 달리오의 집착은(집착이라 봐도 무리가 아니다) 당시로부터 몇 년 전 애플이 아이팟 터치를 출시했을 때로 거슬러 올라간다. 아이팟은 넓고 색깔 화려한 터치스크린이 더해진, 쉽게 말해 전화 기능이 없는 아이폰이었다. 달리오는 당장 전 직원에게 한 대씩 마련해줘야겠다고 생각했다. 한 가지 아이디어는 급속히 부피가 커지고 있는 '원칙'을 각자의 아이팟에 파일로 저장해, 누구나 회의 때마다 아이팟을 지참하고 손만 대면 '원칙'을 찾아볼 수 있게 하는 것이었다. 그 많은 아이팟을 구입하기 위해 달리오는 (시간당 임금이 수백 달러인) 계약직 기술직원 수십 명을 뉴욕의 애플 매장으로 파견해 줄 서서 기다리게 했다. 달리오는 그들에게 아무리 오래 기다려도 시간당 임금을 다 쳐줄 테니 정해진 개수대로 아이팟을 사오라고 지시했다.

잡스는 엔지니어로 시작했지만 영화, 스마트폰, 유통, 음악을 아우르는 제국을 건설했다. 애플 제품을 대충만 써본 사람도 애플 창립자의 이름은 알 정도다. 2011년 잡스의 건강은 쇠잔해졌지만, 장차 베스트셀러 대작이 될 그의 전기를 한창 홍보 중이던 작가 겸 언론인 월터 아이작슨 Walter Isaacson 덕분에 잡스의 명성은 여전히 높아지고 있었다. 아이작슨은 이 책에 잡스가 부하 직원들에게 막 대하던 일화도 가감 없이 담았다. 잡스의 그런 매몰찬 태도가 오히려 그의 성공과 연결되었다. 나중에 영화로도 제작되는 이 책은 턱을 괴고 카메라를 응시하는 잡스의 흑백사진이 표지를 장식하고 있었다. 그 이미지는 달리오에게 강력한 인상을 남겼을 테고, 그는 자신도 그렇게 역사적인 인물로 남겠다고 결심했을 것이다.

브리지워터 창립자에게는 다행스럽게도, 언론인 킵 맥대니얼 Kip McDaniel의 마음속에는 잡스의 이미지가 깊이 각인되어 있었다. 그는 뉴욕에서 로스앤젤레스까지 맞바람을 뚫고 비좁은 비행기 일반석에 앉아 장거리 여행 중이었다.

맥대니얼의 작품은 할리우드 영화로 각색될 위험이 없었다. 그는 한정된 독자층을 대상으로 전문적인 기사를 발행하는 금융 계간지 〈aiCIO〉(현재는 〈Chief Investment Officer(CIO)〉로 명칭 변경. - 옮긴이)의 초대 편집장이었다. 그가 브리지워터에 대해 잘 알고 있었던 이유 중에는 브리지워터가 일부 기사에 비용을 대줌으로써 잡지 창간에 도움을 주었기 때문도 있었다("위험 균형 컨설턴트 설문 조사 Risk Parity Consultant Views Survey", 협찬: 브리지워터). 맥대니얼은 기내 와이파이를 켜고 한 브리지워터 직원에게 이메일을 보냈다. 그리고 달리오와 스티브 잡스를 비교하는 기사에 대해 달리오가 이야기를 나눌 의향이 있을지 문의했다.

비행기가 착륙하기도 전에 맥대니얼은 달리오와 맨해튼 타운하우스에서 3시간짜리 일대일 인터뷰 약속을 확답받았다.

다음 호의 표지에는 잡스와 똑같이 턱을 괸 달리오의 모습이 실렸다.[8] 이 기사는 잡스의 악명 높은 다혈질 성격을 언급하며, "레이 달리오의 브리지워터에서 근무하는 직원도 애플 직원 못지않게 굴욕적 경험을 감수해야 한다"라고 기술했다. 그렇지만 맥대니얼은 두 사람 간의 몇 가지 유의미한 차이점을 지적하려 노력했다. "그러나 달리오가 냉철한 논리에 의지하는 반면, 잡스는 본능에 충실한 것으로 보인다. 달리오는 경영학 학위를 소지한 스티브 잡스다." 표지 헤드라인은 "레이 달리오는 투자계의 스티브 잡스인가?"라는 질문이었으며, 맥대니얼은 의도적으로 이 질문에 답하지 않고 물음표로 남겨두었다.

시간이 지나면서 물음표는 무색해졌다. 다음으로 두 사람을 비교한 잡지는 〈와이어드〉였다.[9] 애플의 추종자들을 다룬 이 기사는 달리오를 예로 들었고, 맥대니얼의 기사를 인용해 달리오가 "투자계의 스티브 잡스'로 불렸다"라고 기술했다. 이후 브리지워터 웹사이트에 게시된 달리오의 공식 프로필은 "레이 달리오는 〈aiCIO〉와 〈와이어드〉에서 '투자계의 스티브 잡스'로 불렸다"로 바뀌었다.

∴

2011년 10월 5일, 잡스는 췌장암으로 사망했다. 달리오는 평소와 같이 고객에게 매일의 경제 논평을 보내며 "오늘은 평범한 하루가 아니다. 스티브 잡스가 세상을 떠났다"라고 말했다.

달리오는 지겨울 정도로 잡스를 언급하기 시작했고, 브리지워터의 몇몇 직원들은 달리오가 애플에서의 잡스의 업적보다 대중에 비친 그의 과장된 페르소나에 더 관심이 있다는 결론을 내렸다. 달리오는 자신이 영웅으로 거듭나는 여정의 본보기를 잡스에게서 발견했다. 두 사람에겐 순하게 표현해서 나쁜 놈jerk이라는 공통된 이미지가 있었다. 또 둘 다 경력에서 다양한 경로를 거쳤다. 차이점은 잡스가 인생 2막에서 애플을 기술계를 넘어 모두가 선망하는 모델로 구축한 반면, 브리지워터는 주로 금융계 내에서만 알려졌다는 것이었다.

달리오는 두 사람의 차이점이 업적보다 메시지 전달에 있다고 결론지었다. 해결책은 월터 아이작슨이 달리오의 전기를 쓰게 하는 것이었다. 처음 몇 차례는 전기 이야기가 나와도 이를 추진하려는 사람이 없었다. 그러나 달리오는 끈질기게 가능성을 타진했고, 결국 브리지워터 직원들이 아이작슨에게 요청을 했다. 그리고 아이작슨 진영에서 답신이 왔다.[10] 거절이었다.

달리오는 실망을 숨기지 못했지만,[11] 데이비드 매코믹에게는 기회가 열렸다. 달리오와 아이작슨이 보기보다 더 긴밀하게 얽힌 사이라는 걸 아는 사람은 거의 없었다. 달리오는 백만장자와 억만장자부터 전직 정치인, 유명 지식인까지 섞여 있는 유서 깊은 싱크탱크 아스펜 연구소Aspen Institute의 기부자였다.[12,13] 매코믹은 아스펜 연구소의 이사회에 있었다. 그리고 경력 초기에 CNN의 최고경영자였던 아이작슨은 이제 아스펜 연구소의 회장이 되었다.

매코믹은 아이작슨에게 전화해,[14] 후원자에게 호의를 베푸는 셈 치고 혹시 코네티컷주로 와서 달리오와 이야기할 의향이 있는지 물었다.

아이작슨의 방문은 곧 수준이 격상되었다. 브리지워터는 아이작슨을 극진히 모시기 위해 노력했다. 그리고 모든 사람을 회의실에 쑤셔 넣는 대신, 롱아일랜드 사운드에 있는 고급 호텔이자 대개 예식장으로 인기 있는 롱쇼어 인Inn at Longshore을 임대했다. 행사장에는 달리오와 아이작슨이 노변담화 형식으로 대화할 수 있게, 해안 무대 앞에 수백 개의 하얀 의자를 놓았다.

아이작슨은 이 행사를 앞두고 별생각이 없었다. 그는 잡스의 전기 출간 후 전 세계 기업에 전파해온 잡스의 리더십을 주제로 이야기할 참이었다. 따라서 잡스에 대한 몇 가지 사실과 인터뷰 뒷이야기가 주 내용이 될 것이라 예상했다. 마지막에는 책 사인회를 열고, 자신이 배운 리더십 교훈을 술회하면 되겠거니 싶었다.

그러나 아이작슨은 곧 그 계획대로 진행되지 않을 것임을 깨달았다. 달리오와 어색하게 마주 앉았을 때, 아이작슨은 그가 왜 거기에 와 있는지 의아해했다. 달리오는 상대가 말할 기회도 거의 주지 않고 자신이 생각하는 리더십에 대한 긴 독백을 떠들어 댔다. 이 자리의 핫한 주제는 셰이퍼shaper였다. 아이작슨의 책에는 나오지 않았지만 그곳에 모인 직원들에게는 대부분 익숙한 용어였다. 달리오는 제임스 코미에게 셰이퍼가 아닌 짹짹거리는 사람이라고 꾸짖었을 때처럼, 보통 셰이퍼라는 용어를 실망스러운 부하 직원과 대조되는 개념으로 즐겨 썼다. 셰이퍼는 비전 있는 리더였고, 달리오의 말에 따르면 브리지워터 내부에서 자신을 제외하고는 셰이퍼를 거의 찾지 못했다고 한다. 브리지워터 외부인 중 셰이퍼가 되기 위한 자격은 매우 모호했다. 달리오는 셰이퍼가 호기심 많고 독립적이며 목표를 달성하려는 뜻이 확고한 사람이라고 말했다. 그는 누군가와 오랜 시간 이야기를 나눈 후 그들을 셰이퍼로 선언하는 경향이 있었다. 빌 게이츠Bill Gates, 일론 머스크Elon Musk, 리드 헤이스팅스Reed Hastings는 모두 달리오를 만난 후 셰이퍼로 선언되었다.

한창 독백에 빠져 있던 달리오는 불현듯 자신이 손님과 함께 있다는 것이 생각난 듯 말을 멈췄다. 그리고 아이작슨을 향해 물었다. "당신이 보기에도 스티브 잡스와 내가 셰이퍼 같지 않습니까?"

아이작슨은 좌우로 눈을 굴리고는 어색한 헛기침을 했다. 지금은 한 회사의 초대 손님으로 와 있는 입장이지만 동시에 그는 한 사람의 언론인이기도 했다. 그는 잡스의 전기를 쓰기에 앞서 잡스에게 완전한 독립성을 요구했고 또 얻어냈다. 아이작슨은 달리오가 여행 경비를 대줬다고 해서 그를 추켜세울 생각은 전혀 없었다. 아이작슨은 몇 번 질문을 회피하다가 급히 다음 화제로 넘어갔다.

아이작슨이 셰이퍼에 관심이 없다는 걸 확인한 달리오는 대화의 나머지 시간 내내 기운 빠진 모습으로 의자에 푹 파묻히듯 앉아 있었다.

∴

비록 아이작슨 동원 작전은 실패했지만, 대중적 위상을 높이려는 달리오의 전반적인 노력은 실패하지 않았다. 2011년 여름과 가을, 언론 인터뷰는 홍수처럼 급증했고, 달리오는 모든 매체에서 주목을 받았다. 몇 주 동안은 누구든 인터뷰 요청만 하면 거의 다 들어줄 정도였다. 이 대대적 공세의 일환으로 달리오는 텔레비전에 위풍당당하게 귀환했다. 그는 평소에도 자주 등장하는 비즈니스 방송 외에, 많은 이가 탐내는 찰리 로즈Charlie Rose의 텔레비전 토크쇼에도 출연했다.[15] 이를 통해 달리오는 미국 대통령들과 세계 엘리트는 물론 스티브 잡스도 앉았던 그 의자에 앉을 수 있었고, 부자와 권력자에게 온당한 존중을 표하는 진행자와 마주하게 되었다. 로즈는 방송에서 달리오에게 이렇게 말했다.

"사람들이 당신에게 굉장히 궁금해하는 두 가지가 있습니다. 하나는 단순히 브리지워터가 지금까지 이룩해온 객관적인 성공 요인이고요. 또 하나로, 당신의 독특한 세계관을 궁금해하더라고요. 당신은 항상 자신에게 어떤 강점이 있는지 알고, 자신의 관점도 남들의 관점과 똑같이 평가 대상이 될 수 있다고 강조하시는데요."

달리오가 대답했다. "저는 사람들이 제 관점을 비판하기를 바랍니다. 누군가가 제 말을 공격할 수 있다면, 다시 말해 제 의견을 스트레스 테스트한다면 저로서는 교훈을 얻을 기회니까요."

"그러니까 직원들은 당신에게 자기 생각을 자유롭게 말할 수 있다는 거죠? 왜냐하면 당신은 그들의 의견이 악의에서 비롯된 게 아니란 걸 알고, 당신도 거기서 얻는 교훈이 있으니까요."

"맞습니다."

두 사람은 서로의 문장을 대신 마무리해주고 있었다.

"즉 브리지워터에서는 회의에 참석한 누구라도 중간에 일어나서

'대표님 말씀은…'."

"그렇죠."

"'…전적으로 틀렸습니다'라고 말해도 된다는 거죠?"

"아무렴요."

"예컨대 '대표님 생각은 부정확하고 가정이 잘못되었습니다'라고 해도요."

"우리 회사의 가장 중요한 원칙은 누구든 뭔가 불합리한 걸 발견했으면 그 문제를 탐구하고 그것이 정말 타당한지 확인할 권리가 있다는 겁니다."

∴

카메라가 꺼진 후 달리오와 로즈는 금방 친해졌다.16 쉬는 시간 로즈와 환담을 나누던 달리오는 오랜 세월 텔레비전에서 흥행이 검증된 법정 프로그램 아이디어를 떠올렸다. 여기서 달리오는 직접 판사로 출연하고, 게스트는 가령 "신은 존재하는가?"와 같은 거창한 질문을 들고 온다. 그러면 달리오는 '원칙'을 인용해 게스트의 질문에 답해준다. 로즈는 대화를 조율하는 역할로 등장한다. 달리오는 그 아이디어를 로즈에게 설명하고 신이 나서 브리지워터로 돌아왔다. 그는 수많은 부하 직원들에게 그 계획을 얘기했고, 따라서 많은 사람들이 그 프로그램이 정말 정식으로 제작되는 줄 알았다. 그러나 로즈는 달리오의 아이디어를 건성으로 듣고 흘려 넘겼다. 나중에 그는 "당시 나는 엄청나게 바빴다"라고 술회했다.17 달리오의 아이디어는 결코 실현되지 않았다.

작가들이 유명 금융인을 자기 책에 포함시키려고 안달하는 출판업계 특성상, 달리오는 자신이 원하는 조건을 직접 결정하기에 유리한 편이었다. 작가 마니트 아후자Maneet Ahuja가 집필 중인 책을 위해 인터뷰를 요청해 오자, 달리오는 출간 전 책을 검토할 수 있다는 조건하에 동의했다.[18] 아후자는 그의 요청을 따랐다.[19] 그녀는 저서 《알파 마스터The Alpha Masters: Unlocking the Genius of the World's Top Hedge Funds》의 1장을 달리오 이야기에 할애했다. 책 제목에서 감지할 수 있듯, 이 장은 달리오를 거의 솔로몬급의 고상한 리더로 묘사했다. 여기에는 그녀가 달리오와 함께 브리지워터의 복도를 걸으며 "한때 자연보호 구역이었으며 커다란 호수에 둘러싸인 달리오의 성소에는 고즈넉한 분위기가 감돈다"라고 관찰한 내용이 포함되었다. 그녀는 그곳에서 벌어진 재판들을 한 번도 보지 못한 게 틀림없다.

또한 달리오는 학계에 몸담고 있는 심리학자들에게 기꺼이 문호를 개방한 덕에, 학문적 관점에서도 '원칙'이 인정받기에 이르렀다. 로버트 케건Robert Kegan 하버드 대학교 교수와 애덤 그랜트Adam Grant 와튼 스쿨 교수는 각각 달리오를 방문해 브리지워터 내부 회의에 동행했다.[20] 덕분에 달리오는 두 사람이 각각 쓴 책에서 거의 아첨에 가까운 평가를 얻어냈다.

케건은 《에브리원 컬처》에서 브리지워터가 "탐구 기반 문화"가 조성된 "의도적 개발 조직Deliberately Developmental Organization, DDO"에 해당한다고 결론지었다.[21] 케건과 그의 공저자는 달리오를 "뇌 과학에 정통한 뇌 과학 열성 지지자"라 표현했고, 그가 뇌 과학 연구를 통해 자기분석의 달인이 되었다고 주장했다. 케건은 "브리지워터는 우리가 인간 본성의 불완전한 규명에 안주할 때 저지르기 쉬운 오류를 실사례로 지적해준다"라고 결론지었다.

그랜트는 저서 《오리지널스》에서 브리지워터의 핵심 정신을 자신의 이름을 달고 거의 고스란히 옮기다시피 했다.[22] 그랜트는 "달리오는 투자계의 스티브 잡스라고 불리지만, 직원들은 그를 특별한 사람이 아닌 양 대한다"라고 썼다.

또 그는 "브리지워터의 성공 비결은 독창적인 아이디어를 표출하도록 장려하는 것이다"라고 했다.

브리지워터의 여러 회의와 편집된 영상을 관찰한 그랜트는 달리오에게 인터뷰를 요청했고,[23] 달리오는 "인터뷰해서 기분 나쁠 건 없지요"라고 화답했다. 그랜트가 '원칙'을 중요도에 따라 순위를 매겨달라고 부탁하자 달리오는 그럴 수 없다고 잘라 말했다. 그랜트는 달리오가 특히 "호기심 많고, 순응하지 않으며, 반항적인 독립적 사상가"들을 좋아하는 듯하다고 썼다. "그들은 직급을 불문하고 무자비할 정도로 정직을 실천하는 부류다. 또 그들은 성공하지 못할 두려움이 실패할 두려움보다 크기 때문에 위험 선호도가 높다." 그리고 그랜트는 덧붙인다.

"달리오 본인도 이 특징에 부합한다."

과연 거울을 통해 본 브리지워터였다.

이처럼 대대적인 언론 순회공연의 한 가지 관건, 혹은 적어도 달리오가 바라던 바는 엘리트 언론계에서 행운의 부적과도 같은 〈뉴요커〉에 집중 보도되는 것이었다. 달리오는 존 캐시디John Cassidy 기자를 초대해 전례 없는 수준의 접근을 허용하고 브리지워터의 경영 현장을 지켜볼 수 있게 했다. 달리오가 유명 잡지로부터 인정을 받고, 자신의 접근법을 둘러싸고 남아 있는 일말의 의구심을 완전히 씻을 기회였다. 먼저 그는 브리지워터 투자 직원 약 50명이 매주 초 경제 동향을 토론하는 "세계에서는 지금 무슨 일이 일어나는가?What's Going On in the World?"라는 제목의 사내 회의에 캐시디를 초대했다. 그다음 달리오는 캐시디 앞에서 한 직원을 취조하는 시범도 보였다. 또 그는 인터뷰를 위해 착석한 후 직원들에게도 직급순으로 착석을 지시했다(각 인터뷰는 브리지워터 측에서 녹화했고, 직원들은 브리지워터 홍보 담당자가 곁에서 지켜보는 경우에만 기자와의 인터뷰가 허용되었다). 29세의 투자 직원 밥 엘리엇Bob Elliott은 인터뷰에서 "기계의 작동 원리를 이해하고 나면 그 원리를 받아들이고 연구해 시장 전반에 적용하는 능력이 생긴다"라고 말했다. 채용 담당자인 마이클 파팅턴은 브리지워터의 이직률을 언급하는 대목에서, 이곳 직원들은 "자기 결정권"이 있다고 설명했다. 제임스 코미도 등장해 달리오를 "거칠고 까다롭고 때로는 말도 너무 많다. 하지만 세상에, 더럽게 똑똑한 인간이다"라고 표현했다.

캐시디는 언론계 및 학계의 다른 동료들보다 더 유심히 브리지워터를 관찰한 듯했다. 그는 달리오의 일과 삶에 대한 접근법을 별로 호의적으로 보도하지 않았다. 그보다 브리지워터를 "세계에서 가장 부유하고 이상한 헤지펀드"라고 부르며 이 회사의 기이함을 지적하는 데 지면 대부분을 할애했다. 캐시디는 자신이 관찰한 문화뿐 아니라 관찰하지 못한 문화도 설명했다. "브리지워터에 머무르는 동안 부하 직원을 비판하는 임원들은 봤어도 임원을 비판하는 부하 직원들은 찾아볼 수 없었다."

또 이 기사에는 발행 당시 사실과 달라진, 작지만 유의미한 오류가 하나 있었다. 그러나 브리지워터 측에서는 이를 명확히 정정하려 하지도 않았다. 사실 파팅턴은 이미 브리지워터를 떠난 뒤였다. 게다가 그가 떠난 과정은 자기 결정도 아니었다. 기사가 게재되기 직전에 달리오는 그를 해고했다.

진실 공장
Truth Factory

브리지워터 내부에서는 채용 담당자가 교체된 이유를 모르는 이가 거의 없었다. 브리지워터는 인재 찾기 노력을 확대하고 있었지만, 직원의 이탈은 여전히 중요한 문제였다.

    외부인들이 보기엔 어떻게 브리지워터가 그 엄청난 이직률에도 직원을 성공적으로 충원할 수 있는지 쉽게 상상이 가지 않는다. 그러나 잦은 이직의 장점은 모든 새로운 재판, 진단, 또는 일상적 모욕을 처음 겪어보는 신입 사원이 등장한다는 것이다. 많은 신입 사원들이 처음에 브리지워터에 대해 알고 있던 것은 달리오를 칭찬하는 언론 인터뷰와 스티브 잡스와의 비교뿐이었다. 이후 그들의 상당수는 대중에 알려진 이야기와 완전히 딴판인 브리지워터의 실제 분위기를 접하고 단순히 충격이라기보다는 쉽게 형언하기 힘든 이상한 괴리감을 느꼈다. 일부 직원이 얼마 안 가 그만두면, 포기하지 않고 남은 다른 많은 직원들은 자기 마음을 들여다보며 왜 나도 달리오가 흔히 말하는 브리지워터 "가족"들과 어울리지 않는 듯한 기분이 드는지 곰곰이 생각했다.

달리오는 거의 늘 브리지워터와 '원칙'을 일종의 엄청난 발명품인 듯 언급했지만, 가족과 자기개선의 여정을 강조하는 그의 가치관에는 이미 원조 격이 많이 있었다. 오늘날과 같은 자기계발 조류는 전통적으로 달리오의 인격이 한창 형성되고 있을 시기인 1960년대로 거슬러 올라간다. 반문화 시대였던 당시에는 '인간 잠재력 운동human potential movement'이 싹트고 있었다. 지지자들은 소위 욕구 단계 이론을 믿었는데, 이 이론은 자아실현, 즉 자신의 잠재력을 최대한 발휘하는 것을 식량, 물, 심지어 사랑보다 더 상위에 두었다. 1980년대 후반 자기계발의 아이콘인 토니 로빈스Tony Robbins는 첫 해설식 광고를 내보냈다. 얼마 후 그는 자신이 "성공 훈련success conditioning의 기본 원칙을 발견했다"고 광고했고, 이를 일련의 저서를 통해 공개했다.[1]

로빈스가 수천 달러 상당의 워크숍을 광고한 반면, 브리지워터와 달리오가 내건 것은 잠재적으로 훨씬 대중의 구미를 당겼다. 바로 자기개선과 두둑한 급여를 약속하는 것이다. 2011년 달리오는 혼자서 약 40억 달러를 벌어 헤드라인을 장식했다. 그의 후계자 젠슨은 4억 2,500만 달러를 벌어들인 것으로 알려졌다. 대개 달리오는 브리지워터가 자기개선의 등대 역할을 해줄 것이라며 입사 지원자들을 유혹했지만, 최고의 채용 도구는 아마 뭐니 뭐니 해도 무지개 끝의 금단지였을 것이다. 이미 브리지워터에 몸담은 사람들은 경쟁사에서 받을 수 있는 급여 대비 20퍼센트 이상 높게 지급되는 브리지워터의 프리미엄을 "브리지워터 세금"이라고 불렀다. 16년 경력의 한 베테랑 직원은 "도트 점수와 이슈 로그가 관건이긴 하지만 이는 계속 변하기 때문에 직원들은 시간이 지날수록 견딜 만하다는 걸 깨닫게 된다"라고 말했다.

퇴사자들은 대개 떠나기 전에 퇴사 이유를 기꺼이 밝히고 싶어 했다. 코미의 스키 강사였던 매튜 그라네이드는 브리지워터를 떠나지 않을 수 없었다. 7년간 투자직으로 근무한 끝에 공동 연구책임자로 승진했지만 역설적이게도 승진 전보다 보람 없는 업무를 수행하게 되었기 때문이다. 그의 하루는 자기 팀의 취조 테이프를 듣는 일로 대부분 소비되었다(물론 자신이 취조를 받지 않을 때에 한해서 말이다). 그는 상사인 젠슨에게 이렇게 말했다. "저는 일다운 일을 하는 기업에 가고 싶습니다. 그런데 이곳은 헤지펀드가 덤으로 붙은 집단농장 같아요."

브리지워터를 떠나는 직원들은 내부 절차상 퇴사 인터뷰에 응하고 서면으로 퇴사 사유를 작성해야 했다. 이 퇴사 경위서는 상당히 널리 유포되었으며, 때로 아픈 곳을 건드리는 내용의 경우에는 회사 내부에서 급속도로 입소문을 탔다. 그중 한 예가 비교적 하급직의 분석가 켄트 쿠란Kent Kuran의 퇴사 경위서였다.

쿠란은 노동 공급이 거의 무한에 가까운 집단에서 채용되었다.[2] 즉, 직장 경험이 거의 또는 전혀 없는 대졸 신입이었다. 브리지워터의 채용 담당자는 지속적으로 다트머스, 하버드, 프린스턴 대학교를 졸업한 젊은 남성 위주로 인력을 충원했다. 쿠란은 프린스턴 대학교 역사학과를 졸업한 후 브리지워터에 입사했다. 그는 카티나 스테파노바가 채용한 관리직 무리의 일원이었다.

1년 반쯤 후, 그는 달리오가 대외 홍보에 지나치게 시간을 소비하는 조직 문화에 지쳐 떠나기로 했다.

쿠란은 인사부에 이렇게 말했다.[3] "저는 여기 온 후 오랫동안 점심을 몇 술 뜨지도 못했고, 실제로 화장실에서 네 번이나 토했습니다. 저만 유독 이런 두려움에 시달린다고는 생각하지 않습니다. 우리 회사는 극도로 개방적인 문화로 여겨지는 곳이지만, 고위 경영진과의 회의는 믿을 수 없을 정도의 무력감을 주는 자리입니다. 저는 최근 대표님이 토론이 개방적이지 않다고 생각하는 사람은 손을 들라고 하시는 걸 보고 그는 이런 역학 관계와 동떨어져 있는 분이라는 생각이 들었습니다."

발신: 직원관계부 지원팀

수신: 인사부 퇴사 인터뷰 담당자

제목: 퇴사 인터뷰: 켄트 쿠란

퇴사 이유: 경력 변경/성과

내용:

퇴사 사유를 단도직입적으로 말씀드리자면, 대표님과 매코믹에게 점수가 깎여서 제자리를 잃게 생겨서입니다…

제 주변의 한 관리자가 다른 회사 같으면 적절한 책임으로 간주될 일을 수행하는데도 개념적 사고가 부족하고 종합적 판단력이 떨어지는 사람으로 취급받는 걸 지켜보면서, 저는 이제 초창기와 달리 원칙들에 대한 환상이 다소 깨졌습니다…

대표님이 일일 보고 중에 언제든 돌출 반응을 보일 수 있다는 점, 혹은 회의 중 누군가가 가볍게 한 말씀 드렸다가 그 사람의 "형편없는 생각"에 관한 토론으로 회의 주제가 급변하기도 한다는 점을 아는 사람이라면 누구든 긴장과 두려움을 느낄 겁니다. 'MPT 교육'의 절반 이상이 한때 존경받았던 동료들이 '분류'(이보다 더 전체주의적인 표현이 있을까요?) 대상으로 전락하는 내용으로 구성되었다는 점을 감안하면 이 영상들이 직원들에게 얼마나 유익한지도 의구심이 듭니다…

이곳에는 종종 사람의 정신을 피폐하게 할 만큼 부정적 감정으로 몰아넣는 어떤 기운이 있습니다. 불과 몇 주 전에도 저는 좋게 표현해서 "열심히 일하는 것" 말고는 제 강점이 뭔지 하나도 생각나지 않더군요. 사람들은 제 흠을 찾느라 안달인 듯했지만, 제 강점은 외면되어왔습니다…

저는 브리지워터가 비교적 젊은 사람들이 현상 유지를 거부하고 세상에 커다란 영향을 미칠 수 있는 자율적인 회사라는 말을 믿고 이곳에 들어왔습니다. 하지만 한참 지나고 보니 관습에서 벗어난 아이디어가 떠오를 때마다 마치 포르노를 보는 신학생이 된 기분이 들 만큼, 여기서 자기 의견을 펼치는 건 죄악이라는 확신이 들었습니다…

특전과 복리후생 측면에서는 기대 이상이었습니다.

쿠란의 동료 중 몇 명은 그의 서신이 어느 순간 브리지워터 서버에서 사라질까 봐 출력해서 간직했다.

∴

쿠란의 자리를 차지하기 위해 새로운 얼굴들이 무수히 줄을 섰다. 제시 호위츠Jesse Horwitz도 다음 타자 중 한 명이었다. 그는 하버드 법학대학원 1학년을 다니다 말고 일자리를 찾다가 친구들에게서 브리지워터에 지원하라는 권유를 받았다. 그는 인턴에 합격했다. 일하기 힘든 회사라는 평판을 잘 알고 있었지만 이를 지적 도전으로 여겼다.

호리호리한 체격에 새하얀 피부의 호위츠는 2011년 인턴 동기들과 잘 어울렸다. 입사 첫날 그는 젠슨이 한 무리의 신입 사원들에게 연설하는 동안 말똥말똥한 표정으로 앉아 경청했다.

젠슨이 말했다. "브리지워터는 진실 공장입니다. 그러다 보니 저절로 투자의 진실도 생산되죠. 우리는 마음만 먹으면 암도 치료할 수 있답니다."

호위츠는 가장 강한 자만이 살아남는다는 곳에 와서 신이 났다. 인턴을 마친 후 정규직 투자 직원이 된 그는 23세 청년이 금융 분야에서 경력을 쌓기에 브리지워터가 최적의 직장이라고 생각했다.

그러나 그는 곧 자신이 직함과 다르게 실제 투자에는 관여하지 않는다는 사실을 알고 실망했다. 그에게는 프린스턴 대학교 출신의 연구직 임원 캐런 카니올-탬버Karen Karniol-Tambour가 멘토로 배정되었다.[4] 카니올-탬버는 이미 브리지워터에서 5년째 근무하고 있었지만 그녀라고 딱히 호위츠보다 투자 업무에 깊이 관여하는 것도 아닌 듯했다. 그들은 브리지워터 용어로 "투자 엔진"이라는 곳에서 불과 몇 발짝 떨어진 곳에 있으면서도, 둘 다 그곳이 어떻게 돌아가고 있는

지 자세히 알 길은 없었다.

그렇다고 할 일이 없는 건 아니었다. 호위츠는 매일 몇 시간씩 MPT 교육 영상을 시청하는 것 외에도, 달리오의 우선 과제에 배정되어 그의 눈도장을 받을 기회를 얻었다. 그는 달리오의 한 프로젝트를 맡은 수석 분석가의 팀에 들어갔다. 달리오는 브리지워터의 사고 리더십thought leadership을 대중에 널리 알리기 위해, 향후 10년 동안 모든 국가의 GDP국내총생산를 예측하는 연구 프로젝트를 추진했다. 이렇게 거창한 주제는 연회장에 경제학 박사들을 모아 놓고 학술회의를 열어야 제격이지만(비록 합의는 도출하지 못할지라도), 달리오는 이미 방정식을 풀어냈다고 말했다. 그는 1990년대 초반에 이 주제를 연구했고 국가의 부채 수준으로 미래의 GDP를 예측할 수 있다고 판단했다. 달리오는 팀원들에게 안타깝게도 스프레드시트가 포함된 파일이 어디 갔는지 모르겠다고 말했다. 하지만 그는 이미 답을 알려줬으니 직원들이 방정식을 재구성하기는 어렵지 않을 것이라 했다.

호위츠 팀은 3~5시간 만에 자기들끼리 답을 찾았다. 한 국가의 성장 예측치와 높은 상관관계가 있는 지표 중 하나는 국민의 주당 근로시간이었다. 이 상관관계는 약 0.6(0은 상관관계 없음, 1은 완전한 상관관계)이므로 상당히 유의미한 지표가 되었다. 게으른 국민이 국가의 성장을 촉진할 가능성은 거의 없으니, 이것은 직관만으로도 이해가 되었다. 또한 팀은 달리오가 던져준 답이 별로 의미가 없다고 판단했다. 솔직히 말하면 전혀 의미가 없었다. 어떤 통계를 뒤져봐도 부채와 GDP의 실질적 상관관계를 찾을 수 없었고, 아무리 고생해서 수학적으로 접근해봐도 상관관계를 도출할 수 없었다. 팀은 달리오에게 사실대로 말하려고 했지만 달리오는 듣지 않았다. 그는 다시 분석하라며 계속 되돌려보냈다. 호위츠가 나중에 친구들에게 표현하기를, 당시 그는 모르몬교의 창시자인 조셉 스미스Joseph Smith를 떠올렸다고 한다. 조셉 스미스는 성스러운 글이 담긴 금판을 발견했지만 조사를 위해 금판을 꺼내려 해도 꺼낼 수 없었다.

마침내 몇 달 후에 호위츠 팀은 공공 부채와 GDP의 관계가 간접적으로 연결되는 일련의 복잡한 방정식을 발견했다. 호위츠의 상사는 이를 달리오에게 발표할 시간을 잡고 팀을 데려갔다. 연구 결과를 살펴보기도 전에 달리오가 팀원들을 가리키며 물었다.

"이 친구들은 뭐야?"

달리오가 자신을 포함한 팀원들을 가리키고 있다는 걸 호위츠가 깨닫기까지는 잠시 시간이 걸렸다. 상사가 나서서 이들은 분석가라고 소개하자, 달리오는 왜 자신의 분석가 밑에 분석가가 또 있냐고 물었다.

호위츠의 상사는 재빨리 태세를 전환했다. 그는 이들이 단지 타이핑만 했을 뿐이라고 말하며, 호위츠와 팀원들에게 얼른 나가라는 손짓을 했다. 호위츠는 자신이 곧 해고될 것이라 확신했다. 그는 달리오가 분석가가 그토록 많은 이유에 대해 조사를 벌였다는 후문을 들었다.

결국 해고되지는 않았지만, 호위츠는 이번 일을 계기로 마음이 동요되었다. 그는 일주일간 샌프란시스코에서 휴식을 취했다. 직장에서 약 5,000킬로미터 떨어진 곳에서 쉬는 동안 머리가 맑아졌고, 그는 법학대학원이 자신의 소명이 아니라고 생각한 만큼이나 브리지워터도 확실히 자기 길이 아니라는 걸 깨달았다. 그는 돌아와서 사직서를 제출하고, 카니올-탬버에게는 편지를 남겼다.

그는 브리지워터에서 좋은 경험을 했다는 카니올-탬버가 이해가 간다고 했다. 다만 그가 보기에 자신과의 차이점은, 그녀는 브리지워터가 급성장하기 전에 이곳에 합류했다는 것이다. "이제 브리지워터는 대기업입니다. 그렇다고 선배님의 경험이나 우리 조직을 깎아내릴 생각은 없습니다. 하지만 요즘은 그때처럼 기회를 잡기 어려운 게 사실이죠."

그녀는 곧바로 "잘못된 생각이야"라는 짧은 답장을 보냈다.

호위츠는 우호적으로 결별하고 싶었다. 그는 '원칙'을 떠올렸다. '원칙'은 어떤 두 사람이 때로는 사물을 같은 방식으로 보지 않는다는 사실을 거듭 강조한다.

그래서 호위츠는 카니올-탬버에게 서로의 의견 차를 인정하자고 말했다.

그녀는 또 "그건 잘못된 생각이라고"라고 답장했다.

∴

호위츠의 퇴사는 원하던 바와 달리 썩 깔끔하지 못했다. 브리지워터를 나온 24세의 청년은 자신의 투자회사를 차리기로 결정했다. 이는 그다지 놀랄 일도 아닌 것이, 세계의 대형 헤지펀드 중 다수가 (실패한 헤지펀드들은 말할 것도 없고) 다른 회사에서의 근무 경험이 있는 트레이더들이 창업한 것이기 때문이다. 호위츠의 회사는 엄밀히 말하면 헤지펀드라 볼 수 있겠지만 거래 자금이 별로 없고 자금을 조달할 현실적 전망도 희박했기 때문에 개인의 정교한 중개 계좌에 더 가까웠다. 그래도 호위츠와 또 한 명의 브리지워터 출신 동료는 도전해보기로 했다. 그들은 브리지워터의 독점적 투자 정보를 이용하는 것이 금지된다는 것을 알았지만, 브리지워터에 다니던 시절부터 정보가 없었으므로 이는 문제가 되지 않았다.

하지만 그들의 이전 고용주는 가만있지 않았다. 제임스 코미가 지휘하는 브리지워터 법무팀은 두 망명자에게 그들의 신생 기업이 브리지워터의 기밀 정보를 훔쳤다고 비난하는 편지를 보냈다. 호위츠는 '기밀은 무슨 기밀?'이라 생각하며 의아해했다. 그가 달리오를 가장 가까이에서 만난 기억은 집무실에서 나가라는 소리를 들었을 때였다.

어느 주말 아침 호위츠는 아직 하버드 법학대학원에 다니고 있는 한 친구에게서 전화를 받고 상황이 더 이상하게 꼬였다는 걸 깨달았다.

"야, 큰일 났다. 제임스 코미의 딸이 네 얘기를 하더라."

"모린 코미Maurene Comey?" 호위츠가 반사적으로 내뱉었다. 두 사람은 하버드 법학대학원을 같은 시기에 다녔다. 하지만 서로 이름만 알 뿐 가까운 사이는 아니었다. 그녀는 아버지처럼 연방 검사가 되기 위한 과정을 밟고 있었다.

호위츠의 친구는 이렇게 말했다. "파티에서 모린을 만났는데, 자기 아버지가 네가 경쟁 금지 조항을 짓밟았으니 너를 똑같이 짓밟겠다고 말했다는 거야. 걔 아버지는 널 힘들여 잡고 난 후를 생각하니 벌써 기분이 좋은가 봐."

케임브리지에서 날아온 이 소식에 호위츠는 한편으로 겁도 나고 한편으로 기가 찼다. 그는 그저 노트북으로 주식을 거래하려던 일개 법학대학원 중퇴자일 뿐인데 말이다. 제임스 코미는 역시 제임스 코미였다. 그는 딸 앞에서 별 볼 일 없는 전 직원을 험담하는 것밖에 할 일이 없었나 보다. 어쨌든 법률 서류들이 계속 우편으로 날아왔고, 호위츠는 브리지워터가 자신이 항복하리라 예상한다는 걸 깨달았다. 브리지워터가 예상하지 못한 것은 호위츠가 비록 가진 건 별로 없어도 무료 조언을 받을 수 있었다는 것이다. 그는 변호사인 어머니에게 도움을 청했고, 어머니는 브리지워터에 그들이 제기한 혐의 내용을 자세히 기술하고 중재로 전환할 것을 요청하는 회신을 보냈다. 브리지워터는 혐의 내용을 구체적으로 밝히지 못했고 결국 포기했다.

호위츠의 신생 헤지펀드는 실패했다. 시장에서 한 푼도 벌지 못했고 투자금도 유치하지 못했다. 사실상 코미는 굳이 호위츠의 스타트업을 매장하려 애쓸 필요도 없었던 것이다. 게다가 그때쯤 코미는 더 큰 목표물을 노리게 되었다.

섹스, 거짓말 그리고 비디오테이프
Sex and Lies, Videotaped

하버드 대학교에 고액을 기부하면 누리지 못할 특권은 거의 없다. 일곱 자리 금액을 기부하면 귀빈 대접을 받으며 캠퍼스를 탐방할 수 있다. 기부금이 여덟 자리에 가까울수록 학부 입학에 특별한 도움을 받는다. 1억 5,000만 달러면 교내 학자금 대출부를 설립할 금액이다.[1] 4억 달러면 존 A. 폴슨 공과대학까지 건립할 수 있다.[2]

그간 시도해본 사람은 당연히 있었지만 홍정에 부쳐지지 않은 특전 중 하나는 하버드 경영대학원의 사례 연구 주제로 선정되는 것이었다. 1920년대에 처음 고안된[3] 하버드 경영대학원 사례 연구는 기업의 어려운 의사 결정을 작성자의 관점으로 설명하는 논문들이다.[4] 사례는 학생들과 대중 모두에게 널리 배포된다. 이는 하버드 경영대학원의 공식 인정을 받는 것처럼 보이므로, 기업의 경영자들은 대상으로 뽑힐 기회를 탐낼 수밖에 없었다. 달리오는 하버드 경영대학원에 재학할 당시 사례 연구를 읽을 만큼 읽었다. 이제 그중 한 편에 직접 등장한다면, 찰리 로즈 등 언론인들이 널리 전파해 준 홍보 효과에 이어 다시금 자신과 '원칙'에 대한 이야기가 빛을 발할 기회였다.

2011년 중반 제프리 폴저^{Jeffrey Polzer} 교수와 하이디 K. 가드너^{Heidi K. Gardner} 교수는 달리오가 브리지워터를 하버드 경영대학원의 사례 연구 소재로 쓰면 어떻겠냐는 의견을 내비치자 거절할 생각이었다. 그들은 야심 찬 비즈니스 리더들의 홍보 말재간에 이미 익숙한 터였다.[5] 게다가 두 교수의 전문 분야는 금융이 아니라 조직 행동이었다. 그들은 계속 근본적 진실과 투명성을 주장하는 달리오를 보고 아주 과하다는 인상을 받았다.

그러나 나중에 달리오의 성공담 이상의 많은 이야깃거리를 알게 되자 두 사람은 태도를 바꿨다. 브리지워터에는 제임스 코미라는 새로운 보안관이 있었다. 테러와의 전쟁으로 유명한 강인한 검사가 헤지펀드 임원이 되었다는 사례 연구가 있었던가? 브리지워터처럼 완고한 곳에 그가 동화되는 도전은 또 어떤가? 달리오는 두 교수에게 자신의 말이 전부가 아니라고 장담했다. 그는 비디오 증거물을 기꺼이 넘겨주고 투명성 라이브러리를 개방했다. 이 정도면 브리지워터에서 코미의 노력과 성공을 보여주는 진정한 멀티미디어 사례 연구가 될 것으로 보였다.

교수들은 설득되었다. 자기 이야기를 하기 좋아하는 부자 헤지펀드 매니저는 많이 봐왔다 쳐도, 테이프에는 제임스 코미도 있었다. 두 교수는 웨스트포트에서 전송된 수백 시간 분량의 영상을 보며 연구에 착수했다.

∴

맙소사, 여기에는 볼거리가 풍성했다.

코미는 젠슨과 굉장히 가까워졌고, 그 관계는 양측에게 유익했다. 나머지 임원들과 차별화되어 달리오의 눈에 들려면, 젠슨은 자신이 타고난 투자자인 동시에 경영자로서도 탁월함을 입증해야 했다. 반면에 코미는 쩍쩍댄다는 자신의 낙인을 털어 내기 위해 '원칙'을 더 완벽히 숙지하도록 도움이 필요했다. 그리고 젠슨만큼 달리오의 철학을 꿰뚫고 있는 사람은 없었다.

두 사람은 젠슨과 공동 CEO인 아일린 머레이를 싫어한다는 점에서 하나로 뭉쳤다. 젠슨은 그녀가 자신과 직함을 공유할 자격이 전혀 없다고 생각하는 속마음을 거의 숨기지 않았다. 그의 표현에 따르면, 머레이는 브리지워터의 고상한 임원실에서 뾰루지처럼 튀는 존재였다. 그녀는 퀸스의 저소득층 주거지에서 자랐고,[6] 집에서는 하나뿐인 화장실을 다섯 남매를 제치고 먼저 쓰기 위해 일찍 일어나는 습관을 들였다. 그녀의 언니는 텔레비전 리모컨을 독차지하고 형제자매의 소원을 들어주기를 싫어했다. 그래서 머레이는 언니의 청개구리 성질을 이용해 자신이 좋아하는 프로그램이 나올 때쯤 채널을 돌려달라고 부탁하는 법을 터득했다. 머레이는 "나는 아주 어린 나이에 악당의 심리 상태를 조금이나마 알게 되었다"라고 말했다.

어느 날 저녁 머레이는 집 앞 복도에서 이웃이 주머니가 털린 채 머리에 총을 맞고 큰대자로 쓰러진 모습을 목격했다.[7] 그 사건 후 그녀는 독하게 살기로 마음먹었다. 브리지워터에 입사하기 전 경력 초기에는 한 남자 동료가 일하다 보면 치마가 더러워질 것이라고 놀리자 그녀는 화를 참지 못했다. 그녀는 "당신도 치마가 아주 잘 어울릴 것 같아요. 그쪽도 어지간히 치마가 입고 싶은가 보네요"라고 응수했다. 이후 그녀는 치마를 거의 입지 않았다. 또한 평생 결혼하지 않았고, 아이도 없었으며, 주로 자신의 개 이야기를 즐겨 했다.

항상 숨은 보석을 찾아다니던 달리오는 머레이의 강단을 마음에 들어 했다. 그녀에게는 '원칙'이 옹호하는 타고난 투지가 있었다. 그리고 달리오처럼 가식이 없다는 게 그녀의 매력이었다. 바빠서 정신이 없을 때는 오타투성이에 소문자로만 된 이메일을 보내기도 했으니 말이다. 또한 머레이는 달리오의 공격을 넉살 좋게 되받아치는 경향이 있어서 두 사람은 장단이 잘 맞았다. 한번은 달리오가 직원들이 고통을 겪을 때 사용할 이른바 고통 버튼 pain button이라는 소프트웨어를 개발하도록 팀에 지시했다고 발표하자, 머레이는 남들 다 들리게 코웃음을 쳤다.

그녀가 달리오에게 물었다. "기쁨 버튼은 없어요?"

달리오가 대답했다. "기쁨 버튼을 갖고 싶나? 망할 기쁨 버튼은 자네가 개발하게. 나는 고통 버튼을 만들 테니."

머레이가 반박했다. "잘 살펴보시면 사실 대표님에게 이미 기쁨 버튼이 있다는 걸 아실 텐데요."

달리오는 긴장이 잦은 환경 속에서 짬짬이 머레이가 선사하는 이완을 즐기는 듯했다. 머레이는 브리지워터의 행동 지표 중 거의 모든 면에서 낙제했지만(직위 평가는 1점을 받았다), 달리오는 그녀를 계속 승진시켰다. 그녀는 입사한 지 1년 만에 공동 CEO가 되었다.

머레이의 업무는 브리지워터와 전 세계 고객 간 계약서의 약관 조항을 감독하는 것으로, 즉 그녀는 회사에서 멋없는 절반을 차지하는 관리직이었다. 그녀는 모건스탠리의 전 동료를 여러 명 데려왔고 다들 그녀에게 충성했다. 그중 몇 명은 주중에 그녀의 웨스트포트 집에서 묵었다. 브리지워터를 자아 정체성의 중심으로 여겨온 젠슨은 자신이 투자에 전혀 관여하지 않으면서도 독자적 권력을 구축하는 듯한 신입 임원과 같은 직위라는 사실에 실망감을 감추지 못했다. 마치 5성급 호텔 레스토랑의 주방을 하급 종업원에게 맡기는 기분이었다.

머레이는 빠른 승진 과정에서 한 가지 복잡한 요소를 간과했으니, 바로 '원칙'이었다. 그녀도 나름 전문직 여성이었고, '원칙'을 한 나이 든 남성의 자존심을 과시하기 위한 또 하나의 제단쯤으로만 여겼다. 그녀는 전 모건스탠리 동료들에게 '원칙'을 읽지 않았다고 자랑스럽게 말하곤 했다.

코미와 젠슨은 그녀에게 그 대가를 지불하게 해주고 싶었다.

∴

머레이에게 '원칙'의 교훈을 일러주기로 한 결정에는 충분한 근거도 있었다. 어느 입사 지원자가 한 브리지워터 임원에게 머레이가 전 직장에서 데려온 신입 임원 중 한 명인 회계 책임자 페리 풀로스 Perry Poulos를 잘 안다고 말했다. 그러면서 풀로스가 모건스탠리에서 27년 근무하다 해고되었다는 걸 몰랐냐며 놀라움을 표했다. 머레이는 회사에 모든 사실을 이실직고했어야 했다.

이 정보는 금방 코미에게 전달되었고, 코미는 젠슨에게 미리 귀띔을 주었다. 코미는 전직 FBI 요원인 직원 한 명을 데리고 아직 영문을 모르는 풀로스를 급습하러 갔다. 두 사람은 그를 묻지도 따지지도 않고 회의실로 끌고 갔다.

풀로스가 물었다. "뭔 일 있어요?"

코미가 대답했다. "그냥 당신의 배경 중에 우리가 모르는 사실이 있는지 알고 싶어서요."

"일이 좀 있었는데 지금은 다 해결됐습니다."

"몇 가지 질문이랑 조사 좀 더 해도 되죠?"

풀로스는 실제로 찾을 게 아무것도 없다며 그러라고 했다.

그는 놀란 심장을 부여잡으며 회의실을 나가다가 곧 머레이와 마주쳤다. 그녀도 풀로스가 비용 지출 문제 때문에 모건스탠리에서 해고되었다는 사실을 알았다. 이는 세계 최대 헤지펀드의 회계 임원으로서 썩 이상적인 배경은 아니었지만, 머레이는 배후에 더 중요한 목적이 작동 중이라는 것을 감지했다.

"문제는 당신이 아니에요." 머레이가 풀로스에게 말했다. "나 때문이에요. 저들은 내 꼬투리를 잡으려는 거라고요."

코미는 또 물어볼 게 있다며 풀로스를 불렀다.

코미가 물었다. "이 문제로 누구와 얘기한 적 있습니까?"

"아니요."

"정말요?"

"네, 아무한테도 얘기하지 않았습니다."

"당신, 아일린과 같이 살고 있죠?"

브리지워터에 사내 연애가 흔하다는 평판을 잘 아는 풀로스는 코미가 두 사람의 로맨틱한 관계를 묻고 있음을 직감했다. 풀로스는 다른 신입 사원들도 그랬듯이 주중에 때로 그녀의 집에서 저녁을 보냈다고 말했다. 침실은 많았고, 방도 따로 썼으며, 심지어 숙박비도 냈다고 했다.

코미가 물었다. "우리가 이야기를 나눈 그날 저녁에도 아일린이랑 대화 안 했어요?"

"제 기억에 특별한 말은 하지 않았습니다."

그 대답이 못 미더웠던 코미는 머레이에게도 풀로스와 얘기를 나눴냐고 똑같은 질문을 던졌다. 그녀는 안 했다고 대답했다. 코미는 머레이에게 풀로스의 배경에 대해 알고 있는 모든 것을 메일로 적어 보내라고 했다.

머레이의 블랙베리폰에서 전송되어 코미의 메일함에 도착한 이메일은 정갈했다. 문법에 어긋나지도 않았고, 모든 단어는 적절한 위치에 대문자가 포함되었다. 코미는 젠슨에게 메일을 보여주었다. 둘 다 그녀가 쓴 것이 아닐 것 같다는 생각에 동의했다. 보안 책임자 코미는 보안 카메라에 접근할 권한이 있었다. 그는 보안 영상도 젠슨에게 보여주었다. 책상에 앉은 머레이가 이메일이 전송되기 몇 분 전에 부하 직원과 대화하는 모습이 카메라에 분명히 포착되었다. 그녀가 부하 직원에게 보내기를 누르라고 시킨 순간도 정확히 찾아낼 수 있었다.

코미와 젠슨은 다시 머레이를 따로 불렀다.

그들이 물었다. "이 문제를 정말 아무에게도 말하지 않았습니까?"

머레이가 답했다. "안 했다니까요."

그러나 답을 하는 그 순간 머레이는 자신의 실수를 인지했을 것이다. 그 이메일은 분명 그녀 혼자 쓴 게 아니었다. 부하 직원에게 타이핑을 시켰고, 깔끔한 답변을 작성하기 위해 같이 상의하며 고쳐 쓰기를 반복했다. 자신이 함정으로 걸어 들어가고 있다는 걸 인지하고 눈에 띄게 긴장한 머레이는 모든 것을 바로잡고 싶었다. 그러나 지금 그녀는 스스로 판 더 깊은 구덩이에 빠져 있었다. 그녀는 이제 두 번이나 거짓말한 셈이 되었다. 하나는 풀로스와의 대화에 관한 것이고, 거기에 이메일 작성에 관한 것까지 추가되었다. 머레이가 가장 상상하기 싫었던 건 젠슨이 그녀를 소환한 후 보나 마나 기고만장해질 모습이었다.

젠슨이 기회를 얻기 전에 머레이는 서둘러 달리오에게 가서 자백했다. 그녀는 단지 당황해서 거짓말했을 뿐이라고, 제정신이 아니었다고 토로했다. 그녀는 코미가 조준한 십자선에서 벗어나고 풀로스도 수사망으로부터 멀리 떨어지게 하려고 고군분투했다. 머레이는 "하지만 선의의 거짓말이었습니다"라고 말했다.

달리오는 잠시 말을 멈추고 녹음기가 켜져 있는지 확인한 후, 브리지워터는 거짓말하면 처벌받는 곳이라고 말했다. 따라서 재판을 열어야 했다.

이번 재판은 또 하나의 재판이 아니라 세기의 재판이었다. 머레이와 풀로스에 대한 조사는 장장 9개월간 이어졌다. 코미와 젠슨이 머레이와 풀로스의 범법 행위에 대해 취조하는 동안 카메라는 계속 돌아갔다. 회사 내 모든 사람들이 머레이가 책상에서 문제의 그 이메일을 다른 직원에게 받아쓰게 하는 영상을 보았다. 머레이가 두 가지 거짓말을 자백했다고 조사가 끝난 건 아니었다. 코미는 마치 탈세범 알 카포네^{Al Capone}라도 붙잡은 사람 같았다. 일단 머레이를 법정에 끌고 온 코미는 이제 그녀의 전체 인생사를 조사할 구실을 얻었다. 머레이는 어느 날 코미의 사무실을 지나가다가 벽을 뒤덮은 신문 스크랩과 스티커 메모들을 보았다. 온통 자신에 관한 내용이었고, 텔레비전 경찰 시리즈에서 볼 법한 스케치판처럼 줄이 죽죽 그어져 있었다. 그녀는 속이 뒤집힐 지경이었다.

머레이와 그녀를 동정하는 사람들이 보기에 달리오는 아직 성에 안 찬 듯했다. 판사로 앉은 그는 이 조사를 〈머레이의 거짓말^{Eileen Lies}〉이라는 실시간 중계로 전환했다. 이 영상은 매주 공개되어 브리지워터 전 직원이 시청할 수 있게 했다. 그리고 점점 리얼리티 쇼, 드라마, 사실주의 영화의 조합으로 업데이트되었다. 코미는 나쁜 경찰 역을 맡았다. 한 영상에서 그는 풀로스에게 "그냥 사실대로 말하면 마음이 더 편할 겁니다"라고 말했다. 젠슨은 피해자 역할을 자처했다. 그는 머레이에게 "당신은 거짓말을 했습니다. 당신을 믿고 싶지만 그러려면 시간이 걸릴 것 같군요"라고 말했다.

〈머레이의 거짓말〉의 새 에피소드는 풀로스가 해고된 후에도, 머레이의 부하 직원이 (상사에 대한 증언 요구를 받은 후 차라리) 사직하기로 결정한 후에도 계속 방영되었다.

∴

보스턴 외곽, 하이디 가드너 교수는 자신의 연구실에서 어안이 벙벙한 채 앉아 있었다. 그녀는 브리지워터의 독특한 문화에 대한 사례 연구를 기대했다. 그러나 오랫동안 브리지워터에서 직송된 영상은 부조리극 그 자체였다. 가드너가 보기엔 브리지워터 전체 사업의 대부분을 제임스 코미가 장악한 것 같았다. 가드너는 (그 누구도 아닌!) 코미가 한 중년 여성에게 강도 높은 심문술을 쓰는 데 놀랐다. 가드너와 폴저는 전직 검사가 왜 이런 문제에 그토록 혈안인지 이해할 수 없었다. 그러나 또 한편으로 이 영상들은 중독성이 있어서 안 볼 수가 없었다. 어쩌면 달리오의 말이 옳았을지도 모른다. 그의 말대로 브리지워터의 문화는 제 역할을 하고 있는 것도 같았다. 코미가 이곳 문화에 물들어 달리오의 방식을 진정 신봉하는 사람으로 변모했을 만큼 말이다. 어쨌든 이 사례 연구는 화젯감 예약이었다.

그러나 두 교수는 이미 시리즈가 피날레로 가고 있다는 사실을 몰랐다. 한 해의 절반이 지났지만 코미와 젠슨조차 이 사건에서 더 이상 짜낼 정보가 없었다. 젠슨은 최후 변론으로, 머레이가 가장 신성한 '원칙'을 위반한 상습적 거짓말쟁이라고 주장했다. 그리고 회사의 이익을 위해 해고하자는 의견을 제시했다. 코미도 그에 찬성했다. 코미는 달리오에게, 브리지워터의 가치에 걸맞지 않은 사람이 경영위원회에 나란히 앉아선 안 된다고 말했다.

달리오는 어중간한 판결을 내렸다. 그는 머레이가 거짓말한 건 맞지만, 그녀가 상습적 거짓말쟁이라는 것은 입증되지 않았다고 판단했다. 달리오는 이 사건 전체가 학습경험이었다고 전 직원에게 말했다. 이는 그에게 두 가지 새로운 원칙을 추가하도록 영감을 주었다. 하나는 선의의 거짓말이라면 약간은 허용된다는 것이었다. 또 하나는 "가까이에서 보면 모든 것이 더 크게 보인다"라는 것이었다.[8] 달리오는 정황상 머레이의 죄가 용서할 만하다고 생각했다. 물론 그녀는 속죄해야 했다. 달리오는 머레이의 공동 CEO 직함을 박탈하고 그녀를 최고운영책임자로 되돌렸다.

모두에게 불만스러운 결과였다. 머레이는 자신의 직위와 존엄성을 잃었다. 코미와 젠슨은 훨씬 더 미치고 팔짝 뛸 노릇이었다. 그들은 자신의 주장을 입증해냈지만 결과적으로 패소했다. 머레이를 동정하던 사람들조차도, 남들 같았으면 해고당했을 위기를 그녀는 무사히 모면했다고 생각했다. 과거의 위반 사항을 눈감아줄 요량으로 '원칙'을 수정할 수 있다면, '원칙'이 다 무슨 소용인가?

실망한 사람은 브리지워터 직원들만이 아니었다. 머레이의 재판이 끝난 후 가드너와 폴저 교수는 브리지워터로부터 긴급 메시지를 받았다. 코미가 이제 그들의 사례 연구에 참여하지 않겠다고 한 것이다. 브리지워터는 두 교수가 자기네 동영상에 접근할 권한을 얼른 차단했다. 〈머레이의 거짓말〉뿐 아니라 코미를 주인공으로 한 사례 연구를 진행할 권한 자체가 사라져 버린 것이다. 협상의 여지도 없었다.

그렇다면 처음부터 다시 시작하는 수밖에 없었다. 코미와 브리지워터가 차세대 리더를 양성하려는 노력을 성공적으로 수행하고 있다는 포괄적인 아이디어는 끝장나버렸다. 하버드 경영대학원에는 그보다 더 수월한 연구 주제가 필요했다. 결국 사례 연구의 주제는 세계 최대 헤지펀드의 아주 간략한 역사를 다루는 것으로 정해졌다. 교수들은 특정 영상을 요청했지만, 브리지워터는 영상 19편을 직접 고르고 편집해서 보냈다. 코미가 사례 연구에 참여하지 않기로 해서 여전히 언짢았던 달리오는 개인적으로 예민하게 관심을 기울였다. 하버드 교수들은 최종 확답을 듣기 위해 완고를 브리지워터 팀에 보냈다. 이후 가드너는 달리오에게서 직접 전화를 받았다. 그리고 그가 한 줄 한 줄 짚어 가며 세미콜론, 문장 구조, 그리고 주어 빠진 분사 구문이 없는지(가드너의 말로는 없었다) 지적하는 걸 들어주느라 몇 시간 동안 수화기를 놓지 못했다.

'이 사람은 할 일이 없나?' 자꾸만 이런 생각이 들 수밖에 없었다.

사례 연구에 첨부된 영상은 달리오가 카메라를 향해 이렇게 말하는 것으로 시작되었다.[9] "내게 브리지워터란 꿈이 이루어진 곳입니다. 그러니까 중요한 건, 처음 이곳을 설립할 당시만 해도 나는 아무것도 몰랐단 말이죠. 당시 학교를 졸업한 지 2년밖에 안 됐고 돈은 한 푼도 없었습니다. 내가 가진 유일한 것이자 내가 정말 중요시한 것은…."

여기서 문장 중간에 영상이 갑자기 끊기고, 달리오는 반대 방향을 바라보고 있었다. 완전히 다른 장면이었다.

"…의미 있는 일을 하겠다는 신념이었습니다. 즉, 나는 시장을 이기고 최고가 되는 사명을 띠며… 의미 있는 관계를 구축하고 싶었습니다."

몇 초 후, 화면에는 "어떤 대가를 치르더라도 진실"이라는 문구가 새겨진 삼각형이 나타났다.

사례 연구의 대부분은 브리지워터 임직원이 그들의 방식으로 피드백을 주고받는 내용이었다. 여기에 한 경영위원회 회의의 영상이 첨부되었다. 달리오, 젠슨, 매코믹 등이 서류가 어지러이 널린 직사각형 탁자에 둘러앉아 있고, 뒤의 화이트보드에는 "비전은 어디에 있는가"라는 빨간 글씨 위에 동그라미가 여러 번 둘러쳐져 있었다. 그 자리에는 달리오와 별로 나이 차이가 나지 않아 보일 만큼 머리가 희끗희끗하게 센 경영위원 니코 캐너도 앉아 있었다. 캐너의 맞은편에서 달리오는 허리를 꼿꼿이 세우고 그를 뚫어져라 직시하고 있었다. 캐너는 상당히 조심스레 피드백을 전달했다.

"그럼 레이의 멘토링 점수는 얼마냐고요? 저는 멘토링을 몇 가지 측면으로 나눠서 생각하고 싶습니다. 멘토링의 한 측면은 사람들이 스스로를 더 명확하고 정확하게 바라볼 수 있도록 돕는 것입니다. 그 점에 있어서 저는 제 경험상 레이가 최고라고 봅니다."

영상은 검게 바뀌었다가 나중에 알 수 없는 시점에서 재개되었다. 캐너가 말한다.

"그리고 멘토링에는 또 다른 측면이 있습니다. 음, 각 개인의 능력에서 최고의 성과를 끌어내는 것인데요. 저는 그 점에서 레이의 능력이 어느 정도인지는 여전히 알아가는 중입니다. 아직 제 느낌상으로는 꽤 괜찮은 편인 것 같습니다. 고성과자들 사이에서, 그러니까 당신 기준에서 일반적인 성취도 수준에서 평균 정도라고나 할까요…."

또 화면이 끊기고 세 번째 컷으로 넘어간다.

"그리고 멘토링의 세 번째 측면은 음, 직원들을 평가하는 것, 즉 그들이 각자 어디에 능력이 있는지, 누구에게 어떤 기대를 걸지 판단하는 것에 관한 겁니다. 이 부분에서 제 생각은 레이가 점점 발전하는 중이라는 겁니다⋯."

다시 컷.

"지난 6개월간 멘토링과 연관된 레이의 이러한 자질들을 살펴본 결과, 제가 기대했던 바와 크게 다르지 않았습니다. 하지만 어쩌면 제가 레이의 자질들을 봤을 때 기대할 수 있는 것보다, 특히 멘토링과 관련해서는 조금 아쉬웠던 것도 같습니다."

하버드 사례 연구를 공개하면서 가드너는 브리지워터의 문화를 지지하지도 비판하지도 않도록 주의했다. 두 교수는 이곳의 기업 문화가 투자 성과에 측정 가능한 영향을 미쳤는지에 대해서는 의도적으로 판단을 삼갔다. 가드너는 그 분석이 가능한지조차 확신이 서지 않았다. 그녀는 학생들에게 이 사례 연구를 소개할 때 "우리는 '여러분이 현명하다면 레이 달리오의 방식을 따를 것이다'라는 의미로 이 예를 제시하는 것이 아니라, 그냥 '한번 보라'는 의미로 소개하는 것"이라고 말했다. 과학자로서 그녀는 자신에게 주어진 데이터를 가지고 할 만큼 다 했다고 생각했다.

달리오는 사례 연구 결과에 매우 만족했다. 그는 마케팅팀에 그 사본을 전 세계의 브리지워터 고객에게 보내라고 지시했다.

∴

〈머레이의 거짓말〉 사건 후 젠슨은 갈수록 기세가 등등해졌다. 그는 세계 최대 헤지펀드의 CEO로서 억만장자가 되는 꽃길을 걷는 중이었다. 중요한 것은 한때 경쟁자였던 머레이가 명예를 실추당하고 강등되었다는 점이다. 이는 달리오가 브리지워터 윤리위원회를 새로 짤 때 적나라하게 드러났다. 재판 전력을 이유로 머레이가 배제된 것이다.

젠슨은 하루의 긴 시간을 직장에서 보냈고 그중 대부분은 달리오와 바짝 붙어 일했다(한 전직 브리지워터 투자 직원은 "젠슨은 달리오의 대변인"이라고 말했다). 둘 다 학자 뺨치게 과거의 경제 사실들을 줄줄 읊어댔고, 부하 직원들의 입이 떡 벌어질 지경으로 한참 동안 아이디어를 퍼부어댔다. 젠슨은 달리오 가까이에서 아주 많은 시간을 보냈으므로 달리오에게 인사 평가를 받을 때가 많았다. 그리고 달리오의 평가 점수가 워낙 높았기 때문에 달리오가 젠슨에게 좋은 점수를 줄 때마다 신뢰도 가중치 원리에 따라 젠슨의 점수는 급등했다. 젠슨이 달리오 주위에서 하도 자주 '원칙'을 앵무새처럼 따라 해서, 그가 정말 '원칙'에 진심인 건지 아니면 달리오의 애제자로 남기 위해 수년째 발버둥 치는 중인지는 아무도 알지 못했다.

그러나 젠슨의 주변인들은 브리지워터가 그에게 가한 폐해도 보았다. 그는 때로 취기가 가시지 않은 채 출근했고 그것을 굳이 숨기지도 않았다. 누가 어제 늦게까지 술 마셨느냐고 물으면 젠슨은 그냥 그랬다고 대답했다. 그는 회사 야유회의 열성적인 주최자이자 참석자였으며 난해한 유머 감각을 선보이곤 했다. 한번은 회식 자리에서 한 여성 연기자를 섭외하고 스트리퍼로 분장시켜, 달리오가 수십 년 전 프레젠테이션에 데려온 스트리퍼를 패러디하게 했다. 달리오는 소싯적에 이 사건으로 해고된 바 있었다. 브리지워터 직원 중 누구도 감히 창립자를 놀리는 건 생각도 못 했기에, 그 장기자랑이 아무리 저질일지라도 다른 사람들은 젠슨이 대단하다고 생각했다.

젠슨은 브리지워터에서 사실상 친목 활동의 주재자였다. 그는 대졸 신입 사원이 들어올 때마다 그들과 모두 친구가 되는 것 같았다. 사람들도 젠슨 가까이 있고 싶어 하고 그처럼 되기를 원했다. 그는 후배 직원들보다 대개 연장자였지만 그들과 함께 파티에 참석했다. 다른 직원들과 함께 라스베이거스로 자주 놀러 가기도 했다. 한번은, 집에 남아 쌍둥이를 돌보던 그의 아내가 스트립 클럽에서 청구된 금액 때문에 신용카드 회사로부터 사기 경고 전화를 받았다며 친구들에게 푸념할 정도였다. 남학생회 회장 시절을 벗어나지 못한 듯한 그의 행동은 거기서 그치지 않았다. 한 회식 자리에서 젠슨은 직속 부하 직원들에게 500달러를 줄 테니 자기 머리 위에 토하라고 부추겼다.

젠슨은 어느 여름 브리지워터의 연례 야유회에서 특히 기억에 남는 존재감을 뽐냈다. 이 행사는 브리지워터 본사에서 차로 2시간 이내 거리의 뉴욕주 호수에 자리 잡은 빅토리아시대 리조트인 모홍크 마운틴 하우스Mohonk Mountain House에서 열렸다.

2012년 여름 관리직 야유회는 아직 브리지워터 가족이 되지 못한 수습 단계의 관리직 직원을 위한 팀 빌딩을 명목으로 개최되었다. 이 행사는 금세 젠슨의 독무대로 바뀌었다. 그는 그 자리에 참석한 가장 고위 직원이자 겉보기에 가장 잠이 없는 사람이었다. 낮에는 팀 빌딩 활동과 하이킹 등 무난한 행사로 가득 채워졌다. 그러나 해가 지면 젠슨이 진면목을 발휘하기 시작했다. 어느 날 저녁, 모닥

불을 피워 놓고 CEO 젠슨과 직원 간에 허심탄회하게 대화할 자리가 마련되었다. 그러나 사실은 누군가를 조롱하는 자리에 더 가까웠다. 채용 담당 임원이 사회자로 나선 가운데, 젠슨은 달리오와 여행을 다녀온 일화를 장난스레 들려주었다. 일본에서 달리오와 나란히 사우나에 앉은 기분이 어땠냐는 질문을 받자, 젠슨은 달리오의 높은 직위 평가 점수가 그의 신체 구조anatomy(분석력이란 뜻도 있음. - 옮긴이)와 관련이 있는 게 아닐까 생각했다고 농담했다.

이어서 사람들은 벌거벗고 수영한 후 캠프파이어를 즐겼다.[10] 젠슨은 남녀를 불문하고 모든 참석자들에게 서로의 유대감을 증명하기 위해 상의를 벗어 불 속에 던져 넣으라고 도발했다. 수십 명이 젠슨이 하라는 대로 했다. 그들은 호텔로 돌아가는 길에 갈아입을 셔츠를 받았다.

젠슨은 특히 한 참석자, 즉 자신보다 불과 몇 년 후배인 사만다 홀랜드Samantha Holland를 주시하고 있는 듯했다. 브리지워터의 야구 카드 시스템에 따르면 홀랜드는 자신의 생각을 솔직히 밝힐 줄 아는 전도유망한 인물이었다. 공립대 출신에, 브리지워터의 시설 부서에서 잠시 일했던 그녀에게는 젠슨이 평소 투자 부서의 부하들에게서 보지 못한 모험적 투지가 있었다. 젠슨은 그녀의 성장 가능성을 알아채고 그녀에게 경력을 다음 단계로 끌어올리는 방법을 조언했다. 홀랜드는 친구들에게 브리지워터야말로 자신이 멀리 도약할 수 있는 곳 같다고 말했다.

모닥불 주변에서 사람들이 흩어지자 젠슨은 홀랜드를 따로 불러냈다. 꺼져가는 잔불 곁에는 기혼자인 두 사람만 남았다.

젠슨은 셔츠를 벗으라고 말했다.

홀랜드는 그의 말대로 했다.

두 사람은 온수 욕조로 향했다.

야유회에 온 다른 직원들은 술에 취했을지언정 시력은 멀쩡했다. 그들은 홀랜드와 젠슨이 단둘이 숙소로 돌아가는 것을 보았다. 나중에 몇몇 직원들은 이 일에 진심으로 분노한 건지 그저 달리오의 최고 대리인을 소환해 자신의 이름을 알릴 기회라고 생각한 건지, 달리오에게 지난 주말 야유회에서 불쾌한 일이 벌어졌다고 하소연했다.

달리오는 이번에도 코미에게 진실 규명을 맡겼다.

코미는 녹화 장치를 가동한 채, 야유회에 참석한 많은 직원을 면담했다. 젠슨은 홀랜드를 포함해 다들 자발적으로 탈의했다고 말했다. 코미는 홀랜드와 단둘이 면담하는 자리에서 그녀에게 당시 선택의 여지가 있었냐는 날카로운 질문을 던졌다. 그녀는 잠시 뜸 들이다가, 물리적 강요는 없었지만 젠슨이 훨씬 지위가 높았으므로 선택의 여지가 없었다고 대답했다.

코미는 자신이 알아낸 내용을 달리오에게 보고했다. 하지만 달리오는 이 사건을 완전히 덮기로 했다. 달리오는 전 직원에게 관련자들을 조사했으니 더 이상 질문을 제기하지 말라고 발표했다.

코미가 홀랜드, 젠슨에게 질의한 것은 마치 아무 일도 없었던 듯 흐지부지되었다. 녹음 내용과 조사 기록은 브리지워터의 투명성 라이브러리에 보관되지 않았다. 달리오는 젠슨에게 테이프가 유포되지 않을 것이라고 안심시켰다.

∴

코미는 모홍크 리조트 조사 건이 께름칙했지만 이 문제를 공론화하지는 않았다. 그러나 이때쯤 그는 세계 최대의 헤지펀드에서 일하는 것이 한때 상상했던 출세 가도와는 다르다는 것을 깨닫기 시작했다.

그는 자신의 평판에 힘입어 브리지워터에 들어왔지만 이제는 여기서 평판에 먹칠할 위기에 놓였다. 코미의 이름은 정부 고위직 자리에 후보로 거론되고 있었으나, 브리지워터에서 일어난 일은 그의 이력서를 광내기는커녕 불태울 가능성이 있었다. 머레이에 대한 조사를, 특히 그녀의 유죄판결도 얻어내지 못했는데 어떻게 정당화할 수 있겠는가? 게다가 젠슨의 야밤중 행동에 대해서도 이렇다 할 처벌을 전혀 이끌어내지 못했다.

아직 조사해야 할 과제가 하나 더 남았다. 언론 중에서는 거의 유일하게 달리오의 오랜 숙적이었던 〈딜브레이커〉는 브리지워터를 계속 회의적인 어조로 보도했다.[11] 이 사이트는 종종 브리지워터에서 유출된 정보를 비판적으로 내보내 재미를 봤다. 2012년 봄, 〈딜브레이커〉는 새로운 노다지를 발견했다. 모든 직원이 달리오의 강령을 잘 외우고 있는지 평가하는 '원칙' 시험 안내문이 익명의 제보자에게서 팩스로 도착했기 때문이다. 달리오의 레버리저, 즉 참모 중 한 명이 작성한 이 안내문은 그 특성상 엄숙함이 감돌았다. 여기에는 '원칙' 교육팀이 "부정행위를 감시하고 적발 시 엄중하게 처리할 것"이라고 쓰여 있었다. 또한 "지각이나 무단결근은 기록에 남을 것"이며, 직원들에게 "'병가'를 내기 전에 다시 생각하라!"라는 지령도 떨어졌다. 〈딜브레이커〉는 신속히 이 내용을 기사로 올렸다.

코미가 제보자를 찾기까지는 24시간도 안 걸렸다.[12] 코미는 사내의 팩스 기기가 찍힌 감시 카메라 영상을 분석했다. 확인 결과 한 직원이 안내문을 출력하고 인터넷에서 〈딜브레이커〉와 찰리 로즈의 팩스 번호를 검색해 팩스로 보내고 있었다. 영상을 검토한 코미는 당혹스러운 사실을 발견했다. 범인은 육군사관학교를 졸업하고 브리지워터에서 5년간 근속한 베테랑으로, 코미의 보안팀 소속이었다. 조사 권한은 젠슨의 손으로 이관되었다.

젠슨은 조사에 착수했다. 제보자인 보안팀 직원은 처음에는 팩스 전송 혐의를 부인했다가, 곧 있을 '원칙' 시험 때문에 불만을 품었다고 이내 인정했다. 그는 전에 달리오가 찰리 로즈와의 인터뷰 중 했던 말을 구체적으로 인용해 항변했다. 달리오는 '원칙'이 비판에 열려 있다고 주장했으면서, 어떻게 그 '원칙'의 준수 여부를 시험으로 평가하느냐는 말이다. 젠슨이 그에게 먼저 내부에 자신의 주장을 밝히지 않은 이유를 묻자, 그 직원은 이미 그랬다고 말했다. 젠슨은 그 직원의 상사를 다음 조사 대상으로 메모해 두었다.

보안팀 직원의 주장에 공감한 사람들조차 그가 해고됐다는 소식에 놀라지는 않았다. 그보다 '원칙' 시험 당일에 젠슨이 그 제보 직원의 예를 문제로 출제한 걸 보고 충격을 받은 사람이 많았다. 시험에 새로이 추가된 한 문제에, 그 직원의 실명을 모두에게 밝히고 유혈 낭자한 전 조사 과정을 자세히 설명하는 지문이 제시되었다. 그다음 제보 직원에게 가한 조치가 적절했다는 데 동의하도록 유도하는 질문이 이어졌다. 해당 사건을 상술하는 것 외에도 제보 직원의 비행에 대해 젠슨이 직접 내린 결론도 포함되어 있었다.[13] "그는 적의를 품었고 그 감정을 어떤 이유로든 제대로 해소하지 못한 것으로 보인다(내가 그와 대화한 바에 따르면, 그는 논리와 자신만의 확고한 신념이 부족했다)."

2012년 10월 코미의 사임을 두고 갈수록 의혹이 불거졌다. 달리오가 곧바로 설명해주지도 않으니 의문점은 첩첩이 쌓여갔다. 따라서 브리지워터 공청회에서 직원들에게 당장 답을 듣고 싶은 사안에 대해 투표하게 했을 때 가장 많이 득표한 주제는 곧 예정된 코미의 사임 건이었다. 그러자 코미는 이메일로 자신의 소회를 이렇게 밝혔다.

발신: 제임스 코미
날짜: 2012년 10월 3일 수요일
수신: 브리지워터
제목: 퇴사 사유에 관하여[14]

…저는 브리지워터에 깊은 애정을 품고 있습니다. 저는 투명성과 진실성을 추구하는 우리 문화를 좋아합니다. 투명성과 진실성 둘 다 강력한 매력이 있죠…

여러분과 마찬가지로 제게도 강점과 약점이 있습니다. 제 강점 중에는 몇 가지 리더십 능력이 있습니다. 브리지워터에서는 썩 중요시되지 않지만 다른 분야에서는 매우 인정받는 필수 역량이죠. 저는 야구카드의 리더십 역량 목록에 유머, 의사소통, 팀 빌딩, 적응력, 모순 해결력 등이 빠진 걸 보고 (씁쓸한) 미소를 지었습니다. 이 모든 역량은 제가 다른 분야에 있을 때 빛을 발해온 요소들이기 때문이죠…

또한 이런 역량들은 제 일과 삶의 활력소이기도 합니다. (저를 포함해) 누구나 약점이 있지만, 저는 그 약점을 지닌 사람들과 있는 그대로 소통하는 것이 무척 좋습니다. 영리하고 재치 넘치는 표현을 들으면 즐겁고, 풍자, 간간이 뒤틀린 유머, 인간의 허영과 오만을 찌르는 공격에서 재미를 느낄 줄도 알죠…

철저히 논리 중심으로 무자비하게 최고를 추구하는 건 제게 기쁨을 주는 활력소의 유형과는 왠지 맞지 않는군요. 아마 그건 특히 어느 한 규격화된 성격을 만들어내면서 최고를 추구하는 것이 그 특성상 아주 힘든 일이기 때문일지도 모르겠습니다. 브리지워터의 성격이 달라져야 한다는 뜻은 아닙니다. 단지 말 그대로 다르다는 것뿐이죠. 브리지워터는 달리오 대표님의 성격이 투영되는 곳이고, 그래서 멋진 곳이죠. 하지만 대표님과 저는 매우 다릅니다… 저는 이곳보다 공직에서 지도자이자 교사가 되는 편이 더 좋을 것으로 생각합니다…[15]

물론 결정된 건 아무것도 없고 삶의 모든 것은 위아래로 출렁이는 물결선을 이루지만(가로축은 시간을 가리키겠죠?), 적어도 이것이 현재의 제 생각이고, 떠나기 전에 이 생각을 솔직하게 밝히고 싶었습니다.

— 제임스 코미

PART
3

THE FUND

13

기계
The Machine

제임스 코미의 쓸쓸한 퇴장 이후 달리오는 살짝 기분이 언짢았지만 그런 기색을 드러내진 않았다. 그 언짢음을 상쇄할 만큼 대중의 칭송을 많이 받았기 때문이다. 2012년 〈타임〉지는 달리오를 처음으로 세계에서 가장 영향력 있는 100인 목록에 선정했다.[1] 명단과 함께 실린 다음 기고문은 다름 아닌 폴 볼커 전 연준 의장이 썼다.

대개의 경우 헤지펀드는 성공하기 어렵다. 펀드 규모가 클수록 뛰어난 성과를 유지하기는 더욱 어렵다. 1,200억 달러의 투자금을 관리하는 브리지워터의 레이 달리오는 25년 동안 불가능을 뛰어넘어왔다. 그 사실 자체만으로는 62세의 달리오가 영향력 있는 인물 중 한 명에 뽑힐 자격이 없을 것이다. 더 중요한 것은 경제 기계의 작동을 바라보는 그의 강력하고도 다소 비정통적인 신념이다. 결과론적으로 그의 판단은 선견지명이 있었다. 예컨대 달리오는 미국과 일부 유럽 국가의 과도한 부채와 차입의 위험을 가장 먼저 인식한 사람 중 한 명이었다… 달리오의 호기심 많고 활동적인 성격은 그가 원양항해선을 가진 걸 넘어, 그의 '요트' 안에 심해 탐험 장비가 장착되어 있다는 사실로도 알 수 있다.

2012년 여름, 그 요트가 일본 남부의 오가사와라제도에서 보낸 긴급 메시지는 위성을 타고 순식간에 1만 킬로미터 이상 떨어져 있는 달리오에게 도달했다.[2] 해양탐사선 알루시아^{Alucia}호는 어떤 희귀한 것을 발견하기 위해 '동양의 갈라파고스' 주변의 심해를 돌아다니고 있었다.

메시지는 이랬다. "빨리 오십시오. 굉장한 걸 찾아냈습니다."

1년 전 달리오는 알루시아호가 한 실종된 비행기 잔해를 찾기 위해 깊은 바다를 수색하는 데 도움이 되었다는 사실을 듣고 이 배를 충동구매했다.[3] 길이 56미터짜리의 이 거대한 회색 선박은 구축함 같기도 하고 억만장자의 장난감처럼 보이기도 했다. 알루시아호는 비눗방울 모양의 투명한 플라스틱 선체를 갖춘 잠수함을 싣고 아마추어 스쿠버다이버인 달리오를 해저 수천 피트까지 데려갈 수 있었다. 달리오는 자신이 타지 않을 때면 전 세계 연구자들에게 배를 대여해주었다. 이번 탐험은 8개의 긴 다리, 2개의 촉수, 푸른 피, 사람 머리 크기의 눈알을 가진 무섭고 신비한 생물, 대왕오징어를 찾기 위한 것이었다.[4] 《해저 2만리》에서 네모 선장의 선원들을 공격한 것으로 유명한 (가상의) 오징어는 지금까지 살아 있는 모습이 발견된 적 없었다.

자신의 가치를 증명하려는 새로운 임원들이 계속 늘어날수록, 브리지워터의 수장으로서 달리오가 누릴 수 있는 특권 중 하나는 원하는 대로 자리를 들락날락할 수 있다는 것이었다. 브리지워터가 돈을 엄청나게 벌고 있었기 때문에 달리오는 자리에 있든 없든 별로 중요하지 않았다. 알루시아호가 출항하기 몇 달 전, 달리오의 최근 소득이 언론에 보도되었다. 그는 2011년에 39억 달러를 벌었고,[5] 이는 대부분 브리지워터의 미국 국채 투자 수입과 고객 수수료로 이루어졌다. 기계가 다시 예전처럼 잘 돌아가기 시작했다.

브리지워터에서 이토록 유연하게 근무할 수 있는 사람은 달리오밖에 없었다. 그래서 달리오는 알루시아호의 연락을 받고 하버드 경영대학원 옛 동창인 마이크 쿠빈에게 전화했다. 그리고 네가 지구상에서 신화 속 대왕오징어를 본 최초의 사람 중 한 명이 된다면 어떻겠냐고 물었다. 두 사람은 먼저 비행기를 타고 도쿄로 간 다음, 알루시아호 근처의 섬까지 25시간 동안 페리로 이동했다. 페리의 에어컨은 최대로 가동되어, 나중에 쿠빈은 밤새 이를 덜덜 떨며 한숨도 못 잤다고 회상했다. 그는 바로 곁에서 세상모르고 자는 달리오가 신기했다. 쿠빈은 달리오가 그 유명한 명상을 수행하고 있는 줄 알았다.

이튿날 아침, 눈이 게슴츠레해진 쿠빈은 달리오에게 어떻게 그렇게 곤히 잘 수 있었냐고 물었다.

달리오가 대답했다. "내가 말 안 했던가? 나 앰비엔Ambien(수면제의 일종. – 옮긴이) 먹었어."

두 사람은 일주일간 알루시아호에 머물며 수시로 물속에 들어가 오징어를 찾기로 했다. 그러나 둘째 날, 그들은 잠수 시도에 실패한 후 선장과 씁쓸한 인사를 나누고 나와야 했다. 두 개의 태풍이 그들의 위치를 위협하고 있었기 때문이다. 달리오와 쿠빈은 코네티컷주로 돌아가야 했다. 몇 주 후, 배에 남아 있던 과학자들은 오징어의 다양한 영상을 포착했다.

∴

달리오는 실망을 감추지 못한 채 웨스트포트로 돌아왔다. 미지의 해양 세계를 발견하겠다는 의욕을 불태웠지만, 그 모든 자원을 가지고도 긴 여정은 빈손으로 끝난 것이다.

그러나 브리지워터로 돌아온 달리오는 일종의 비슷한 탐구를 진행하기 시작했으니, 자신의 성공을 설명할 통합적이고 독특한 요인을 과학적으로 발견하고자 한 것이었다. '원칙'은 그 성공 요인이 아니었다. 달리오는 종종 '원칙'이 브리지워터에서 모든 것이 잘 작동하기 위한 중추라고 말했지만, '원칙'에 투자에 관한 실질적 내용은 거의 포함되어 있지 않았다. 자신들의 투자 과정을 통일적으로 설명하지 않으면 브리지워터는 용납할 수 없는 두 가지 결과를 초래할 위험이 있었다. 첫째, 브리지워터는 단지 운이 좋았다고, 수천 곳의 헤지펀드 중 동전 던지기에서 20번 연속으로 같은 면이 나온 유일한 헤지펀드라고 치부될 수 있었다. 마찬가지로 두려운 시나리오로 둘째, 브리지워터는 언젠가 쇠퇴할지도 모른다. 월스트리트에는 한때 성과가 부진할 거라고 상상도 가지 않을 만큼 잘나갔던 펀드들의 무덤이 가득했다.

그래서 달리오는 '원칙'에서 파생된 투자 버전 자매품을 만들었다. 그는 일종의 비유법을 활용해, 여기에 "경제 기계는 어떻게 움직이는가How the Economic Machine Works"라는 제목을 붙였다. 그리고 경제 기계도 '원칙'처럼 결정론적이고, 광범위하고, 예측할 수 있다고 주장했다. 달리오가 수없이 언론 인터뷰에서 설명하고 고객 회의에서 화이트보드에 그림을 그렸듯, 경제 기계는 전 세계 국가에서 측정 가능한 노동생산성과 국가 부채 등의 범주를 나타내는 일련의 직선들과 곡선들로 귀결되었다. 이러한 요인들 사이의 인과관계를 종합하면 달리오가 말한 대로 특정 국가의 성공과 실패를 모형화할 수 있는 공식이 구성되었다(예컨대 노동생산성이 낮은 국가들은 부채 수준이 높은 경향이 있으므로 그 국가들에는 역베팅을 해야 유리하다). 달리오는 그 기계를 통해 근면한 인력이 풍부하고 저축률이 높은 중국 같은 국가들이 미국, 영국 같은 국가들을 능가할 수밖에 없다는 결론을 내렸다.

달리오는 "인간의 신체와 마찬가지로 여러 국가들의 경제는 본질적으로 같은 방식으로 작용해왔으며, 그렇기에 가장 중요한 인과관계는 시대를 초월하고 보편적이라는 걸 알 수 있다"라고 말한다.[6] 그 기계는 과거를 기반으로 미래를 비추는 거울이었다.

달리오가 대왕오징어를 찾으러 갔다 돌아온 지 몇 주 후, 그는 경제 기계라는 개념을 시험 가동해보기로 했다. 그리고 영국 역사학자 니얼 퍼거슨Niall Ferguson을 웨스트포트의 간담회에 초대했다. 달리오가 발견한 결과의 중요성을 이해해줄 사람으로 퍼거슨은 안전한 선택이었다. 그는 하버드 대학교 교수이자(과거 그의 제자 중 상당수가 브리지워터에 취업했다), 다작을 쓴 작가였으며, 달리오와 마찬가지로 다소 인습타파주의자였다. 퍼거슨의 철학을 이루는 근간 중 하나는 서구

문명이 보기보다 더 취약하다는 것이었다.7 또한 퍼거슨은 여러 금융기관과 유료 컨설팅 계약을 맺고 있던 상태라, 브리지워터 측의 초대를 받고 처음 한 생각은 가서 적절히 처신하면 또 쏠쏠한 일감을 챙길 수 있겠다는 것이었다.

퍼거슨의 희망은 브리지워터에서 경제 기계를 설명하는 100여 페이지의 문서를 받았을 때 깨졌다.8 그는 문서를 보자마자 근본적 결함을 발견했다. 그 문서는 한 국가의 문화가 경제에 더 좋거나 나쁜 결과를 가져올 수 있다는 사실을 간과했다. 또한 퍼거슨의 표현으로 "의사 결정자의 변덕"이라는 것, 예컨대 한 국가가 다른 국가에 선전포고하게 할 수도, 평화를 선택하게 할 수도 있는 인간의 행위 능력과 독창적 측면을 무시했다.

이것이 대학원 제자가 쓴 논문이었다면 퍼거슨은 그 제자를 낙제시켰을 것이다. 자신이 읽은 것이 브리지워터에서 "경전"으로 통한다니 믿기지 않았다.

퍼거슨은 건전한 논쟁이라면 절대 마다하지 않는 사람이기에 브리지워터로 향했다. 그가 도착한 곳은 대학 강의실을 연상시켰다. 브리지워터의 젊은 직원들이 빼곡히 정렬된 의자에 앉아 자기네 주인님의 업적에 대한 퍼거슨의 의견을 듣기 위해 기다렸다. 달리오는 손님을 소개한 뒤 옆쪽 의자에 앉았다. 퍼거슨은 앞에 서서 심호흡한 후 며칠 전 적어둔 메모를 내려다보았다.9 거기에는 "Der liebe Gott steckt im Detail"이라고 적혀 있었다(직역하면 "세부 사항이 중요하다"란 뜻이다). 일단 그는 상냥하게 운을 뗐다.

"당신은 수십억 달러를 번 사람이에요. 전 단지 학문하는 교수일 뿐이고요. 하지만 교수로서 제 생각을 말씀드리자면, 역사적 과정을 모형화할 방법은 없고, 부채가 많은 국가가 내리는 선택을 모형화할 방법도 분명 없습니다."

퍼거슨은 달리오를 슬쩍 보았다. 달리오는 여전히 앉아 있었지만, 퍼거슨과 그 자리에 있던 다른 사람들은 그가 고개를 천천히 가로젓고 초조하게 발을 구르며 화를 삭이고 있음을 감지했다. 퍼거슨은 그래도 자신의 주장을 밀고 나갔다. 그는 부채로 붕괴한 국가들의 역사적 사례를 취사선택할 순 있겠지만, 부채를 무색하게 할 만큼 빠르게 성장한 국가도 많다고 말했다. 게다가 인간의 의식 작용을 비롯해 전쟁, 쿠데타, 문화적 변화, 상충하는 법 체제, 국가 지도자의 유능과 무능 등 많은 요소들은 계량화할 수도, 깔끔하게 공식화할 수도 없다는 점을 덧붙였다.

퍼거슨은 "역사의 순환이란 건 없습니다. 상상의 산물일 뿐이죠"라고 말했다.

달리오는 부들부들 떨며 벌떡 일어났다. 퍼거슨은 달리오의 성공 비결을 부정한 셈이었다.

그는 자신이 초대한 손님에게 소리쳤다. "니얼, 당신의 빌어먹을 모형은 어디 있소?"

그 자리의 모든 사람이 얼어붙었다. 방금 퍼거슨은 모형이란 건 없다고 말했고, 그게 그의 요점이었다. 세계와 인간은 끝없이 변하는 복잡계여서 그만큼 세상일은 풀기 힘든 난제였다. 퍼거슨이 사고 회로를 가동하기도 전에 달리오는 같은 말을 반복했다.

"당신의 빌어먹을 모형을 내놓으라고!"

퍼거슨은 자신이 브리지워터에 고용되지 않을 운명이란 걸 진작 알았어야 했는데 싶었다. 그는 숨을 한번 들이켜고는 영국인 특유의 딱딱하고도 신중한 돌려 까기로 달리오에게 응수했다. "저는 논쟁 중에 f 단어를 쓰는 사람을 볼 때마다 '저 사람 몰리고 있구나' 하고 생각합니다."

퍼거슨은 할 말을 끝내고 밖으로 나갔다. 그는 집으로 돌아온 지 얼마 후, 당시 간담회에 동석했던 한 브리지워터 직원이자 자신의 옛 제자에게서 뒷얘기를 들었다. 퍼거슨이 떠난 뒤 달리오는 남은 모든 사람을 상대로 즉석 투표를 벌였단다. 토론에서 누가 승리했을까? 브리지워터 창립자일까, 아니면 손님일까?

당연히 창립자가 이겼다.

∴

사실 퍼거슨의 반응은 예외에 가까웠다. 그를 제외하면 달리오는 별 어려움 없이 외부인들에게 자기네 시스템의 가치를 설득해냈다.

이 시기는 레이 달리오로서 사는 삶도 괜찮았고, 레이 달리오라는 이름도 잘 팔렸다. 2012년 말 브리지워터는 1,410억 달러 이상을 굴리며 확장세를 거듭했다. 교사 퇴직연금, 미국의 중심지, 심지어 런던교통공사Transport for London의 철도 노동자 퇴직연금에서도 새로운 자금이 유입되었다.[10] 브리지워터의 주력 펀드는 10여 년 만에 첫 적자를 기록할 뻔했지만, 투자자들도 달리오도 모두 이에 괘념치 않는 듯했다. 퓨어 알파는 2012년에 0.6퍼센트 상승에 그쳤으나 어쨌든 달리오는 17억 달러를 벌었다. 그는 평작을 거둔 그해 동안 자신의 부족한 배짱을 탓했다. 그는 고객들에게 "상대적으로 소심했던 포지션 규모"가 문제였다고 말했다.11 즉, 브리지워터의 포지션 배분은 좋았으나 너무 조심스러워 베팅 규모를 키우지 못했다는 것이다.

투자 외에 달리오의 관심을 돌리는 또 다른 요인이 있었다. 바로 달리오의 개인 돈 문제였다. 달리오는 브리지워터 금고에 더 많은 자금을 채워 넣으려고 애쓰는 한편 개인 돈은 빼내기 위해 노력하고 있었다.

달리오는 월스트리트 용어로 유동성 문제에 직면했다. 그의 재산 중 수십억 달러가 브리지워터 소유권에 묶여 있었다. 브리지워터가 고객 대신 사고파는 주식, 채권, 그 외 비교적 현금화하기 쉬운 자산과 달리, 서류 형태로 된 회사 지분은 현금으로 전환하기 쉽지 않았다. 분명 브리지워터는 가치가 큰 회사였지만(가령 2012년에 브리지워터가 고객에게 큰돈을 벌어주지 못했는데도 달리오가 연 수수료로 수십억 달러를 계속 쓸어모을 수 있었듯), 그 가치가 얼마인지는 확실하지 않았다. 그 가치를 정확히 계산할 길도, 달리오의 은퇴 후에도 회사가 지속되리라고 확실히 보장할 길도 없었다. 헤지펀드들은 유명 셰프가 창업한 고급 레스토랑과 다르지 않았다. 즉, 대문에 문패가 없으면 손님이 끊길 수도 있다. 달리오는 헤지펀드들이 세대교체를 겪으면서 번창하기보다 쇠퇴하는 경우가 더 많다는 사실을 잘 알았다.

달리오는 당장은 떠날 생각이 없다고 발표함으로써 고객들을 안심시켰다. 브리지워터는 단지 원래 경영진(즉, 달리오)에서 젠슨 등 미래 경영진으로 "계획적 전환"을 진행 중이었다.12 달리오는 투자를 향한 애정 때문에 이 자리에 남아 있다고 말했지만, 그 못지않게 타당한 또 다른 이유가 있었다. 브리지워터는 달리오와 함께 있어야만 최고의 가치를 유지할 가능성이 컸다. 달리오가 회사 소유권에서 최대한의 수익을 끌어내려면 회사에 좀 더 오래 머물러야 했다.

달리오는 지분 구매자를 찾기 위해 회전식 명함꽂이를 열었다. 브리지워터는 캔자스주 위치타에 있는 억만장자 형제 찰스 코크Charles Koch와 데이비드 코크David Koch에게 달리오가 들고 있는 브리지워터 지분의 매수를 타진했다. 그리고 그레그 젠슨과 밥 프린스를 텍사스주 러벅으로 파견해 텍사스주 교사 퇴직연금 이사회 설득을 맡겼다. 또 달리오 본인은 매수자를 찾으러 중국, 중동, 싱가포르 등 가장 먼 곳까지도 날아갔다. 그는 소규모 팀을 데리고 싱가포르로 가서 싱가포르 총리의 부인이기도 한, 국내 거대 국부 펀드 테마섹홀딩스Temasek Holdings 대표와 비공개로 면담했다. 그곳에서 그는 칠칠치 못하게 넥타이에 면발 한 가락을 묻힌 채 투자 이야기로 짧게 워밍업을 한 다음 브리지워터의 직원 평가 시스템을 길게 설명했다.

그는 자신의 최신 발명품이자 가장 위대한 발명품으로 도트 컬렉터Dot Collector라는 응용 소프트웨어를 소개했다.[13] 도트 컬렉터는 브리지워터 전 직원에게 제공되는 아이패드에 미리 설치되어 회사 내 어디서든 그들을 따라다녔다. 또 이것은 야구카드의 한층 더 강력한 실시간 버전이었다. 전 직원이 서로에게 제공한 모든 피드백, 즉 도트를 집계하고 가령 "진실한 삶의 태도", "기계의 작동 원리를 면밀히 탐구함" 등 인간의 자질을 77가지 범주로 나눠 전반적인 수치를 할당했다. 싱가포르에서 달리오는 도트 컬렉터의 가장 흥미로운 혁신은 자신이 마침내 모든 데이터를 적절히 비교 평가할 방법을 알아낸 점이라고 말했다. 브리지워터의 엔지니어팀은 신뢰도라는 특별한 미지수를 분석했다. 공식에 신뢰도가 추가되면 특정 직원이 매긴 도트가 직원 평가에 가중적으로 영향을 미칠 수 있다. 덕분에 브리지워터에서 가장 믿을 만한 사람들의 평가가 서로 간의 알력보다 더 잘 반영되도록 보장할 수 있었다. 신뢰도는 능력주의를 지탱하는 열쇠였다.

또 달리오는 싱가포르 현지 신문과의 인터뷰를 통해, 부와 그에 딸려오는 사치품에 대한 자신의 양가적 감정에 대해 말했다.[14] "사회적 지위에 신경 쓰는 건 불건전한 습관이다. 나는 사치를 좋아하지 않는다." 그는 손목에 차고 있는 150달러짜리 오르비스 시계를 가리켰다. "돈 자체는 목표가 아니다."

달리오가 설득하고자 하는 바에는 자신이 세계 최고 부자들의 돈을 관리한다는 것 말고 다른 공통된 속뜻이 있었다. 그 부자들은 이미 브리지워터의 고객이었고, 그중 일부는 브리지워터에 투자한 돈이 수십억 달러에 달했다. 그러나 이번은 다른 기회였다. 달리오는 자신이 고객의 돈을 전 세계 시장에 투자하겠다는 게 아니라, 고객의 돈을 직접 자신에게 건네달라고 제안하고 있었다. 그 대가로 달리오는 이들 오랜 고객들에게 모든 재화 중에서 가장 희소한 것, 즉 자신의 헤지펀드 회사의 일부를 떼어주겠다고 약속했다. 그는 브리지워터가 투자 과정이 체계적이고, 반복 가능하며, 누구도 흉내낼 수 없는 규칙 기반의 영속적 기관이라고 주장했다. 이 주장은 큰손 투자자들에게 워낙 강력한 효과를 발휘해, 브리지워터는 단지 또 하나의 투자 운용사가 아닌 가장 안전한 기본 선택으로 인식되기 시작했다. 이를테면 돈 많은 대형 법인의 투자 담당자들 사이에서는 "브리지워터에 돈을 맡겨 해고된 사람은 아무도 없다"라는 의미심장한 소문이 퍼지기 시작했다. 즉, 때로 브리지워터의 성과가 좋지 않더라도, 이처럼 믿음직한 곳을 선택한 투자 담당자가 비난받을 일은 없다는 것이다.

중요한 점으로, 이런 사고방식에서는 언젠가는 반드시 찾아올 회사 창립자의 은퇴가 별문제 되지 않았다. 달리오는 '원칙'을 남기고 떠날 것이므로, 브리지워터의 다음 리더도 항상 창립자의 지침을 계승해나갈 것이다.

세계 순방은 성공적이었다. 싱가포르 정부가 운영하는 국부 펀드는 달리오가 가진 브리지워터 지분 중 일부를 매입하기로 합의했다. 텍사스주 교사 퇴직연금도 가세했다.[15] 그들은 2억 5,000만 달러를 주고 브리지워터 지분 2.5퍼센트를 장외에서 매수했다. 브리지워터의 가치는 총 100억 달러로 평가되었다. 그중 달리오는 여전히 절반 이상을 소유하고 있었다. 고로 그의 서류상 소유권은 실질적으로도 매우 가치가 컸다.

∴

달리오는 새집을 사면서 넉넉한 씀씀이를 눈에 띄게 과시했다. 150달러짜리 손목시계를 차는 이 남자는 미국에서 팔린 단독주택 중 가장 비싼 주택을 구입했다.[16] 코네티컷주 그리니치 해안가에 자리한 이 주택의 이름은 코퍼비치팜Copper Beech Farm(직역하면 '너도밤나무 농장'. - 옮긴이)으로 다소 시골스러운 어감이지만, 실은 51에이커(약 6

만 평. - 옮긴이) 규모의 부지와 1.5킬로미터 너비의 개인 정원이 내려다보이는 프랑스 르네상스 스타일을 자랑한다. 진입로가 500미터에 달해 밖에서는 본채가 잘 보이지 않지만, 어떤 각도에서는 나무 위로 솟은 시계탑이 살짝 보였다. 집값은 해안 바로 옆에 있는 두 개의 사유지 섬을 포함해 총 1억 2,000만 달러에 달했다.[17]

그러나 인터뷰에서 달리오는 계속 성공의 과시에는 관심이 없다고 주장했다. 그는 자신의 경제 기계 이론에 관한 30분 길이의 유튜브 동영상을 의뢰 제작하고 직접 해설했으며, 만화 캐릭터와 익살스러운 서부극풍 배경음악을 곁들여 완성했다. 달리오는 음성 해설에서 "경제는 단순한 기계처럼 작동하지만 이를 이해하지 못하는 사람이 많다. 이로 인해 그동안 불필요한 경제적 고통이 많이 발생했다. 나는 이에 깊은 책임감을 느낀다"라고 말했다.

억만장자 헤지펀드 매니저의 이 무료 조언 영상은 즉시 인기를 끌었다. 조회 수가 100만 회에 육박하자, 찰리 로즈는 달리오에게 미국 중심부에서 전국으로 방송되는 쇼 〈CBS 오늘 아침CBS This Morning〉 인터뷰를 제의했다. 달리오는 제의를 받아들였다. 이는 가장 광범위한 대중 앞에서 자신을 자비로운 억만장자로 어필할 기회였다. 로즈와 달리오는 둘 다 검은 양복을 입고 마주 앉았다. 화면에는 "레이의 규칙RAY's RULES"이라는 자막이 나가는 가운데,[18] 달리오는 몸을 기울인 채 눈도 거의 깜빡이지 않고 평소와 같은 장광설로 말문을 열었다.

"우리는 기본적으로 사람들의 생각이 저마다 다르다는 근본 원리에 도달합니다. 즉 무엇을 잘하고 못하는지, 또 어떤 사람인지 각자 다 다르죠. 마치 지적으로 네이비실(미 해군 특수부대. - 옮긴이)에 들어가는 경험과 비슷하다고나 할까요. 관건은 '자아 장벽ego barrier(《원칙》에서 달리오는 자아 장벽을 실수와 약점을 받아들이기 어렵게 하는 방어기제로 정의한다. - 옮긴이)을 극복할 수 있느냐'입니다. 그건 고통스럽습니다. 네이비실의 육체적 고통 못지않게 정신적으로 고통스러워요. 그러나 이 자아 장벽을 넘어야 무엇이 진실인지 알 수 있게 됩니다."

로즈는 재빨리 더 폭넓은 질문으로 넘어갔다. 그는 수백만 명이 시청하는 인터뷰 자리에서 달리오가 스스로 자아를 극복했다고 주장하는 아이러니를 간파한 듯했다.

"당신은 자아를 밖으로 내보내야 한다고 말했지만, 지금 당신 안에는 거대한 자아가 있지 않습니까?"

달리오는 로즈의 말을 끊고 고개를 저으며 "아~니요"라고 길게 늘여 답했다.

"잠시만요, 잠깐만 짚고 넘어갈게요. 자아 말이죠, 당신은 브리지워터가 세계 최고 및 최대의 헤지펀드가 되기를 원하기 때문에…."

"아~니요."

로즈는 다음과 같이 확실히 정리해주었다. "당신은 세계 최고, 최대의 헤지펀드를 원하는 게 아니란 말씀이죠. 당신은 '나는 세계경제가 작동하는 방식인 경제 기계를 정의했다. 나는 여러분을 위해 그것을 설명해주려는 것이다. 경제가 작동하는 방식은 그쪽 방식이 아니라 이 방식이 맞다'라고 말하고 싶은 거고요."

달리오가 되물었다. "네. 그게 자아인가요?"

"제가 묻고 싶은데요. 그게 왜 자아가 아니죠?"

"글쎄요, 자아가 원인이 될 순 있겠죠. 그것을 자아에 의한 동기 부여라고 생각할 사람도 있을지 모르겠습니다."

"그럼 이타심인가요?"

"이타심이에요."

"그래요?"

조바심이 나는지, 갑자기 달리오의 목소리 톤이 올라갔다. "저, 있잖아요." 그는 잠시 말을 멈췄다. "저는 64살입니다. 이제 전 두려워하고 싶지 않습니다. 자신을 열어보이는 두려움 말이죠."

"지금까지 엄청난 성공을 거뒀는데, 아직 더 원하는 게 있나요?"

"그냥 발전하고 싶습니다. 그저 뭐든지 개인적 발전요. 이 모든 다양한 과제를 안고 또 달성해서 발전하는 것이 만물의 자연스러운 질서라고 생각합니다."

∴

CBS 인터뷰는 "경제 기계는 어떻게 움직이는가" 영상의 조회 수를 올리는 데 도움이 되었다(공동 진행자 게일 킹Gayle King은 인터뷰가 끝나고 방송 중 "이따 당장 그의 유튜브 영상을 봐야겠다"라고 말하기까지 했다). 조회 수는 100만을 넘었고, 곧이어 500만, 1,000만, 2,500만을 넘겼다. 달리오는 전 세계적으로 많은 추종자를 모았다. 학생부터 전문 투자자, 주부까지 모두가 억만장자 헤지펀드 매니저의 성공담에 귀를 기울였다. 밖에 나가면 낯선 이들이 다가와 달리오의 통찰력에 감사를 표하고, 사인이나 사진 촬영을 청했다. 여기저기서 이메일도 쏟아졌다. 롱아일랜드에서 온 캐디는 이제 유명 인사가 되었다.

달리오의 하버드 동창 마이크 쿠빈은 달리오가 변화하는 모습을 놀라워하며 지켜봤다. 스타트업 연쇄 창업가인 쿠빈의 남녀 동창 중에는 성공한 사람이 수두룩했지만, 근래 들어 달리오가 쌓아가는 명성은 완전히 차원이 달랐다. 아내를 자주 대동한 두 사람의 휴가는 갈수록 격조가 높아졌고, 일부 외국에서 달리오는 이제 귀빈 대접을 받았다. 언젠가 이스라엘을 여행하던 쿠빈 부부와 달리오 부부는 이스라엘 전 총리인 시몬 페레스Shimon Peres의 초대를 받았다. 쿠빈은 전 같으면 상상만 했을 짜릿한 세계를 함께 맛볼 수 있었다.

그러나 다소 논쟁을 즐기는 달리오는 휴가 중에도 항상 가던 길을 멈추는 버릇이 있었다. 이스라엘 특유의 뜨거운 여름에 두 부부가 여행하는 동안, 예루살렘 중심부에 있는 고대 역사 유물이자 인기 있는 종교 유적지인 통곡의벽은 특히 더웠다. 유대 관습에 따라 남자와 여자가 따로 성벽으로 향했고, 한낮의 가혹한 햇볕이 그들을 덮쳤다. 쿠빈은 전통대로 종이에 소원을 적어 벽 틈에 끼워 넣고 얼른 가려고 했다. 그러나 달리오는 기도하기 위해 모인 많은 정통 유대인 중 처음 보는 한 사람과 대화 삼매경에 빠졌다. 쿠빈은 곁에서 대화 내용을 자연스레 엿들었다.

달리오가 물었다. "당신은 왜 기도합니까? 기도에서 얻는 게 뭐죠?"

쿠빈은 혼자 몰래 웃었다. 찜통같이 무더웠던 이날, 달리오는 이스라엘에서 가장 유명한 명소에 와서도 낯선 사람에게 질문하느라 시간 가는 줄 몰랐다.

하지만 대개는 두 친구와 그 일행끼리만 있었다. 그들은 전 세계의 섬들을 항해했고, 다이빙 명소라는 소문이 들리는 곳이면 어디든 갔다. 대왕오징어를 아깝게 놓친 그들은 브라질 해안에서 외따로 떨어진 페르난두데누로냐 군도에서 스피너돌고래를 볼 수 있는 확실한 일정을 잡았다.

달리오의 요트에는 고급 와인들이 구비되어 있었지만, 쿠빈은 달리오가 단순히 스트레스를 풀거나 쉬기보다는 새로운 경험에 도전할 때가 더 많았다고 한다. "그는 알루시아호를 여가용으로 쓰지 않았다. 항상 뭔가 목적이 있었다."

쿠빈은 달리오가 누가 뭐래도 제 갈 길을 가는 사람이란 걸 알아차렸다. 한번은 코스타리카 근처를 항해하는 길에 전문 다이버들을 고용해야 했다. 달리오가 백기흉상어 떼 속으로 잠수하겠다는 고집을 꺾지 않아 전문가의 도움이 필요했기 때문이다. 약 1.5미터 길이의 이 매끄러운 생물체는 심해저, 산호초 근처에서 놀기를 좋아해 수면 근처로는 거의 나오지 않았다. 낮에는 동굴에서 잠자기 때문에 상어를 엿볼 가장 좋은 시간은 그들이 먹이를 찾아나서는 밤이었다. 강사들은 달리오와 쿠빈에게 신신당부하기를, 상어 위로 돌아다니되 상어 밑으로는 가지 말라고 강조했다. 밑으로 내려가면 상어들이 그들을 먹이로 착각하고 공격할 것이라고 했다.

쿠빈은 "저한테는 두 번 말씀하실 필요 없어요"라고 말했다.

달리오와 쿠빈은 잠수복을 입고 산소통을 멘 후 강사들과 함께 고요한 바다 밑으로 뛰어들었다. 강사들은 상어가 많은 위치를 잘 잡았다. 쿠빈은 미끄러지듯 유영하며 절경을 감상했다. 그런데 갑자기 달리오가 상어를 가까이에서 보려고 상어 아래로 빠르게 내려갔다. 바로 강사들이 절대 하지 말라던 그 행동이었다.

담당 강사가 즉시 달리오를 수면으로 당겨 올렸다. 쿠빈의 표현을 빌리자면 "말 그대로 그를 멱살 잡고 끌고 갔다." 흠뻑 젖은 달리오를 배로 데려간 강사는, 그를 한번 훑어본 후 고개를 절레절레 흔들며 쿠빈의 담당 강사에게 다가가 말했다.

"전에도 저런 사람 있었지. 남은 건 산소통밖에 없었어."

쿠빈의 강사가 대답했다. "난 산소통 먹은 상어도 봤는걸."

프린스
Prince

달리오가 여행으로 자리를 비우자 그레그 젠슨에게 기회가 열렸다. 아마 달리오의 빈자리를 문제없이 메울 수 있다는 걸 증명하고 싶었는지, 젠슨은 최선을 다해 상사를 대행했다.

눈에 띄는 첫 단계는 자신의 권력 기반을 구축하는 것이었다. 홈파티도 열고, 내부 충성파를 개인 제트기에 태워 슈퍼볼 경기에 데려가기도 했다. 모두가 젠슨의 은총을 받고 싶어 했고 그의 일당에 끼기를 원했다. 일부 여직원은 자신들끼리 "그레그의 천사들"이라고 부르기도 했다. 하지단 사교적 영향력만으로는 충분하지 않았다. 물주는 달리오였고, 그가 내키는 대로 급여를 올리거나 깎는다는 것은 잘 알려진 사실이었다. 젠슨은 자신도 이 회사의 기우제 제사장이 될 수 있음을 입증하려고 결심한 듯했다. 그는 투자팀원들에게 보너스를 주기 위해 사비 100만 달러를 풀었다. 그는 이 이례적인 조치로 일부 직원이 자신을 거역할 가능성을 최대한 꽁꽁 묶었다.

또 그는 달리오가 투자 직원들에게 더 많은 급여를 주게 할 방법을 찾았다. 브리지워터는 직원들이 개인 계좌로 거래하는 것을 다른 헤지펀드들의 기준으로 봐도 특히 엄격하게 금지했다. 직원들이 브리지워터의 정보를 개인적 이득을 목적으로 악용하지 못하게 하기 위해서였다. 하지만 젠슨은 회사의 가장 하위직 분석가조차도 자신의 아이디어로 거래해 부수입을 올리고 싶어 한다는 걸 알았다. 그래서 달리오에게 모의 투자라는 차선책을 도입하자고 설득했다. 먼저 투자 직원들이 가상 투자(예컨대 오를 것 같은 특정 종목에 베팅)를 하면, 달리오는 거기에 반대로 베팅했다. 여기서 달리오는 사실상 시장 역할을 했다. 해당 종목이 오르면 달리오가 직원에게 차액을 지불하고, 떨어지면 직원이 달리오에게 빚을 졌다. 이 제안은 달리오의 경쟁 우위에 호소해 승낙을 받아낼 수 있었다.

투자 직원들의 욕구를 충족시켜준 젠슨은 브리지워터에서 나머지 목표로 눈을 돌렸다. 달리오가 '원칙' 평가 시스템에 얼마나 큰 비중을 두고 있는지를 감안할 때, 젠슨이 폴 맥도웰을 자기 직속 부하로 옮긴 것은 놀라운 일이 아니었다. 이후 젠슨은 자기 밑에 더 많은 사람을 두기 시작했다. 2013년 초, 그는 문어발 기업가이자 사모펀드 임원인 J. 마이클 클라인J. Michael Cline을 브리지워터의 부회장급으로 영입했다. 클라인은 영화표 예매 업체인 판당고Fandango의 공동 창립자였으나, 그의 다른 벤처인 신용카드 서비스 기업이 병원 응급실, 암 병동, 분만실을 볼모로 공격적인 채권 추심 전술을 벌여 법적 문제에 휘말렸다.[1] 넓은 어깨와 짙은 머리카락의 50대 남성 클라인은 자신감 넘치고 결정이 빠른 편이었다. 그는 브리지워터의 경쟁적 환경에서 지칠 타입으로 보이지 않았다. 또 브리지워터 면접에서는 "부정적 360도 피드백"을 좋아한다고 언급했다. 이는 새로운 직원이나 사업 파트너에 대해 가장 부정적인 피드백을 찾기 위해 최대한 많은 임직원의 의견을 듣는 방법이다. 클라인은 이것이 상대방을 진정으로 파악할 유일한 방법이라고 말했다. 젠슨은 그 말에 전적으로 동감하며 "우리는 마음이 통하는군요. 서로 생각하는 방식이 같습니다"라고 말했다.

젠슨은 옛 동맹 제임스 코미를 대신해 클라인과 짝을 이룰 법 집행관이 필요했다. 클라인은 베테랑 경영 컨설턴트 케빈 캠벨Kevin Campbell을 추천했다. 캠벨은 회의실에 느릿느릿 들어서자마자 사람들의 시선을 끌었다. 한 브리지워터 직원이 캠벨을 칭찬하길, 그는 "몸무게가 180킬로그램은 되어 보였지만 기상이 용맹한" 사람이었다. 캠벨은 금방 고용되었다.

캠벨은 주변의 어수선한 임원진 자리를 치우는 일부터 맡았다. 아일린 머레이는 〈머레이의 거짓말〉 사건 후 강등되었지만 여전히 임원으로 남아 공동 CEO 자리를 되찾기 위해 노력하고 있었다. 그녀는 카티나 스테파노바를 자기 편에 두었다. 머레이의 직속 부하가 된 스테파노바는 젠슨으로서는 계속 약 오르게도 여전히 달리오의 총애를 잃지 않았다. 전 친구 줄리언 맥과의 충돌 이후로도 아직 자기 자리를 지키고 있는 데이비드 매코믹도 또 한 명의 명백한 위협이었다.

젠슨은 그들 모두보다 유리한 고지를 점했다. 그는 누구보다 '원칙'에 해박했다. '원칙'을 엄격히 준수하는 것이 달리오에게 얼마나 중요한지는 누구나 알았다. 또한 젠슨은 '원칙'을 개인적으로도 훌륭히 실천하는 동시에 가능한 한 소리 높여, 그것도 기왕이면 달리오가 옆에 있을 때 외치면 참된 보상이 온다는 걸 보여주는 최고의 본보기였다.

어느 날 달리오가 여행에서 돌아왔을 때, 젠슨은 행동을 개시했다.

그는 어느 평범한 주간 회의를 기회로 삼았다. 달리오가 자신의 부재중 무슨 일이 있었는지 보고받기 위한 자리였고, 참석자가 꽤 많았다. 달리오가 참석하는 회의치고 참석자가 적은 법은 없었다. 이번 회의가 예사롭지 않으리라 암시하는 유일한 단서는 회의 직전 실시된 설문 조사 내용이었다. 당신의 휴가 전후로 회계가 잘 맞았는가? 오묘하게 구체적이었다.

젠슨과 머레이는 마치 10여 명의 보좌진에 둘러싸여 링으로 입장하는 권투 선수처럼 각자 부하들을 거느리고 회의실로 들어왔다. 젠슨의 맞은편에 앉은 머레이는 늘 있는 드릴다운에 단련되어 공격에 대비하고 있었다. 하지만 젠슨은 그녀 대신 그녀의 직속 부하이자 브리지워터 5년 차 베테랑인 한 남직원에게 접근하여 친절한 말투로 시동을 걸었다.

"잘 지냈어요? 휴가 갔다 왔다면서요? 잘 쉬었어요?"

"그냥 여기저기서 골프 좀 쳤습니다."

"얼마나 쉬다 왔는지 물어봐도 될까요?"

"남들 쉬는 만큼 쉬다 왔는데요."

사람들의 회상에 따르면, 그 순간 젠슨의 눈에 섬광이 스쳤다고 한다. 젠슨은 달리오를 흘깃 보고 다시 머레이를 흘깃 본 후, 구석에서 그 모든 것을 녹화하는 카메라도 재빨리 쳐다봤다. 그 순간을 최대한 극적으로 활용하려는 듯, 젠슨은 앞에 놓인 서류철을 천천히 집어 올려 탁자 위에 떨어뜨렸다. 툭 하는 소리만이 적막을 깨고 퍼졌다. 젠슨의 목소리 톤은 아까의 친근함이 사라지고 살벌해졌다.

"당신의 공식 휴가는 3주 반인데, 6주나 안 왔잖아요." 젠슨이 서류철을 가리켰다. 그 안에 증거가 있었다. 그는 팀에 보안 카메라 영상을 확인하게 했다.

남직원이 항의했다. "지금 여기서 이 문제를 논의하는 게 적절한지 모르겠습니다. 아마 사적으로 얘기하시는 편이…."

달리오가 일어나 대화를 끊었다. "이거 심상찮군. 뭐야? 출근한 거야, 안 한 거야?"

남직원이 말했다. "그냥 회의 진행하시는 게 좋을 것 같습니다."

젠슨이 말했다. "지금 짚고 넘어가야 합니다."

젠슨은 자신이 귀하게 데려온 케빈 캠벨을 불렀다. 거구에 저음의 목소리를 지닌 캠벨은 화제를 머레이로 전환했다. 그는 진지하게 이것이 관리의 문제, 더 정확히 말하면 관리 태만의 문제였다고 말했다. 머레이가 잘못된 사람을 잘못된 일에 배치했고, 심지어 주위에 그가 없는 것조차 몰랐다는 것이다. 그것은 "적절한 관리, 쓸데없는 관리, 태만한 관리를 구별하라"는 '원칙'의 심각한 위반이었다.

달리오는 머레이의 반응이 궁금한 듯 그녀에게 고개를 향했다. 거의 말문이 막힌 머레이는 이건 함정이라고 말했다. 젠슨은 그녀에게 자랑스러운 증거 모음집을 검토할 시간조차 주지 않았다. 달리오는 머레이에게 저녁에 검토할 시간을 주기로 했고, 그녀와 그 남직원에게 다음 날 경영위원회에 출석해 정식재판을 받으라고 지시했다. 젠슨은 반대신문을 준비했다.

그러나 기회조차 오지 않았다. 남직원은 해가 뜨기도 전에 변호사를 고용했고, 변호사는 유급 퇴사를 협상했다. 남직원은 달리오에게 가서 젠슨의 모든 시도가 헛소동이라고 말했다. "대표님의 심문자는 사형집행인입니다. 이건 조작이라고요."

취조할 무능한 직원이 없어지자, 달리오는 이 문제에 관심이 확연히 식었다. 그는 이미 머레이에 대한 재판을 마쳤다. 또 다른 재판을 재개하기엔 너무 이르고, 아마 재미도 없을 것이다. 다음 날 젠슨은 그 남직원을 흠씬 두들기려고 의욕에 불타 출근했지만, 이미 샌드백은 떠난 뒤였다. 젠슨은 또 한 번 건수를 잡으려던 기회를 놓쳤다.

∴

젠슨의 친구든 적이든 브리지워터의 많은 사람들은 그가 계속 꿋꿋이 버티는 이유를 뻔히 알았다. 2009년 달리오가 곧 있을 것이라던 은퇴를 발표한 지 4년이 더 흘렀고, 젠슨을 포함한 많은 사람들이 조만간 달리오가 은퇴할 것처럼 이야기했다. 젠슨은 달리오가 자신의 뜻으로든 신의 뜻으로든 불가피하게 퇴장할 때까지 기다려야 했다. 그 빈자리에 본인이 들어갈 것이다.

한동안은 그날이 비교적 빨리 올 줄 알았다. 2013년 6월, 달리오는 치명적인 암으로 이어질 수도 있는 무서운 조직 질환인 바렛 식도를 진단받았다.[2] 그는 겨우 3년밖에 살 수 없다고 했다. 달리오는 다음 날 회계장부에 "이 소식을 들으니 내 마지막에 더 확실히 집중해야겠다"라고 썼다.

달리오는 사내에 이 소식을 널리 알렸고, 당연하게도 직원들 사이에 연민을 불러일으켰다. 달리오가 이빨 빠진 호랑이 같은 모습을 여과 없이 드러내자 많은 사람이 그에게 공감대를 느꼈고 그가 자주 말한 대로 브리지워터가 의미 있는 관계를 형성하는 곳임을 새삼 더 깊이 음미하게 되었다. 그들은 한 사람의 지극히 개인적인 결정에 연결되어 있었다.

달리오는 젠슨을 포함한 그의 최고 대리인들을 모아 다시금 물러날 뜻을 밝혔다. 나중에 공개된 녹음 편집본에 의하면 대화는 다음과 같이 진행되었다.

"나는 마지막까지 진정 책임을 다하고 싶네. 나는 브리지워터를 진심으로 아끼고, 여러분 모두를 아낀다네."

달리오의 말에 사람들이 "예"라고 대답하는 소리가 들린다.

"내가 곁에 없다는 것에 모두가 익숙해지고 이를 극복하기 위해 노력하길 바라네. 자네들에게 여기 모이라고 한 이유는 다들 내 가족 같아서야. 내가 대화할 수 있는 사람, 믿을 수 있는 사람들이지. 우리가 다 같이 함께하고, 어떤 의미에서 헌신하는 것은…."

여기서 달리오가 말을 멈추었다. 혹은 시간이 다 된 테이프를 교체하느라 편집된 것일 수도 있다.

이어 그는 "현실은 아름다워"라고 덧붙였다.

5주 후 달리오의 진단명은 바뀌었다. 그는 다른 여러 의사들과 상담한 결과, 예후도 괜찮은 비교적 간단한 수술을 받았다. 그렇게 치명적인 암에 걸릴 위험에서 벗어나니 브리지워터를 떠날 마음은 또 증발한 듯했다.

∴

예정된 승진은 영원히 정체 상태에 머무르는 듯했지만, 젠슨은 위로가 될 만한 보상을 꾸준히 받고 있었다. 업계 조사 매체인 〈알파〉 매거진에 따르면 젠슨은 2011~2013년 3년 동안 총 8억 1,500만 달러를 벌었다.³ 달리오가 번 돈에 비하면 극히 미미했지만 업계 최고 연봉의 헤지펀드 매니저 목록에 오르기엔 충분했다. 그는 자기 회사를 경영하는 웬만한 사람들보다 더 많은 수익을 올렸다.

그러나 소수의 사람만이 젠슨이 떠나지 않는 또 다른 이유를 알고 있었다. 달리오가 고안한 복잡한 계약 방식은 젠슨이 돈을 더 많이 벌수록 빚도 더 많이 지는 구조였다. 달리오는 젠슨을 고용하는 대신 그에게 자신의 지분을 서서히 매수하라는 도전적 조건을 걸었다. 사회 초년생 젠슨은 돈이 거의 없었으므로 브리지워터에서 돈을 빌리기로 했다.⁴ 한마디로 대주주인 달리오는 그의 지분 일부를 매년 일부씩 젠슨에게 양도해, 결과적으로 막대한 차용증을 쌓았다. 브리지워터의 가치가 오르면서 젠슨의 부채도 급증했다. 달리오가 회사의 일부를 텍사스주 교사 연기금에 매각했을 때 영향을 받은 건 본인의 지분만이 아니었다. 이제 브리지워터의 가치가 더 높아졌기 때문에 젠슨이 그해에 바칠 십일조도 더욱 늘어났다.

이 계약 조건 때문에 외부인이 보기에는 막대한 젠슨의 급여가 실제로는 대출 상환으로 쏙쏙 빠져나가고 있었다. 외견상 젠슨 소유로 보이는 돈은 대부분 브리지워터와 연결된 달리오에게 채무를 갚는 데 사용되었다(나머지 금액 중 일부는 젠슨이 직원에게 주는 보너스로 갔다). 이 상황 때문에 젠슨은 브리지워터의 투자수익을 출중하게 유지해야 한다는 엄청난 부담을 안고 있었다. 그럭저럭 수익은 유지되었지만, 실로 아슬아슬하게 겨우 버티는 수준이었다. 퓨어 알파는 2013년에 5퍼센트, 2014년에 4퍼센트의 수익을 올리는 데 그쳤고, 올웨더는 상승과 하락을 반복했다. 하필 이때 브리지워터가 자랑하는 투자 시스템이 힘을 내지 못하다니, 젠슨에게는 그야말로 최악의 시기였다.

한창 힘난한 시기에 달리오의 개인 재정 고문들이 젠슨에게 만나자고 했다. 그들은 젠슨의 빚이 쌓이고 있다는 것을 알아챘고, 달리오와 젠슨의 운명이 불편하게 얽히고 있음을 걱정했다. 젠슨이 빚을 갚지 못하면 달리오의 지갑에 구멍이 날 터였다. 고문들은 자기네 임무가 그런 사태를 막는 것이라고 설명했다.

그들은 젠슨에게 대출 담보를 설정하라고 말했다.

젠슨은 그들을 멍하니 바라보다가 대답했다. "전 집밖에 없는데요."

그들은 나중에 다시 이야기하자고 했다.[5]

∴

젠슨은 달리오가 은퇴 약속을 지키기만 바라며 브리지워터에 더 헌신할 수밖에 없었다. 젠슨의 홈 파티는 더 길고 잦아졌으며, 그는 거의 매주 금요일 밤마다 흥청망청 놀았다. 과거에 정부였던 사만다 홀랜드와도 다시 사귀었다. 여섯 자리 연봉이 이전 조사가 초래한 망신을 어느 정도 상쇄해준 덕인지, 홀랜드는 여전히 브리지워터에 재직 중이었다. 젠슨의 지인들은 젠슨이 회사에서 자신의 처지에 관한 좌절감을 홀랜드에게 털어놓기 시작했다고 훗날 회상했다. 두 사람은 달리오의 이중인격을 남몰래 흉보며 스트레스를 풀었다. 달리오는 언론 인터뷰에서나 바렛 식도 진단 직후에는 친절하고 동정심을 불러일으키는 모습을 가장했으나, 브리지워터 안에서는 대개 피도 눈물도 없는 냉혈한이었다. 젠슨과 홀랜드의 관계도 발각되었지만 무사히 위기를 넘겼다. 그만큼 이번 두 번째 밀애는 더욱 짜릿하게 다가왔다.

젠슨은 홀랜드와 있을 때 곁에 든든한 동반자를 둔 듯 보였다. 그동안 달리오의 최측근에 있던 그에게, 홀랜드는 가장 먼발치에서 달리오를 보는 시선을 제공해주었다. 그녀는 지금은 하급 직원들이 달리오를 거역할 엄두도 못 내지만 앞으로는 젠슨이 브리지워터에 더 합리적인 시대를 열어줄 최선의 희망이라고 기대하고 있다고 말했다. 모두가 젠슨이 우뚝 서는 그날을 기다리고 있다니, 젠슨은 자신의 사익을 넘어 더 큰 사명감이 차올랐다. 그에게 브리지워터가 필요한 만큼, 브리지워터도 그가 필요했다.

달리오의 '계획적 전환'기에 접어든 지 수년이 지난 가운데, 그가 이제 와서 무리하게 경영권을 내려놓을 가능성은 거의 없었다. 특히 브리지워터의 투자 성과가 지지부진한 상황에서는 더욱 그랬다. 젠슨은 달리오에게 그의 제자가 브리지워터를 경영할 준비가 되었음을 직접 보여줘야 했다. 회사 전체를 둘러보던 젠슨의 시선이 달리오의 마음속에서 가장 중요한 영역에 꽂혔다. 바로 '원칙'이었다. 젠슨이 '원칙'이 안정적으로 보존되고 있음을 달리오에게 보여줄 방법만 찾는다면 그것만으로도 충분할 것이다.

'원칙'은 계속 몸집을 키워왔다. 2010년 83페이지였던 문서는[6] 이듬해에는 110페이지로 늘어났고,[7] 직원들에게 제공된 인쇄본은 208페이지였다.[8] 달리오의 '원칙' 업데이트를 돕는 일에 한 전담팀이 동원되었다. 광범위한 개발을 거쳐 탄생한 '고통 버튼'은 이제 '고통 + 자기성찰 = 발전'의 역동적 버전으로 거듭났다. 여기에는 직원들이 취조, 진단, 비판을 받는 특정 순간에 자신의 고통 수준을 360도로 입력할 수 있는 회전 눈금판이 들어갔다. 달리오는 이를 "심리학자와 같다"고 표현했다.[9] 또 분쟁 해결사Dispute Resolver라는 앱은 직원들에게 양측의 주장을 입력하게 하고 '원칙'에 따라 이론적으로 누가 옳은지 가려내는 역할을 했다. 가장 널리 사용된 것은 폴 맥도웰이 개발을 돕고 달리오가 싱가포르 고객에게 시연한 평가 도구인 도트 컬렉터였다. 브리지워터 직원들은 이 도트 컬렉터에 중독되었다. 사내 엔지니어들이 분석한 결과, 직원들은 근무일 내내 평균 20분마다 앱을 열어 서로를 평가하거나 자신의 평가 점수를 확인하는 것으로 나타났다.

전 직원의 업무용 아이패드에 깔린 '원칙' 도구들이 나날이 확장되자 달리오는 설렌 것 같았다. 한때 바살이라고 불렸던 앱 모음은 미래의 책Book of the Future이라는 새로운 이름으로 대체되었다. 이 앱은 아직 대중엔 비밀이었지만, 미래의 책에 대한 계획은 회사 내부에서 끊임없이 거론되었다.[10] 달리오는 책이 완성되면 자신이 더 이상 브리지워터의 경영 일선에 필요하지 않을 것이라고 자주 말했다.

미래의 책은 아직 개발 중인 또 하나의 소프트웨어였으므로 여기에 책이라고 이름 붙인 것은 헷갈릴 법했다. 그래서 달리오는 이를 '원칙Principles'의 약어인 프린스Prince라고 불렀다. 프린스는 애플의 음성인식 비서인 시리Siri와 같았다. 전 세계의 소비자 수십억 명이 시리에게 질문해 답변을 얻듯, 프린스도 '원칙'에 관한 질문에 답변해줄 유일한 정보원이 될 것이다. 이 제품은 먼저 브리지워터 내부에서 사용할 용도로 만들되, 달리오는 차츰 전 세계적으로도 사용되길 희망했다. 그가 측근에게 말했듯, 미래의 책은 애플의 첫 아이폰 발명만큼 역사적일 것으로 기대되었다. 억지스럽게 들릴 수도 있었지만, 달리오는 스티브 잡스 역시 반대자들을 물리쳐가며 세상을 바꿨다는 점을 자주 지적했다.

달리오는 폴 맥도웰을 포함한 기술직원들에게 임무를 설명하면서 다음과 같이 요약했다. "아내와 말다툼하다가 아이패드를 들고 '프린스, 이럴 때 어떡하지?'라고 묻는 거야."

맥도웰이 말했다. "대표님, 제가 아내와 말다툼하다가 아이패드를 꺼내 그 말을 했다간 몇 초 후 제 얼굴이 아이패드처럼 납작해져 있을걸요."

달리오는 웃지 않았다.

∴

달리오는 미래의 책이 공개되면 브리지워터의 가장 시급한 문제가 해결될 것이라 믿었다. 후대가 '원칙'에서 일탈할 가능성을 드디어 틀어막을 수 있게 될 것 아닌가. 프린스는 모든 회의에서 달리오의 목소리를 대변할 것이다. 이 신기술은 젠슨도 수렁에서 구해줄 것 같았다. 프린스가 회의실에 있으면, 아마 달리오는 자신이 항상 회의에 있지 않아도 괜찮으리라 생각할 것이다.

이렇게 두 사람은 같은 목표를 서로 다른 이유로 추구하고 있었다.

세계 최대의 헤지펀드는 미래의 책을 위해 지갑을 활짝 열었다. 엔지니어, 디자이너, 기술 문서 전문가, 그 외 온갖 필요 장비에 수백만, 이후 수천만 달러의 예산을 할당했다. 어떤 아이디어도 버릴 것이 없어 보였고, 모든 계획에 자금 지원이 필요할 것 같았다. 한 직원은 혈압, 위산 수치, 그 외 건강지표를 전자적으로 전송하는 경구용 캡슐이 있다고 언급했다. 여기서 얻은 데이터는 가령 어떤 직원을 진단할 때 그가 '원칙'을 진심으로 편하게 받아들이는지 확인할 용도로 유용할 듯했다. 통증이나 신체 반응은 숨길 수 없기 때문이다. 또 다른 직원은 실시간 뇌파 활동과 두피의 긴장 상태를 감지하는 머리띠와 모자에 대한 기사를 읽었다고 말했다. 달리오는 두 아이디어를 모두 열렬히 반겼다(그는 평소에도 종종 논의했듯, 이 두 방법이 편도체가 잘못 활성화된 상태를 보여줄 것으로 기대했다!). 그리고 젠슨은 분부대로 이 아이디어들을 검토하겠다고 말했다.

달리오는 스타를 탄생시키기 위해 스타의 영향력을 이용하고자 했다. 몇몇 부하들에게 말했듯, 미래의 책은 그에게 지금까지의 업적 중 가장 중요한 프로젝트였으므로 그 출시도 강렬한 인상을 남기길 원했다. 2013년 크리스마스가 지나고 어느 날 아침, 그는 잔뜩 흥분한 채 서둘러 출근했다. 그 전날 밤 달리오는 훗날 오스카상 후보에도 오르게 될 신작 영화 〈그녀〉를 본 터였다. 호아킨 피닉스Joaquin Phoenix가 연기한 쓸쓸한 독신남이 시리 같은 가상 비서(스칼렛 요한슨 Scarlett Johansson이 목소리 연기)와 사랑에 빠진다는 줄거리다. 달리오 역시 요한슨의 관능적 연기에 푹 빠진 듯했다. "요한슨을 섭외해. 프린스에 그녀의 목소리를 입히자고."

브리지워터는 요한슨 측의 답신 전화를 받지 못했다.

한편 다른 스타를 섭외하려 노력 중이던 젠슨은 더 성공적이었다. 시리는 출시까지 거의 50번의 반복 작업을 거쳐 20년 이상 걸렸지만, 젠슨은 프린스를 완성하기까지 그렇게 오래 기다리고 싶지 않았다.[11] 그는 이 프로젝트를 위해 유명한 컴퓨터 과학자 데이비드 페루치David Ferrucci를 데려왔다. 페루치는 인공지능 분야의 유명 인사였다. 그는 IBM에서 근무했으며 퀴즈쇼 〈제퍼디!〉에서 우승한 질의응답 컴퓨터 왓슨Watson의 개발팀을 이끌었다.

페루치는 브리지워터에 합류해 거시경제 모형화, 쉽게 말해 시장 동향 예측을 돕게 되어 무척 기쁘다고 밝혔다.[12] 충분히 그럴 만도 했다. 다른 헤지펀드 같았으면 페루치에게 기꺼이 투자 업무를 맡겨 그의 재능을 고객의 돈을 불리는 데 사용했을 것이다. 하지만 젠슨은 다른 방향으로 접근했다. 그는 비밀리에 운영되는 체계화된 지능연구소Systematized Intelligence Lab라는 이상한 이름의 새 팀을 페루치에게 맡겼다. 주요 임무는 미래의 책을 구성하는 아이패드 앱과 프린스에 인공지능 기능을 추가하는 것이었다. 페루치는 온갖 열정을 내비쳤지만 결국 브리지워터 투자 엔진의 알맹이는 쏙 빠진 임무를 맡게 되었다.

페루치가 작업을 개시하는 동안, 젠슨은 최종 승부를 위한 자신만의 길을 닦기 시작했다. 그는 회사 운영을 절반으로 나눌 계획을 세웠다. 하나는 자신이 이끄는 헤지펀드 회사이고, 뉴코^{NewCo}라고 불리는 나머지 하나는 미래의 책을 포함한 '원칙' 관련 소프트웨어 개발사였다. 달리오의 승인을 받은 젠슨은 수십 명의 직원을 배치해 두 회사 간에 분할할 직원과 자원의 적정 비율을 파악하게 했다. 또 컨설턴트를 고용해 세부 계획을 세웠다. 젠슨이 다른 사람들에게 말했듯, 뉴코는 '원칙'을 위한 공간 그 이상이었다. 바로 달리오를 위한 공간이었다. 젠슨의 바람은 달리오가 미래의 책에 아주 흡족한 나머지, 기꺼이 브리지워터에서 물러나 자신에게 본부를 맡기는 것이었다. 그러면 마침내 젠슨은 왕좌를 차지하게 되리라.

∴

누이 좋고 매부 좋을 줄 알았던 이 계획은 전형적인 브리지워터 방식으로 전개되기 시작했다. 눈사태는 조약돌 한 개에서 촉발되는 법이다.

2014년 초, 문제의 발단은 브리지워터가 소유한 저택 룩아웃의 인터넷 접속이었다. 그곳에서 달리오는 휴대전화 접속이 잘 안 되어 이를 해결하라고 지시했다. 이 명령은 사내 부동산 책임자의 직속 부하인 하급 직원 두 명에게 하달되었다. 두 사람과 그들의 상사는 달리오의 동의를 받아 집의 전선을 새것으로 교체하기로 했다. 그들은 비용을 검토한 후 달리오의 집무실로 가서 4,500달러가 적힌 견적서를 전달했다.

달리오는 의자에서 벌떡 일어났다. "그레그 어디 있어?"

달리오는 마지못해 터벅터벅 따라오는 부하들을 뒤로하고 젠슨의 사무실로 향했다. 그는 노크도 없이 문을 밀치고 들어갔다. 부하들은 고개를 숙인 채 뒤따라 들어왔다.

달리오는 옆의 부동산 책임자를 가리켰다. "이 친구 안 되겠어. 빵점 관리자야."

깜짝 놀란 젠슨은 의아한 표정으로 올려다보았다.

달리오는 단순한 인터넷 업그레이드 비용이 4,500달러나 될 리 없다고 고함쳤다. 그가 보기에 이것은 분명 '원칙'을 위반한 문제였다. 이게 젠슨의 책임이라면 문제가 제대로 관리되거나 진단되지 않았다는 뜻이다.

"그레그, 이 일에서 자네가 한 게 뭔가?"

젠슨이 하던 일이라면 급성장하는 기술 사업을 포함해 직원 1,500명을 둔 1,500억 달러 자산 규모의 헤지펀드를 운영한 것이었다. 2014년 달리오의 연 소득은 11억 달러였으니 1분마다 수천 달러를 번 셈이었다.[13] 그에 반해 인터넷 수리의 견적액은 젠슨이 자주 열었던 파티 비용과 큰 차이 없었다. 물론 '원칙'에서는 사소한 오류도 가벼이 여기지 말라고 강조하지만, 젠슨이 봐도 이것은 자신이나 달리오나 이토록 신경 쓰기엔 격에 맞지 않는 느낌이었다. 그래서 이 나이 든 양반이 뭔가 흠잡을 구실을 찾으려는 게 아닌가 싶었다.

하지만 그렇게 대답했다간 큰일 날 테니, 대신 젠슨은 감정을 간신히 억누르고 아직 그 문제를 면밀히 조사하지 않았지만 이제 확실히 조사하겠다고 답했다.

달리오는 젠슨이 뭐라 답하든 관심 없었다. 개가 뼈다귀를 입에서 놓지 않듯, 달리오는 젠슨이 CEO로서 하던 일을 잘근잘근 물어뜯기 시작했다. 달리오는 승낙한 지 얼마 안 된 뉴코 계획을 보류시켰다. 젠슨은 속으로 분루를 삼켰다. 그는 달리오가 브리지워터의 유일한 감독자로서 자신의 지위를 지키려는 것 같다고 느꼈다.

실제로 2014년 중반에는 달리오가 눈길을 돌리는 곳마다 나쁜 점이 눈에 밟혔다. 그리고 가능한 모든 증거를 취합해보면 탓할 사람은 젠슨이라는 결론이 나왔다. 그 결론은 어느 정도 맞았다. 젠슨의 투자 실적은 확실히 아픈 손가락이었다. 달리오는 그에게 브리지워터의 자랑스러운 투자 시스템이라는 우수한 경주마를 물려주었지만, 그 시스템은 이제 암탕나귀가 달려가는 꼴로 운영되고 있었다. 퓨어 알파는 한 자릿수라는 초라한 수익률을 기록해 세계경제의 호황을 따라잡기는커녕 헤지펀드들의 평균 수익률에도 못 미쳤다. 달리오는 겉으로는 별로 걱정하는 기색을 보이지 않았지만 투자 회의에서는 브리지워터를 "멍청이들"에게 맡겼다고 자주 투덜대곤 했다. 그는 비용 절감을 위해 또다시 일련의 폭격을 명령했다.

달리오는 회사가 엉망이 되고 있다는 많은 증거를 이슈 로그에서 찾았다. 그중 한 예는 사내에 설치된 유선전화기 수백 대의 발신자 표시 장치였다. 외부에서 전화가 걸려오면 수신 장치에는 회사명이 잘려서 'Bridgewater Ass브리지워터 바보'로 표시되었다. 이에 신속히 책임지는 사람이 없자, 또 한차례 드릴다운과 조사가 시작되었다. 그 모든 과정 동안 화면에 표시되는 글자는 바뀌지 않았다.

식사도 또다시 고질적 골칫거리로 불거졌다. 회사는 달리오의 비용 우려를 해소하기 위해 더 저렴한 케이터링 업체로 바꿨다. 그러자 이슈 로그는 금세 샐러드 바에서 예쁘고 얇게 썰린 아보카도가 사라지고 미리 만들어진 갈색빛의 과카몰레(으깬 아보카도가 들어간 멕시코 요리. - 옮긴이) 같은 음식으로 바뀌었다는 불만으로 가득 찼다. 주로 야근하는 직원에게 배달되는 저녁 식사도 상황이 나아지지 않았다. 한 직원은 저녁 식사로 현미 메뉴를 주문했는데, 용기를 열어 보니 기본 백미 메뉴가 나와서 당황했다. 그는 이 일을 이슈 로그에 기록했다. 많은 직원들이 구내식당 메뉴가 자신들의 미각에 대한 모욕이라 생각했다. 결국 한 하급 직원은 하루 동안의 메뉴 목록을 달리오에게 직접 이메일을 통해 증거로 제출했다. '원칙'의 "수프를 맛보라"를 문자 그대로 해석한 것은 효과가 있었다. 달리오는 직원들의 아우성을 도와달라는 요청으로 해석한 것 같았다. 그는 케이터링 업체의 실태를 직접 진단하겠다고 말했다.

달리오의 개입은 두 가지 결과를 이끌어냈다. 첫째, 그는 예산을 늘려 다시 새로운 케이터링 업체로 바꾸라고 지시했다. 그 후 식사의 질은 훨씬 좋아졌고, 달리오는 자신이 문제를 해결했다고 믿었다.

의도하지 않은 두 번째 결과는 구내식당을 포함해 시설을 관리하는 시설 책임자에게 불똥이 튀었다는 것이다. 이 때문에 시설 책임자는 달리오와 임원들에게 거의 매일 감시 대상이 되었다. 목격자들의 회상에 따르면 또 한 번의 취조가 시작된 지 몇 주 지난 어느 날, 시설 책임자는 자기 책상 앞에서 가슴을 움켜쥐고 숨을 헐떡이며 쓰러졌다. 구급차가 도착해 그를 병원으로 수송했다. 심장마비로 추정된 그 남자는 기사회생했지만, 얼마 안 가 브리지워터를 퇴사했다.

∴

　　많은 사람들, 심지어 원칙인들조차 동료들의 교수형을 목격하고 불안해했다. 그러나 공개적으로 불만을 표출하는 사람은 거의 없었다. 불만을 표출해봤자 직원 조회나 찰리 로즈와의 인터뷰에서 수백 번까지는 아니더라도 수십 번은 들었음직한 준비된 비유를 들을 게 뻔했다. 달리오는 브리지워터에서 일하는 것이 마치 네이비실에 입대하는 것과 같아서 가장 강한 자만이 살아남을 수 있다고 했다. 그리고 인내한 사람들에게는 "의미 있는 일과 의미 있는 관계"라는 보상이 주어진다고 했다. 그는 이 최종 목표를 "남들과 다른 쪽"이라고 불렀다. 그곳에 도달하려면 '원칙' 훈련, 취조, 도트 평가 등의 난관을 통과해야 했다. 달리오는 자기계발 주창자인 토니 로빈스에게 이렇게 말했다. "이 모든 걸 극복하고 남들과 다른 쪽으로 간 사람은 의미 있는 관계를 이룩합니다. 그 힘은 강력하죠."[14]

　　남들과 다른 쪽으로 저 멀리 나아갔어야 할 사람이 있다면 인턴으로 채용되어 한 번도 떠나지 않은 젠슨이었다. 아직 신입인 부회장 마이클 클라인은 이를 다른 시각으로 보았다. 그가 세계 최대 헤지펀드인 이곳에서 만난 사람들은 달리오가 그토록 자주 언급해온 열반에 도달하는 목표에 동기가 부여되진 않는 듯했다. 영리기업에서 일하는 직원들이라면 응당 돈이라는 유인에 이끌리게 마련이지만, 브리지워터에서는 두려움이라는 또 다른 유인이 작동하고 있다는 게 클라인의 생각이었다. 이는 어떤 '원칙'을 위반해서 망신당하거나 소환되는 것에 대한 두려움만이 아니었다. 또 하나의 상존하는 두려움은 브리지워터에서 일한다는 것이 일생에 한 번뿐인 자기개선의 기회이며, 이곳의 기준에 미치지 못하면 자신의 무능력을 암묵적으로 인정하는 셈이라는 점이었다. 브리지워터에는 중간이란 게 없었다. 단지 낄 수 있는 사람은 남고, 끼지 못하는 사람은 나갈 뿐이었다. 달리오의 네이비실은 툴툴거리는 사람에겐 어울리지 않았다.

클라인은 한 동료에게 말했다. "파문되는 것과 비슷하다. 아무도 이 특별한 곳에서 파문되고 싶어 하지 않는다. 바로 이 두려움이 이곳의 많은 사람들을 움직이게 하는 원동력이고, 동시에 톱밥제조기다. 소매가 잡히는 순간 그 안에 빨려 들어가기 때문에 소매를 톱밥제조기에서 멀리해야 한다."

주변 사람들이 보기에 클라인은 자신을 그런 불안함과 동떨어진 존재로 여기는 것 같았다. 그는 회사 운영을 도울 사람으로 젠슨에 의해 직접 발탁된 데다가, 젠슨이 그를 동맹으로 소중히 여기는 게 분명했다. 클라인은 다른 직원들에게 온갖 방법의 몸짓이 동원된 긴 잔소리로 일 처리 방법을 올바른 쪽으로 이끌어주려는 경향이 있었다. 그리고 본인은 남들과 다른 쪽으로 순항하고 있었다.

그러나 나중에 클라인은 자신의 톱밥제조기에 갇히게 된다. 그가 맞이할 최후의 서막은 달리오와 가깝게 지내던 젊은 동료 젠 힐리와 함께 참석한 어느 회의였다. 클라인은 힐리에게 몸을 기울여 그녀의 맨무릎에 손을 얹은 채 업무 노하우를 가르쳐주고 있었다.[15] 클라인이 계속 말하는 동안 힐리는 그 순간이 끝나기만 기다리며 얼어붙어 있었다.

힐리는 회의에서 나와 달리오에게 자초지종을 알렸다. 달리오는 가만히 듣더니 대답했다. "영광인 줄 알아."

브리지워터의 새로운 유망주 힐리에 얽힌 사건이 소문나면서, 여직원들이 속속 그녀에게 다가가기 시작했다. 그리고 힐리에게 문제를 제기하고 내부에 알리라고 독려했다. 그들은 힐리가 달리오가 가장 좋아하는 직원 중 한 명이라는 걸 알았으므로 달리오가 분명 그녀를 지켜줄 것이라 믿었다. 하지만 힐리의 반응은 애매했다. 사건은 잠깐뿐이었지만, 고발을 진행한다면 분명 그녀는 앞으로 계속 그 나쁜 기억을 끄집어내야 할 것이다. 달리오의 이전 판결 과정으로 추정컨대 수개월 동안 비디오 녹화, 증언, 반대신문을 해야 할 수도 있었다.

힐리는 그 생각만 해도 머리가 아팠다.

결국 힐리는 고발을 취하하기로 결정했다.[16] 클라인은 재판을 면했지만, 어쨌든 달리오가 총애하는 직원 중 한 명에게 선을 넘었다는 새로운 낙인이 찍혔다. 클라인은 브리지워터에서 1년을 못 채우고 짐을 쌌다.

∴

클라인이 전열에서 이탈하자 젠슨에게는 두 가지 골치 아픈 문제가 생겼다. 그중 하나는 누가 봐도 명백했다. 젠슨이 영혼의 동반자이자 파트너로 데려온 사람이 불명예스럽게 떠났다. 이 일은 달리오가 젠슨을 점점 더 가혹하게 대할 또 하나의 구실이 되었다.

반면에 젠슨의 또 다른 문제, 즉 사만다 홀랜드와의 재결합은 소수만 아는 비밀이었다. 홀랜드는 승진했지만, 젠슨은 여전히 그녀보다 훨씬 직급이 높았고 궁극적으로 모두의 상사인 CEO였다. 그들의 관계를 알던 사람들의 회상에 따르면 이 무렵 두 사람은 훨씬 조심스러워졌다. 복도에서 마주쳐도 눈인사로만 알은체하고 지나쳤다. 회사 야유회 같은 자리에서 밀회하는 일은 이제 없었고, 다른 직원들과 함께 있을 때는 더 조심했다. 젠슨은 직장 밖에서 안전한 거리를 확보한 후에야 한숨을 돌렸다. 술도 많이 마시고, 홀랜드에게 달리오를 내쫓기가 하늘의 별 따기 같다고 하소연하기도 했다.

몇 주가 흘러, 두 사람의 경계심도 느슨해졌다. 2014년 어느 날 저녁, 홀랜드와 젠슨은 동료 직원들과 함께 뉴욕 시내로 나갔다. 알코올이 난무하고, 시간은 계속 흘러갔다. 마침내 파장 시간이 되었고, 일행은 삼삼오오 나뉘어 택시를 탔다. 젠슨과 홀랜드는 택시에 다른 사람들과 동승했음에도 상당히 노골적으로 애정 행각을 벌였다. 결정적으로, 그들은 택시 기사에게 호텔 앞에 세워달라고 부탁했다.

젠슨이 또 옛날 버릇으로 돌아갔다는 소문이 곧 달리오의 귀에도 전해졌다. 달리오는 자신의 오랜 대리인인 젠슨을 따로 불러 남자 대 남자로 이야기했다. 소문이 사실이냐고 물었다. 젠슨은 부인했다. 그는 자신과 홀랜드의 유대감이 돈독하긴 하지만, 성관계를 맺거나 그럴 뻔한 적도 없다고 말했다. 그들의 관계는 순전히 동료애일 뿐 그 이상은 아니라고 했다.

달리오는 심문을 위해 홀랜드도 불렀다. 회사의 창립자에게 이토록 주목받는 건 처음인지라 그녀는 눈에 띄게 긴장한 채 달리오의 집무실에 들어섰다. 그녀는 자신이 여기서 잘못 말했다간 젠슨의 말과 엇갈릴 수 있겠다는 걸 알았을 것이다. 하지만 그녀는 젠슨이 스스로를 '원칙'의 모범으로 자주 내세웠던 만큼 그가 솔직히 말했을 것이라 생각했다.

달리오는 홀랜드에게 그녀와 젠슨 사이에 성인 남녀 간에 일어날 법한 일이 있었냐고 물었다. 그녀는 '원칙'의 "진실을 믿어라"라는 구절을 스스로 되뇌었다. 그래서 그녀는 그렇다고, 두 사람은 막 싹트는 관계라고 시인했다. 그들은 많은 시간을 함께 보냈고, 뻔한 목적으로 호텔 방을 잡았다. 그들은 성관계까지 갈 뻔했지만, 젠슨은 만취 상태여서 그럴 기력이 없었다.

홀랜드는 거기서 끝날 줄 알았다. 그녀는 정직하게 대답했고 더 이상 털어놓을 게 없었다. 하지만 여전히 달리오는 마음이 불편했다. 임원과 후배 직원 간의 불륜 관계 그 자체보다, 두 사람 간 진술의 차이 때문인 듯했다. '원칙'은 "중요한 의견 불일치가 있다면 풀어야 한다"라고 규정했다. 달리오는 브리지워터 윤리위원회에 사건을 회부하고 결론을 내리라고 명했다.

위원회는 달리오를 포함해 브리지워터의 고위 임원 세 명으로 구성되었다(아일린 머레이는 〈머레이의 거짓말〉 때문에 제외되었다). 젠슨과 홀랜드는 투명성이라는 명목으로 심문을 함께 받았다. 젠슨이 두 사람의 관계를 단지 친구라고 해명하자, 옆에 앉은 홀랜드는 아연실색했다. 그녀는 두 사람이 한방에 함께 있었다는 표시로 호텔 영수증을 제시했다. 젠슨은 그것이 아무것도 증명하지 못한다고 말했다. 그녀는 슬슬 화가 치밀었고, 또 걱정도 되었다. 달리오는 자신이 그 누구보다 더 높게 평가했고 심지어 휴가도 함께 보낸 적 있는 젠슨이 부정직하다는 걸 받아들일 수 없는 듯했다. 나중에 달리오가 측근에게 말했듯, 젠슨은 달리오의 계단식 평가 덕분에 소프트웨어상 사내에서 특히 신뢰도가 높은 직원 중 한 명으로 평가되었다. 그런 젠슨이 거짓말을 한다면, 과연 이는 전체 브리지워터 시스템의 건전성, 즉 달리오 자신의 판단이 지니는 건전성에 어떤 의미를 시사하는 것일까?

홀랜드는 윤리위원회 회의에서 나오며 이제 해고될 것이라고 예상했다. 하지만 달리오는 그녀에게 다시 따로 보자고 했다. 그녀는 사건을 다시 한번 요약할 준비를 하며 달리오의 집무실을 향해 홀로 무거운 발걸음을 옮겼다. 그러나 달리오는 그녀에게 재판 무효를 선언한다고 말했다. 그는 누구 말을 믿어야 할지 결정하지 못한 듯했지만, 지금 이대로는 안 되겠다 싶은 모양이었다. 그는 홀랜드에게 몇 달 치 급여를 퇴직금으로 줄 테니 자진 퇴사할 것을 권했다.

홀랜드는 그러면 변호사를 부르겠다고 답했다.

달리오가 물었다. "그렇게까지 해야겠나?"

∴

홀랜드는 자신이 들어본 이름 중 가장 유명한 변호사인 글로리아 알레드Gloria Allred에게 연락했다. 그녀는 성희롱 피해자 전문 변호사로 유명했다. 알레드는 홀랜드를 즉시 의뢰인으로 받아들였다. 이후 알레드의 로펌에 소속된 한 변호사가 달리오에게 전화를 걸어, 달리오와 브리지워터의 잠재적 책임에 대해 자세히 설명했다. 그는 달리오가 인사부를 제외하고 직접 조사함으로써 직장 내 부정행위를 조사하는 데 필요한 모든 절차 기준을 무시했을 뿐 아니라, 홀랜드의 명예를 훼손한 혐의도 가능성 있다고 말했다. 윤리위원회는 명칭만 그럴싸했지 법적으로는 최악의 구성이었다. 홀랜드의 변호사는 이런 문제에 익숙하지도 않고 피해자보다 연상인 세 남자가 한 여자에게 CEO와의 관계를 캐묻는 건 세상 어디에서도 적절하지 않다고 말했다. 변호사는 달리오에게 공개적으로 소송을 제기하겠다고 단단히 일렀다.

통화를 끝낸 변호사는 곧이어 홀랜드에게 연락했다. 변호사는 그녀에게 브리지워터가 약 3년 치의 급여를 주는 조건으로 자진 퇴사를 제안했다고 전했다. 그 대신 홀랜드는 소송을 포기하고 이 사건을 공개적으로 언급하지 말아야 한다는 조건이 따랐다. 변호사는 홀랜드가 이 조건을 어길 시 브리지워터가 그녀를 뒤쫓을 것이란 점도 덧붙였다.

홀랜드는 거래를 수락했다. 그날 오후 그녀는 브리지워터 경비원들이 지켜보는 가운데 책상에서 짐을 쌌다. 홀랜드는 말 없는 동료들을 뒤로한 채 경비원들의 손에 이끌려 자신의 차가 있는 주차장으로 갔다. 브리지워터에서 일한 거의 10년의 세월을 뒤로하고, 홀랜드는 다시 돌아가지 않았다. 그녀는 합의금 중 일부로 랜드로버를 장만했다.

하지만 브리지워터는 그녀를 뒤쫓았다. 그녀는 전 동료들에게 퇴사 이유를 밝힐 수 없었지만, 동료들은 어디서 주워들은 얘기가 있는 듯했다. 홀랜드는 경력 관련 소셜 네트워크인 링크드인에서 자신이 알지도 못하는 브리지워터 직원들이 잊을 만하면 갑자기 한 번씩 그녀의 계정을 우르르 클릭한다는 걸 알게 되었다. 눈치 빠른 사람들 사이에 퍼진 그녀의 사적인 오명은 본인도 손쓸 길이 없었다.

미래의 고용주에게 전 직장을 그만둔 이유를 솔직히 말할 수 없게 된 홀랜드는 구직 면접에서 원론적인 말만 늘어놓으며, 세계 최대의 헤지펀드에 적응하지 못한 또 다른 낙제생이라는 인상만 주었다. 브리지워터에서 일찍부터 유망한 인재로 기대를 모았던 그녀는 수년 동안 새 직장을 구할 수 없었다. 마침내 구했을 때 급여는 이전 수준의 몇분의 일에 불과했다.

2014년 중반에 홀랜드는 브리지워터를 떠나며 100만 달러 상당의 합의금을 받았다.[17] 그해 그레그 젠슨은 4억 달러를 벌었다.[18] 두 사람은 두 번 다시 대화하지 않았다. 젠슨은 자리를 지켰지만, 그가 간절히 숨기려 했던 문제를 묻어버릴 수 있었던 건 달리오의 도움이 컸다. 젠슨은 언젠가 대가를 치르게 되리란 걸 알아야 했다.

사랑하는 사람들을 저격하라
Shoot the Ones You Love

홀랜드의 퇴사는 별 관심거리도 되지 않았다. 자의로든 타의로든, 브리지워터에서 갑작스러운 묻지 마 퇴사는 새삼스러운 일이 아니었다.

브리지워터에서는 들어오면 들어오고 나가면 나가는 것이었다. 달리오는 종종 퇴사 직원을 이혼한 배우자에 비유했다. 그들에게 전 직장을 어떻게 생각하냐고 묻는 것은 이혼한 사람에게 전 배우자가 어땠냐고 묻는 것과 같다는 것이다.

퇴사자들은 대부분 2년짜리 경쟁 금지 조항에 서명하라는 압력을 받아서, 경쟁사로 간주될 어떤 회사에도 취업하지 않겠다고 맹세해야 했다. 이 범주에는 다른 헤지펀드사뿐 아니라 금융 서비스 분야의 많은 회사가 포함되었다. 이 조항 때문에 퇴사 직원은 미래의 고용주에게 브리지워터에서 퇴사한 이유를 어떻게든 요령껏 무난하게 포장하는 수밖에 없었다. 강제집행하기엔 너무 광범위한 조항이었지만, 어쨌든 직원들은 괜히 브리지워터의 심기를 건드려서 좋을 게 아무것도 없다고 생각하며 조항에 서명했다. 2014년에 해고된 한 하급 직원은 침묵의 장벽이 한 방향에 치우쳐 뻗어 있다는 걸 알게 되었다. 그녀는 새 직장을 위해 뉴욕의 한 금융회사에서 면접을 보던 중, 채용 담당자에게 자신이 브리지워터에서 일했으며 그들에게 연락하면 그녀의 근무 경력을 확실히 확인할 수 있을 것이라 말했다. 나중에 채용 담당자는 브리지워터에 추천서 확인차 연락했다가 한 브리지워터 직원에게서 "도대체 왜 그딴 여자를 고용하려는 거요? 우리 회사를 골탕 먹일 일 있소?"라는 호된 질책만 들었다고 한다.

카티나 스테파노바는 브리지워터에서 쫓겨난 사람들 대부분과 연락을 끊고 지내왔지만, 브리지워터가 전 직원들을 얼마나 대놓고 조롱하는지는 잘 알고 있었다. 그래서 그녀는 홀랜드의 퇴사에 대해 사람들이 이상하리만치 조용하다고 생각했다. 스테파노바는 홀랜드와 친한 정도까지는 아니어도 그녀에게 친절히 대했고, 그녀가 젠슨과 유독 가깝다는 것을 알고 있었다. 그런 그녀가 아무 이유 없이 사라지는 건 말이 되지 않았다. 스테파노바는 젠슨이 어떻게든 연루되었을 것이라 의심했다. 이는 경험에서 우러난 추측이었다. 스테파노바는 달리오의 오른팔과 엮여본 전력이 있었다.

∴

젠슨이 CEO로 승진한 이후 스테파노바는 브리지워터에서 자기

길을 찾고 있었다. 그녀는 여전히 경영위원회의 고문이었지만, 젠슨은 그녀보다 직위도 높고 급여도 많고 존재감도 한 수 위였다. 스테파노바는 여전히 그냥 얼음공주였다. 그녀가 달리오와 친하다는 건 모두가 알았지만, 그게 전부였다. 그녀는 파티를 열지 않았고, 만약 연다 해도 올 사람은 거의 없었을 것이다.

스테파노바는 이제 두 아이의 엄마였고, 브리지워터의 잦은 축하 행사에 대개 불참했다. 그러나 어느 금요일 저녁, 회사에 특별히 축하할 일이 있어 직원들이 다들 퇴근하는 대신 사무실에서 파티를 열게 되었다. 스테파노바는 술 한 잔을 조심히 마시며 서서히 난장판이 되어가는 주변을 지켜보았다. 몇 시간 후, 몇 년 치 만날 사람들과 한꺼번에 어울린 탓에 기가 빨린 스테파노바는 먼저 자리를 뜰 핑계를 찾기 시작했다.

그러다 그녀는 갑자기 누군가가 자기 엉덩이를 만지는 것을 느꼈다. 그녀가 당장 싸울 태세로 홱 뒤돌아봤더니 젠슨이 삐딱한 미소를 짓고 있었다. 어눌한 말투에서 딱 봐도 취했음을 알 수 있었다. 스테파노바는 말도 제대로 못 잇는 사람과 논쟁할 이유가 없다고 생각하고 그냥 자리를 떴다.

한편으로는 젠슨이 진심으로 싫기도 했고 또 한편으로는 이미 오래전에 자신을 능가한 숙적에게 복수하고픈 약간의 기회주의도 작용해서, 스테파노바는 젠슨의 나쁜 손을 회사 내에 일러바쳤다. 그녀는 자신이 달리오와 친하므로 아마 회사에서도 이 문제를 심각하게 받아들일 것이라 기대했다. 달리오는 이보다 훨씬 사소한 위반 행위에도 여러 번 재판을 열었으니 이번에도 정식재판이 열릴 것이다.

그러나 영상팀에 모든 파티 영상을 살펴보라 했지만 아무것도 나오지 않았다는 대답만 돌아왔다. 입수한 영상에는 젠슨과 스테파노바가 접촉한 장면이 없었다. 달리오는 스테파노바에게 그녀의 말을 뒷받침할 증거가 없다고 전했다.

스테파노바는 포기했다.

하지만 그녀는 홀랜드에게 무슨 잘못된 일이 일어났다는 느낌을 떨칠 수 없었다. 홀랜드가 나간 후로도 스테파노바는 계속해서 전말을 캐냈다. 그녀는 상사인 아일린 머레이에게 살짝 얘기했지만, 그녀도 대답이 없었다. 분명 그들은 정보의 사정권에서 벗어나 있었다.

스테파노바에게 이 기분은 익숙했다. 화장실에 숨어 달리오의 음란한 노래를 들은 이후로 그녀는 달리오의 성소를 피해 다녔다. 그녀의 업무는 점점 머레이의 손에서 걸러진 하위 프로젝트로 채워져 관리직 업무 상황을 살피는 일이 주를 이루었다. 스테파노바가 한 프로젝트를 마치자마자 또 한 번의 조직 개편이 시작되었다. 덕분에 그녀는 달리오와 안전한 거리를 유지했지만, 동시에 초조하고 실망스럽기도 했다. 스테파노바는 하버드 경영대학원을 나와 억만장자가 될 꿈을 안고 브리지워터에 왔다. 본사와 약 20분 거리인 코네티컷주 교외에서 단란한 생활을 꾸렸지만, 달리오나 젠슨처럼 높은 위치에는 오르지 못했다. 날이 갈수록 그녀가 승진하고 부자가 될 기회는 점점 줄어들었다.

스테파노바는 자신의 개인 계좌 돈으로 거래하는 액수를 늘리기 시작했다. 이는 브리지워터에서 허용되었고, 새삼스러운 일도 아니었다. 대부분의 헤지펀드와 마찬가지로 브리지워터도 개인 매매에 관한 규정이 있었다. 이 규정에는 직원의 개인 거래 내역에 회사가 접근할 권한이 있다는 것 외에 두 가지 중요한 조항이 있었다. 첫째, 직원은 브리지워터의 투자 정보를 이용해 사적으로 거래하지 않겠다고 서약해야 했다. 취지는, 가령 직원이 브리지워터의 헤지펀드들보다 한발 앞서 특정 종목을 매점매석하여 거액의 회삿돈이 시장에 유입될 때 가격 상승의 이득을 보는 것을 방지하는 것이었다. 스테파노바에게는 브리지워터의 투자에 대한 구체적 정보가 없었기 때문에 이 지시는 따르기 쉬웠다. 둘째, 직원은 매매를 실행하기 전에 사내 감사 부서에 서면으로 통지한 후 승인을 받을 때까지 기다려야 했다. 이 둘째 규정은 자주 무시되었다. 승인을 기다리는 거래가 잔뜩 밀려 있었고, 승인까지 며칠이 걸리기도 했다. 적정가격에 사고 팔아야 할 월가 트레이더들에게는 영겁 같은 시간이었다. 스테파노바를 비롯해 많은 직원이 승인 확정 전에 매매를 체결했다는 이유로 사후 경고를 한 번 이상 받은 적이 있었다.

스테파노바가 투자한 두 정부 지원 저당 회사인 패니메이와 프레디맥은 특히 변동성이 컸다. 이 두 회사의 주식에 투자한 헤지펀드들은 많았지만, 브리지워터는 공개 포지션상으로는 이 두 회사 주식을 보유하지 않았다. 패니메이와 프레디맥은 2008년 금융 위기 후 정부가 이 회사들의 수익을 재무부 편으로 압류하기 시작하면서 주가 변동이 심해졌다. 이후 소송이 이어졌고, 소송이 흐름을 뒤집으면 주가가 급등할지도 몰랐다. 스테파노바는 그럴 가능성이 크다고 판단해 자기 몫으로 주식을 좀 사두었다.

그러던 차에 스테파노바는 어느 날 휴대전화에 뜬 뉴스 속보를 보고 경악했다. 의회가 패니메이와 프레디맥을 폐쇄하기로 초당적 합의에 도달했다는 내용이었다.[1] 스테파노바는 즉시 자신의 포트폴리오를 떠올렸다. 거래가 성사된다면 그녀의 주식은 휴지 조각이 될 것이다. 그녀는 주식을 처분해야 했다. 그래서 감사 부서에 서면으로 승인을 요청했다.

하지만 묵묵부답이었다.

그래서 그녀는 다음 날 다시 시도했다.

여전히 답이 없었다.

스테파노바는 자신의 포트폴리오를 보지 않으려고 노력했지만, 참을 수가 없었다. 그녀는 계속 잔고를 확인했고, 패니메이와 프레디맥의 주가가 폭락하면서 자신의 포트폴리오 가치가 점점 줄어드는 것을 지켜보아야 했다. 시간이 지날수록 돈은 점점 더 날아가는 듯했다. 그녀는 또다시 승인 요청을 보냈다. 역시나 답이 없었다.

그녀는 더 이상 기다릴 수 없었다. 결국 승인받지 않고 주식을 팔았다.[2] 그녀는 피할 수 없을 통고를 기다리며 자신의 머리를 콩콩 쥐어박았다.

그녀는 달리오, 젠슨, 그 외 많은 사람이 참석한 회의에 불려갔다. 달리오는 회의가 잘 녹화되고 있는지 확인하고는 회의를 시작했다. 달리오가 선언한 오늘의 회의 주제는 "스테파노바를 믿을 수 있는가?"였다.

달리오는 먼저 자신이 그녀에게 믿음을 잃었다며 말문을 열었다. 그다음 그는 쭉 돌아가며 의견을 물었다. 다들 재빨리 달리오의 견해에 대동단결했다. 젠슨은 스테파노바를 조사한 결과 그녀가 브리지워터의 거래 규정을 반복적으로 위반한 것으로 밝혀졌다고 말했다. 그는 스테파노바가 여러 차례 경고를 받았다는 증거를 보여주었다. 스테파노바는 그 순간 자신의 미래를 예견할 수 있었다. 그녀는 규칙을 어겼고, '원칙'의 기준에 따라 믿을 수 없는 족제비가 되었다. 그녀는 해고수당 없이 해고되었고, 일을 마무리할 며칠의 시간이 주어졌다.

브리지워터에서 10년 가까이 근무한 스테파노바에게 이제 믿을 만한 카드는 한 장뿐이었다. 바로 자신과 달리오의 관계였다. 그녀는 홀랜드와 젠슨 사이에 무슨 일이 있었는지 전부 안다며 큰소리쳤다. 또 달리오가 자신의 임신 사실을 명백히 알고 있었음에도 자신의 울음소리가 고스란히 담긴 심문 파일을 계속 유포했다는 것, 룩아웃에서 스트리퍼 파티가 열린 것, 야유회 때 여직원들이 상의 탈의 압력을 받은 것 등 수년 치의 불만을 쏟아냈다.

스테파노바는 특히 젠슨의 전력에 분개했다. 그녀는 달리오에게 왜 모든 사람을 대체 가능한 인력으로 취급하면서 그의 수양아들은 예외냐고 물었다.

달리오는 딴소리하지 말라며, 지금은 다른 사람의 행동이 아닌 그녀의 행동을 논하는 자리라고 말했다.*

스테파노바는 분한 표정으로 응수했다. "계속 이런 식으로 나오시면 이곳에서 일하고 싶은 여성은 아무도 없을 겁니다."

---

* 달리오 및 브리지워터 측 변호사는 이렇게 주장했다. "스테파노바는 해고 통보를 받고 나서야 젠슨에 대한 불만을 제기했다. 당시 브리지워터는 스테파노바의 불만 사항을 조사한 결과 사실무근이라고 판단했다."

이에 달리오는 아무런 대답도 하지 않았다. 그는 그녀가 해고되어야 한다는 데 동의했고, 그 대화를 끝으로 스테파노바는 브리지워터에서의 마지막 날을 맞이하게 되었다. 그녀는 자신의 이름으로 브리지워터에 두 가지 중요한 사례 연구를 유산으로 남겼다. 원작 "고통 + 자기성찰 = 발전"은 그녀가 달리오에게서 폭언을 듣는 모습을 담았다. 여전히 모든 사람의 시청각교재로 쓰이던 그 사례에 이제 차기작이 추가되었으니, 그녀가 거래 규정 위반으로 공개 교수형을 당한 사건이었다.[3] 녹화 파일에는 잘못된 회사 문화를 지적하는 스테파노바의 불만은 전부 편집되고, 스테파노바의 잘못을 지적하는 달리오의 불만만 전부 담겼다. "스테파노바를 믿을 수 있는가?"라는 제목의 이 사례 연구에는 시청하는 직원들에게 그녀의 해고에 동의하는지 묻는 설문이 첨부되었다.

대부분의 사람들은 스테파노바를 믿을 수 있냐는 질문에는 '아니요'라고 답했고 그녀의 해고가 정당하냐는 질문에는 '예'라고 답했다.

∴

스테파노바가 보기엔 젠슨이 또 한 번 아무 대가를 치르지 않은 것 같았겠지만, 젠슨은 나중에 친구들에게 고백했듯 그렇게 느끼지 않았다. 달리오는 마음대로 브리지워터에 왔다가 나갈 수 있는 사람이었다. 젠슨은 달리오에게 한 번도 아닌 두 번이나 구제받았고 이제 달리오에게 그 어느 때보다 더 큰 빚을 지게 되었다. 브리지워터 지배권은 젠슨의 손아귀에서 점점 멀어지는 것 같았다.

사직은 현실적인 선택이 아니었다. 젠슨의 개인 돈이 브리지워터의 회삿돈과 (그리고 달리오와 동의어인 브리지워터로부터 받은 대출 때문에 달리오의 돈과도) 워낙 긴밀히 얽혀 있었으므로 사직은 금전적 재앙을 초래할 수 있었다. 젠슨은 투자 업무에 더욱 전념했다. 그리고 달리오가 참석할 가능성이 있는 회의라면 투자팀에 자신이 필요하다는 핑계로 가능한 한 모습을 드러내지 않았다.

그 결과 달리오는 은퇴 계획을 입 밖에 내기 시작한 지 거의 5년이 지난 2014년 여름에 다시 회사를 좌지우지하게 되었다. 늘 그랬듯 그는 자신의 부재중에 무슨 일이 있었는지 기계톱을 들고 살펴보았다. 그리고 형식적으로는 여전히 젠슨의 소관인 부서들을 개편하기 위해 또 한차례 폭격 지시를 내렸다. 매일 같은 양상이었다. 달리오는 이슈 로그를 살펴보고 문제 되는 사건을 선별해 책임 당사자를 불러 카메라 앞에서 취조했다. 젠슨도 표면상으로 책임이 있어 보이면 종종 소환되곤 했다. 그는 어깨를 축 늘어뜨린 채 터벅터벅 회의실로 들어와 자신이 형식상 관리 감독을 못했다고 증언했다. 달리오가 관심을 두기에 너무 사소한 문제란 없었다. "방치된 출력물은 어떤 경우든 이슈 로그에 기록되어야 한다"라는 공식 정책에 따라, 공유 프린터에 덩그러니 남겨진 종이 한 장도 조사의 시발점이 될 수 있었다.

몇 주 후, 달리오는 더 이상은 안 되겠다 싶었다. 이제 브리지워터에는 정직원이 1,600명이나 되었고 그만큼 매일이 다사다난했다. 달리오는 공청회를 소집했다. 시설팀은 가능한 한 넓은 회의실을 찾아서 최대한 많은 의자를 밀어 넣었다. 구석에는 촬영팀을 위한 공간이 마련되었고, 직접 참석하지 못한 직원을 위해 달리오의 연설을 녹화하게 했다. 사람들은 긴장 어린 수다를 떨며 창립자의 공지를 듣기 위해 줄지어 들어왔다. 달리오가 등장했을 때 젠슨은 무표정한 얼굴로 맨 앞줄에 앉아 가끔씩 고개를 떨구곤 하고 있었다.

달리오는 브리지워터에 실망하고 있으며, 무엇보다 브리지워터가 '원칙'에서 벗어나고 있다고 말했다. 위아래 할 것 없이 모두가 조직 개편의 대상이 되어야 했다. '원칙'의 규정에 따른 더 많은 조사, 더 많은 진단, 새로운 공개 교수형이 예고되었다. 브리지워터가 다시 일어설 때까지 이 과정은 계속될 것이다.

달리오는 잠시 말을 멈추고 촬영기사를 향해 손짓했다. "카메라를 여기로 가져오게."

촬영기사는 자세가 흐트러지지 않게 발을 끌며 가까이 다가갔다.

달리오는 렌즈를 똑바로 바라보았다. 그리고 아무 감정 없이 단조롭고 사무적으로 말했다. "여러분 중 3분의 2가 해고될 것입니다."

장내가 잠깐 술렁였다. 그 자리에 있던 한 직원은 훗날 회상하기를, 당시 웃어야 할지 울어야 할지 몰랐다고 했다. 그러나 이것이 농담이 아니라는 게 곧 분명해졌다. 달리오는 이 결정을 내리기까지 고통스러웠다고 말했다. 그리고 필요한 목적을 위해서는 고통을 감수할 가치가 있다고 덧붙였다.

그는 주위를 재빠르게 훑으며 손가락질을 했다. "때로는 사랑하는 사람을 기꺼이 저격해야 합니다."

이 한마디는 곧 '원칙'에 추가되었다.

"그리고 우리는 저격한 사람들을 사랑해야 합니다."

달리오는 연단에서 내려갔다. 재잘재잘 입장했던 직원들은 아까보다 훨씬 조용히 퇴장했다. 젠슨은 '원칙'의 최신 개정판이 자신을 정면으로 겨냥한 건지 궁금하지 않을 수 없었다.

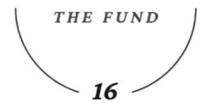

인공지능
Artificial Intelligence

'원칙'의 최신 개정판은 저격을 언급했지만 다행스럽게도 그 실행 과정은 문자 그대로가 아니었다. 대신 거의 즉시 일련의 해고(firing, 총격이란 뜻도 있음. – 옮긴이)가 시작되었고, 특히 이번 해고는 미래의 책의 초기 버전을 적극적으로 활용한 최초의 사례였다. 관리자들은 아이패드를 꺼내 도트 컬렉터로 직원들을 평가별로 분류한 후 평균 이하의 직원을 해고했다. 이는 '원칙'을 진지하게 체화하고 어떻게든 자기 점수를 지켜야 한다는 중요한 교훈을 일깨워준 비인격적이고 냉철한 수치화 과정이었다.

폴 맥도웰은 놀람 반 두려움 반으로 이 광경을 지켜보았다. 브리지워터의 등급제는 달리오 외에 맥도웰의 작품이기도 했다. 그는 야구카드를 단순한 아이디어에서 현실로 만들었고, 다른 누구보다 달리오의 평가가 더 큰 비중을 차지하도록 가중치를 조정했다. 이제 그는 빠르게 확장 중인 '원칙' 기반 응용 소프트웨어를 담당했다. 이 앱은 어떤 상식적 기준으로 봐도, 맥도웰이 6년 전 브리지워터에 입사할 때 들었던 거창한 약속의 결정판이었다. 관리 업무는 기계처럼 작동했고, 맥도웰은 공장의 생산 라인 설계자였다.

자신의 창작물이 요동치며 작동하는 모습을 지켜보던 맥도웰은 슬슬 겁이 났다. 달리오와 그의 충성스러운 원칙인들은 맥도웰이 만든 도구를 회사 곳곳에서 휘두르며 사랑하는 사람들을 향해 총기를 난사했다. 회의실에 불려가 상사가 슬픈 표정으로 아이패드를 꺼내 도트 컬렉터 통계를 낭독할 준비가 된 모습을 본 사람이라면 누구든 끝이 가까워졌음을 감지했다. 맥도웰의 작품은 판사이자 배심원, 사형집행인이 되었다.

무엇보다 맥도웰의 마음에 걸렸던 것은 여러 개별 데이터를 몽땅 섞어 직원을 평가하는 이 도구가 독립적인 제삼자의 검증을 거치지 않았다는 점이다. 맥도웰이 개발한 조그만 실시간 분석 도구는 과학적으로 암울한 한계를 보여주었다. 직원들은 서로를 평가할 때 기존 점수를 벗어나지 않는 경향이 있었다. 예컨대 어떤 사람이 "조화를 이루려는 의지" 같은 범주에서 평균 7점을 받았다면 그 사람의 다음 평가 점수는 대부분 6~8점 사이를 오락가락할 것이다. 이 시스템은 진실을 냉혹하게 알려주기를 장려하는 대신, 오히려 숨기거나 적어도 관성에 젖게 했다. 동료에게 '다운도팅Down-dotting, 브리지워터 용어로 낮은 평점을 부여한다는 뜻'을 하면 상대방도 받은 만큼 되돌려줄 위험이 커져, 두 사람의 점수가 동반 몰락하는 악순환을 일으켰다. 따라서 현재 상태가 거의 좌우했다. 그에 반해 직원들에게 꾸준히 새로운 점수를 부여하는 사람 중 한 명은 달리오였다. 달리오의 점수는 누군가의 평균 점수를 한순간에 깎아먹을 수 있고 그 깎인 점수가 새로운 기본값이 되어 다른 사람들의 평가에도 계속 영향을 미치므로, 직원들은 달리오의 평가를 두려워했다. 그들은 이러한 눈덩이 효과에서 벗어날 수 없었다. 도트가 사람 잡았다.

어느 날 맥도웰은 받은 편지함에 도착한 한 회의 공지를 별생각 없이 열어 보았다. 젠슨이 거구의 전직 경영 컨설턴트인 공동 최고 운영책임자 케빈 캠벨과 관련된 회의 참석자를 모집하고 있었다. 캠벨의 권한에는 기술 영역도 포함되었으므로 맥도웰도 그 자리에 나가는 게 옳았다('원칙'에 따르면 누군가를 뒤에서 흉보는 건 금물이었다). 평소에 캠벨은 맥도웰과 다른 여러 사람들에게 브리지워터 시스템에 질렸다고 말해왔다. 아무리 사소한 결정을 내릴 때라도 도트 컬렉터의 다양한 투표 결과를 두루 반영해야 했기 때문이다. 경험 많은 전문가인 캠벨은 이 모든 절차를 축소하려는 열의를 당당히 드러냈다. 맥도웰은 속으로는 그의 관점에 상당히 동의했지만 그 관점을 실행에 옮기기는커녕 감히 입 밖에 낸다는 것조차 생각도 못 했다. 그리고 잠시 후 그는 조용히 지내는 게 미덕이란 걸 다시금 상기하게 될 것이다.

캠벨은 상사인 젠슨을 만나기 위해 육중한 몸을 이끌고 회의실로 느릿느릿 들어갔다. 맥도웰 등 다른 사람들도 양쪽에 앉았다. 젠슨은 인터폰 버튼을 눌러 달리오도 회의에 연결했다. 달리오가 연결되자 젠슨은 캠벨에게 시선을 돌렸다. 그리고 요즘 일이 어떻게 돌아가냐고 물었다.

캠벨은 브리지워터의 업무 절차를 계속 간소화하는 중이라고 말했다.

젠슨은 기다렸다가 대화에 위험한 꼬투리를 쓱 밀어 넣었다. 그는 캠벨이 브리지워터에서는 아무리 간단한 일도 완료하려면 너무 오래 걸린다고 남들에게 불평했다는 소문을 들었다고 말했다.

젠슨이 물었다. "왜 나와 대표님에게 직접 말하지 않았죠? 왜 우리가 정해놓은 업무 절차를 우리 없는 자리에서 왈가왈부한 겁니까?"

캠벨은 긴장해서 말을 더듬었다. 그는 먼저 많은 사람을 모아 폭넓은 의견을 구하고 싶었다고 말했다. 그리고 그의 견해에 동감했다는 한 동료의 말도 전했다.

젠슨은 말을 끊었다. 그는 캠벨이 언급한 대화의 녹취 테이프를 이미 들었다고 말했다. 그리고 부하 직원 두 명이 이 회사의 운영 방법을 달리오와 최고경영진보다 더 잘 안다는 식으로 얘기해서 유감스럽다고 말했다. 또 젠슨은 캠벨이 속내를 털어놓은 바로 그 상대가 캠벨을 밀고했을지도 모른다고 암시했다.

젠슨이 물었다. "그 사람 원래 아무 말이나 막 내뱉는다는 거 몰라요? 그 사람 믿지 마세요."

캠벨은 불편한 듯 몸을 뒤척이기 시작했다. 그의 말 속도가 빨라지고 목소리는 높아졌다. 그는 테이프에서 자신이 말한 내용을 해명하려 노력했다. "당신이 들을 줄은 몰랐어요." 그는 눈물을 참는 것처럼 보였다.

젠슨은 "알고 몰랐고는 중요하지 않습니다"라고 말했다.

캠벨은 도와줄 이를 찾듯 주위를 둘러보았다. 그러나 기댈 사람은 아무도 없었다. 캠벨은 흐느끼기 시작했다. 눈 뜨고 못 볼 광경이었다. 한동안 회의실은 조용했고, 회사 내에서 가장 거구인 한 남자가 입을 틀어막고 우는 소리만 들렸다.

그때 스피커폰에서 달리오의 목소리가 지지직거리는 잡음과 함께 불쑥 튀어나왔다. 마치 집에 모두가 존재를 잊고 있던 유령이 출몰한 것 같았다. "케빈의 감정이 격해졌나?"

젠슨이 담담히 대답했다. "아주요."

캠벨은 화장실에 가겠다며 자리를 피했다.

잠시 후 맥도웰은 캠벨을 따라 화장실로 갔다. 문을 열자 세면대에서 찬물로 세수하고 애써 호흡을 가다듬는 캠벨이 보였다. 캠벨은 턱 아래로 물을 뚝뚝 흘리며 맥도웰을 바라보았다.

캠벨은 숨을 고르며 말했다. "난 그냥… 너무… 여기저기서 자꾸… 몰아세우니까…."

캠벨은 회의실로 돌아와 말을 정리하려 했다. 하지만 이미 너무 늦었다. 자리를 비운 사이 그는 혹독한 피드백을 받아들이지 못했다는 이유로 다운도팅된 상태였다. 그는 이미 치명타를 입었다. 이 사건을 토대로 사례 연구가 만들어졌고, 캠벨의 울먹이는 소리가 사내 전체에 방송되었다. 마치 캠벨의 공적을 기리려는 듯, 누구도 자기 일이 너무 많다고 불평하는 것을 금지하는 새로운 '원칙'이 등장했다. 캠벨은 최종 저격수들이 나올 때까지 기다리지 않았다. 그는 2014년 말 이전에 퇴사하거나 퇴출된 수백 명 중 한 명이 되었다.[1]

다른 임원진과 그 아래 수백 명의 직원은 여전히 브리지워터에 남아 있었다. 그들은 회사의 철학을 여기저기서 앵무새처럼 따라 하며 수백만 달러를 벌었고, '원칙'의 희생양이 되기 전까지는 기꺼이 그런 식으로 급여를 받는 듯했다.

그러한 임원 중 한 명은 하버드 경영대학원의 브리지워터 사례 연구에 공동 출연해 달리오에게 진실을 말하는 본보기로 등장했으며, 한때 CEO의 물망에도 올랐던 니코 캐너였다. 캐너는 아부가 습관화된 사람이었고 실수로 뒤에서 달리오를 욕한 적도 없지만, 어쨌든 달리오가 그에게 질린 게 분명했으므로 요직을 잃었다. 달리오는 처음에 캐너를 (제임스 코미를 낮잡아 부른 별명이기도 한) 짹짹거리는 사람으로 불렀다가 나중에는 "뜬구름 화가cloud painter"라는 새로운 별명을 지어줬다. 달리오는 캐너에게 뜬구름 화가들은 지나치게 철학적이어서 문제라고 말했다. 그들은 현장에 나가지도 않고 업무의 메커니즘도 이해하지 못한다. 캠핑을 간다 치면 준비물을 뭘 챙겨야 하는지도 전혀 모를 유형이었다. 이는 의사 결정의 객관화를 강조하는 회사가 내린 주관적 판단이었지만, 어쨌든 달리오가 경멸적 별명을 새로 붙여줬다는 건 명백히 어둠의 표식이었다. 브리지워터에서 뜬구름 화가들에겐 미래가 없었다. 캐너는 사임했다.

캐너는 회사 안에서 꽤 사랑받는 인물이었고, 회사에서는 그의 성실하고 오랜 근속에 보답하고자 송별회를 열어주었다. 장소는 룩아웃으로, 달리오를 포함한 최고경영진도 다수 참석했다. 달리오는 거실에서 천천히 술잔을 돌리며 벽난로 근처를 서성이다가 캐너에게 다가갔다.

달리오는 마티니의 올리브를 휘저으며 "그동안의 경험을 돌아본다면?"이라고 물었다.

언제나 사람 좋은 캐너는 원론적인 답변을 고수했다. "많이 배우고 갑니다. 여기서 배운 교훈을 바탕으로 앞으로 저도 다른 사람들을 도울 수 있을 것 같네요."

그것은 모범 답안이 아니었다. 달리오는 앞으로 브리지워터 출신이라는 꼬리표를 달고 세상에 나갈 캐너가 상투적으로 답변하자 잠시 얼굴을 찌푸렸다. "브리지워터 얘기를 외부에 알리지 말게나."

"알겠습니다. 민감한 내용은 아무에게도 언급하지 않겠습니다."

"민감하고 자시고가 문제가 아니고, 내 말은 아무것도 말하지 말라는 거야. 절대로 우리 회사 얘기는 꺼내지도 말게." 달리오는 마티니를 한 모금 마셨다.

캐너는 자신의 입장을 다시 설명했다. "레이, 저도 생각이란 게 있어요. 민감한 어떤 정보도 유출하지 않겠습니다."

"오늘 이후로 브리지워터에 관해 누구에게도, 아무 말도 하지 말게."

"제가 그동안 어땠는지 아시잖아요. 경솔하거나 안 좋은 소리 내뱉는 일 없을 겁니다. 정말요."

달리오는 남은 마티니를 거의 다 비우고 잔을 잠시 내려다보았다. 그리고 눈을 치켜뜨고 캐너를 응시했다. "분명히 말하지만, 자네가 외부에 입이라도 뻥긋하면 대가가 따를 걸세."

파장이 가까워지자 달리오는 캐너가 브리지워터에서 보낸 시간을 기념하는 깜짝 선물을 준비했다고 발표했다. 달리오는 약간 뜸을 들여 기대감을 높인 후 예쁘게 포장되고 묵직해 보이는 책 크기의 선물 상자 몇 개를 꺼냈다. "이건 누가 받더라도 최고의 선물이지!"

모든 사람들이 지켜보고 달리오가 환하게 웃는 가운데, 캐너는 상자를 열었다. 내용물을 확인한 순간 잠시 표정이 흔들렸지만, 그는 곧 다시 억지 미소를 지었다. 캐너는 내용물을 꺼냈다. 안에 든 것은 투명 아크릴 상자로 포장된 그의 영구 보존용 야구카드로, 낮은 평가로 가득 차 있었다. 달리오는 캐너가 받은 부정적 평가와 함께 그의 약점만을 나열해 따로 액자도 만들었다.

캐너는 선물에 깊은 감사를 표했다.

달리오가 대답했다. "내가 늘 말했지만, 한 사람이 받을 수 있는 최고의 선물은 자신의 약점을 아는 것이야."

∴

달리오는 인간의 약점을 수치로 측정할 수 있다고 확신했지만, 다른 사람들의 생각은 달랐다. 전 IBM 소속 과학자이자 왓슨의 발명가인 데이비드 페루치는 브리지워터 내에 CIA 비밀 군사시설급의 보안성을 갖춘 연구소를 설립해 이제 2년 넘게 운영해오고 있었다. 그의 체계화된지능연구소는 브리지워터의 나머지 운영 부문과 말 그대로 격리되어 있었다. 페루치의 팀원 외에는 거의 아무도 들어오지 못했고, 그곳에서 무슨 일이 일어나는지도 전혀 알지 못했다. 접근 권한이 있는 몇 안 되는 사람 중에는 벤처 캐피털 억만장자 피터 틸Peter Thiel의 은밀한 데이터 처리 회사 팰런티어Palantir의 컨설턴트들도 있었다. 팰런티어는 오사마 빈 라덴Osama bin Laden을 추적하고 사살하는 데 도움을 준 기술 스파이로 유명했다.[2] 팰런티어는 공개적으로 고객에게 어떤 서비스를 제공하는지 거의 언급하지 않았으며, 브리지워터가 자신들의 고객이었는지도 확언하지 않았다. 페루치의 치밀하고 수수께끼 같은 작전을 둘러싸고 비밀의 소용돌이가 꼬리에 꼬리를 물었다.

페루치와 그의 팀원들에게도 수수께끼가 있었지만, 그들이 궁금해하는 수수께끼는 다른 유형이었다. 인공지능 분야에서 세계 최고의 전문가 중 한 명인 페루치는 달리오와 맥도웰의 창작물인 미래의 책에 어떻게 순수 과학을 적용할지조차 모르겠다고 동료들에게 토로했다. 미래의 책은 특정 철학이 표면에 서려 있는 수많은 사이비 과학의 조합물이었다. 페루치가 들어오기 전까지는 이중맹검법(피험자와 검사자 쌍방에 실험 정보를 알려주지 않고 실시하는 블라인드 테스트. - 옮긴이)도, 익명 설문 조사도, 심지어 '원칙'의 채택과 성과 향상의 인과관계를 보여주는 간단한 회귀 분석조차 한 적이 없었다(달리오는 회귀 분석을 제안한 한 직원에게 "난 그거 안 믿네"라고 말했다). 데이터를 대충만 봐도 그 효과는 반대로 나타났다. 직원들이 '원칙'(및 관련 논쟁, 도트, 재판, 공개 교수형)에 더 많은 시간을 쏟을수록 회사의 투자 성과는 더 나빠지는 것으로 나타났다. 금융 위기 후 6년 동안 퓨어 알파의 실적은 2년은 좋았고 4년은 부진했다. 이는 그저 단순한 상관관계였을지 몰라도, 거기에 경각심을 불러일으킬 추세선을 그리는 일은 굳이 컴퓨터 과학자가 하지 않아도 되는 일이었다.

페루치와 팀원들에게 어울리는 일은 자신들의 전문 지식을 활용해 브리지워터에서 확실히 도움이 절실한 영역인 투자 부문에 새로운 아이디어를 내는 것이었다. 그러나 젠슨은 자신이 귀하게 데려온 페루치를 투자팀에 보낼 생각이 없었다. 그는 달리오가 마침내 안심하고 회사를 완전히 떠날 수 있게, 페루치가 '원칙' 소프트웨어의 완성에만 전념하기를 바랐다. 무엇보다 아직 개발 단계인 프린스를 가동해야 했다. '원칙'에 맞춰 질문하고 답변할 수 있는 도구가 필요했다.

페루치는 주어진 일에 성실하게 임했다. 그는 IBM 시절 두 명의 〈제퍼디!〉 우승자를 이긴 슈퍼컴퓨터를 구축할 때의 접근 방식을 모델로 삼았다. 왓슨을 만들 때 첫 단계는 주어진 단서에 대한 답변을 생성하기 위한 미가공 데이터를 수집하는 것이었다.[3] IBM 엔지니어들은 왓슨에 지능의 기준을 '심기' 위해 백과사전, 어학사전, 유의어 사전, 신문 기사, 책에서 가져온 수백만 개의 문서를 컴퓨터에 집어넣었다. 페루치와 그의 팀은 미래의 책에도 같은 시도를 했다.[4] 그는 도트 컬렉터의 속성 목록을 쭉 나열하고 이들을 사전에서 검색했다. 그는 "'창의성'의 정의는 무엇인가?"라는 질문을 시도했다. 〈메리엄-웹스터 사전〉에 따르면 답은 "창조하는 능력"이었다. 그는 또 다른 속성인 '수평적 사고'를 찾았다. 정의는 "아이디어 간에 특이하거나 예상치 못한 연결점을 찾아 문제를 해결하는 방법"이었다. 페루치는 또 다른 속성인 '열린 질문을 관련짓는 능력', 그 외 오만 가지 속성으로 재시도했다. 몇 시간, 며칠, 몇 주가 헛되이 흘러갔다. 페루치의 팀은 서로 간에 영향을 미치는 다양한 속성을 도저히 분리해낼 수 없었다.

그래서 페루치는 다른 방법을 시도했다. 아마 브리지워터의 속성은 기존의 출처를 가지고는 쉽게 정의할 수 없는 듯했다. 하지만 달리오는 이 아이디어의 고안자였으니 당연히 모두 구별할 수 있을 것이다. 페루치는 달리오 고유의 용어 정의를 시스템에 '심기로' 결정했다. 그와 팀원들은 브리지워터의 회의 기록 저장소인 투명성 라이브러리에서 수백 시간 분량의 영상을 가져와 달리오가 특정 '원칙'을 인용하는 패턴을 추적했다. 페루치의 연구팀은 (모든 직원이 시험을 봐야 했던 바로 그) 수년 치의 기존 MPT 교육 영상을 시청하고 어떤 '원칙'이 어떤 맥락에서 사용되었는지 공들여 기록했다. 이 모든 노력을 통해 팀원들은 일련의 워드 클라우드word cloud, 즉 다양한 크기로 시각화된 키워드 모음을 만들었다. 단어가 크게 표시될수록 대화에서 더 빈번히 사용된다는 의미였다. 도트 컬렉터에 응용된 워드 클라우드는 특정 언어를 사용하는 직원이 특정 속성에서 높은 평가를 받는 경향이 있는지를 보여주기 위한 것이었다. 더 광범위하게, 페루치는 컴퓨터가 텍스트 구절을 읽거나 들을 수 있게 훈련하고, 특정 단어가 특정 순서로 사용되면 해당 구절이 '원칙'의 특정 한두 조항에 해당함을 인식할 수 있게 하고자 했다. 이 방법이 성공한다면 사실상 달리오의 컴퓨터 버전을 탄생시킬 수 있게 된다.*

이 목표는 이루기 어려웠다. 이론 중 현실로 구현할 수 있는 건 거의 없었다. 전 세계 모든 주제의 퀴즈에 답하도록 컴퓨터를 훈련시킨 IBM 왓슨의 발명가도 달리오의 사고 과정만큼은 도무지 알 수 없었다. 페루치의 팀은 브리지워터 창립자가 어떤 '원칙'을 언급할지 명확히 예측 가능한 패턴을 생성할 수 없었다. 직원 평가, 즉 도트 부

---

* 페루치의 대변인은 이메일에서 "업계 표준 통계법을 이용해 통계적으로 유의미한 차별점을 찾기 위해 양적 실측 데이터를 사용했다"라고 밝혔다. 자세히 설명해달라는 요청에는 답변을 거부했다.

여 역시 논리적 근거가 빈약했다. 결국 인공지능 전문가인 페루치와 그의 동료들은 달리오의 시스템이 지능보다 인공에 더 가깝다는 걸 서서히 깨닫게 되었다.[5]

2014년 크리스마스 며칠 전, 브리지워터에서 약 2년 차에 접어든 페루치는 달리오와 함께한 한 좌담에서 참석자 중 가장 말을 아꼈다.[6] 달리오를 포함해 많은 사람이 페루치와 함께 모여 미래의 책의 진행 상황을 검토했다. 달리오는 몇 년 전 맥도웰에게 그랬던 것처럼, 페루치에게 특정 직원의 점수에 문제가 있다고 지적하기 시작했다. 그는 몇몇 직원의 점수가 지나치게 높고 이는 소프트웨어 오류일 것이라고 말했다. 페루치는 조용히 피드백을 경청했다.

달리오는 갑자기 말을 멈추더니 "난 자네에게 지시하고 있어. 받아 적어야 할 것 아니야"라고 말했다.

"지시 사항 듣고 있습니다."

달리오는 고개를 갸웃거렸다. "자네는 내 밑에서 일하잖아."

"전 젠슨 밑에서 일하는데요."

달리오는 기분이 상한 듯 손사래를 치며 "아냐, 자네 상사는 나야"라고 말했다. 그는 함께 있던 10여 명을 돌아보았다. "페루치가 지금 분위기 파악 못한다고 생각하는 사람은 나뿐인가?" 달리오의 보좌인 중 한 명이 화가 나서 아이패드를 꺼내 들었고, 회의 참석자들을 대상으로 즉시 투표를 실시했다. 결국 페루치가 잘못했다는 판결이 내려졌다.

달리오는 계속 특정 직원들이 특정 속성에서 특정 평가를 받을 가능성이 작게 나온다고 지적했다. 그는 수정 사항 목록을 내밀었다. "결과는 이렇게 되어야 해."

페루치가 겨우 들릴락 말락 한 목소리로 대답했다. "그건 유효한 알고리즘이 아닙니다."

달리오는 그 대답에 놀라 고개를 뒤로 젖혔다.

페루치는 눈에 눈물이 그렁그렁한 채 떨리는 목소리로 말했다.[7] "대표님, 그건 과학으로 불가능합니다." 그의 팀은 달리오의 변덕에 맞춰 조직을 개혁할 방법을 찾을 수 없었다. "제 방식으로는 못합니다. 대표님 지시는 따를 수 없어요."

분위기가 반전되었다. 직원들은 달리오가 수많은 부하들을 난타하는 것을 봐왔지만, 이번 대화 주제는 달리오에게 낯선 분야였다. 그는 박사 학위 소지자와 컴퓨터 과학에 대해 논쟁할 처지가 아니었다.

페루치는 분에 겨워 회의실을 나와 주차장으로 향했다. 직원들은 차를 몰고 떠나는 그의 모습을 보며 분명 또 한 명이 그만둘 준비가 됐구나 하고 생각했다.

∴

페루치가 떠날지도 모른다니 이는 5단계 화재경보와도 같았다. 그는 브리지워터에서 달리오를 제외하고 대중에게 가장 유명한 직원이었다. 퀀트 투자가 미래의 추세로 부상 중이었고, 어느 경쟁 헤지펀드사건 페루치를 낚아채는 데 성공하면 기뻐할 게 뻔했다. 브리지워터는 고객과 세상 사람들에게 IBM 왓슨 발명가를 내쫓은 이유를 해명하는 상황을 맞고 싶지 않았다. 특히 그 이유가 페루치가 명청하다고 판단한 달리오의 경영 시스템 때문이라면 더욱 그랬다.

크리스마스 다음 날, 페루치는 달리오에게서 이번에는 전화로 다시 대화하고 싶다는 메일을 받았다. 탁자를 둘러싼 구경꾼도 없고, 모든 사람이 듣게 될 녹음도 하지 않았다. 두 사람은 앞으로 나아갈 방향에 대해 허심탄회하게 이야기할 수 있었다.

페루치는 달리오에게 "'원칙' 소프트웨어 작업, 더는 못 하겠습니다"라고 말했다.

달리오는 그가 마음을 돌리려면 어떻게 해야 하냐고 물었다.

페루치는 이 질문에 이미 대비한 상태였다. 그는 브리지워터나 투자와는 전혀 무관한 엘리멘탈 코그니션Elemental Cognition이라는 스타트업을 설립할 생각이었다.[8] 이 회사에서는 왓슨의 기술을 이용해 컴퓨터에 상식과 인간의 직관을 가르칠 것이다. 이는 단순히 인터넷상 정보를 죄다 훑거나 현존하는 모든 책을 읽는 것만으로는 달성할 수 없었다. 그보다는 컴퓨터가 시간, 인과관계, 사회적 상호작용과 같은 기본 개념을 숙달하게 해야 했다. 그러려면 값비싼 고급 슈퍼컴퓨팅 기술과 수많은 박사 인력이 필요할 것이다. 비용도 많이 들 테고, 뭐든 잘되리라는 보장은 없었다.

달리오는 "내가 자금을 대주겠네"라고 말했다. 그는 브리지워터에서 수천만 달러를 제공하는 대신 한 가지 조건을 걸었다. 페루치는 꿈꿔온 회사에 자신의 시간 중 절반만 투자할 수 있었다. "나머지 절반의 시간에는 내가 시키는 일을 하게."

페루치는 알겠다고 대답했다.

원칙 이탈
Unprincipled

2010년대 중반이 지날 무렵, 브리지워터는 다시 승리의 궤도에 오른 듯했다.

브리지워터의 주요 헤지펀드인 퓨어 알파는 경쟁사들이 허둥대던 2015년에 대박을 쳤다. 그해 1월, 스위스 중앙은행은 자국 경제를 부양하기 위해 갑자기 고정환율제를 폐지하고 변동환율제로 이행해 전 세계에 충격을 주었다.[1] 이 조치로 유로는 스위스 프랑에 비해 최대 30퍼센트나 폭락했고, 현상 유지가 계속되리라 예상했던 투자자들에게 재앙을 초래했다(한 대형 헤지펀드사는 엄청난 손실로 즉시 문을 닫아야 했다[2]). 그러나 브리지워터는 반대로 베팅했다. 그들이 경제 역사의 심층 연구에 의존한다고 종종 말했듯, 브리지워터는 스위스 중앙은행의 결정에 앞서 유로화를 공매도한 상태였다. 그 결과 레버리지를 활용한 퓨어 알파는 1월에 8퍼센트나 급등해 약 50억 달러에 달하는 수익을 기록했고, 이는 전년 대비 두 배 이상이었다.[3] 이 엄청난 승리로 고객들은 자신들이 세계 최대 헤지펀드에 돈을 맡긴 이유에 다시금 고개를 끄덕일 수 있었다. 달리오가 해마다 엄청난 성과를 거두는 건 아니었지만, 재앙이 닥쳤을 때는 대개 남보다 반 걸음 앞서 있었다.

그해는 달리오가 하버드 동창과 브리지워터의 초기 형태인 무역 상사를 설립한 지 40년이 되는 해여서 이를 화려하게 축하하는 기념행사를 열기로 했다.[4] 부지에는 거대한 천막이 세워졌고, 1,500개가 넘는 나무 의자가 놓였으며, 직원들은 마치 부흥회 신도들처럼 어깨를 나란히 하고 다닥다닥 붙어 앉았다. 천막 뒤편과 옆에서는 카메라팀이 촬영하고 있었다. 브리지워터 임원들은 강렬한 조명을 받으며 연단에 차례로 올라 각자가 경험한 브리지워터 문화의 가치에 대해 연설했다. 청중의 열광적인 박수갈채가 쏟아졌고, 달리오는 자신의 이름이 적힌 앞 좌석에 앉아 이 모든 광경을 올려다보았다. 그는 수양아들인 젠슨이, 마치 달리오 본인이 쓴 듯한 내용의 연설을 하는 모습을 보고 눈에 띄게 흐뭇한 표정을 지었다.

젠슨이 말했다. "브리지워터의 성공은 다양한 유형의 사람들이 개방적으로 능력주의에 따라 투쟁한 덕에 가능했으며, 이는 우리 중 누구도 혼자서는 낼 수 없을 아이디어를 탄생시켰습니다. 그 투쟁은 놀라운 성과로 이어졌습니다."

젠슨은 거울이 모든 사람을 비춘다고 말했다. "자신이 누구인지, 어디에 있어야 하는지를 나타내는 지도를 볼 수 있다는 것은 하나의 선물과도 같습니다."[5]

마침내 달리오의 차례가 되었다. 그가 연단에 오르자 함성과 환호가 천막을 가득 채웠다. 그는 돈에 대해, 즉 저녁까지 이어질 오늘 파티의 자금원이기도 한 투자에 대해서는 거의 언급하지 않았다. 대신 아직 언제가 될지 불확실하지만 본인 없이도 브리지워터가 살아가야 할 앞날에 대해 아련한 어조로 말했다. 그는 연설 도중 젠슨을 향해 살짝 고개를 끄덕였다.

달리오는 모여 있는 추종자들에게 말했다. "나는 여러분이 누군가를 그저 따라가는 게 아니라 스스로 생각하기를 바랍니다. 나는 여러분이 가장 최고에 가까운 답을 얻을 수 있도록 조력하고 싶습니다. 여러분은 개인적으로 그것이 최고의 답이라 믿지 않을 수도 있겠지만요. 나는 여러분을 근본적 개방성과 아이디어 기반의 능력주의로 인도하여 아집을 떨쳐버릴 수 있게 해줄 겁니다… 여러분이 모두 이 투쟁을 잘 버텨내고 발전하여 인생에서 최대한 많은 것을 얻도록 돕겠습니다."

청중은 환호했다. 행사일에 맞춰 근처에 새로운 기념비가 세워졌다. 달리오가 디자인에 참여한 이 나무 토템 기둥에는 브리지워터의 역사가 새겨져 있었다. 달리오는 그것을 "배턴the baton"이라고 이름 붙였다. 브리지워터의 미래 세대에 전수될 전통을 담고 있다는 의미였다. 달리오의 한 참모는 배턴을 특히 진지하게 여겨서, 신입 사원들을 이 토템 기둥 앞에 세우고 각자의 가장 큰 약점을 고백하는 일을 첫 업무로 시켰다고 한다.*

---

* 달리오 측 변호사는 배턴이 브리지워터의 "커뮤니티팀"의 아이디어라고 주장했다. 그는 달리오가 신입 사원들이 기둥에 말을 거는 발상을 "제안하거나 지지하지 않았다"라고 말했다.

파티가 끝나고, 모두 의자 밑으로 손을 넣으라는 안내가 있었다. 의자 밑에는 미리 혼합된 카미카제 칵테일이 숨어 있었다. 감귤 향이 나는 이 칵테일은 달리오가 가장 좋아하는 칵테일이었다. 참석한 직원들은 건배 후 잔을 비웠다.

∴

더 많은 돈, 더 충만해진 자신감, 여기에 배턴까지 곁에 둔 달리오는 다시 주변인들을 물갈이하기로 했다. 이번에는 아일린 머레이와 데이비드 매코믹 같은 월가 출신 낙오자들에 안주하지 않을 생각이었다. 달리오는 자선사업을 통해 만난 빌 게이츠에게 전화를 걸어 좋은 사람 좀 추천해달라고 부탁했다. 게이츠는 마이크로소프트에서 자신의 대리인이었던 크레이그 먼디Craig Mundie를 추천했다. 달리오와 먼디는 바다를 좋아한다는 공통분모로 금세 죽이 맞았다. 달리오는 곧 그를 브리지워터의 새로운 부회장으로 고용했다. 먼디는 곧바로 몇 명의 새로운 고문들을 추천했고, 그중에는 전 국가안보국 국장인 퇴역 장군 키스 알렉산더Keith Alexander도 있었다. 달리오는 제복 입은 사람에게 자주 매료된 데다가 회사 내에서의 염탐하는 시선도 걱정했기에 알렉산더를 연봉 약 400만 달러에 보안 책임자로 고용했다.

여기에 의료기기 대기업 다나허Danaher의 CEO로 14년간 성공적인 임기를 막 마친 래리 컬프Larry Culp가 가세해 삼인조가 완성되었다. 컬프에게는 상설직을 맡기기에 앞서 시험 삼아 경영위원회의 고문 직위가 부여되었다.

새로운 삼인조는 브리지워터의 고질적인 역설을 상징했다. 달리오가 아무리 브리지워터의 위대하고 체계적인 경영 구조를 떠들어도, 그는 기분 따라 누구든 고용하거나 해고할 수 있었다. 달리오는 원하는 바를 얻었다. 그는 회사의 얼굴일 뿐 아니라, 지난 몇 년간 충분히 입증되었듯 (외부로는 어떻게 포장되었든) 경영위원회의 의결로도 막지 못할 지배적인 결정권을 갖고 있었다.

특히 이를 가장 잘 보여주는 것은 브리지워터와 달리오가 세계 독재자들에게 강렬하게 매혹되기 시작했다는 점이다. 1980년대 후반부터 달리오는 미국이 경제적으로뿐 아니라 문화적으로도 저물어갈 수밖에 없다고 확신했다. 그는 미국 정치가 비생산적인 언쟁으로 서서히 쇠락하는 중이어서 심지어 또 다른 내전으로 귀결될지도 모른다고 보았다.[6] 때로 그는 "경제 전문의"를 자처하며 만병을 고칠 처방을 내렸다.[7]

달리오는 미국의 패권 대신 해외에서 더 나은 청사진을 찾았다. 그는 특히 강력한 독재 사회에 반한 것 같았다. 브리지워터가 싱가포르 국영 기관들의 자금을 오랫동안 관리해온 덕에 달리오는 리콴유李光耀 전 총리와 친해졌다. 무려 31년간 싱가포르 총리를 역임한 고령의 리콴유는 오랜 재임 기간 자유를 희생해가며 조국의 안정을 이룩한 논란의 인물이었다. 그는 언론의자유를 제한하고 민주주의 가치를 무시하며 사실상 일당독재 체제를 이끌었다.[8] 껌 판매도 금지하고, 기물을 파손한 청소년들에게 태형 처벌을 승인했으며, 감히 자기 목소리를 낸 소수의 정적들을 투옥했다. 달리오는 이 모든 것을 묵과했다. 달리오에게 리콴유는 그저 싱가포르를 상대적으로 낙

후된 국가에서 세계 금융 중심지 중 하나로 만든 사람이었다. 한때 달리오는 리콴유를 "대표적인 영웅"이자 모범적인 지도자라고 표현했다.⁹

리콴유는 사망하기 얼마 전, 달리오의 뉴욕 아파트에서 그와 함께 저녁 식사를 했다. 두 사람은 세계의 지도자 중 누가 최고의 모범인지를 토론했다.¹⁰ 맨해튼의 이 호화로운 집에서 리콴유는 블라디미르 푸틴Vladimir Putin이라는 예상치 못한 대답을 했다.¹¹ 소련이 혼란 속에 붕괴한 이후 러시아를 안정시켰다는 이유에서다. 달리오에게는 완벽한 비교 대상이었을 것이다. 그 역시 격동의 시간을 거쳐 브리지워터를 안정시켰기 때문이다.

달리오는 강박에 가까울 정도로 푸틴을 만나고 싶어 했다. 그는 고객서비스팀에 자신과 푸틴을 연결해달라고 요구했다. 알고 보니 이는 예상보다 어려운 일이었다. 푸틴은 미국의 사업가들에게 관심이 없었고, 이는 아무리 유명한 브리지워터 창립자라도 예외가 아니었다. 그래도 달리오는 건너 건너 연락을 시도하며 만남을 타진하려 노력했다. 그는 푸틴의 가장 가까운 동맹자 중 한 명인 게르만 그레프Herman Gref를 브리지워터 본사로 초대했다.¹² 러시아 국영 은행 스베르방크Sberbank의 최고경영자였던 그레프는 2015년 봄 소규모 수행팀과 함께 미국에 도착했다. 그는 마치 납치당하듯 곧장 달리오에게 인도되었다. 달리오는 브리지워터의 직원 평가 도구를 선보이고, 브리지워터의 모든 것이 엄격한 규칙에 따라 운영된다고 설명했다. 그리고 러시아에도 비슷한 시스템을 구축하겠다고 제안했다. 흥미가 생긴 그레프는 휴양도시 소치에 있는 푸틴의 궁전에서 달리오를 푸틴 대통령에게 소개해줄 수도 있다는 가능성을 시사했다.

달리오는 그 후 며칠간 설레는 마음을 억누를 수 없었다. 그러나 그가 팀원들에게 새 소식을 물을 때마다 푸틴 대통령과의 만남이 또다시 연기되었다는 답변만 돌아왔다. 퇴짜 맞은 달리오는 저 멀리 동쪽, 또 다른 해외의 독재국가로 시선을 돌렸다.

∴

달리오는 중국이 서방 사업가들의 주된 목적지로 부상하기 훨씬 전, 아직 신흥국일 때부터 수십 년간 그 나라에 매료되어 있었다. 그는 중국에서 자기 관심사의 완벽한 조합을 발견했다. 집산주의 사회의 문화에서는 시민들이 장기적 보상을 약속받는 대신 국가와 국가법을 우선시하고 개인의 단기적 이익과 만족을 미뤄야 했다. 달리오는 브리지워터 직원들과 함께 녹화한 2019년 영상에서 이렇게 말했다.[13] "단순한 호기심으로 시작된 일이었지만 나는 중국인들의 성격, 그리고 그들이 가치 있게 여기는 관계의 유형을 정말 좋아하고 존경하게 되었다." 인터뷰 후반부에는 이렇게 덧붙였다. "그곳은 독재 체제가 아니냐, 당신은 민주주의 체제보다 독재주의 체제가 더 좋냐 등 반문할 사람도 있겠지만, 이는 각자 알아서 판단할 일이다. 이러한 일부 단점 때문에 중국을 특이한 곳으로 바라봐선 안 된다. 전체 그림을 봐야 한다. 중국식, 유교식 접근 방식에는 나름의 장점이 많다고 말하고 싶다."

중국식 사고방식과 달리오의 사고방식은 적잖게 통하는 면이 있었다.

달리오는 1984년 아내를 포함한 소규모 일행과 함께 처음 중국을 방문했다.14 엄청난 재력의 집안에 장가든 하버드 경영대학원 졸업생에게 중국 여행은 정말 놀라운 경험이었다. 달리오와 일행은 나중에 부동산, 은행, 금속 및 기타 여러 분야의 사업을 운영하게 될 거대 국영기업 CITIC의 대표들을 만났다. 그러나 그 시대에는 달리오가 다른 행성에서 온 사람같이 보였을 것이다. 그는 미국산 계산기를 선물로 건넸다. CITIC 경영진으로서는 생전 처음 보는 물건이었다. 달리오는 사무실 창가에 서서 주변의 전통적인 저층 주거지, 즉 후통胡同을 가리키며 곧 그 자리에 고층 빌딩이 세워질 것이라고 말했다. 그러자 CITIC 경영진은 그에게 "당신은 중국을 몰라요"라고 말했다.

달리오는 외국인을 강하게 불신하는 이 나라를 계속 방문하고, 배우고, 진출해 나갔다. 그는 셋째 아들이 11살이 되자 그를 베이징으로 보내 현지 가족과 함께 지내며 현지 학교에 다니게 했다.15 생활환경은 매우 열악했다. 그 가족이 사는 아파트는 일주일에 두 번만 온수가 공급되었고, 학교는 1년 내내 난방이 되지 않아 학생들은 외투를 입고 수업을 들었다. 달리오는 아들을 보러 중국을 방문했고, 두 사람은 자금성에 가 높이가 약 2미터 되는 인민공화국 건국자 마오쩌둥毛澤東의 사진 앞에서 햇빛에 눈을 찡그리며 사진을 찍었다.16 그들은 그 지역에서 유일한 서양인이었다.

아들이 중국으로 돌아가고 싶다는 뜻을 더 자주 내비치자, 달리오는 사업과 사생활을 결합하기 시작했다. 아들이 중국 장애 아동들을 위해 고아원을 짓는 중국돌봄재단China Care Foundation이라는 자선

사업을 시작하게 도왔을 뿐 아니라, 돈은 많지만 폐쇄적인 중국 정부 기관들로부터 투자금을 모으려는 노력에 박차를 가했다. 그는 정부 대표들과의 회의에서, 그들이 브리지워터에 투자할 경우 그 수수료가 단순히 미국으로 흘러가고 끝나는 게 아니라는 점을 강조했다. 달리오는 "당신들이 얼마의 수수료를 지불하든 나는 개인 돈으로 다시 중국에 기부할 것"이라고 말했다.[17] 그의 말발이 먹혔다. 브리지워터는 국부 펀드인 중국투자공사China Investment Corporation와 수조 달러 규모의 외환보유고를 관리하는 국가외환관리국State Administration of Foreign Exchange, SAFE 등 중국 정부 기관들로부터 100억 달러 이상을 조달했다.

브리지워터가 정부 기관들을 고객으로 맞이함으로써, 달리오는 남들은 잘 모르는 별세계로 진입하게 되었다. 그는 훗날 중국 부주석이자 권력 2인자로 널리 알려지며 공산당 반부패 운동을 지휘한 왕치산王岐山과 친분을 쌓았다. 왕치산은 브리지워터에도 잘 맞을 법한 기질을 지니고 있었다. 부하 조사관들과 회의할 때 조사관들의 범법 사항이 담긴 서류 일체를 가져와 그들을 놀라게 했기 때문이다. 〈이코노미스트〉는 왕치산의 명백한 목표는 "집행자 본인들을 공포에 떨게 하는 것"이라며 "고위 관료의 비리를 적발하지 못하면… '직무유기'가 될 것"이라 덧붙였다.[18] 〈이코노미스트〉는 아마 중국에서 가장 무서운 사람이 왕치산일 것이라 했다.

달리오는 왕치산을 친구이자 영웅, 그리고 "선을 실현할 놀라운 힘이 있는 사람"이라고 불렀다. 두 사람은 달리오가 중국을 방문할 때마다 만나서 최소 한 시간 이상 철학과 세계 질서에 대해 이야기를 나눴다. 달리오는 과거 젠슨에게 준 것과 같은 책인 《천의 얼굴을 가진 영웅》을 왕치산에게 선물했다. 왕치산은 달리오의 가장 중요한 '원칙' 중 하나인 "고통 + 자기성찰 = 발전"을 지지한다는 말로 보답했다. 언젠가 그는 달리오에게 "갈등이 심각해지기 전에 해결된다면 영웅은 존재하지 않을 것"이라고 말했다.

달리오는 왕치산을 통해 중국 통치 체제의 복잡한 계략에 대해 알게 되었다. 중국은 이른바 사회 신용social credit 체제를 확장하고 있었다.[19] 이로써 정부는 무단 횡단 등 사소한 위법 사항까지 각 시민의 개인행동을 추적해 해당 데이터로 그들을 통합적으로 평가하고 누가 대출, 취업, 복지 혜택 등의 자격이 있는지 결정했다. 목표는 중국 정부의 표현대로 "성실의 문화"를 조성하는 것이었다.[20] 분명 달리오는 중국 체제에서 자신이 말한 근본적 진실과 투명성, 그리고 직원들을 성격과 외견상의 능력에 따라 나누는 평가 도구와 우후죽순처럼 생겨나는 소프트웨어 시스템과의 연결성을 발견했을 것이다.

중국 정부도 브리지워터처럼 여러 위원이 모여 시진핑習近平 주석에게 보고하는 일련의 위원회로 구성되었다. 최고 기구는 5년마다 소집되는 전국인민대표대회였고, 그다음은 거의 매년 소집되는 중앙위원회가 뒤를 이었다. 평상시 권력은 공산당 정치국, 그리고 사실상 국가를 운영하는 시 주석의 정책 결정 기관인 정치국 상무위원회에 있었다. 시 주석은 자신에 대한 충성심을 재확인하기 위해 정치국에 정기적으로 '자아비판' 운동에 참여하라고 지시했다.[21] 정치국 상무위원은 단 7명이었고, 달리오의 친구 왕치산도 그중 한 명이었다.

2015년 달리오는 중국 체제에서 영감을 받아 그 일부를 코네티컷주에서 재현하기로 했다. 그는 고객이나 대중에 알리지 않은 채, '원칙'에 따라 회사를 재편할 젊은 직원들을 내부에서 모집했다. 이 근사한 일거리는 달리오에게서 확실한 점수를 딸 기회였다. 달리오의 도우미 자리에 지원한 사람들은 그 명칭도 노골적이며 보는 사람을 아찔하게 하는 새로운 집행 기구에 배정되었다. 이들 원칙 대장The Principles Captains은 달리오의 강령을 가장 잘 숙지했다고 평가된 사람들이었다. 그들은 사내 곳곳에 퍼져 각 직원이 매일 '원칙'을 준수하는지 평가했다. 감사관The Auditors은 달리오가 직접 관리하지 않는 관리자들을 감시했다. 또 감독관The Overseers은 달리 정해진 책무는 없이 그저 이들 신생 집단의 부정행위를 달리오에게 보고했다.* 한 직원은 "최악의 상황은 내가 문제를 알기도 전에 감독관이 먼저 문제를 찾아내는 것"이라고 말했다.

달리오의 새로운 창조물 중 가장 중요한 것은 이른바 정치국Politburo으로,22 이 명칭은 중국공산당의 의사 결정 기관에서 차용한 것이나 처음 고안한 건 러시아 볼셰비키들이었다. 브리지워터의 정치국 상무위원 20여 명은 대부분 20~30대였다. 이들은 달리오에게 직접 선발되어 회사 전체에 걸쳐 조사를 수행할 막대한 권한을 부여받았다. 정치국의 형식적 권한은 분쟁 판결이었지만 그들은 종종 새로운 분쟁을 부러 만들었다. 위원들은 초대받지 않은 회의에 불쑥 참석하거나 회의 후 녹음 내용을 듣고 동료들을 평가했다. 그리고 반대 의견자가 있으면 달리오의 귀에 닿기도 전에 잡아서 진압했

---

* 달리오의 한 변호사는 이 팀들의 업무는 중첩되는 부분이 있었으며 "직원들의 질문에 답하고 그들을 지도하는 것이 주 임무"였다고 말했다.

다. 달리오의 꿈이 현실이 되었다. 이제 브리지워터 창립자의 눈과 귀는 어디에나 있었다.

∴

젠슨은 갑작스레 성장하는 이 새로운 기구들을 경각심을 품은 채 지켜보았다. 그들은 젠슨의 미래를 위협하는 또 다른 요소였다.

달리오가 새로운 작품을 내놓을 때마다 40세의 후계자는 최종 보상에서 점점 멀어졌다. 6년 전 달리오는 젠슨을 후계자로 발표했지만, 이제 달리오는 그 어느 때보다 더 깊이 회사 일에 관여하고 있었다. 외부 세계에서 보면 아무것도 변하지 않은 것 같았다. 젠슨은 여전히 CEO였고, 회사의 베테랑 중에 그만큼 브리지워터에 오래 재직한 사람은 없었기 때문이다. 그러나 최고의 자리로 올라가던 그의 행로는 분명 방향이 꺾였다. 젠슨은 20년 가까이 달리오를 보필했지만, 이제 달리오의 새 위원회들이 (사실상 달리오만이 휘두를 수 있는 신무기인) 무기화된 '원칙'의 대변인이 되었다.

2015년이 되면서 젠슨은 점점 더 심한 압박을 받았다. 브리지워터의 투자 실적이 실시간으로 뜨는 그의 컴퓨터 모니터는 유로화 역베팅으로 한 해를 힘차게 시작한 후 쭉 내리막을 향하는 추세선을 보여주었다. 기적의 양식은 서서히 소모되고 있었고, 이는 달리오가 세계경제를 어둡게 예측하여 불러온 또 하나의 피해였다. 그해 3월, 달리오는 고객들에게 대공황 말기와 유사점이 보인다고 했다. 공동 집필한 한 고객 보고서에 "현재 1937년과 비슷한 점이 엿보인다"라고 전했고, 이 글은 언론까지 도달했다.[23] 달리오는 1937년 주식시장이 1년 안에 50퍼센트 이상 폭락했다며, 같은 일이 곧 재현될 수 있다고 꽤 직접적으로 예측했다. 그러나 그렇게 되지 않았다. 젠슨의 컴퓨터 모니터는 달리오의 암울한 전망에 따라 쭉 불황에 베팅해온 퓨어 알파의 성적표를 보여주고 있었다. 봄이 여름으로 넘어가면서 브리지워터의 자금은 슬슬 소진되었고, 성공적인 한 해가 될 줄 알았던 그해는 기껏해야 평범한 해로 바뀌어갔다.[24]

달리오는 비관론을 고수했다. 그의 말마따나 위험이 도사리고 있었다. 그의 믿음은 7월에도 확고부동했고, 그달 중국 주식시장은 폭락하여 상해 종합지수 시가총액의 3분의 1이 증발했다. 자신이 잘 안다고 생각했던 국가의 시장이 하락하자 달리오는 충격에 빠졌다. 그는 고객에게 보내는 새 보고서에 "중국에 대한 우리 관점을 수정하고자 한다. 이제 안전한 투자처는 없다"라고 썼다.[25] 그는 또 한 번의 대대적 부채 축소 가능성을 제기했다. "이 악재는 주식으로 돈을 잃지 않은 사람에게도 심리적 영향을 미치고, 그 결과 경제활동에도 암울한 영향을 미칠 것이다." 이 보고 역시 언론에 퍼졌고, 언론은 대체로 이를 베이징의 재앙 신호로 받아들였다.

달리오의 발언은 그가 수십 년 동안 미국과 다른 서방 경제에 대해 말해온 내용과 다르지 않았다. 그러나 중국에서는 다르게 받아들였다. 한 국가의 경제 비판은 곧 그 국가 자체에 대한 비판인 데다가 비판자가 외국인, 특히 해당 국가 전문가라고 자칭하는 사람이라면 더 용납될 수 없었다. SAFE와 CITIC의 대표자들은 브리지워터에 전화해, 자신들이 브리지워터와 거리를 두라는 압력을 받고 있다고 경고했다. 달리오는 중국의 고위 정부 관리들에게 연락해 자신은 여전히 중국 지도자들을 매우 존경한다고 변명해야 했다. 회사의 컴퓨터 네트워크가 비정상적으로 느려지자 브리지워터 기술팀은 중국 해커들이 보복을 하는 건 아닌지 의심했다.[26]

달리오는 단 하루 만에 홍보팀에 자신의 이전 보고를 철회하는 성명을 발표하도록 지시했다.[27] "브리지워터의 고객 보고서는 비공개 서신이며 앞으로도 비공개로 유지될 테지만, 레이 달리오와 브리지워터의 입장이 워낙 현격히 바뀌었기에 이 지면을 통해 입장을 명확히 표하고자 한다"라는 내용이 포함된 성명이었다. 하지만 물은 이미 엎질러졌다. 브리지워터에 다시 찾아온 전성기는 빠르게 궤도를 벗어나기 시작했다.

∴

중국 사건 이후 달리오는 눈에 띄게 동요하고 분노했다. 자신의 발언이 한바탕 파문을 일으켰다는 사실을 받아들이지 못한 건지 받아들일 의사가 없었던 건지, 회의 때마다 그는 언론이 중국을 오랫동안 후원해온 자신을 중국의 고통을 틈타 재빨리 한몫 챙기려는 많은 트레이더 중 한 명으로 취급한다고 역정을 냈다. 달리오는 다시 경제 전문의를 자처하며, 자신은 사실에 근거해 합리적인 진단을 내릴 뿐이라고 말했다. 브리지워터 내부인 중 누구도 그에게 의사라면 환자의 건강 상태에 베팅하지 않는다고 감히 일러주지 못했을 것이다. 브리지워터는 종종 중국 위안화에 매도나 매수 포지션을 취하는 방식으로 수익을 창출해왔다.

그 후 며칠 동안 안 그래도 다혈질인 달리오는 더 예민해졌다. 그는 브리지워터 본사의 두 건물을 연결하는 실내 통로를 걷던 중 연한 나무 바닥에 희미하게 팬 자국을 발견했다. 조사를 명하니, 돌아온 답변은 움푹 들어간 자국이 하이힐 때문이라는 것이었다. 달리오는 즉시 새로운 규칙을 정하고 회사 전체에 이메일로 통지했다. 이제 브리지워터에서 하이힐 착용은 금지되었다.[28]

달리오는 바닥 흠집 문제를 몸소 해결하면서 브리지워터가 열악한 현실에 처했다는 걸 다시금 깨달았다. 2015년 추수감사절 무렵, 달리오는 젠슨을 포함한 최고 임원들과 새 고위 임원 컬프를 다 같이 회의에 불렀다. 그는 컬프에게 이 회사를 바로잡기 위해 달리오의 새로운 '원칙' 집행 기구들을 어떻게 활용할 것인지 계획을 물었다. 그러나 컬프는 완전히 의외의 답변을 내놓았다. 그는 책임과 직위가 모호하고 하루 종일 남들의 녹취 테이프를 들으며 함정수사에 골몰하는 인력이 너무 많다고 지적했다. 그러니 이제는 '원칙' 인력을 자꾸 더하지 말고 빼라고 조언했다. 책임자를 한 사람만 두고 그에게 어느 정도 자율성을 주자는 얘기다. 달리오는 근 10년 동안 정반대로 해왔다.

달리오는 문제는 분명 컬프라고 대답했다. 컬프는 브리지워터 관리 시스템의 수준 높은 특성을 이해하지 못했다. "자네는 개념적 사고가 부족해."

달리오는 컬프를 해고하고 자리를 떴다.*

---

* 컬프는 이후 제너럴일렉트릭의 CEO가 되었다. 그는 브리지워터에서 근무한 사실을 공개적으로 확언하지도, 이곳에서의 경험을 이야기하지도 않았다. 제너럴일렉트릭에서의 그의 공식 프로필에는 브리지워터 근무 경력이 기재되지 않았다.

컬프는 참석자들이 또 한 번의 공개 교수형을 조용히 받아들이는 광경에 어안이 벙벙했다. 그는 솔직한 피드백을 높이 평가한다는 사람에게 솔직한 의견을 제시했다가 갑자기 쫓겨나게 된 것이다.

이런 영화를 여러 번 봐왔던 젠슨이 혼란을 수습하기 위해 나섰다. "레이를 상대하는 건 까다로울 수 있어요." 그가 컬프에게 말했다. 그는 달리오가 회사가 돌아가는 방식, 즉 '원칙'이 현실에서 어떻게 적용되고 있는지 모르고 있다고 설명했다. 또 젠슨은 컬프에게 달리오가 회사 열쇠를 넘겨주기를 끝없이 기다리는 자신만큼 좌절한 사람은 없을 것이라고도 털어놨다.

컬프와 이야기한 지 얼마 안 되어 젠슨은 한술 더 떠, 웬만한 분별력으로라면 신뢰하지 말았어야 할 한 사람에게 다가갔다. 게다가 장소도 최악이었으니, 경영위원회의 한 평범한 (그리고 녹화되어 나중에 전 직원이 볼 수 있는) 회의가 열린 회의실이었다. 회의 직후 젠슨은 아일린 머레이를 옆으로 끌고는 "레이는 미쳤어요"라고 말했다. 그리고 달리오 없이 우리 둘이 회사를 훨씬 더 잘 운영할 것 같다고 했다.

젠슨의 말에는 수년 동안 쌓인 불만이 담겨 있었다. 그러나 젠슨은 브리지워터가 더 이상 예전 같지 않다는 걸 미처 깨닫지 못했고, 이 불찰은 앞으로 그를 계속 따라다니며 괴롭히게 된다. '원칙'은 이제 달리오의 수양아들이 통제할 수 있는 것이 아니었다. 일단의 직원들로 구성된 하나의 군대가 잠재적 이단자를 진압하는 임무를 맡고 있었다. 불과 며칠 만에 그들에게 젠슨과 컬프의 사담이 녹음된 테이프가 전달되었다. 머레이 역시 아마 젠슨과 제임스 코미의 합작

재판 때문에 젠슨에게 이를 갈고 있었기 때문인지, 달리오가 녹취 테이프를 확실히 듣기를 바랐다.

한 젊은 직원이 이 잡담 기록을 달리오에게 다음 한마디와 함께 보냈다. "대표님의 후계자가 대표님을 뒤에서 험담했습니다." 이는 '원칙'의 중대한 위반이었다.

달리오는 정치국에, 자신의 오른팔을 총력을 기울여 공격하라고 지시했다.

∴

하룻밤 사이에 달리오와 젠슨의 분열이 브리지워터를 발칵 뒤집었다. 달리오는 젠슨에게 회사 역사상 유례없는 재판을 실시했다. 달리오는 신임 '원칙' 신봉자들로 회의실을 가득 채우고, 얼마 전까지만 해도 자신의 확실한 후계자로 보였던 한 남자를 맹렬히 공격했다.

몇몇 동석자들의 회상에 따르면, 달리오는 "그레그는 뺀질뺀질한 족제비야"라고 말했다.

그 말은 딱히 틀린 것도 아니었다. '원칙'에서는 누군가를 뒤에서 험담하면 고자질쟁이 족제비라고 명시했기 때문이다. 전에는 이 지침을 위반한 사람들이 해고되었을 정도로, 이는 가능한 위반 사항 중 최악에 해당했다. 그리고 젠슨이 한 말은 그냥 잡담이 아니었다. 그는 마치 자신은 잡히지 않을 것처럼 용감무쌍하게 달리오를 헐뜯었다.

젠슨은 가까운 지인들에게도 밝혔듯, 자신이 옳은 말을 했다고 생각했다. 컬프에게 말한 그대로, 달리오는 분명 종종 까다로운 사람이 되니까. 그리고 젠슨이 머레이에게 한 말이 진심이라면 그는 달리오의 끊임없는 간섭 없이 자신과 머레이가 회사를 더 잘 운영할 것이라는 자기 생각을 그대로 말했을 뿐이다. 이렇게 젠슨은 달리오에게 자신이 '원칙'의 창시자가 의도한 대로 '원칙'을 해석했다고 항변했다. '원칙'이 진정 그 가치가 있다면, 주인을 퇴위시킬 목적으로도 쓰일 수 있을 것 아닌가.

그래서 젠슨은 달리오에게 이 말들이 그냥 진실이 아니라, 달리오가 모두에게 공개적으로 공유하도록 장려한 유형의 진실, 즉 냉혹한 진실에 해당한다는 논리를 내세웠다. 또 그는 이전에 직접 달리오에게도 다 했던 말이지 않냐고 반문했다. 나아가 젠슨은 달리오가 자주 언급했던 대로 경영권 이양 계획을 지금까지 잘 지켰는지 여부를 동료들의 투표에 부치자며 반격을 시도했다.

달리오는 젠슨의 제안을 하나도 받아들이지 않았다. 그는 젠슨의 투표 요청을 어물쩍 넘겨버렸다(한 동석자의 회상에 따르면 달리오는 "젠슨이 옳을 수도 있고, 틀릴 수도 있다"라고 말했다 한다). 달리오는 정치국에 투명성 라이브러리에 저장된 젠슨의 녹취 기록을 뒤져 그가 이전에 달리오를 뒷담화한 증거가 있는지 찾으라고 명령했다. 그리고 그 영상들이 담긴 일련의 테이프를 모아 회사 전체에 유포하도록 했다. 정치국은 그 수많은 증거를 직원 수백 명에게 전송했고, 이를 통해 많은 사람이 두 사람 간 불화의 이력을 알게 되었다. 또 달리오는 젠슨을 사적으로 따로 불러, 제임스 코미가 젠슨과 홀랜드의 관계를 조사한 테이프는 공개된 적이 없음을 잊지 말라고 귀띔했다. 이 조사는 여전히 극소수만 아는 비밀 합의로 남았다.

상황은 금세 젠슨에게 불리하게 돌아갔다.

젠슨은 이전에도 많은 사람이 그랬듯, 결국 눈물을 흘렸다. 재판이 진행되던 어느 날, 그는 카메라가 돌아가기 시작하자 달리오 앞에서 읍소했다. "브리지워터는 제게 전부이고, 저는 이곳을 사랑합니다. 제가 잘못을 저질렀다 해도, 그럴 의도는 전혀 없었음을 알아주셨으면 합니다."

젠슨의 고통을 담은 테이프는 달리오의 지시에 따라 브리지워터 내부의 특정 팀들에만 전송되었다. 그중에는 투자팀도 포함되어서, 젠슨의 부하 직원들은 직속 상사이자 롤 모델이 고통스러워하는 모습을 반강제로 지켜봐야 했다. 이를 본 한 직원은 "지금까지 이토록 슬프고 처절한 젠슨의 모습을 본 사람은 아무도 없었다. 세상에, 젠슨이 정말로 울고 있었다"라고 회상했다.

달리오는 젠슨을 브리지워터에서 해고할 수도 있었다. 다른 사람들은 훨씬 사소한 이유로도 해고되었다. 하지만 젠슨은 특별한 존재였고, 달리오의 가족이나 마찬가지였다. 따라서 달리오에게 더 유용한 이야기 전개 방식은 젠슨의 약점을 한 젊은 남자가 영웅으로 성장하는 여정에서 겪는 시련의 일부로 설정하는 것이었다. 즉, 이 젊은 남자는 깊은 나락에 빠지지만 다시 일어선다. 다른 누구도 아닌 젠슨이 밑바닥까지 갔다가 재기할 수 있다면, 남들도 누구나 벼랑 끝에 몰린 상황에서도 끈질기게 버틸 용기를 얻게 되지 않겠는가. 이처럼 젠슨이 문제를 헤치고 나아간다는 이야기 전개 방식은 브리지워터에서 압박 속에 일하는 누구에게나 귀감이 될 수 있었다.

달리오는 탈무드식 타협이라면서, 젠슨의 최고경영자 직위는 박탈하되 공동 최고투자책임자로 남겨두었다. 젠슨에겐 확실히 명성의 추락이었다. 언론은 달리오의 예비 후계자가 충격적으로 강등되었다는 사실을 보도했다.

젠슨은 직원들에게 계획에 없던 휴가를 간다는 말을 남기고 떠났다. 그는 몇 년 만에 가장 긴 휴가를 보내기로 했다.

많은 직원들은 젠슨이 언제 돌아올지, 과연 돌아오긴 할는지 알 수 없었다. 어떤 사람들은 그가 머릿속을 정리한 후 브리지워터 생활과 달리오를 견디며 살기엔 인생이 너무 짧다는 결론을 내릴 것이라고 생각했다. 하지만 젠슨은 그냥 방탕하게 술 마시고 놀았다. 라스베이거스로 날아가 저녁 내내 포커를 쳤다. 그는 가족에게 언제 온다는 기약도 없이 집을 나섰다. 친구들에게는, 일단 돌아온다면, 달리오를 향한 감정이 결코 전과 같지 않을 것이라는 언질을 남겼다.

젠슨이 없는 동안 달리오는 자신만의 놀라운 작업에 착수했다. 일부 영상과 문서는 정치국 등 몇몇 부서에만 공유되었기에 달리오와 젠슨 사이에 충돌이 있었다는 정도로만 아는 직원들도 많았고, 브리지워터 안팎으로 여러 소문이 떠돌았지만 대개 달리오나 '원칙'에 우호적이지 않은 내용들이었다. 달리오는 브리지워터가 근본적 투명성을 갖춘 곳이라고 수년 동안 주장해 왔다. 하지만 회사의 1인자와 2인자가 충돌했는데 그 자세한 내막을 선택된 소수만 안다면, 달리오의 말이 어떻게 사실일 수 있겠는가?

그래서 달리오는 비상사태를 선포했다. 말 그대로 '계엄령'이 내려지는 순간이었다.²⁹ 동시에 그는 자신이 주장한 신성불가침의 신념을 사실상 뒤집는 새 '원칙'을 제정했다.³⁰

"근본적 투명성은 해당 문제에 책임감 있게 대처할 사람에게만 적용하고, 그러지 못할 사람들에게는 적용하지 않는다."

이 '원칙'은 달리오와 젠슨 간 최후의 결전에도 소급 적용되었다. 직원들은 여전히 젠슨이 어디로 사라졌는지 오리무중이었고 투명성 라이브러리에서도 단서를 찾을 수 없었다. 달리오의 말마따나 브리지워터 전 직원 중 사건의 전말을 알아도 될 만큼 '신뢰할' 수 있는 사람은 약 10퍼센트에 불과했다. 나머지는 미덥지 못한 부류에 속했다.

또한 달리오는 남몰래 약 20명으로 팀을 구성해 '원칙'을 보강할 새로운 사내 헌장을 작성하게 했다.³¹ 헌장은 일상에서 어떤 의견 불일치가 토론의 대상이 되고 어떤 사안이 투표 가능한지를 명시했다. 이 헌장은 차기 브리지워터 CEO에게 특별한 권한을 부여했는데, 이 권한은 젠슨의 손엔 영원히 닿지 않을 것으로 보였다. 달리오가 젠슨은 두 번 다시 CEO가 될 수 없다고 헌장에 못 박았기 때문이다.³²

존재의 방식
The Way of Being

운전기사가 딸린 한 SUV가 멕시코의 반데라스만을 따라 울퉁불퉁한 길을 1시간째 달리고 있었다. 뒷좌석의 남자는 몸은 옴짝달싹 못해도 마음은 경치에 감탄했다.

푸에르토 바야르타로 가는 대륙 횡단비행을 마친 그레그 젠슨은 당장 술 한잔이 당겼을 것이다. 그는 이마에 송골송골 땀이 맺힌 채 SUV에서 내려 대리석 계단을 따라 아이팟이 탄생한 바로 그 집으로 들어갔다.

그곳을 '집'이라고 부른다면 과소평가일지도 모르지만, 소유주인 존 루빈스타인Jon Rubinstein의 표현대로 '목장'이라고 부르는 건 다소 거짓된 겸손이었다. 1만 6,000제곱피트(약 450평. – 옮긴이) 규모의 부지에는 침실 7개, 60미터 거리의 해변가, 여러 개의 수영장 그리고 고용인 거주 공간이 딸려 있었다.[1] 젠슨은 손님용 공간에 머물렀고,

아침에 일어나면 앞뜰에 박힌 사람 크기의 조각상과 마주쳤다.

젠슨은 브리지워터에서 멀리 벗어날 구실이 생겨 기분이 좋았을 지도 모른다. 하지만 여행이 근사한 건 둘째 치고, 그는 달리오에게서 특히 굴욕적인 임무를 부여받았다. 루빈스타인이 브리지워터의 다음 CEO로 합류하는 것을 심사숙고하는 동안 그의 환심을 사기 위해 멕시코로 파견된 것이다. 달리오의 지령은 마치 전 여자 친구에게 새 여자 친구를 소개해달라는 모양새였다.

루빈스타인은 세상의 모든 선택권을 다 가진 사람의 삶을 살았다. 성인식 이후로 조금도 변하지 않은 듯한 그는 큰 키에 마르고도 다부진 남자로, 젠슨보다 18살 연상이었다. 그는 애플에서 명성을 쌓았고, 스티브 잡스의 첫 아이팟 개발에 도움을 주었다 해서 팟의 아버지Podfather라는 별명을 얻었다. 그러나 세월이 흐르자 애플 내부에서는 현실적이고 다소 성가시며 모난 사람이라는 평가를 받았다. 그는 애플 제품의 디자인 개선안에 제작이 너무 어려울 것이라는 이유로 반대하다가 잡스를 비롯한 애플 임원진과 험한 말이 난무하는 말다툼을 벌였다. 잡스는 16년을 함께한 루빈스타인의 자아가 너무 강하다고 판단했고, 두 사람은 결별했다. 잡스는 "루빈스타인은 깊이 파고드는 법이 없고 적극적이지도 않았다"라고 말했다.[2]

루빈스타인은 애플에서 직전 3년 동안 8,300만 달러 상당의 스톡옵션을 받았다. 그 돈으로 목장을 마련했다.

애플을 나온 후 루빈스타인은 과거의 영광에 필적할 또 다른 히트작을 만들기 위해 고군분투했다. 그는 경쟁 휴대전화 제조업체인 팜Palm의 CEO로 자리를 옮김으로써 잡스와의 관계 회복 여지를 사실상 불살라버렸다(그 후 두 사람은 다시는 대화하지 않았다3). 그러나 팜의 모바일 진출 노력은 고꾸라졌고, 루빈스타인은 팜이 휴렛패커드에 매각되자 팜을 떠났다. 그 이후로 루빈스타인은 말 그대로나 비유법으로나, 해변에 머물렀다on the beach('실직했다'란 뜻도 있음. - 옮긴이). 그로 인해 루빈스타인은 숱하게 물갈이되는 브리지워터 임원진의 다음 후보로 완벽한 표적이 되었다.

달리오는 루빈스타인의 평탄치 못했던 경력 후반에 대해 몰랐거나 특별히 관심이 없었을 수도 있다. 혹은 아예 그에 대해 아는 바가 없었을지도 모른다. 그러나 루빈스타인이 스티브 잡스의 영향을 받았다는 건 확실히 알고 있었다. 게다가 루빈스타인을 고용하자는 아이디어는 마이크로소프트의 전 최고전략책임자이자 빌 게이츠의 믿음직한 오랜 친구 크레이그 먼디에게서 나왔다. 먼디는 브리지워터에 와서 부회장이라는 새 직함을 부여받았다. 이러한 기술 거물들은 달리오가 마침내 '원칙'을 범용 소프트웨어로 전환하게 도와줄 적임자들이었다.

루빈스타인은 기꺼이 도전할 의향이 있었다. 첫 2년간 5,000만 달러의 보상이라면 브리지워터에 일주일 내내 출근해도 괜찮았다. 래리 컬프와 달리 그는 CEO 역할의 분담에도 거부감이 없었다(그는 아일린 머레이와 공동 CEO가 될 예정이었다). 루빈스타인은 브리지워터에서 지극히 중요한 아이패드 등급제 시스템을 포함해 기술을 책임지기로 했다.

젠슨은 웨스트포트에 희소식을 전할 채비를 마치고 루빈스타인의 목장을 떠났다.

∴

존 루빈스타인은 젠슨이 달리오와 결전을 치르고 휴가에서 돌아온 지 불과 몇 주 뒤인 2016년 5월 브리지워터에 처음 출근했다. 그는 오자마자 자신의 계획대로 되지 않으리란 걸 직감했다. 젠슨을 무너뜨린 후 기세가 오른 달리오는 루빈스타인의 예상보다 훨씬 더 오지랖이 넓었다. 루빈스타인이 보기에 멕시코에서는 꽤 사교적인 사람이던 젠슨은 회사 안에서는 거의 몰라보게 딴사람이었다. 회의 때면 슬그머니 늦게 들어오고 달리오와 거의 눈도 마주치지 않았다.

루빈스타인은 먼저 방향을 잡고 적응기를 거치기 위해 달리오에게 일을 조용히 시작하고 싶다고 말했다. 하지만 젠슨의 강등이 언론의 머리기사들을 장식하는 바람에 여전히 속이 쓰렸던 달리오는 분위기 반전의 기회를 노리며 다른 계획을 세웠다. 그는 부하들에게 이번에 새로 온 임원을 소개하는 고객 서신을 작성하게 하고, 홍보팀에 이 내용을 기자들에게 흘리라고 지시했다.[4] 해당 발췌문은 전 세계 신문에 실렸다.

서신에는 이렇게 적혀 있었다. "브리지워터에서는 기술이 두루두루 중요합니다. 특히 향후 몇 년 동안 우리가 구상할 주요 전략 중 하나가 그간 우리의 투자 영역에서 매우 빛을 발한 체계적 의사 결정 시스템을 계속 개발하고 경영진까지 확장하는 것이기 때문입니다."

루빈스타인에겐 세계 최대 헤지펀드에서 명망 높은 직무를 맡게 되어 축하한다는 전화가 빗발쳤다.

루빈스타인은 마치 머리부터 다이빙하듯 브리지워터의 기술 문제 해결사로 곧장 투입될 줄 알았다. 하지만 그는 아이패드를 건네

받고 개인별 '원칙' 오리엔테이션으로 직행해야 했다. 브리지워터 직원들이 줄줄이 그에게 회사 강령을 주입하는 동안 루빈스타인은 황당한 표정으로 앉아 있었다. 이어서 그들은 달리오를 포함한 고위 간부들이 직원들을 진단하고 취조하는 슬라이드와 영상을 보여주었다. 루빈스타인은 그걸 보자마자 정이 떨어졌다. 그의 전 상사인 잡스는 거칠다는 악명은 있었을지언정 최소한 자기 행동이 어떤 고상한 철학에 기반한다고 주장한 적은 없었다. 며칠간의 교육 후 루빈스타인은 모든 신입 사원의 필수 코스인 '원칙' 시험을 똑같이 치렀다. 그는 솔직하게 답했고 이후 낙제 통보를 받았다. 그는 새로 만난 한 동료에게 "여기는 총체적 난국이군요"라고 말했다.

달리오는 귀하게 모셔온 신입 임원이 오리엔테이션 중 난관에 봉착했다는 소식을 듣고 잠시 그와 직접 대화하겠다고 나섰다. 브리지워터 창립자가 애지중지하는 근본적 정직성의 실체를 모두 알게 된 루빈스타인은 자기 의견을 피력하기로 결심했다.

"레이, 당신의 '원칙'은 375개입니다. 그건 원칙이 아니죠. 토요타의 원칙은 14개이고, 아마존도 14개입니다. 성경에는 십계명이 있고요. 375개나 되는 게 무슨 원칙입니까? 무슨 사용자 설명서도 아니고."

달리오는 자신을 탓하며 이렇게 말했다. "자네가 이토록 복잡한 시스템을 빨리 이해하리라고 기대한 게 내 실수였네. '원칙'은 단순히 암기하고 바로 흡수할 수 있는 성질의 것이 아니거든. '원칙'을 진정 이해할 유일한 방법은 '원칙'에 따른 삶을 사는 걸세. '원칙'은 한마디로 '존재의 방식'이라고 볼 수 있지."

이때 루빈스타인의 속마음은 이랬다. '젠장.'

∴

달리오가 원하는 대로 이야기 전개 방식을 바꿀 수단은 루빈스타인을 데려온 것 말고도 또 있었다. 전 애플 임원이 브리지워터의 현황을 탐사하는 동안, 브리지워터 창립자는 심기일전하여 자신의 이야기를 세상에 전달하고자 했다. 그런 그에게 다소 도움이 될 만한 기회가 찾아왔다.

루빈스타인이 합류한 2016년 5월, 달리오는 베벌리 힐튼 호텔에서 열린 밀켄 연구소Milken Institute의 화려한 연례 콘퍼런스에 무대 인터뷰를 제안받아 로스앤젤레스로 갔다. 그를 인터뷰할 사람은 하버드대 교수 로버트 케건으로,[5] 브리지워터를 방문한 후 자신의 저서에서 브리지워터를 치켜세우는 글을 쓴 바 있었다. 달리오는 먼저 브리지워터가 어떻게 겸손의 기업 문화를 키웠는지에 대해 일장 연설을 늘어놓았다("심리적으로만 어려울 뿐입니다… 보는 관점만 달리하면 굴욕은 곧장 즐거운 깨달음으로 바뀝니다. 고통이 즐거움으로 넘어가는 것이죠."). 케건은 흘깃 시선을 내려 질문지를 확인한 후 입을 열었다.[6]

"최근 밀레니얼 세대가 피드백을 더욱 선호한다는 연구 결과를 읽었습니다. 브리지워터는 밀레니얼 세대에 최적의 직장이 될 것 같군요."

달리오는 미소를 지었다.

케건은 달리오가 생각하기에 브리지워터가 가장 흔히 받는 오해가 무엇이냐고 물었다.

익숙한 질문이라 준비된 답변이 있는 듯, 달리오는 엷은 미소를 지으며 뒤를 힐끗 보았다. "흔한 오해 중 하나는 우리가 사이비 종교 집단이라는 겁니다."

부자 청중 가운데 몇몇 사람이 들어봤다는 듯 웃음을 터뜨렸다.

"그럼 사이비 종교 집단이 아닌 이유를 설명하신다면요?" 케건이 물었다.

"사실 우린 사이비 종교 집단의 반대죠. 독립적 사고 집단입니다. 구성원은 회사의 모든 사정을 투명하게 알아야 할 권리와 의무가 있습니다. 그것은 하나의 문화입니다." 달리오는 뒤에 "일종의 법체계와 비슷하다고 보시면 됩니다"라고 덧붙였다.

한편 본사에서 루빈스타인은 이곳에 체계라는 게 존재하긴 하나고 사람들에게 대놓고 묻고 다녔다. 브리지워터는 '원칙' 평가 시스템 개발에 수천만 달러를 쏟아붓고 있었지만, 루빈스타인이 그 실체를 알아내려 했을 때 들은 답변이라고는 그저 '신뢰도'를 측정한다는 말뿐이었다. 많은 사람들이 그 시스템이 전 IBM 과학자 데이비드 페루치의 비밀 셈법과 관련되어 있으며, 그의 연구팀도 그것이 어떻게 작동하는지 거의 아무에게도 가르쳐주지 않는다고 했다. 이 대답을 듣고 루빈스타인은 당황했다. 그는 평생 페루치 같은 연구원들과 함께 일했다. 그리고 그 경험에 의하면 대개 기업 소속 과학자들은 경영진이 듣기 괴로울 정도로 자신의 작업물을 지나치게 세세히 설명하기를 좋아하는 편이었다. 따라서 오히려 그들의 입을 다물게 하느라 진땀을 빼야 했다.

루빈스타인은 하급 직원이 아닌 만큼, 직접 페루치를 찾아가 대면했다. 인사를 나눈 후 루빈스타인은 가장 궁금했던 질문을 던졌다.

"신뢰도는 어떻게 산출하나요?"

페루치는 눈 맞춤을 피했다. "비밀입니다."

"왜요?"

"창피해서요."

루빈스타인은 몇 달이 더 지나서야 답을 알아내게 된다.

∴

신뢰도의 모든 것을 아는 그 주인공은 루빈스타인보다 훨씬 낮은 직위에서 고생을 떠맡은 채 자신의 입지를 지키려고 고군분투 중이었다.

폴 맥도웰은 루빈스타인, 먼디, 페루치 등 기술 전문가 삼인조가 합류함에 따라 설 자리를 잃을 위험에 처했다. 그는 종종 있는 '원칙' 교육 수업을 계속 이끌었고, 그 외에도 기술 책임자 역할과, 달리오가 브리지워터 문화와 도구를 고객이나 방문객에게 자랑할 때 비공식적 수행원 역할도 병행했다. 넉살스러운 천성과는 영 거리가 먼 맥도웰은 브리지워터 문화의 장점에 대해 발표할 때 태연한 표정을 유지하느라 애를 써야 했다. 그러나 달리오가 보기에 맥도웰은 때로는 이상적인 직속 부하였지만 때로는 성에 안 차기도 했다. 이제 맥도웰은 달리오 곁에서 꽤 오래 일해서 그의 비난에 내성도 생겼고, 외견상으로는 달리오의 동료로 봐도 될 만큼 나이도 제법 먹었다. 언젠가 맥도웰은 예비 고객인 국영 은행 스베르방크 관계자들 앞에서 프레젠테이션을 하다가 원격조종에 어려움을 겪었다. 달리오는 다들 보는 앞에서 그에게 "소심하기는"이라고 했다. 맥도웰은 속으로는 부글부글 끓었지만, 러시아 손님들에게는 이것이 달리오가 존재의 방식을 보여주는 예라고 설명했다.

상사와 함께 〈펀치와 주디Punch and Judy〉(영국의 전통 인형극. 제멋대로 구는 남편 펀치와 그에게 얻어맞는 아내 주디가 주인공. - 옮긴이)에 출연할 때를 제외하면 맥도웰은 소수의 팀원들과 함께 미래의 책을 완성하기 위해 필사적으로 노력했다. 브리지워터의 모든 인사 평가 및 관리 도구의 걸작 모음집이 될 이 소프트웨어 시스템은 몇 차례 이름이 바뀌었다. 한동안 달리오는 이를 아이원칙iPrinciples이라고 불렀으니, 이는 애플에 표하는 노골적 경의였다. 나중에는 프리OS PriOS라는 새 이름이 붙었다. 달리오는 고객에게 프리OS를 설명할 때 종종 자동차 내비게이션에 비유했다. 그는 프리OS가 작동도 아주 잘되고 안정적이어서 브리지워터가 기꺼이 유료로 제공할 의향도 있다고 말했다. 가격은 좀 비싸겠지만 말이다.

달리오는 한 고객과의 회의에서 빌 게이츠와 일론 머스크가 이 접근법을 시험해보고 인정했다고 자랑했다.[7] 그는 브리지워터의 창작물이 게이츠와 머스크, 그 외 다른 기업인들에게도 사용되고 나아가 미국의 모든 직장으로 확대되기를 바랐다.

달리오가 말했다. "GPS와 비슷한 방식으로 사용자를 대신해 의사 결정을 내릴 수 있습니다. 즉, GPS가 '우회전하세요', '좌회전하세요'라고 말하듯, 회사 경영에서는 '이 사람을 면접하세요', '저 사람을 해고하세요', '이 사람이 정직한지 확인하세요', '이 주제로 토론하세요'라고 말하는 거죠. 저는 이 접근법이 굉장한 가치를 발할 거라고 봅니다."

달리오는 본인처럼 프리OS도 감정에 휘둘리지 않는다고 말했다. "제가 일을 처리하는 방식은 전부 아이디어 본위의 능력주의에서 비롯됩니다. 저는 단지 최고의 아이디어가 승리하기를 원할 뿐입니다. 그게 꼭 제 아이디어가 아니더라도 좋아요. 저보다 더 잘 아는 사람에게 한 수 배우는 건 아주 기쁜 일이죠."

고객들이 물었다. "이 시스템은 누가 개발했나요? 전문가 누굴 데려오셨습니까?"

달리오가 대답했다. "제가 했습니다.[8] 비결은, 제가 무슨 일을 할 때마다 그 일이 무엇이고 왜 하는지를 적어둡니다. 그러면 다른 직원들이 이를 수식으로 변환해요. 놀라운 점은, 기계 자체도 진화하는 데다가, 그것이 제 두뇌와 거의 비슷한 수준만큼 진화하기 위해 뭘 해야 하는지도 알려준다는 겁니다."

달리오는 고객들에게 마치 프리OS가 완성 직전인 것처럼 이야기했지만, 맥도웰은 당연히 진실을 알고 있었다. 프리OS는 처참히 망했다. 예컨대 특정 단어가 '원칙'에 등장하는지 검색하고 관련 어구를 표시하는 등 극히 단순한 작업에는 작동했지만, 그 누구보다 특히 달리오가 선택하는 어휘는 예측 불가였다. 맥도웰은 마치 막다른 골목으로 굽은 도로를 달리고 비좁은 다리를 건너는 살벌한 자동차 비디오게임 속의 GPS를 프로그래밍하는 심정이었다.

프리OS의 완성이 늦어질수록 맥도웰의 상황은 점점 안 좋아졌다. 언제까지고 프리OS를 미룰 수만은 없었다. 달리오는 맥도웰에게 이번 경영위원회 회의에 가장 최근까지 완성된 시제품을 가져오라고 최후통첩을 내렸다. 이번 회의는 소수 정예로 구성되었다. 달리오, 젠슨, 페루치 같은 최고위직만 참석했으나, 나머지 직원들도 진행 과정을 볼 수 있게 촬영기사가 녹화했다. 이번 회의에서 달리오의 난타 대상이 누가 될지 모르는 이는 거의 없었다.

그날의 피해자는 금방 드러났다. 맥도웰은 탁자를 빙 돌며 각 경영위원의 아이패드에 최신 프리OS 소프트웨어를 깔았다. 이 도구는 특정 범주로 깊이 파고들어 가령 "진실한 삶의 태도"에서 낮은 점수를 받은 사람은 "시간에 따라 종합적으로 판단하는 능력"에서도 낮은 점수를 받을 가능성이 더 높은지, 그래서 그가 '원칙' 보충 교육을 받거나 아예 다른 직무를 배정받아야 하는지 등을 확인할 수 있어야 했다. 하지만 프리OS는 아직 기껏해야 초보적인 수준에 머물렀다. 수시로 먹통이 되어 실시간 평점 업데이트도 안정적으로 이뤄지지 않았다. 무엇보다 최악은 맥도웰이 이 일에 몇 년을 매달렸고 그동안 달리오와 기나긴 세월을 함께 보냈음에도, 여전히 달리오의 가치 기준을 체계화하지 못한 것이었다. 프리OS는 거의 무용지물이었다.

임원들이 아이패드를 들고 버벅거리는 모습을 몇 분간 지켜본 달리오가 상석에서 고함쳤다. "폴 맥도웰 나와!"

맥도웰은 탁자에 두 손을 얹고 발에 힘을 주며 겨우 버티고 섰다.

달리오가 말했다. "이 일은 자네 전문 영역이지. 근데 실패했어."

맥도웰은 어느 정도 수긍했다. 그는 달리오가 원하는 성과를 내지 못했다. 그가 말하지 않은 게 있다면, 달리오가 원한 것이 애초에 가능했는지조차 아리송했다는 것이다. 그러나 지금 이 자리에서 그 말을 했다간 분명 비극적 결말이 뻔했다. 대신 맥도웰은 '원칙'을 활용하기로 했다. 그는 '원칙'대로 드릴다운을 통해 자기 팀원 중 저성과자를 잡아냈다며, 이제 그에게 조치를 취할 예정이라고 했다. 다만 그가 누군지는 밝히지 않았다.

달리오가 물었다. "그 친구 월급 깎았나?"

맥도웰이 대답했다. "아니요."

"자네는 무능한 관리자야."

맥도웰은 다음 일을 예상했어야 했다. 달리오는 맥도웰을 어떻게 처리할지 결정하기 위해 정치국에 그를 원점에서부터 조사하라고 명했다. 브리지워터에서 지난 8년 동안 다른 사람들의 재판을 충분히 지켜본 맥도웰은 위기를 모면하려 노력해봤자 통하지 않는다는 걸 알았다. 대신 그는 잘못을 뉘우치기로 했다.

"취조를 흔쾌히 받아들이겠습니다. 제 모든 결점과 고칠 점은 대표님이 더 잘 아실 거라 봅니다. 고통스럽긴 하겠지만, 그래야 저도 발전하겠죠."

달리오에겐 예상치 못한 대답이었다. 졸지에 KO승이 아닌 부전승이 되어버렸다. 달리오는 탁자 너머로 맥도웰을 뚫어지게 바라보았다. "자네의 문제는 상대에게 독하게 굴지 못한다는 거야. 나는 후레자식들을 원한다고. 그런데 자네는 그런 놈이 못 돼."

맥도웰은 딱히 뭐라 대답해야 할지 몰라 가만있었다.

달리오는 누구에게 하는 말인지 몰라도 다음의 말로 적막을 깼다. "저놈의 불알을 확 차버릴라!"

피드백 순환고리
Feedback Loop

조 스위트^{Joe Sweet}가 브리지워터 채용 담당자에게서 합격 소식을 들었을 때는 타이밍도 마침 딱 좋았다. 29세의 스위트는 코네티컷주 스토어스에 있는 집과 곧 이혼할 아내를 뒤로하고 떠날 준비가 되었다. 그는 코네티컷 대학교에서 MBA를 포함해 학위 4개를 취득했다. 스위트는 이혼 과정 동안 정서 불안으로 몇 차례의 상담 치료를 받으며 자신을 좀 더 잘 알게 되었다. 그는 면접관에게 치료 경험을 통해 자신의 결점을 깨닫는 새로운 방법을 배웠다고 말했다. 그때까지만 해도 스위트는 몰랐지만, 그의 답변은 브리지워터 측에서는 두 팔 벌려 환영할 만한 것이었다. 그는 곧 인재팀에 채용되어 직원 모집과 유지를 도왔다. 연봉은 여섯 자리에 달했고, 연간 평가에서 5점 만점에 3점 이상을 받으면 보너스도 받기로 되어 있었다. 이 액수는 조용한 마을 스토어스에서 벌던 돈보다 훨씬 많았다.

2016년 봄, 스위트가 브리지워터에서 처음 일한 며칠은 늘 같은 양상이었다. 그는 '원칙'을 공부하고, 폴 맥도웰의 브리지워터 문화 교육을 열심히 들었으며, 브리지워터에서의 생활을 보여주는 여러 영상을 시청했다. 처음에는 이곳이 천국 같았다. 스위트는 질문을 받으면 모질 정도로 솔직히 대답하는 편이었고, 여기서는 그런 자질이 보상받았다. 다른 모든 직원처럼 그도 거의 매일 MPT 교육이라는 사례 연구를 시청하고, 함께 제시되는 평가 퀴즈도 풀었다. '원칙'을 열심히 공부한 그는 브리지워터가 원하는 답을 척척 맞혔다. 처음 몇 주간 그의 야구카드는 긍정적인 피드백을 나타내는 녹색 도트로 가득했다.

하지만 달리오가 인재팀에 드릴다운을 실시한다는 소식과 함께 모든 게 바뀌었다. 스위트는 이전에 드릴다운이라는 단어를 많이 듣진 못했지만, 학교 다닐 때 기업 전문용어를 많이 공부했으므로 대충 어떤 의미인지 감을 잡을 수 있었다. 드릴다운이 오기 전에 그는 소속 팀을 옮겨, 데이비드 페루치의 체계화된지능연구소 하위직에 배정받았다. 그 부서는 달리오의 '원칙'을 소프트웨어로 전환하는 작업을 했기 때문에, 스위트는 회사의 핵심 사업에 참여할 좋은 기회라고 생각했다. 하지만 그는 소프트웨어팀에 들어가면서 그 어느 때보다 더 혼란스러워졌다. 한 회의에서 그의 동료들은 달리오가 만든 두 가지 다른 평가 범주인 "상황을 종합하는 능력"과 "시간에 따라 종합적으로 판단하는 능력"을 구별하는 방법을 놓고 열띤 논쟁을 벌였다. 외부 관찰자에게는 우스꽝스럽게 보였겠지만, 이곳 사정을 전혀 모르는 스위트에게는 매우 심각한 논쟁으로 보였다. 어느 순간부터 스위트의 야구카드는 빨간 도트로 물들기 시작했다. 그는 이를 막으려고 주변 사람들에게 도움을 요청했지만, 그들은 이 혹독한 전환기가 흔히들 겪는 현상이라고 알려주었다.

스위트는 아군을 찾으려 노력했지만 이미 그는 팀 내에서 짐짝처럼 취급받고 있었다. 한 트랜스젠더 여성 팀원이 자신의 야구카드가 성 정체성을 반영하지 않는다고 몇 주 동안 불평하다 갑자기 팀을 나간 것도 악재였다. 스위트의 팀은 법무팀으로부터 그 트랜스젠더 직원과 지금까지 주고받은 서신을 전부 보존하라는 지시를 받았다. 스위트는 합의금 문제와 관련이 있을 것이라 짐작했다. 팀 전체 분위기는 공포와 의심의 중간쯤이었다.

갈수록 스위트는 가장 가까운 사람들에게서 쏟아지는 부정적인 피드백에 기력이 소진되었다. 그는 나중에 회상하기를, 당시 "자신의 인생이 형편없고 앞으로도 절대 희망이 없을 것" 같았다고 했다. 스위트는 매일 해도 뜨기 전부터 고역스러웠다. 침대에서 일어나 내키지 않는 아침 식사를 꾸역꾸역 먹었다. 그렇다고 그만둘 수도 없었다. 이혼 위자료도 내야 했고, 너무 빨리 퇴사하면 계약 보너스를 도로 뱉어야 할까 봐 걱정되었다.

스위트는 사무실에서 근무하던 중 난생처음 죽고 싶다고 생각했다.[1] 그의 머릿속은 오만 가지 끔찍한 생각으로 뒤덮였다. 한번은 집 근처를 지나는 통근 열차에 몸을 던질까 싶었다. 아니면 브리지워터 본사 테라스에 밧줄로 목을 매 건물 옆으로 매달리는 상상도 했다.

이런 생각들은 과거의 스위트에겐 워낙 생소했던 감정인지라, 그는 인사부로 가서 고충을 알렸다. 인사부의 한 친절한 직원에게 가서, 자해하는 상상이 자꾸 어른거린다고 토로했다. 그녀는 브리지워터에 그런 어려움을 해결해줄 지원책이 있다며 스위트에게 심리치료를 권했다. 그녀의 말은 문제가 회사가 아닌 스위트에게 있다는 의미였으므로 그는 약간 어리둥절했다.

스위트는 치료사에게 자신의 삶이 어떤 면에서 망가졌는지 줄줄이 설명했다. 그는 외로이 우울증과 씨름했으며, 살면서 처음으로 심각한 자살 충동을 느꼈다. 스위트가 자신이 어디에서 일하는지 말하자, 치료사는 놀랍지 않다는 반응이었다. 치료사는 스위트에게 지역 병원에서 석 달간 집중적인 통원 치료를 받을 것을 권했다. 또 스위트는 처음으로 향정신성 약물도 처방받았다.

이렇게 해서 스위트는 석 달 동안 병원을 다니며 수많은 심리학자와 사회복지사를 만났다. 그는 그들 모두에게 지속적인 동료 평가를 포함해 브리지워터의 근무 환경을 설명했다. 그리고 직장에서 겪은 일에 대한 자신의 반응이 정상적이라는 말을 듣고 안심했다. 스위트의 이야기를 들은 치료사 중 한 명은 브리지워터의 근무 분위기를 자기파괴의 피드백 순환고리에 비유했다. 또 다른 치료사는 브리지워터 평가 시스템이 마치 아스퍼거 증후군 환자가 설계한 것 같다고 말했다.

3개월 만에 복직했을 때 스위트의 정신 상태는 훨씬 단단해졌다. 그는 근무시간에 자살을 생각하지 않게 되었다. 입사 후 처음으로 희망이 샘솟았다. 하지만 평온은 오래가지 않았다. 페루치의 팀은 모든 도트를 단일 데이터로 통합하는, 즉 사실상 각 직원의 가치를 포괄해서 평가하는 올스트림^{Allstream}이라는 프로젝트를 완료해야 했다. 올스트림은 달리오의 최우선 과제여서, 페루치 팀은 이를 하루빨리 완성해야 한다는 압박을 받았다. 스위트는 다양한 명칭으로 진행된 이 프로젝트가 지난 10년 동안 계속 개발 중이기는 하나 절대 완료되지 않는, 달리오의 거대한 밑 빠진 독이었다는 사실을 몰랐다.

휴가 동안 새로이 자신감을 얻은 스위트는 자기 목소리를 내겠다고 결심했다. 많은 대기업이 그러듯 브리지워터도 정기적으로 직원들에게 설문 조사를 보냈고, 스위트는 이를 통해 작정하고 한풀이를 했다.

> 제가 보기에 이곳의 평가 도구들은 직원들을 서서히 잔인하게 변화시키는 것 같습니다. 눈에 띄는 실수를 저지른 직원에게 다 같이 나쁜 점수를 몰아줌으로써 자신의 이슈 로그 기준을 충족하거나 자신의 도트 점수에 '균형'을 맞추기 때문입니다… 제가 본 한 MPT에서는 몇몇 직원이 누군가에게 충분히 부정적 점수를 주지 않았다는 이유로 혼나고 있던데, 제 생각에 이는 문제를 악화시킬 뿐입니다. 우리 회사에는 저를 포함하여 심리 치료가 필요한 사람들이 많습니다. 이 평가 도구가 마음속에 내재된 불안을 더욱 가중시키고 자신이 쓸모없다는 생각을 조장하는 부정적인 피드백 순환고리를 생성하기 때문입니다… 제 주위에도 남몰래 우울증과 불안에 시달리는 직원이 많습니다.

스위트는 응답을 받기는커녕, 일거리만 늘어났다. 몇 주가 지나자 우울증 증상이 서서히 재발했다. 그는 밤에 쉽게 잠들지 못했고 근무시간엔 자기도 모르게 몸을 파르르 떨기 시작했다. 엎친 데 덮친 격으로 올스트림의 느린 진전에 화가 난 달리오도 그의 팀을 점점 더 압박했다. 그들에게는 비디오북Video Book이라는 달리오의 새로운 프로젝트가 떨어졌는데, 브리지워터의 사례 연구를 패키지로 묶어 75달러로 시중에 판매하는 게 목표였다. 스위트의 신경은 쇠약해졌고 이는 겉으로도 드러났다. 어느 날 오후 스위트는 프로젝트 도중 실수를 저질렀고, 팀원들 보는 앞에서 상사에게 호된 꾸지람을 들었다. 동료들은 스위트에게 착실히 부정적 점수를 매겼다. 스위트는 다시 우울증의 수렁에 빠져들었다.

상황이 더 악화되기 전에 스위트는 인사부로 가서 예전에 본 그 여직원을 다시 만났다. 그는 상사가 격분했고, 팀 동료들은 그저 자기 앞가림에 급급해 스위트의 점수 깎기에 동참한다고 설명했다. 그러니 당분간 자신에게 비밀리에 피드백 점수를 조금 보태주면 안 되겠냐고 물었다.

그녀는 부탁을 단칼에 거절했다. "그게 브리지워터의 표준 업무 방식입니다. 당신은 정말 여기서 일하고 싶긴 한가요?"

스위트는 압박감이 덜한 조달팀으로 부서 이동을 요청했다. 그러나 그의 평점이 너무 낮다는 이유도 한몫해서, 거부당했다. 스위트의 상사는 그에게 "고차원적 사고"가 부족하다며 그를 추천하지 않았다.

스위트에게는 이제 선택의 여지가 얼마 남지 않았다. 그의 팀이 브리지워터 등급 데이터를 처리하는 틈에, 스위트는 연간 직원 평가에 대한 내부 자료를 우연히 보게 되었다. 스위트는 여전히 5점 만

점에서 자신이 평균이라고 생각한 3점을 받고 싶었지만, 데이터를 보니 그렇지 않았다. 직원의 평균 점수는 겨우 2점이었다. 그것이 사실이라면, 보너스는 자신은 물론 대부분의 사람에게 그림의 떡이었다.

입사 1년 차가 되기 직전, 스위트는 세 번째로 인사부를 찾아갔다. 그는 이곳 문화가 자신의 건강을 위협한다며, 브리지워터에 이와 관련된 대책이 있는지 물었다. 그들은 스위트가 지금 사직하면 몇 달간은 회사 건강보험 자격을 계속 유지해주겠다고 했다. 스위트는 제안을 받아들였다.

그 후로 스위트는 두 번 다시 죽고 싶다는 생각을 하지 않았다.

우리 편
One of Us

참치 토스트 냄새가 솔솔 풍기는 웨스트포트 서우드다이너Sherwood Diner 식당 후미진 자리에 세 사람이 앉아 있었다. 12월 초 평일에 어떤 헤지펀드 직원도 들르지 않을 법한 이 지저분하고 소박한 식당은 카티나 스테파노바가 고른 장소였다. 그녀는 테이블 하나를 잡아 허리를 곧게 펴고 앉았다. 장소에 딱히 어울리지 않는 과한 옷차림과 메이크업이었지만 그녀는 지금 그런 걸 따질 때가 아니었다. 앞에 놓인 커피도 별로였지만 더 안 좋은 건 같이 커피를 마시는 상대방이었다.

그녀의 맞은편에 앉은 달리오는 싸구려 머그잔을 손에 꼭 쥔 채 부글부글 끓는 분노를 삭이고 있었다. "내게 어떻게 이럴 수 있나?!" 그가 소리쳤다.

스테파노바는 언제쯤 자신이 달리오와 브리지워터로부터 해방

될 수 있으려나 하고 (이번이 마지막도 아니지만) 생각했다. 그녀는 그것이 부분적으로 자신의 잘못임을 스스로도 인정했다.

브리지워터를 떠난 스테파노바는 이왕이면 전 고용주와의 관계를 몇 년간 최대한 활용하기로 했다. 이는 놀랄 일도 아니었다. 다른 많은 브리지워터 출신 망명자들처럼 그녀도 브리지워터 외에는 월가에서 일한 경력이 없었으므로 사실상 맨땅에 헤딩해야 했다. 그러나 스테파노바는 달리오와 계속 연락하며 특별한 관계를 유지했다. 그 덕에 그녀는 금융 컨설팅 의뢰를 몇 번 받았고 이력서를 더욱 빛낼 수 있었다.

외부에서 일감을 받아 몇 달을 보낸 후 2015년 스테파노바는 뉴욕에 자신의 투자회사인 마토캐피털Marto Capital을 설립했다. 그녀는 프로필에 "9년간 브리지워터 CEO의 직속으로 고위 임원 및 경영위원회 고문을 지내며 주요 투자 및 관리 책임자 역할을 수행했다"라고 자신을 소개했다.[1] 사실 그녀의 직무는 앞에 주요를 붙이든 안 붙이든 투자책임자 역할과는 완전히 거리가 멀었지만, 그 소개글은 효과가 있었다. 한 금융 잡지에 따르면 그녀는 투자자들로부터 수억 달러를 모금했는데, 그중 어느 정도는 "레이 달리오와 브리지워터의 직계 혈통"인 마토캐피털의 노력이 통했기 때문이다.[2] 이 금액은 검증되지 않은 신생 투자사에 큰 힘이 되었다.

스테파노바는 브리지워터 출신이라는 든든한 배경 외에도 사만다 홀랜드와의 관계를 일종의 보험처럼 유지했다. 젠슨과의 관계로 권고사직한 홀랜드는 이후 새 직장을 구하느라 애를 먹었다. 합의금은 3년 치 급여밖에 안 되었고 시간이 흘러 당연히 돈이 났다. 홀랜드는 전 직장을 그만둔 실제 이유를 예비 고용주에게 말하지 못해 자신의 이력서를 제대로 설명할 수 없었다. 선택의 여지가 없자 그녀는 스테파노바에게 전화했고, 스테파노바는 그녀에게 새 일자리를 구해주겠다고 약속했다. 그다음에 달리오를 만났을 때, 스테파노바는 홀랜드와 연락하고 있다고 말했다. 달리오는 겉으론 별 반응 없었지만, 스테파노바는 자신의 말뜻이 그에게 전해졌다고 확신했다. 스테파노바는 여전히 브리지워터의 비밀을 지키고 있었다.

스테파노바의 새로운 펀드는 세상 밖으로 나오자마자 비틀거렸다. 그녀의 펀드 성과는 동종 펀드와 비교해 거의 평타 수준이었고, 이는 스타트업으로서는 좋지 않은 징후였다. 스테파노바는 투자금을 되찾으려는 투자자들의 전화에 시달리기 시작했다.

새로운 돌파구가 필요했던 스테파노바는 통찰력 있는 전문가로서 자신의 입지를 다지기 위해 달리오가 즐겨 쓰는 전술 중 하나를 시도했다. 그녀는 언론에 시장조사를 제공하고,[3] 〈포브스〉 웹사이트에 기고문을 썼으며, 기자들과 인맥을 쌓았다. 그녀의 타이밍은 운이 좋았다. 금융 분야는 여성 전문가가 드물다 보니 여성이 점점 더 주목을 받았고, 스테파노바는 기꺼이 그 빈자리를 활용했다. 그녀는 한 인터뷰 기자에게 "현재 내가 하는 일이 나뿐 아니라 나의 딸에게도 의미 있는 일이 되기를 바란다"라고 말했다.[4] 그녀는 금융인들이 많이 보는 잡지인 〈인스티튜셔널인베스터〉에 "레이 달리오 밑에서 일한다는 것"이라는 제목의 아부성 기고문을 썼다.[5] 그녀는 "달리오의 바로 곁에서 그가 어떻게 어려운 문제를 처리하는지 지켜보고 그의 핵심 가치를 배우지 않았다면 지금의 나는 없었을 것이다"라고 했다. 스테파노바는 달리오의 허락을 구하고자 자신의 기고문 초안을 이메일로 보냈고, 달리오는 오케이 사인을 보냈다.

그러나 그녀는 자신이 이미 달리오의 눈엣가시가 되었다는 걸 깨닫지 못했다.

∴

스테파노바가 셔우드다이너 식당에 오기 몇 주 전, 그녀는 달리오에게서 뜻밖의 이메일을 받았다. 주식시장 개장까지 한 시간도 남지 않아서 한창 준비하느라 바쁘던 참이었다. 하지만 단 세 문장으로 이루어진 이메일 한 통이 그녀가 하던 일을 멈추게 했다. 달리오는 "자네 이리로 좀 오게"라고 썼고, 데이비드 매코믹을 포함해 셋이 만나자고 제안했다. 그는 "스테파노바의 사업과 관련"이 있고 "그녀가 알아야 할 긴급한 문제"가 있다고 했다.

스테파노바는 그날 내내 달리오가 원하는 게 뭔지 추측하느라 머리를 쥐어짜며 보냈다. 그녀는 달리오의 메일에서 위험신호를 감지했다. 달리오는 아무 때고 마음 가는 대로 이메일을 대충 쓰는 것으로 악명 높았지만, 이번에는 어투가 이상하리만치 간결하고 냉철했다. 그녀는 왜 달리오가 자신에게 웨스트포트에 다시 오라 하는지 궁금했다. 그녀는 결코 그곳으로 돌아가지 않겠다고 맹세했었다. 하지만 그녀는 달리오의 요구를 완전히 모른 체할 수 없었고, 특히 자신의 사업이 언급되자 걱정스러웠다.

그날 초저녁 스테파노바는 나름 중립적인 태도로 쓰려고 노력한 답장을 보냈다. "저는 대표님 및 브리지워터와 긍정적, 장기적 관계를 유지하고 싶습니다. 대표님도 잘 아시겠지만, 여기서 브리지워터까지 하루 안에 다녀오기는 시간 관계상 곤란할 것 같습니다. 장소를 다른 곳으로 정하면 안 될는지요?"

달리오가 답장했다. "카티나에게 - 긴급한 문제야. 자네의 잠재 고객들이 자네와 자네 팀에 대해 문의하느라 이쪽으로 전화를 걸고 있다고. 전화가 자꾸 와서 얼른 처리해야겠으니, 우리가 논의를 미룰수록 자네한테나 나한테나 도움이 되지 않네. 최대한 빨리 오길 바라네."

스테파노바는 빠져나갈 구멍이 없었다. 그녀는 "제가 필요하시다면 돕겠습니다"라고 답장하고는, 비서에게 달리오와 통화할 시간을 잡게 했다.

그 답장은 먹히지 않았다. 달리오는 한 시간도 안 되어 다시 매코믹을 참조에 넣고 답장했다. 그는 고객들의 전화가 빗발친다고 썼다. "그들은 자네가 자네 입으로 말했다던 그 일이 정말 사실인지 나보고 확인해달라고 하네. 마치 자네가 무슨 투자 분야의 중요한 인물인 것처럼 난리구먼. 그리고 자네가 왜 떠났는지도 묻는다고. 그들에게 진실(자네가 투자 업무에 관여한 적이 없다는 것, 그리고 우리가 자네와 근무 관계를 종료한 이유가 자네의 거래 규정 위반 때문이라는 것)을 말하면 분명 자네에게 문제가 될걸세."

스테파노바는 심장이 쿵 내려앉았다. 그녀가 거래 규정을 위반한 건 맞지만, 브리지워터에서 비슷하게 위반을 저지른 다른 많은 사람들은 해고당하지 않았다. 다만 그녀가 알기로는 그들 중 누구도 나중에 상사가 자기 몸을 더듬었다고 신고했다거나, 달리오가 그런 사실을 거론한 적이 없었다.

스테파노바는 변호사와 상의했다. 그녀는 변호사의 도움을 받아, 자신은 어떤 허위 진술도 하지 않았으며 근무지인 뉴욕에서 만나 커피 한잔하자는 답변을 보냈다. 마지막에는 "저는 진심으로 대표님과 오래 친분을 잇고 싶습니다"라고 덧붙였다.

그러자 달리오는 사실 또 다른 이유가 있다고 했다. "이거 거짓말 못 하겠네… 이메일로 의논하기에 곤란한 다른 문제도 좀 있어서 그래… 이는 우리 양쪽에게 중요한 문제이며 우리가 입을 맞춰야 피차 안전하단 말일세. 만약 자네가 우리 만남을 거절하겠다면, 난 이 문제를 아주 솔직하게, 그리고 사실 여부에 상관없이 일방적 방식으로 대처하겠네. 자네도 그건 원치 않겠지? 그러니 간단히 대답하게. 여기 올 의향이 있는가? 있나, 없나?"

스테파노바는 달리오의 답변을 즉시 변호사에게 보냈다.

변호사가 그녀에게 말했다. "이건 대놓고 오라는 소리네요. 그런데 그렇게 가기 싫어요?"

"안 갈 거예요. 제가 어떤 일을 겪었는지, 거기 가면 브리지워터가 사람을 어떻게 대하는지 상상도 못 하실걸요."

∴

한편 폴 맥도웰은 나름의 어려움을 겪고 있었다. 그는 마치 자신이 실패할 운명이 정해진 심리학 실험 대상이 된 느낌이 점점 강하게 들었다.

맥도웰이 달리오에게서 공개 태형을 받은 지 며칠 후, 달리오는 이 피드백을 가지고 MPT 교육 영상을 제작할 것을 지시했다. 그것은 이상한 지령이었다. 이 사건을 현장에서 직접 봤거나 그 직후에 소식을 접한 많은 직원들은 걱정하거나 심지어 충격을 받았지만, 달리오는 그렇게 생각하지 않는 모양이었다. 그 이유는 곧 분명히 드러났다.

필수 시청각교재용으로 전 직원에게 전송된 버전은 그 회의를 완전히 다른 관점에서 재구성했다. 과도한 편집에 힘입어, 달리오가 맥도웰의 미비한 관리 책임을 나무라는 장면만 나왔다. 그리고 맥도웰이 자신은 가만있고 다른 사람에게 책임을 미룸으로써 '원칙'을 어겼다는 점을 심층 논의하는 모습이 담겼다. 비속어나 불알 및 신체 폭력 언급은 쏙 빠졌다.

브리지워터에서 맥도웰의 위상은 나날이 추락했다. 달리오에게서 공개적으로 저성과자로 지적받은 후 그의 야구카드 등급도 급락했다. 대부분의 사람들이 그의 점수 깎기에 동참한 것 같았다. 바다에 피 냄새가 나기 시작하자 브리지워터의 상어 떼가 몰려들었다.

살면서 처음으로 맥도웰에게 편집증과 불면증이 한꺼번에 찾아왔다. 동료들에게서 달리오의 평생 과업을 방해하는 인간으로 취급받을까 봐 자정 넘어서도 잠들지 못했고, 자다가도 식은땀을 흘리며 깼다.

그의 걱정은 전혀 뜬금없지만은 않았다. 맥도웰보다 몇 살 적은 한 임원이 그에게 불편할 정도로 관심을 기울이기 시작했다. 맥도웰은 불안해졌다. 그 임원은 동료 두 명이 퇴근 후 사적인 시간에 식당에서 햄버거를 먹으며 자신을 험담했다는 이유로 그들을 해고까지 이끈 전력이 있었다(그 임원의 논리는, 당사자가 없는 자리에서 비난하면 안 된다는 것이었다). 맥도웰의 걱정은 (자신이 설계에 관여한 평가 도구인) 도트 컬렉터에서 그 임원이 자신에게 전에 없던 비판적 평가를 매겼다는 사실을 알고 나서 더욱 커졌다. 그 임원은 이렇게 썼다. "확실히는 모르겠지만, 맥도웰은 우리가 의결할 때 진심으로 찬성한 적이 없는 걸로 보아 우리 편이 아닌 것 같다."

맥도웰은 속으로 생각했다. '빌어먹을, 이제 내 차례군.'

맥도웰이 무사히 살아남을 최선의 방법은 엉망 상태의 프리OS에서 유용한 점을 있는 대로 최대한 끄집어내는 것이었다. 그는 페루치를 찾아가 의논하고 싶었지만, 이 저명한 컴퓨터 과학자는 맥도웰과 대화하기 위해 시간을 내줄 생각이 별로 없었다. 그 역시 달리오의 의사 결정을 예측하거나 자동화할 확실한 방법 찾기를 반쯤 포기한 듯했다.

맥도웰은 해고될까 봐 밤마다 잠을 못 이루었다. 그는 달리오의 직속 부하였다. 그리고 달리오가 불쑥 내뱉는 단 한마디가 누군가를 짐 싸게 할 수 있다는 건 전 직원이 알았다.

얼마 후 달리오는 맥도웰과 몇 안 되는 그의 팀원들을 불러 프리OS를 다시 업데이트하라고 했다. 그들은 넓은 연못이 내려다보이는 달리오의 회의실에 묵묵히 입장하여 프리OS가 여전히 작동하지 않는다는 비보를 전했다. 아무래도 브리지워터의 혁신 목록에서 프리OS는 빠져야 할 듯했다.

달리오는 저번 진단과 비슷한 말을 꺼냈다. "저기 말이야, 폴. 자네는 영 관리자 깜냥이 안 돼."

맥도웰의 내면에서 뭔가가 북받쳐 올랐다. 그는 탁자를 주먹으로 누르며 달리오를 독기 품은 눈으로 쏘아보았다.

"그래요, 레이." 맥도웰의 감정이 봇물처럼 터져 나왔다. "나는요, 빌어먹을, 깜냥 따위 없는 놈이에요."

좌중은 조용했다. 맥도웰은 과거 그들 모두에게 '원칙'을 교육한 사람이었다. 그는 항상 최후까지 절대 무너지지 않을 한 명으로 보였다.

맥도웰은 멈추지 않았다. "아무것도 못 해 먹겠어요. 젠장, 난 더럽게 쓸모없다고요!"

달리오는 거의 미동도 없었다. "응, 맞아. 하지만 지금은 그렇게 화낼 때가 아니야."

"이 상황에 당신한테 화 안 나게 생겼냐고!" 맥도웰은 스스로도 알아듣기 힘든 목소리로 절규했다.

"알았네. 자네에게 주어진 책무가 좀 많긴 하지. 혼자 안고 가야 할 짐이 많았을 게야." 달리오는 맥도웰에게 직속 관리자와 도와줄 직원 몇 명을 더 붙여주겠다고 했다.

그 후 몇 주 동안 맥도웰은 자신이 어떻게 공개 교수형을 면했는지 본인이 생각해도 신기했다. 그가 나중에 친구들에게 이 일화를 털어놓으면서 짐작한 추론은 두 가지였다. 하나는, 사실 달리오가 정말 원한 것은 정해진 기간 안에 프리OS를 완성하는 것이 아니라 목석같은 자신이 폭발하는 모습을 보는 것이었을 가능성이다. 그리고 맥도웰이 친구들에게 씁쓸히 웃으며 제기한 두 번째 추론은, 만약 맥도웰이 형편없는 관리자라면 '원칙'의 해석에 따라 그에 대한 감독이 부족했고 따라서 그의 관리자가 조사 대상이 된다는 결론이 나온다는 것이다. 그렇다면 달리오는 맥도웰의 직속 상사인 자기 자신을 조사할 수밖에 없게 된다.

∴

스테파노바와 달리오는 시간과 장소를 합의하기 위해 몇 번 더 이메일을 주고받았다. 그녀가 브리지워터 본사로는 절대 가지 않겠다고 하자, 달리오는 몇 년 전 자신이 음란한 뱃노래를 부른 곳이자 회사 휴양지인 룩아웃으로 오라고 제안했다. 스테파노바는 룩아웃에도 못 가겠다고 변명했다. 그리고 요즘 잘나가는 임원이 된 매코믹에게, 그녀가 원하는 요구 사항을 들어줘야만 만남을 진지하게 고려하겠다고 설득을 시도했다.

스테파노바는 매코믹에게 이렇게 썼다. "그곳에서 제 마지막이 어땠는지 아신다면 제가 왜 브리지워터로 가지 않으려는지 쉽게 이해하실 겁니다."

이 말은 분명 효과가 있었다. 세 사람은 셔우드다이너에서 아침 식사 약속을 잡았다. 스테파노바는 코네티컷주의 최고 부자를 상대하려면 최대한 수수한 장소가 중립지대로 가장 적절하리라 생각했고, 그녀의 생각은 옳았다. 달리오, 스테파노바, 매코믹은 주변의 노인 손님들의 시선을 피해 좁은 구석 자리에 앉았다.

세 사람은 달리오가 본론으로 들어가기 직전에야 겨우 커피를 주문했다. 달리오에게는 스테파노바의 거래 규정 위반 말고도 용건이 더 있었다. 스테파노바가 젠슨을 비난한 이후로 그의 일상이 정신없이 분주해졌기 때문이다. 매코믹은 스테파노바에게 기자들이 젠슨 외 몇몇 사람들의 부적절한 행동에 대해 묻더라는 소문이 돈다고 말했다. 스테파노바는 이 이야기를 듣고도 그다지 놀라지 않았다. 자신의 경험에 대한 어떤 정보도 직접 제공한 적이 없음에도, 어쨌든 그녀 역시 언론으로부터 몇 통의 전화를 받았기 때문이다.

매코믹이 앞으로 어떤 일이 있을지 요약해주고 나자 달리오는 앞에 있는 싸구려 머그잔을 꽉 쥔 채 말했다. "내게 어떻게 이럴 수 있나?!"

스테파노바는 달리오의 반응에 (이번이 처음도 아니지만) 깜짝 놀랐다. 그녀는 젠슨의 신체 접촉에 대해 자신이 한 말을 달리오가 완전히 믿지 않은 건 알았지만, 그 일을 달리오 자신에 대한 모욕으로 받아들였으리라고는 상상도 하지 못했다.

달리오가 말했다. "기자들에게 젠슨이 그런 적 없다고 말하게."

그러자 스테파노바가 닫힌 입을 열었다. 그녀는 그 사건을 말한 적이 없다고 했다.

"아마 자네의 기억이 잘못되었을 거야." 달리오가 말했다.

스테파노바는 아니라고 단언했다.

매코믹이 몸을 들이밀며 말했다. "당신이 우리 편이 아니라는 이미지로 대중에 낙인찍힌다면 아마 문제가 될 수 있을 거요."

스테파노바는 이 만남이 왜 급했는지 그제야 이해했다. 브리지워터에 위협이 된 건 그녀의 이력서도 사업도 아니었다. 달리오와 매코믹은, 시키는 대로 하지 않으면 자신들에게 스테파노바의 사업을 무너뜨릴 힘이 있다는 걸 일깨우고자 하는 것이었다. 그녀는 겁에 질려 얼른 아침 식사를 끝내고 뉴욕으로 차를 몰았다. 그 후 한 기자가 젠슨에 관해 묻는 메시지를 남겼을 때, 스테파노바는 답신하지 않았다.*6

---

* 달리오 측 변호사는 "스테파노바와 그녀의 회사를 무너뜨릴 의도는 없었다"라며, "달리오는 이 아침 만남 이후 다양한 방법으로 스테파노바를 지원했다"라고 덧붙였다.

THE FUND

21

"레이, 이건 종교예요"

'Ray, This Is a religion'

2016년 중반, 작년에 이어 인부들이 본사 건물 옆 잔디밭에 거대한 천막을 세우기 시작했다. 그러나 15개월 전 브리지워터 창립 40주년 기념행사와 달리 이 천막의 정체가 무엇인지 아는 사람은 거의 없었다. 사실 많은 사람에겐 모르는 게 약이었을 것이다.

뭔가를 축하하기엔 이상한 시기라고 여긴 직원들도 있었다. 대표 펀드인 퓨어 알파는 믿기지 않게도 5년 연속 부진에 빠졌다. 한 언론에서는 "황금의 손이 달리오를 저버렸다"라고 썼다.[1] 그 이유를 설명하자면 늘 똑같았다. 달리오는 고집스레 미국 경제에 비관적 입장을 취했고, 미국 경제는 계속 그의 예측을 비웃는 듯했다. 2016년 중반, 퓨어 알파 레버리지 펀드는 12퍼센트 하락했고 사내에는 고객들이 투자금을 빼가고 있다는 소문이 파다했다.[2] 달리오는 이 상황을 다르게 접근했다. 그는 오랜 고객들에게 전화를 걸어 브리지워터의 수십 년간의 실적을 고려할 때 지금이 더 많은 돈을 투자할 절호의 기회라고 말했다. 그 전까지는 포화 상태라 추가 자금을 받을 여력이 없었다는 것이다.

9월 중순에 마침내 천막이 모두 설치되었고, 베일을 벗길 준비가 된 달리오는 임직원 전원에게 참석을 요구하는 초대장을 보냈다. 주제는 브리지워터의 미래였다.

직원들은 천막으로 들어가면서 이것이 또 하나의 기념행사가 아니라는 것을 알았다. 정교한 샹들리에와 줄줄이 전구는 보이지 않았다. 의자 밑을 슬쩍 봐도 칵테일은 없었고, 옆쪽에는 한때는 외향적이었다가 지금은 오랜 고행을 수행하는 중이지만 여전히 공동 최고투자책임자인 그레그 젠슨이 냉정하고 굳은 표정을 짓고 있었다. 작년과 올해 사이의 유일하고 명백한 공통점은 투명성 라이브러리에 저장할 영상을 녹화하기 위해 늘 빠짐없이 등장하는 촬영기사들뿐이었다.

달리오는 미소를 짓고는 바로 본론으로 들어갔다. "여러분은 참 운이 좋기도 하죠. 우리 회사가 쇄신^{renovation}에 들어갈 예정입니다."

적어도 누군가 한 명쯤은 아이패드에 있는 '원칙' 파일을 살짝 들여다보며 '쇄신'이라는 단어가 있는지 확인했다. 하지만 없었다. 그러나 참석자들도 익히 알고 있듯, 가장 무해한 언어가 가장 무시무시한 결과와 연결될 때가 많은 법이다.

달리오는 이번 쇄신의 대상이 공간이 아닌 사람이라고 말했다. 브리지워터의 정규직은 1,700명에 달했고 임시 계약직까지 더하면 셀 수 없을 정도였다. 그만큼 회사 관리가 버겁고 힘들어졌다. 달리오는 이 자리에 모인 사람 중 상당수가 회사를 위해 떠나야 할 것이라고 말했다.

그는 말을 이었다. "여러분 모두가 남을 수는 없습니다. 실은 남지 못하는 사람이 훨씬 많을 거예요." 그는 탄력을 받은 듯 웃으며 직원들이 왜 "운이 좋은지" 설명하기 시작했다. 그들에게는 앞으로 몇 주 동안 기회가 주어질 것이다. 이 과정은 마치 출연진이 서로를 이기고 오래 버티는 리얼리티 쇼 〈서바이버Survivor〉처럼 흥미진진할 것이다. "무엇보다 자신에 대해 많은 것을 배울 기회이니 참 근사하겠죠."

이 한마디는 '원칙'의 가장 높은 이상을 반영했으며, 직급을 불문하고 많은 '원칙' 신봉자들의 마음을 관통했다. 그들은 자기개선을 중시하는 이곳에 있어서 행운이며, 쇄신은 자기개선을 위한 여정의 다음 단계일 뿐이라 생각했다. 대부분의 직원이, 정리되는 건 남의 일이고 본인은 당연히 살아남을 거라고 믿었다. 여기에 브리지워터의 최근 투자 실적이 신통치 않아 회사에 약간의 조정이 필요하다는 주장도 힘을 보탰다. 브리지워터가 실제로 어떤 원리로 투자하는지 아는 사람은 별로 없었지만, 투자 실적이 호전된다면 모두의 급여가 인상될 것으로 기대되었다.

쇄신의 첫 번째 단계는 더욱 낙관적인 생각을 불러일으켰다. 모든 직원은 경영진과 관리자 중 저성과자를 목록으로 작성하라는 지시를 받았다. 지극히 브리지워터다운 이 과정을 통해 모든 직원에게 다시금 남의 흠을 들출 기회가 생겼고, 그중 대부분에겐 냉정하게 동료를 배신할 기회이기도 했다.

이번 쇄신이 개인의 성장을 촉진할 것이라는 환상은 불과 며칠 만에 깨졌다. 달리오의 레버리저 중 한 명이 달리오의 의도를 요약한 이메일을 수많은 사람에게 대거 전송하는 실수를 범한 것이다. 그 메일에 따르면, 이 계획은 아이들이 자신의 죽음을 피하기 위해 다른 아이들을 사냥하는 디스토피아 시리즈 《헝거 게임》과 비슷하다고 했다. 그 직원은 이메일 발송을 취소하려 했지만 너무 늦었고, 어쨌든 달리오는 그 이메일이 남긴 후폭풍을 굳이 수습하려 하지도 않았다. 회사 분위기는 더욱 어두워졌다. 생존경쟁이 시작되었다.

∴

그해 10월 브리지워터 내부의 삶은 예술을 모방했다(오스카 와일드의 "예술이 삶을 모방하기보다, 삶이 예술을 모방한다"라는 말을 패러디. - 옮긴이). 《헝거 게임》 발언이 사내 일각에서 극단적 상상력까지 불러일으키는 동안(어쨌든 실제로 죽은 사람은 없었다) 또 하나의 으스스한 TV 프로그램이 방영되기 시작했다. 시리즈물 〈블랙 미러Black Mirror〉는 기술의 어두운 면을 다룬 SF 옴니버스 드라마였다. 브리지워터의 쇄신 작업이 한창이던 10월 중순, 〈블랙 미러〉는 시즌 첫 방송으로 "추락"이라는 에피소드를 공개했다. 배경은 시민들이 모든 상호작용에서 1점에서 5점까지 서로를 평가하는 세계였다. 배우 브라이스 댈러스 하워드Bryce Dallas Howard가 연기한 주인공은 자신의 점수에 집착한다. 그녀는 여러 불운을 겪는 바람에 점수가 떨어지고, 그 때문에 모든 주변인들의 멸시를 받기 시작하면서 더욱 추락하는 악순환을 겪는다. 마지막에 결국 그녀는 체포되어 교도소로 간다. 이 드라마가 브리지워터와 너무 섬뜩할 정도로 비슷해서, 어떤 직원은 회사의 누군가가 드라마 작가를 만난 게 아닌지 의심했다.

물론 SF 드라마와 헤지펀드사 간에는 많은 차이점이 있었다. 〈블랙 미러〉에는 개인의 점수가 어떻게, 왜 하락하는지 쉽게 알 수 있는, 거의 사실에 입각한 등급 시스템이 나온다. 하지만 브리지워터 시스템은 더 불투명했다.

달리오는 천막 발표 이후 근본적이든 아니든 투명성을 추구하는 척하기를 포기했다. 그는 며칠 후 공동 CEO인 아일린 머레이와 존 루빈스타인 등 최고경영진을 한 유리 벽 회의실로 불러 향후 계획을 논의했다. 달리오가 화이트보드 앞에 서서 누가 남고 누가 나갈 것인지 큰 틀을 구상하고 있을 때, 회의에 참석한 다른 사람들은 옆 복도에서 바글바글한 기운을 감지했다. 직원들이 자신들의 운명을 점칠 약간의 단서라도 얻으려는 듯 달리오의 칠판 필기를 훔쳐보고 있었다. 달리오는 즉시 직원 몇 명에게 두꺼운 방습지를 사다 유리 벽에 붙이게 해서 아무도 안을 들여다보지 못하게 했다.

달리오는 회의실에서 원칙 대장, 감독관, 정치국, 그 외 내부 부대를 온전히 지휘하며, 저성과자로 의심되는 사람들을 실컷 조사하라고 했다.

달리오는 비용을 절감할 기회를 잡았다. 연봉 70만 달러 이상인 직원의 연봉을 절반으로 삭감하는 계획을 세웠고, 그렇게 아낀 인건비는 달성하기 어려운 여러 조건을 충족한 직원에게 몇 년 후에야 지급할 성과금으로 쓰기로 했다. 쇄신의 일환인 이 계획에는 11월 November의 N을 따서 프로젝트 N이라는 새로운 암호명이 붙었다. 달리오는 11월까지 대대적 개편을 마치고 싶어 했다. 이제 한 달도 남지 않았다.

이 목표를 어떻게 달성할 것인가? 답은 프리OS다. 여전히 개발 단계를 벗어나지 못하고 있는 이 소프트웨어 시스템을 완벽히 활용한다면 대량 해고도 문제없으리라. 프리OS는 달리오가 고객들에게 홍보했듯, 누구를 남기고 누구를 재배치하고 누구를 내보낼지 차례로 지침을 제공할 것이다.

물론 달리오 빼고 누구나 아는 사실이지만, 이는 불가능했다. 하지만 늘 그렇듯 특히 그가 비용 삭감의 근거를 찾고 있는 이 시점에는 누구도 그에게 감히 솔직히 말할 수 없었다.

∴

폴 맥도웰은 동료들에게 자신이 해고 대상이 될 수도 있겠다고 말했다. 그가 온갖 수모 속에서도 브리지워터 생활을 견뎌올 수 있었던 이유 중 하나는 급여가 후했기 때문이다. 그는 근처 도시 스탬퍼드에서 가장 비싼 부동산 중 하나인 트럼프 파크Trump Parc의 두 집을 합쳐 구입했다(그는 고국인 캐나다에도 집이 한 채 있었다). 그는 브리지워터만큼 자신에게 돈을 많이 줄 다른 직장은 없을 것이라 생각했다. 특히 그가 10년 가까운 세월을 전위예술 같은 소프트웨어 작업에 소비했고 여전히 완성하지 못했는데도 많은 돈을 주는 걸 보면 더욱 눌러앉아야 했다.

쇄신 작업이 시작된 지 얼마 안 된 어느 날 아침, 맥도웰의 휴대전화에 달리오의 메일이 도착했다는 알림이 울렸다. 브리지워터에서 맥도웰이 맡은 역할을 '자기성찰'하라는 내용이었다. 맥도웰은 위험을 감지했다. 달리오는 "고통 + 자기성찰 = 발전"이라는 '원칙'에서처럼, 자기성찰이라는 단어를 주로 심적 고통의 맥락에서 사용했다. 맥도웰은 나름대로 자신의 생각을 요약해 작성했다. 그리고 그가 브리지워터에서 오랜 시간을 보낸 만큼, 자신의 강점과 약점을 달리오도 이미 잘 알고 있으리라는 말도 덧붙이고는 곧 다가올 폭풍에 마음의 준비를 했다.

맥도웰로서는 놀랍게도, 달리오는 맥도웰의 자기성찰을 차분히 받아들이고 그에게 만나자고 했다. 맥도웰은 심호흡하고 달리오의 집무실로 걸어갔다.

달리오는 그를 기다리고 있었다. "강점 중에 자네가 정말, 정말 잘하는 한 가지를 빠뜨렸어. 자네는 가르치는 소질이 훌륭해."

순간 맥도웰은 다 들릴 정도로 크게 안도의 한숨을 내쉬었다. 그는 '원칙' 오리엔테이션에서 강사 역할을 즐겁게 수행했다. 회사 생활은 굴욕의 연속이었지만, 생기 도는 신입 사원들을 만나는 일은 항상 즐거웠다. 앞으로도 그럴 수 있는 시간이 연장되어서 다행이었다.

하지만 대화는 거기서 끝이 아니었다. "하지만 급여는 많이 깎일 거야."

맥도웰의 심장이 쿵 했다. "얼마나요?"

"절반."

"대표님, 제게 채무가 있는데요. 얼마 전 집을 사서…."

달리오가 무표정하게 말을 잘랐다. "나로서는 최선을 다했네. 자네한텐 좀 힘들겠지만."

맥도웰은 숨이 멎는 기분이었다. 그는 자기 불알을 차고 싶다던 달리오가 소원 성취했다고 생각했다.

달리오는 말을 이었다. "자네는 관리자 깜냥이 안 돼. 본인도 인정했잖아."

맥도웰은 강등되어 달리오보다 몇 단계 낮은 새로운 상사 밑으로 들어가게 되었다. 이로써 맥도웰은 급여의 절반만 잃은 것이 아니라 달리오의 지시가 전부인, 달리오의 직속이라는 보호막도 잃었다. 이제 그는 기댈 곳이 없어졌다.

∴

맥도웰이 쇄신으로 실직한 수백 명의 브리지워터 가족에 포함되는 걸 용케 피한 반면, 달리오가 고용한 유명 인사 두 명은 그해를 버티기 위해 분투해야 했다.

그중 한 명은 빌 게이츠가 추천한 전 마이크로소프트 임원이자 현 브리지워터의 부회장, 달리오의 직속 부하인 크레이그 먼디였다. 먼디와 달리오가 친한 건 다 아는 사실이었다. 이 두 사람이 같이 있는 모습을 몇 분만 봐도 누구든 둘 다 요트를 갖고 있고 요트 이야기를 좋아한다는 것을 알 수 있었다. 그러나 브리지워터에 온 지 얼마 안 된 먼디는 달리오가 얼마나 변덕스러운지를 미처 몰랐다. 끝없이 반복되는 역사의 예를 보여주듯, 먼디는 젠슨에게 공동 CEO인 머레이가 경력의 황혼기에 있어서 세계 최대의 헤지펀드를 경영하는 복잡한 일을 해내기엔 부적합하다고 불평하는 실수를 범했다.

젠슨은 자신의 귀를 의심했다. 다른 사람도 아닌 자기에게 남을 뒷담화할 만큼 간 큰 사람이 있다니? 한때 후계자로 유력했던 젠슨은 바로 그 뒷담화 사건으로 조사를 받고 인생 최악의 한 해를 보낸 사람이 아닌가. 젠슨은 머레이에게 그녀가 들어야 할 녹음 기록을 슬쩍 건넸다. 그녀는 이를 다시 달리오에게 넘겼고, 달리오는 재판을 열어 먼디를 해고하겠다고 발표했다.[3]

먼디가 체면을 구긴 후, 애플 출신의 유명 스타 루빈스타인은 더욱 의지가지없게 되었다. 그는 마치 서로 다른 두 얼굴의 브리지워터에 다니는 기분이었다. 하나는 고성과를 거두고, 높은 이상을 추구하며, 최고의 인재들로 가득 찬 브리지워터였다. 루빈스타인의 친구들과 심지어 그의 아내도 브리지워터를 그런 이미지로 상상했다. 전 동료들은 기술 전문가에서 금융 전문가로 성공적으로 변신한 비결을 물으며 그에게 도움을 청했다. 그리고 루빈스타인이 매일 현실에서 마주하는 또 하나의 브리지워터가 있었다. 최근 투자 실적을 보면 브리지워터의 펀드들은 엉망이었다. 그러나 루빈스타인이나 그의 주변인들이 투자 실적 얘기를 꺼낼 때마다 달리오는 우려를 일축했다. 달리오는 변함없이 회사 내부의 시스템상 약점을 찾고, 프리OS보다 더 체계적인 '원칙' 시스템 개발에 전념하라고 말했다.

루빈스타인은 소프트웨어 시스템 개발이 못 할 일은 아니라고 믿었지만 문제는 그럴 시간이 거의 없다는 것이었다. 그는 꾸준히 새로운 '원칙' 교육 영상을 제작해야 했으나 기일을 맞추지 못하기 일쑤였다. 그의 야구카드는 부정적 도트로 가득 찼다. 달리오의 투표와 대개 반대되는 루빈스타인의 투표는 별 영향력이 없었다. 달리오의 정치국 위원들이 회의에 나타나 뭔가를 적어 가고, 루빈스타인에게 부정적 피드백을 퍼붓기 시작했다.

마침내 루빈스타인은 그간 정해진 길은 하나였다는 걸 분명히 깨달았다. 그는 '원칙'을 활용해야 했다. '원칙'이 늘 강조하듯, 브리지워터는 근본적 진실과 정직을 추구하는 곳이었다. 아무리 하위직의 직원이라 해도 자신의 생각을 밝힐 책임이 있었다.

루빈스타인은 자신의 60번째 생일인 10월 13일을 기일로 잡았다. 루빈스타인의 참모는 수수한 축하 케이크와 샴페인을 몰래 준비했다. 루빈스타인이 생일에 중대한 발표를 할 예정이란 소식을 들은 달리오는 그의 결점을 일괄 진단하기로 계획했다. 달리오는 정치국, 원칙 대장들, 고위 경영진(그레그 젠슨, 그리고 달리오의 조용하고 오랜 동반자이자 이 소용돌이에 어쩌다 따라오게 된 밥 프린스 등)을 포함해 수십 명의 대리인을 거느리고 들어왔다. 그들은 탁자에 둘러앉아 상석에 앉은 루빈스타인을 비판할 준비를 마쳤다. 회사 전통으로 자리매김한 신참 죽이기에 가담하는 전형적인 브리지워터의 총살 부대였다. 그들은 먼저 루빈스타인의 결점을 줄줄 읊기 시작했다.

자신의 60번째 생일이 짜증 나는 매일의 연장선이 되지 않길 바랐던 루빈스타인은 자신이 먼저 해야 할 개회사 순서를 남에게 빼앗기자 말을 끊었다. 그는 주위를 둘러보며 말했다. "여러분, 이런 거 나한테는 안 통합니다."

이는 일반적으로 각본상 편집 지점이었다. 상대는 가만히 앉아서 비판을 받아들이는 게 도리였다. 고통은 발전을 위한 기회였다. 달리오의 가르침에 따르면, 고통을 마다하는 사람은 자기발전에도 관심 없는 사람이다.

달리오는 대부분의 부하들에게 나가라고 했다. 많은 정치국 위원과 원칙 대장이 말없이 우르르 나갔다. 달리오, 프린스, 젠슨, 매코믹, 머레이 등 최고 임원들과 옆에서 메모하는 보좌인 몇 명만 남았다.

달리오는 루빈스타인에게 하던 말을 마저 하라고 손짓했다.

루빈스타인은 자신이 생각하는 브리지워터의 현 상황을 설명했다. 그는 기술 향상의 임무를 맡고 고용되었지만 아무리 많은 소프트웨어나 실리콘밸리 전문 지식으로도 브리지워터의 고질적 문제를 해결할 순 없다고 말했다. 가령 애플에서 스티브 잡스는 루빈스타인에게 최종 소비자에게 초점을 맞추라고 강조했다. 즉, 애플의 핵심 가치는 소비자를 만족시키는 유용한 제품을 만드는 것이었다. 하지만 루빈스타인이 보기에 달리오는 자기만족에 집중하는 것 같았다.

루빈스타인은 브리지워터의 가장 골치 아픈 문제는 회사 내부에 있다고 말했다. 그것은 바로 '원칙'이었다. 루빈스타인은 나날이 확장되는 달리오의 규칙서가 만화경 같은 모순덩어리이자 공공연히 남용되는 무기라고 말했다. 신설 직책들인 정치국, 감사관, 원칙 대장, 기타 집행인들은 개방성과 진실을 강화한다지만 실제로는 정반대의 결과를 가져왔다. 그들은 공포 분위기를 조성했고, 회사 노선을 따르지 않는 사람은 누구든 당장 대가를 치를 것이라는 점을 직원들에게 계속 일깨웠다. 루빈스타인은 무엇보다 회의실 유리 벽을 두꺼운 종이로 차단했을 땐 할 말을 잊을 정도였다고 말했다. 한쪽에서는 비밀리에 대규모 총살을 계획하면서 어떻게 근본적 투명성을 내세우는 척할 수 있단 말인가?

루빈스타인이 이해하기까지 가장 오랜 시간이 걸렸던 건 신뢰도였다. 그는 이 불가사의하고 전지전능한 측정 지표, 즉 각 개인에게 다양한 범주에서 높고 낮은 점수가 매겨지는 방식이 첫날부터 거슬렸다. 루빈스타인은 페루치의 연구실이 일종의 주의 분산용 조직이라는 결론을 내렸다. 특정 범주에서 높은 신뢰도를 받은 직원들은 복잡한 인공지능 알고리즘을 통해 그런 점수를 얻은 것이 아니었다. 그 점수는 레이 달리오의 인위적 결정에 의해 정해졌다. 브리지워터에서 신뢰도 높은 사람이 되는 비결은 이 회사에서 유일하게 중요한 한 인물을 따르는 것이었다. 브리지워터를 굴러가게 하는 원동력은 신뢰도가 아니라 직원들의 신앙심이었다.

루빈스타인어 말했다. "레이, 이건 종교예요."

달리오는 몇 번 끼어들긴 했지만 대체로 조용히 들었다. 마침내 루빈스타인이 말을 마쳤을 때, 달리오는 잠시 말이 없었다. 얼마 후 그는 단조롭고 무덤덤하게 입을 열었다. 그는 이런 의견 불일치를 해결하는 것이 '원칙'이 필요한 이유라고 말했다. '원칙'은 신뢰할 수 있는 제삼자들이 회의를 열어 앞으로 나아갈 방향을 결정할 것을 명시했다. 그리고 달리오는 이렇게 의심의 여지 없는 증인들이 바로 이 안에 있다고 말했다. 그는 회의실을 돌며 최고 임원 한 명 한 명에게 루빈스타인의 의견에 동의하는지 물었다.

젠슨은 동의하지 않는다고 말했다.

프린스도 동의하지 않았다.

머레이도 동의하지 않았다.

매코믹도 동의하지 않았다.

달리오가 말했다. "봤지, 존? 자네가 틀렸어." 이제 달리오가 말할 차례였고, 그는 물 만난 고기였다. 그는 루빈스타인의 결점을 한시간, 아니 두 시간, 종국에는 세 시간에 걸쳐 진단했다. 달리오는 부정적 피드백, 즉 빨간 도트로 가득한 루빈스타인의 야구카드를 꺼냈다. 그의 신뢰도 점수는 전반적으로 끔찍했다.

달리오는 바로 지금 이 대화가 신뢰도의 가치를 입증했다고 말했다. 이 토론은 몇 시간째 진행됐지만, 결국 아무도 루빈스타인의 관점에 동의하지 않았다. 그들은 어차피 시간 낭비할 필요 없이, 처음부터 루빈스타인의 신뢰도 등급만 보고도 같은 결론에 도달했을 것이다.

두 사람의 신랄한 설전은 해가 하늘을 가로질러 뉘엿뉘엿 져 버릴 때까지 계속되었다. 그 자리에 있던 모든 사람이 루빈스타인이 오래 머물지 않으리란 걸 직감했다. 그는 브리지워터에 화려하게 입성했던 만큼 회사의 체면을 위해 몇 달 더 머물기로 동의했다. 루빈스타인은 브리지워터에 대한 자신의 솔직한 생각을 공개적으로 밝히지 않기로, 달리오는 루빈스타인의 계약 기간인 2년 치 보수를 전액 지불하기로 각각 합의했다. 1년도 못 채운 근무 기간과 모두가 기대 이하로 평가한 성과의 대가로 수천만 달러가 빠져나갔다.

진단이 끝나고 다들 나갈 채비를 하던 중, 누군가가 문을 두드렸다. 루빈스타인의 참모가 깜짝 선물과 함께 복도에서 기다리고 있었다. 그녀는 케이크와 이제는 미지근해진 샴페인을 들고 조용히 생일 축하 노래를 불렀고, 생일의 주인공은 최대한 후딱 케이크를 자르고 나갔다.

몇 달 후 달리오는 고객들에게 루빈스타인의 사임을 알리며 "우리는 그가 브리지워터 문화에 적합하지 않다는 데 쌍방 간 동의했다"라고 밝혔다.[4]

 루빈스타인이 브리지워터의 근본적 투명성에 대해 사석에서 밝힌 감정은 더 가혹했다. 그는 친구들에게 말했다. "거기 사기 집단이야."

PART 4

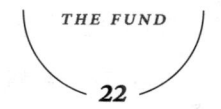

신뢰의 서클
The Circle of Trust

월가의 트레이더들 사이에는 은밀히 오가는 의문점이 있었다.

브리지워터는 글로벌 투자회사였다. 특히 올웨더 펀드는 경쟁사들 사이에서 면밀한 탐구와 추적, 복제 대상이 되어 위험균형펀드risk-parity funds(자본 배분보다 위험(변동성) 배분에 중점을 두고 설계된 분산투자식 펀드. 채권 비중이 비교적 높은 만큼, 채권의 낮은 수익률을 보완하기 위해 레버리지를 적극 활용한다. - 옮긴이)라는 하나의 모방 업종을 탄생시켰으며, 이들도 다양한 자산의 안정적 포트폴리오를 자동으로 매매하는 시스템을 표방했다. 달리오는 거의 모든 언론에 등장했고, 어떤 투자 주제가 나와도 의견을 척척 제시했다.

그렇다면 월가의 어느 누구도 브리지워터가 거래하는 모습을 본 적이 없는 듯한 이유는 무엇일까?

이것은 단순히 흥밋거리를 위한 사소한 주제가 아니었다. 세계 최대 규모의 헤지펀드 브리지워터는 본사 소재지가 변두리 지역일 뿐 월스트리트의 거래 인프라와 외따로 떨어져 활동할 리 없었다. 그들이 늘 말하는 외화, 주식, 채권을 사고팔려면 매매 상대가 되는 반대편의 투자자가 필요했다. 브리지워터의 공개 문서상에는 골드만삭스, 시티그룹, 크레디트스위스, JP모건 등 월가의 모든 내로라하는 회사와 거래하고 있다고 나와 있었다.[1] 하물며 훨씬 소규모의 헤지펀드사라도 트레이더 간 입소문만으로 시장을 움직일 수 있다. 그렇다면 최고의 포식자 고래 같은 체급의 브리지워터는 포지션 변경 때마다 시장에 파란을 몰고 와야 했다. 하지만 그들이 시장에 남기는 흔적은 분명 피라미 수준이었다.

서로 배경이 완전히 다른 세 남자가 이 수수께끼를 풀기 위해 각기 다른 세 가지 방도를 택했다.

2015년 초, 억만장자 증권 컨설턴트이자 끝없는 달변을 자랑하는 헤지펀드 매니저 빌 애크먼Bill Ackman이 첫 타자로 나섰다. 퍼싱스퀘어캐피털Pershing Square Capital의 창립자인 애크먼은 난해한 퀀트 투자 방식에 의존한다는 달리오의 공언이 두루뭉술하고 심지어 무의미하다고 오랫동안 생각해왔다. 그는 베일 뒤에 무엇이 있는지 궁금해서 한 자선 행사에 달리오를 초대해 그의 투자관에 대해 이야기를 나눴다. 애크먼은 무대 인터뷰에서 달리오에게 브리지워터가 퍼싱스퀘어보다 거의 10배 더 많은 자산을 관리하는 비결을 자세히 파고들었다.[2]

달리오가 대답했다. "글쎄요, 무엇보다 제가 세상의 어떤 것이든 매도나 매수할 수 있기 때문인 것 같습니다. 전 기본적으로 유동성 높은 종목을 매수 포지션으로 둡니다. 세상의 무엇이든 매도 포지션이나 매수 포지션을 취할 수 있죠. 그래서 저는 모든 걸 매도 포지션과 매수 포지션을 왔다 갔다 해요. 저는 편견이 없는 사람이라서 매우, 음, 뭐랄까, 근본적인 방식으로, 음, 그러니까, 하지만 매우 체계적이면서 매우, 음… 우리는 포트폴리오 이론에 있어서 인공지능 접근법을 많이 활용합니다. 즉 금융공학을 적극적으로 도입해 기본적으로 서로 상관계수가 없는 종목들을 모아서 베팅합니다."

또 그는 자신의 오랜 규칙을 바탕으로 브리지워터 거래의 약 99퍼센트가 자동화로 이루어진다고 덧붙였다. "지금까지 쌓아온 저만의 규칙들을 기준으로 삼고 있죠. 덕분에 아주 편리하답니다."

달리오는 자기보다 체급이 작은 경쟁자인 애크먼에게 그는 어떻게 투자 대상을 선별하냐며 같은 질문을 되물었다.

애크먼은 "저는 정반대로 투자합니다"라고 말했다. 퍼싱스퀘어는 가령 최고경영자의 리더십 등 회사 역량을 평가해 소수의 우량 회사를 찾아낼 뿐이라고 했다. 토론의 어느 시점에서 애크먼은 인터뷰가 샛길로 빠지는 것을 감지하고 두 사람의 공통점을 찾기 위해 화제를 전환했다. 그는 달리오에게 무난한 질문으로 멍석을 깔아주었다.[3] 비즈니스 방송에서 한 시간에 대여섯 번씩 나오는 흔한 질문이었다. "당신이 자산이든 주식이든 시장이든 외화든, 딱 한 가지만 매수할 수 있다고 칩시다. 어디 투자하시겠습니까?"

달리오는 잠시 침묵하더니 대답했다.

"난 그렇게 안 하는데요."

달리오는 브리지워터의 투자 직원 300명의 일과를 설명하며 그들이 데이터 기반 접근 방식을 취한다고 말했다. 무대에서 애크먼은 "제가 지금까지 나눠본 대화 중 가장 흥미로운 대화 중 하나"였다고 말했다. 그러나 나갈 때는 고개를 절레절레 저었다. 그는 나중에 한 동료에게 화풀이했다. "내내 뭔 소리 하는지 모르겠더라고."

자칭 "이성의 선지자prophet of reason" 짐 그랜트Jim Grant는 그 인터뷰를 지켜보고 놀람을 금치 못했다. 상냥한 애크먼과 달리 그랜트는 어디서나 나비넥타이를 매고 다니는 등 깐깐한 성격에 더 가까웠다. 그는 〈그랜트의 금리 관측통Grant's Interest Rate Observer〉이라는 난해한 금융 전문지를 발행했는데, 웬만한 투자자들은 다들 읽었다고 주장할 만큼 인기 있는 매체였다(한 팬은 그랜트를 "영원한 냉소주의자"라고 불렀다[4]). 그랜트는 오랫동안 브리지워터에 의심의 눈초리를 보냈다. 특히 그들이 차입금으로 거액을 베팅하는 것을 저위험 투자로 볼 수 있다고 주장하는 것을 보고 그랜트의 의심은 더욱 커졌다.

그랜트는 남몰래 브리지워터에 관한 어두운 질문을 파고 있었다. 그는 자신의 최고 대리인에게 같이 브리지워터를 조사하자고 했다. 두 사람은 각자 흩어져 브리지워터의 공개 문서들을 꼼꼼히 조사하고 고객, 경쟁사, 브리지워터 간 거래에서 무슨 일이 일어나는지 단서를 알 만한 모든 사람과 은밀히 대화를 나눴다. 모은 자료의 양은 넘칠 지경이었고, 그랜트는 "모두들 뭔가 아주아주 잘못된 게 있다는… 무언의 눈짓과 고갯짓을 주고받았다"라고 회상했다. 2017년 10월 그랜트는 한 호를 통째로 브리지워터 기사에 할애했다.[5] 주제는 "주의 분산용 사업, 아부 문화, 수수께끼"였다.

그랜트는 자신이 발견한 불가해한 모순들을 기나긴 목록으로 나열했다. 늘 투명성을 떠들어대는 브리지워터이지만, (직원과 고객 등이 포함된) 주주들에게도 재무제표를 먼저 공개하는 일은 없었다. 그나마 일부 공개된 내용도 혼란스러웠다. 그랜트의 계산에 따르면, 서류상 브리지워터가 관리 중인 총자산 액수는 해당 서류에 나열된 펀드별 자산을 합친 금액과 일치하지 않았다. 또 그랜트는 달리오가 5개로 별도 관리하는 가족 신탁들이 각각 "브리지워터의 지분 중 최소 25퍼센트 이상이되 50퍼센트는 안 되게 보유하고 있는 것으로 나타났으며, 이는 산술적으로 달성하기 어려운 것"이라고 썼다. 공개된 바에 따르면 브리지워터는 자신들의 회계감사 기업인 KPMG에 돈을 대출해줬는데, 이는 오랜 경력의 애널리스트인 그랜트가 보기에 수상하고 이례적이었다. "남들이 뭐라 하든, 우리는 브리지워터가 오래 눈여겨볼 만한 기업이 아니라고 본다."

이 보도는 월가와 웨스트포트에 폭탄처럼 떨어졌다. 그랜트는 월가 은행 CEO들의 칭찬 전화 세례 속에서 하루를 보냈다.[6] 어떤 사람들은 자기도 수년 동안 궁금했던 것이라고 말했다.

기사가 발표된 날 저녁 8시 30분, 그랜트는 집에서 아내와 함께 소파에 앉아 뉴욕 양키스 경기 중계를 시청하고 있었다. 이 길고도 만족스러운 하루를 마무리하며 그는 텔레비전을 끄려고 했다. 코네티컷주 지역번호로 모르는 전화가 울렸을 때 그랜트는 전화를 받지 않고 음성 사서함으로 넘어가도록 그냥 두었다. 약 30분쯤 후에야 그의 아내가 메시지가 와 있다는 흐릿한 신호음을 들었다. 그녀는 스피커폰 기능을 켜고 재생 버튼을 눌렀다. 달리오의 목소리가 들리자 그녀는 움찔했다.

"〈그랜트의 금리 관측통〉 최근호를 보셨는지요." 달리오는 거의 30분 동안 기사에 대한 불만을 조목조목 늘어놓았다.

그랜트는 훗날 이렇게 회상했다. "나는 무엇보다 초인적일 정도로 절제된 그의 목소리에 소름이 끼쳤다. 그는 억양이나 말투에서 감정이 느껴지지 않을 만큼 침착했다."

다음 주 내내 그랜트는 여러 브리지워터 임원들에게서 간헐적으로 걸려오는 전화를 받으며 일주일을 보냈다.[7] 그는 자신이 몇 가지 중요한 부분을 오해했다는 것을 깨달았다.[8] 회계감사 기업과의 대출 관계는 사전에 규제 당국의 승인을 받은 평범한 관행이었으며, 소유권 지분에 대한 혼란스러운 산술적 문제는 달리오 가족이 소유한 복수의 법인이 재무제표에 집계되었다는 사실로 설명될 수 있었다. 그랜트는 CNBC 방송사에 전화를 걸어 사과했다. 그는 브리지워터의 규제 준수와 관련해 자신이 잘못 알았다고 고백했다. 다만 그들의 투자 전략이라는 더 큰 의문점에 대해서는 여전히 의심의 끈을 내려놓지 못했다고 말했다.

"그들의 사업이 실제로 어떻게 이루어지는지… 그들의 전략에 관해 알 수 있는 게 별로 없다. 레이 달리오의 공식 발언에 따르면… 그는 상관계수가 없는 매매 기법을 수천 가지나 안다고 한다. 그게 사실이 아닐 텐데도 이에 대해 아는 사람이 월가에 아무도 없다."

그가 말한 마지막 문장, 즉 누군가가 무수한 수익 창출 방법을 알면서도 그것이 무엇인지 아무에게도 말하지 않는다는 점이 보스턴의 한 금융 조사관의 관심을 자극했다. 해리 마코폴로스Harry Markopolos는 누구도 따라 하지 못할 자신만의 우위가 있다고 주장하는 비밀스러운 헤지펀드 매니저들을 익숙하게 봐왔다. 1990년대 후반 마코폴로스는 무명의 애널리스트였고, 당시 그의 상사는 경쟁사가 좋은 성과를 거두자 그들의 매매 전략을 알아내서 베끼라고 지시했다. 마코폴로스는 상사의 원을 들어주진 못했지만, 곧 SEC증권거래위원회, Securities and Exchange Commission와 접촉해 그 경쟁사의 명백한 사기 행각을 밝혀냈다. 6년 후, 마코폴로스는 〈세계 최대 헤지펀드는 사기다〉라는 제목의 보고서를 SEC에 제출하면서 경력의 정점을 찍었다.⁹ 버니 메이도프Bernie Madoff에 대한 그의 경고가 옳은 것으로 입증되자 마코폴로스는 전국적으로 유명해졌고, 이후 그의 발언은 사실상 언제든 규제 당국의 관심을 끌 수 있을 만큼의 영향력을 얻었다.

마코폴로스는 웨스트포트에서 무슨 일이 벌어지는지 진심으로 궁금했다. 이곳에는 어떤 경쟁사도 완전히 이해하지 못하는 투자 접근법으로 유명한 또 다른 거대 헤지펀드가 있었다. 그는 오랜 지인들에게 연락해 통상 펀드들이 잠재 투자자에게 제공하는 파워포인트 홍보물 '피치북pitch book' 등 브리지워터의 마케팅 자료를 입수했다. 피치북에는 그들의 투자 전략 요약과 상세한 펀드 성과 차트가 포함되었지만, 마코폴로스는 이를 보고 궁금증이 해소되기보다 오히려 더 쌓였다. 브리지워터는 스스로 글로벌 자산 관리사라고 표현했지만, 피치북에는 회사의 수익을 창출하거나 손실을 입힌 자산 종목이 딱히 무엇무엇이라고 언급되지 않았다. 안에 수록된 투자 성과 차트를 보면 브리지워터는 손해를 본 연도가 거의 없었다. 심지어 달리오의 공개 예측이 틀린 때에도 퓨어 알파 펀드는 해마다 평타 수준으로 마무리되는 것으로 나타났다. 문서들을 이리저리 살펴보던 마코폴로스는 익숙한 두근거림을 느꼈다.

머리를 맴도는 결론이 심상치 않다고 느낀 그는 과거 자신의 업적을 되짚기 위해 회전식 명함꽂이를 꺼냈다. 그리고 2008년 서브프라임 사태를 예측한 것으로 잘 알려진 텍사스주 출신 헤지펀드 매니저 카일 배스Kyle Bass에게 연락했다. 배스도 브리지워터가 어떤 식으로 거래하는지 오랫동안 궁금해했다고 했다. 또한 마코폴로스는 타사의 사기 행각을 적발해 유명해진, 그린라이트캐피털Greenlight Capital의 대표이자 헤지펀드 억만장자 데이비드 아인혼David Einhorn도 만났다.[10] 아인혼은 그를 자신의 집무실로 맞이하고, 브리지워터를 직접 조사하는 데 관심 있다는 자사의 분석가 팀을 함께 배석시켰다. 마코폴로스는 의심스러운 점들을 설명했고, 아인혼은 머리를 비스듬히 손 베개로 받친 채 그의 말을 경청했다.

마코폴로스의 설명을 들은 아인혼은 흥분해서 탁자를 쳤다. "내 그럴 줄 알았어요!"

아인혼의 반응만으로도 마코폴로스는 충분히 힘이 났다. 그는 자신의 결론을 보고서로 작성해 SEC에 보냈다.

브리지워터의 투자 수법은 폰지 사기(특별한 수익 창출 없이 신규 투자금으로 기존 투자자에게 수익금을 나눠주는 돌려막기 수법. - 옮긴이)라고 말이다.

∴

브리지워터는 폰지 사기 집단이 아니었다.

그렇다고 모든 것이 달리오가 말한 그대로였다는 뜻은 아니다.

SEC 등 규제 당국은 마코폴로스 및 그의 팀과의 회의에 성심껏 임했다. 내부 고발자의 보고서가 전달되었고, 전직 월스트리트 변호사였던 제이 클레이턴Jay Clayton SEC 위원장에게도 이 소식이 전해졌다. 클레이턴도 과거에 동료들에게서 브리지워터의 그런 소문을 들은 적이 있다고 했다. 그는 SEC 팀에 이 문제를 조사하도록 지시하고 브리지워터에 관련 질의를 벌이도록 했다. 이후 그들이 부분적으로 내린 결론은, 브리지워터가 실제로는 단순한 투자를 스톡옵션이나 비교적 추적하기 어려운 기타 거래 수단 등 일련의 복잡한 금융 계략으로 만들었다는 것이다. 이는 공식 문서에 반드시 표시될 필요는 없었기에, 경쟁사가 이를 포착하지 못한 것이 SEC로서도 이해가 갔다.

문제가 없다고 판단한 SEC는 경과를 묻는 마코폴로스와 그의 팀에 더 이상 응답하지 않았다. 규제 당국은 브리지워터에 공개 기소를 제기하지 않기로 했다. 할 수 없이 마코폴로스는 다른 쪽을 찔러보기로 했다.

웨스트포트의 실태를 제대로 파악하기 위해서는 외부에서 내부 깊숙이로 초점을 이동해야 했다. 애크먼이나 그랜트가 쉽게 답을 찾지 못한 부분적 이유는 그들이 냉철한 분석(즉, 노력과 지력)이 투자 결과로 이어진다는 믿음으로 성공한 철저한 월가 쪽 사람들이기 때문이었다. 반면에 자신의 이력에 또 다른 부정 헤지펀드 적발을 추가하겠다는 의욕에 젖어 있던 마코폴로스는 마음이 석연치 않았다. 마코폴로스가 SEC에 청원을 제출했을 때, 알고 보니 그들은 이미 브리지워터를 조사한 상태였다. 메이도프 사건 이후로는 세계 최대의 헤지펀드를 제대로 조사해본 적 없는 SEC 직원들은 웨스트포트에 잠시 머물며 브리지워터의 경영 실태를 자세히 관찰했다.* 그들의 임무는 브리지워터가 법을 준수하는지 확인하는 것이었고, 달리 지적할 사항을 찾지 못했다. SEC는 그 존재 목적에 따라 브리지워터가 어떻게 돈을 벌었는지엔 별로 신경 쓰지 않았고, 그저 그들이 고객의 돈을 실제로 투자했다는 사실만 확인했다.

마코폴로스, 아인혼 등이 브리지워터가 순전한 사기꾼이라고 잘못 의심한 이유 중 하나는 브리지워터에 매매 업무를 담당하는 직원이 워낙 소수여서였을 수도 있다. 본관에서 몇 킬로미터 떨어진 별관에는 브리지워터의 거래에 대해 아는 거라곤 신문에서 읽은 게 전부인 직원들이 수두룩했다. 한창때 브리지워터의 정규직 직원 수는 약 2,000명(거기에 임시 계약직 직원 수백 명까지)이었지만, 그중 연구나 투자 담당은 20퍼센트도 안 되었다. 그나마 연구 직원 중 다수는 고작 대학생 난이도 수준의 업무를 맡았다. 그들은 경제사 연구 프로젝트에 전념했으며, 나중에 달리오가 이를 직접 검토 후 편집했다. 때로 그들의 연구 결과가 〈일일 보고서〉에 실리기도 했고, 여기에는 주로 달리오, 그레그 젠슨, 혹은 밥 프린스가 공저자로 표기되었다. 대부분의 연구 직원들은 이러한 통찰력이 브리지워터의 투자에 반영되는지는 묻지 말아야 한다는 걸 알았다.

브리지워터에서는 10명 남짓한 소수 정예만이 딴 세상을 살았다.[11] 대부분 남성인 이 집단은 각자의 장점뿐 아니라 충성도를 기

---

* 브리지워터 및 달리오의 변호사들은 "SEC가 브리지워터급의 대형 투자사를 정기적으로 조사하는 일은 충분히 예상 가능하고 바람직한 관행"이라며 이를 "표준 절차"로 여겼다고 말했다.

준으로 간택되었다. 그들은 대개 다른 직장에서는 일한 경력이 없었다. 달리오와 젠슨은 브리지워터의 투자 직원 중 일부를 선발해 내부 성소로 입장할 수 있는 특권을 허했다. 달리오는 소수의 행운아들을 앉히고 그들에게 가입 의사를 물었다. 그들은 종신 계약을 체결하는 (그리고 다른 투자회사로 이직하지 않겠다고 맹세하는) 대가로, 달리오가 투자의 성배라고 부른 브리지워터의 내부 비밀을 볼 수 있는 소수 중 한 명이 되었다.

달리오는 이 서약자 집단을 신뢰의 서클Circle of Trust이라고 명명했다.

신뢰의 서클에 들어가는 것은 쉽게 결정할 수만은 없는 문제였다. 젠슨과 프린스에 이어 장차 서클의 가장 고참이 될 밥 엘리엇은 달리오에게서 종신 계약을 제안받았을 때 겨우 26세였다.

엘리엇은 무엇보다 브리지워터의 비밀을 간절히 풀고 싶었다. 그는 종신 계약서에 서명했다.

∴

야구카드에서의 신뢰도도 그렇지만, 신뢰의 서클이라는 명칭도 서로 연결되고 의존하는 상호 동등한 관계를 암시한다는 점에서 다소 잘못 지어졌다. 그들은 중앙에 홀로 독립된 달리오를 호위하는, 깨지지 않는 고리와도 같았다.

브리지워터가 시장에 어떻게 수천억 달러를 투자하는지는 두 가지 버전으로 설명할 수 있었다. 달리오가 대중과 고객에게 계속 말해온 버전은 그중 한 가지였다. 다른 버전은 신뢰의 서클만 아는 비밀이었다.

첫 번째 버전에 따르면 브리지워터의 헤지펀드는 "아이디어 능력주의"를 기반으로 했다. 예컨대 모든 투자 담당 직원이나 연구원은 머나먼 외국의 채권 금리가 오를지 내릴지 각자의 아이디어를 제시하고, 팀은 광범위한 역사 연구 결과를 통합해 각 주장의 장점을 냉정하게 토론했다. 예측 적중률이 높은 투자 직원의 아이디어는 시간이 갈수록 더 큰 영향력을 얻게 되고 더 많은 고객의 자금이 할당된다. 수천까지는 아니어도 수백 곳의 다른 헤지펀드의 절차도 이와 비슷했고, 금융계 전반에 걸쳐 타 회사들도 마찬가지였다. 대형 투자회사들은 대개 경력 짧은 트레이더에겐 소액을, 돈 버는 재주가 입증된 트레이더에겐 거액을 할당했다. 이는 두둑한 지갑이 더해진 다윈주의의 월스트리트 버전이었다.

브리지워터는 이 패턴에 드라마도 가미하는 재주가 있었다. 매주 금요일마다 달리오의 참모들은 회사의 경제 연구 자료로 가득한 두꺼운 서류철을 무려 3개의 서류 가방에 나눠 담았고, 이를 달리오의 운전기사가 그의 집으로 운반했다. 이 자료들이 모이고 모여, 브리지워터에서 매주 월요일 오전 9시에 열리는 "세계에서는 지금 무슨 일이 일어나는가?"라는 회의의 재료가 되었다. 달리오는 젠슨, 프린스와 함께 구내에서 가장 큰 회의실의 앞줄에 앉았고, 그들 앞에는 직원들이 일렬종대로 앉아 방청했다. 신문기자나 방문객도 엄격한 지성주의가 충만한 이 광경에 깊은 인상을 받았다. 달리오가 대화를 주도하고 촬영기사가 나중에 전 직원이 볼 용도로 이를 녹화하는 가운데, 회의실에서는 그날의 주제와 시장 동향에 대해 몇 시간 동안 토론이 진행되었다. 지난 주말 달리오의 서류 가방에 들어간 것은 무엇이든 대화 주제가 될 수 있는 공정한 토론의 장이었으며, 아무리 하급직의 연구 직원이라도 나름의 분석력을 발휘해 달리오의 눈도장을 찍을 기회였다. 달리오는 한 인터뷰 기자에게 말했다. "프린스, 젠슨 그리고 나만 모여서는 얻을 수 없는 소득이죠… 이렇게 여럿이 모이면 훨씬 값진 아이디어가 탄생한답니다." 참으로 인상적인 진풍경이었다.

또한 이 회의는 브리지워터가 돈을 어떻게 운용하는지와도 전혀 관련이 없었다. 전직 선임 투자 직원 중 한 명은 그것이 "그냥 보여주기 용도"라고 말했다. 어떤 사람들은 달리오가 실제로 연구 서류철을 읽기라도 하는지 궁금해했다. 회의가 끝난 후, 신뢰의 서클은 남들이 접근할 수 없는 구석 사무실에 모여 진짜 업무에 들어갔다.

∴

언젠가 젠슨은 한 친구와의 술자리에서 "이 회사는 내가 스프레드시트만 있어도 굴릴 수 있어"라고 말했다.[12]

젠슨이 당시 친구에게 밤늦게까지 토로했듯, 브리지워터가 자랑하는 투자 과정의 비밀은 비밀이 없다는 것이었다. 달리오가 곧 브리지워터요, 달리오가 브리지워터의 투자를 결정했다. 물론 젠슨과 프린스, 그 외 이른바 신뢰의 서클도 있었지만, 신뢰의 서클은 여러 사람이 집단으로 모여 투자를 결정한다는 인상을 주기 위한 명칭일 뿐이었다. 그러나 형식상 여러 사람이 회의하더라도 실질상 단 한 명의 투자 의견만이 중요했다. 본질적으로 거대한 시스템도, 어떤 형태의 인공지능도, 투자의 성배도 없었다. 오직 달리오가 직접 대면으로, 전화로, 요트에서, 몇 주 동안 여름을 보내는 스페인 별장에서 내리는 명령이 전부였다.*

달리오와 그의 마케팅팀은 퓨어 알파를 대외에 설명할 때 "신호"라느니 "지표"라느니 하는 모호한 단어들을 나열하고는 그에 따라 투자를 결정한다고 말했다. 퓨어 알파는 그러한 신호들이 포착될 때 이에 맞춰 매매가 이루어졌다. 적어도 그들의 말로는 그랬다. 그렇다면 그들의 펀드는 지속적으로 데이터를 탐색하다가, 변화하는 투자 환경에 맞춰 조정된다는 의미였다. 또 이는 브리지워터의 거래가 시장을 움직이지 않는 것처럼 보이는 이유와 그들의 거래 흔적이 불가사의하게도 피라미 같은 수준에 불과한 이유를 설명해주었다. 브리지워터의 마케팅팀이 고객에게 설명하듯, 그들은 남들이 보지 못하는 신호에 집중하므로 시장에서 바쁘게 움직이며 매매하거나 경쟁사의 거래 상대편이 되는 경우가 드물었다.

달리오는 모호한 언어들을 나열했지만, 사실 퓨어 알파를 더 간단히 설명할 방법은 일련의 이프-덴 규칙이다. 즉, 특정 조건이 발생하면 특정 결과가 뒤따른다는 식이다. 퓨어 알파의 경우에서 이러한 이프-덴 규칙 중 한 예는 한 국가가 금리를 내리면 그 국가의 통화가치가 하락한다는 것이었다. 이때 퓨어 알파는 금리가 하락하는

---

* 달리오와 브리지워터의 변호사들은 "브리지워터는 시스템의 자동 결정이 98퍼센트이므로 한 사람이 지배하는 곳이 아니다"라며, "브리지워터의 투자가 달리오의 명령으로 결정된다는 것은 거짓"이라고 말했다. 그들은 브리지워터가 "거래 결정 방식을 엄격히 통제하고 있으며, 이는 자사의 거래 프로토콜과 일치하도록 정기 감사를 받는다. 모든 예외적 결정은 최고투자책임자들의 승인을 거친다"라고 덧붙였다.

국가의 통화에 역베팅할 것이다. 또 다른 규칙은 금 가격이 총 통화량을 금 보유고로 나눈 값과 관련이 있다는 것이었다. 통화량이 확대되거나 축소되면 각각 금을 사거나 팔아야 했다. 규칙들은 대개 단순히 추세를 따르는 내용이 많았다. 즉 단기적 움직임이 장기적 추세를 가리키는 신호일 가능성이 높으므로 다양한 시장에서 추세를 좇으면 된다는 것이다. 대부분의 규칙은 상관관계에 대한 고등학생 수준의 확실한 이해도와 계산기만 있으면 누구에게도 어렵지 않았다.*

브리지워터의 규칙은 회사 초창기에는 의심의 여지 없이 우위로 작용했다. 당시에는 하위직 트레이더에서 억만장자까지 월가의 사람들 대부분이 아직 직감의 가치를 믿던 때였다. 실적이 훌륭한 트레이더들은 가격과 거래량으로 주식의 미래 움직임을 예측할 수 있다고 해서 "테이프를 읽는read the tape" 능력이 있다고 불렸다(이 표현은 전신으로 전송된 주가가 종이에 찍혀 나오는 티커 테이프ticker tape에서 유래했으며, 달리오가 경력을 시작할 무렵에는 이미 사라진 관행이었다). 브리지워터는 국가 통계와 자신들의 시장조사를 통합해 자체적으로 경제성장도의 추정치를 개발한 최초의 헤지펀드 중 하나였다. 그들은 이를 "유휴 측정 프로세스the slack measure process"라고 불렀는데, 어느 국가나 시장

---

* 달리오 및 브리지워터의 변호사들은 "예나 지금이나 브리지워터의 위험 배분과 수익 창출은 98퍼센트 이상이 자동 매매로 이뤄지고 있으며, 직원의 재량적 매매에도 항상 엄격한 규칙을 적용한다"라고 말했다. 이어 "브리지워터의 트레이딩 전략은 자동화된 분산투자다"라고 덧붙였다. 달리오의 한 변호사는 브리지워터의 투자팀이 "거시적, 역사적 전개를 추적함으로써 시장의 인과관계를 알아낸다. 그리고 이 인과관계를 다양한 기간과 위치에서 전후 테스트를 거친 후 결정 규칙으로 공식화한다. 이 결정 규칙이 브리지워터의 투자 포지셔닝에서 98퍼센트를 차지한다"라고 별도로 설명했다.

의 자원이 충분히 가동되는지 혹은 놀고 있는지를 보고 그곳의 미래 성장 속도를 예측했기 때문이다. 유휴 측정 프로세스는 달리오에게 하나의 규칙이었다. 가령 이 모형이 한 국가의 호황을 예측하면 브리지워터는 해당 국가의 채권이나 통화를 매수하는 식이었다. 달리오는 일련의 규칙뿐 아니라, 그 규칙을 따르는 펀드도 가졌다는 점에서 남들과 달랐다. 그 펀드에 퓨어 알파라고 이름 붙인 것은 매우 절묘했다.

그러나 세월이 흘러 달리오의 우위는 약해졌고, 언젠가부터는 아예 사라진 듯했다. 컴퓨터의 성능이 점점 강력해지면서 모든 트레이더가 규칙을 프로그래밍하고 그에 따라 거래할 수 있게 되었다. 또 인터넷의 발달에 힘입어 투자은행과 증권사는 과학자, 수학자, 프로그래머를 고용하여, 지금은 전 세계 누구든 인터넷으로 입수할 수 있는 경제 데이터를 한층 더 깊게 파고들 수 있게 되었다. 이러한 경쟁사들은 유휴 측정 프로세스와 같이 달리오가 발견한 기법을 빠르게 따라잡은 다음, 순식간에 쏠리고 빠지길 반복하는 주식 거래량 데이터를 몇 초 만에 소화해야 하는 초단타 매매 같은 분야로 재빨리 추월해나갔다. 경쟁사인 르네상스테크놀로지스^{Renaissance} ^{Technologies}는 박사 학위를 소지한 연구원 수십 명을 고용해 '수백만' 줄의 코드로 짜인 투자 시스템을 구축했다. 브리지워터도 상당수의 과학자를 고용했지만, 데이비드 페루치처럼 대부분 투자보다 인사 평가 도구 임무에 배정되었다. 대신 달리오는 자신의 역사적 규칙을 고수했다(그는 한 인터뷰에서 "역사적 규칙은 시대를 초월하고 보편적"이라고 말했다). 비록 그 규칙이 해가 갈수록 더 진부해지고, 그동안 경쟁사들은 경쟁 체제 속에서 앞으로 도약하는 상황이었지만 말이다.*

신뢰의 서클 구성원을 포함해 똑똑하고 야심 찬 직원들은 정체 상태에 빠진 브리지워터를 구하려고 용감하게 노력했다. 하지만 브리지워터의 규칙 목록에 새 규칙을 추가할 수 있는 유일한 방법은 달리오, 프린스, 젠슨의 만장일치 승인을 얻는 것이었는데, 이는 비밀투표 방식이 아니었다. 세 사람이 공개적으로 토론에 부쳐도 달리오가 어떻게 결정할지 예측하기는 어렵지 않았다. 그리고 프린스와 젠슨은 둘 다 달리오에게 반대하는 일이 거의 없었다. 달리오는 자신이 이해하지 못하는 새로운 아이디어는 꺼리는 편이었고, 그러다 보니 새로운 규칙의 상당수는 이프-덴 구조를 띠었다. 이 방법은 바깥 세계의 변화 속도를 따라잡기에 충분하지 않았다. 2018년에 투자팀에 새로 온 한 직원은 세계 최대 헤지펀드가 아직도 수십 년 된 소프트웨어인 마이크로소프트 엑셀에 의존한다는 사실에 깜짝 놀랐다. 달리오는 마치 제트기가 발명된 지 한참 후에도 라이트형제의 비행기만 타겠다고 고집하는 사람 같았다.

투자 부서의 닫힌 문 뒤에서는 몇 년간 늘 쳇바퀴 같은 풍경이 연속되었다. 이 점도 부분적 이유로 작용해, 젠슨은 자신의 투자팀이 달리오의 사비를 걸고 현실 세계의 시뮬레이션, 즉 '모의 투자'

---

* 2020년 브리지워터가 전직 투자 직원 두 명을 상대로 제기했다가 참패한 한 소송에서 뉴욕주 법원 중재단은 브리지워터가 설명한 투자 방식이 "모호하다"고 판단했다. 그들은 브리지워터가 "자신들의 경제적 성공에 귀중한 영업 비밀이 있다고 주장했지만… '방법론'에 관해서는 어떤 증거도 제시하지 못했다"라고 썼다. 브리지워터가 영업 비밀이라 주장한 내용은 "공개적으로 이용 가능하거나 업계 전문가들이 일반적으로 입수할 수 있는 정보"였다. 중재단은 젠슨이 선서하에 증언한 내용을 듣고는 "브리지워터는 피고인과 같은 직원들이 경력 내내 브리지워터에 남기를 기대해서 퇴사를 배신으로 간주한다"라고 결론지었다.

를 할 수 있게 달리오를 설득했다(직원의 아이디어가 이기면 현금으로 보상받았다). 이는 달리오가 자기네 직원, 즉 고객을 위해 직접 돈을 굴리는 실무자들을 얼마나 별 볼 일 없게 여기는지를 드러내는 방증이었다. 직원들이 어떻게 투자하든 무조건 그에 반대로 베팅하는 것을 기꺼이 받아들였으니 말이다.[13] 많은 투자 직원들에게 이 모의 투자는 그들이 브리지워터에 다니는 동안 실제로 자신의 투자 아이디어를 마음껏 표출해볼 유일한 기회였다.[14]

대부분의 다른 헤지펀드 직원들과 달리 브리지워터 퇴사자 중에는 자신만의 펀드사를 차리는 사람이 별로 없었다. 이는 단지 브리지워터의 강경한 법적 태도 때문만은 아니었다. 브리지워터는 알짜 정보에 대한 접근권을 엄격히 제한했으므로, 안타깝게도 직원 중에서도 브리지워터가 실제로 어떤 식으로 투자하는지 아는 사람은 극소수였다.*

∴

공개적으로는 자신만만한 척했지만 자신의 기계가 삐거덕거리고 있다는 걸 달리오가 모를 리가 없었다. 그는 다른 누구보다 숫자에 밝았다. 2011~2016년 시장의 격동기에 퓨어 알파는 역사적 추세에 훨씬 못 미치는 낮은 수익률을 기록했다. 고객들이 펀드가 부진한 이유를 물으면, 해마다 돌아오는 대답은 그래도 브리지워터의 성과는 자신들의 장기적 기대 범위를 벗어나지 않았다는 것이었다.

---

* 달리오 측 변호사는 "브리지워터의 투자 직원 훈련 프로그램은 그 엄격한 평가 과정을 통과한 직원들에게서 탁월한 매크로 투자 교육이라는 호평을 받고 있다"라고 말했다.

달리오와 브리지워터가 열심히 지키려고 노력한 우위가 마지막으로 하나 더 있었다. 그들은 전 세계의 다른 대부분의 투자자보다 정보 우위가 월등했고, 또 이 우위를 유지하기 위해 엄청난 노력을 기울였다. 이 우위는 사실상 다른 누구도, 그리고 아무리 많은 연구, 과학, 분석으로도 넘볼 수 없었다.

월스트리트에서는 "정보 우위"라는 문구가 부정적 의미를 내포할 때가 많다. 투자사가 정보 우위를 갖고 있다는 말은 그들이 내부자거래, 즉 회사 내부자에게서 얻은 기밀 정보를 기반으로 주식을 불법 거래하고 있음을 순화해서 표현하는 뉘앙스를 풍기기 때문이다. 그러나 달리오의 정보 우위는 말 그대로 비밀이었고, 범위도 방대했으며, 합법적이었다. 브리지워터는 개별 기업 정보는 전혀 수집하지 않았다. 대신 그들의 수집 대상은 각 국가에 대한 전체 정보였다. 달리오는 정부 관료들의 경제정책 계획을 알아내기 위해 그들과 든든한 연줄을 맺는 데 적극적이었다. 그리고 브리지워터는 이렇게 얻은 정보를 이용해 수익을 창출해왔다.

이런 유형의 정보를 쥐고 있는 일부 관료들에게는 월스트리트의 거물조차 쉽게 접근할 수 없었다. 그들은 세계 지도자들의 자금 운용을 돕는 중앙은행 관료, 정부 예산 관리자, 정부 고문 등 미지의 세계에 속한 사람들이었다. 달리오는 그들과 인연을 맺을 훗날을 위해 부단히 연성 권력을 키우며 영리하게 장기전을 이어갔다.[15]

어디든 도전하지 못할 곳은 없었다. 심지어 그중에는 카자흐스탄도 있었다.

이 중앙아시아 국가는 월스트리트에서 선뜻 떠올리기 힘든 투자

처였다. 독재 정권이 통치하는 이 국가는 세계에서 가장 넓은 내륙 국가이지만 인구밀도는 희박했다. 그들이 자랑하는 무기는 천연자원이었다. 2013년 카자흐스탄은 당시 역대급 비용을 들여 대대적인 카스피해 석유 개발에 착수하고 770억 달러 규모의 국부 펀드를 키웠다. 국부 펀드 책임자인 베릭 오테무랏Berik Otemurat은 감사관으로 경력을 시작한 지 겨우 10년 차의 고지식한 관료로, 그 돈을 투자할 곳을 물색하면서 월스트리트의 유명 인사들을 만나기 위해 일행을 데리고 순방 중이었다. 브리지워터의 고객서비스팀은 그와 달리오의 만남을 주선했다.

달리오도 이들 대표단에 관심을 보였다. "그 사람들 사전 일정이 어떻게 되지?" 그는 마케팅팀에 물었다.

부하 직원들이 알아본 결과, 오테무랏은 웨스트포트에 도착하기 전 뉴욕에 몇 시간 머물기로 되어 있었다.

그러자 달리오가 물었다. "여기로는 어떻게 온대?"

"메르세데스 운전기사를 대기시켰습니다."

"헬리콥터 불러."

옛날식 옆 가르마를 탄 30대 카자흐인과 수행원 몇 명은 브리지워터에서 수천 달러를 주고 전세 낸 헬리콥터에 탑승했다. 그들은 맨해튼을 출발해 브리지워터에서 가장 가까운 (하지만 브리지워터를 훌쩍 지나쳐 더 가야 하는) 헬리콥터 이착륙장이 있는 코네티컷주 브리지포트까지 갔다. 거기서부터 나머지 구간은 메르세데스로 이동했다.

적어도 지금까지 뉴욕에서 보낸 시간과 비교하면 오테무랏이 곧

보게 될 특이한 프레젠테이션만큼이나 극적인 여정이었다. 뉴욕에서는 콜버그크래비스로버츠Kohlberg Kravis Roberts의 공동 창립자인 헨리 크래비스Henry Kravis와 사모펀드 블랙스톤Blackstone의 공동 창립자 스티븐 슈워츠먼Stephen Schwarzman 같은 업계 거물들이 농어와 캐비아를 접대하며 자신들의 회사에 투자하라고 권유했다. 또 카자흐스탄 국기를 어설프게 재현한 오렌지 헤이즐넛 나폴레옹 파이를 대접한 사람도 있었다. 반면 달리오는 화이트보드에 해독 불가의 차트를 그리고 시장의 특성을 장황하게 설명했다. 브리지워터의 구체적인 투자 접근법은 거의 언급하지 않았다. 그 모든 것에는 부인할 수 없는 매력과 자신감이 있었다.

브리지워터의 마케팅 직원, 그리고 당시 회의에 동석했거나 회의 후 녹화 영상을 본 직원들에게는 이미 익숙한 전개 구도였다. 즉 브리지워터의 최종 목표는 돈이 아닌 다른 곳에 있었다. 그래서 오테무랏이 브리지워터의 주력 펀드에 1,500만 달러를 투자하겠다고 제안했을 때, 브리지워터 대표들은 고개를 절레절레 저었다. 브리지워터의 마케팅 임원이 말했다. "지금 당장 당신들과 거래하자는 게 아닙니다. 우리는 장기적 관계를 구축하고자 합니다."

브리지워터 안에서 관계란 곧 접근권을 의미했다. 수십억 달러짜리 잠재적 우위를 버리고 고작 수백만 달러의 투자금을 받겠다고 레드카펫을 펼치는 건 소인배나 하는 짓이다. 새로운 유전을 개발하기까지 카자흐스탄은 지연과 지연을 거듭한 끝에 10년 이상 걸렸다. 이 개발계획의 진행 상황을 잘 꿰고 있는 사람이라면 누구든 이에 따라 석유 베팅을 조정할 수 있었을 것이다. 브리지워터 대표들은 앞으로 국부 펀드 측에 그들의 수십억 달러를 굴릴 방법을 기꺼이 무료로 조언할 것이며, 그 대신 자신들도 카자흐스탄의 석유 산업에 대해 몇몇 정보를 알게 된다면 감사하겠다는 뜻을 밝혔다.

석유 정보는 특히 귀중했다.[16] 마케팅팀은 브리지워터의 주요 펀드가 전성기 때 어디서 수익을 창출했는지가 담겨 있는 기밀 고객 문서를 준비해 오테무랏 측에 보여주었다.* 브리지워터의 '초과 수익'을 창출한 일등 공신, 즉 가장 수익성 좋은 베팅은 원자재였다. 원자재 분야에 있어서 브리지워터는 경쟁사들도 흔히 쓰는 일종의 대량 데이터 처리 기술과 경쟁사 중 아무도 갖고 있지 않은 현실 세계의 정보를 결합할 수 있었다. 원자재 중에서 석유는 특히 민감한 '단기성 자산'으로, 지상에서 보관할 수 있는 일수가 한정적이어서 시세가 급변하기 쉬웠다. 따라서 카자흐스탄도 종종 어려움을 겪었듯, 공급이 계속 활발하지 않으면 가격이 급등하고 반대의 경우엔 급락할 수 있었다. 그만큼 석유 거래에서는 최신 정보가 아주 중요했다. 오테무랏과 대표단도 귀가 솔깃한 것 같았다.

얼마 지나지 않아 브리지워터는 두 마리 토끼를 다 잡았다. 오테무랏이 웨스트포트를 방문한 지 몇 달 후, 카자흐스탄 국부 펀드는 브리지워터에 투자하고 싶다며 다시 의사를 타진했다. 이번에는 1,500만 달러보다 훨씬 큰 금액을 내걸었고, 브리지워터는 동의했다.

---

* 달리오와 브리지워터의 변호사들은 "브리지워터의 경쟁 우위는 글로벌 경제와 시장을 탄탄하게 연구하고 이해한 후 이를 체계화된 투자 전략으로 전환하는 것"이라고 말했다.

∴

한편 자국에서 달리오의 접근권은 점점 좁아졌다. 금융 위기 때 명성을 얻은 직후에는 벤 버냉키 연준 의장과 접촉하는 데 별 어려움이 없었다. 그러나 버냉키의 후임자인 재닛 옐런Janet Yellen은 달리오에게 그다지 관심이 없는 것 같았다. 달리오는 옐런이 전화도 받지 않고 만나려 하지도 않는다며 분노하곤 했다. 그때 달리오의 불평을 들은 한 주변인은 그 이유로 "달리오가 격분했다"라고 말했다. 옐런의 임기 때 달리오는 고객들과의 한 전화 회의에서 브라질 헤알에서 인도 루피, 일본 국채에 이르는 21개 종목에 대해 경영진의 '핵심 견해'를 제시했다. 여기서 미국 달러는 완전히 생략했다. 미국 달러에 관해서는 핵심 견해를 정할 수 없다는 이유에서였다.

달리오는 한결같이 해외에서 더 성공적으로 동맹을 맺었다.[17] 이탈리아 출신의 유럽중앙은행ECB 총재 마리오 드라기Mario Draghi는 달리오와 자주 대화하고 조언을 구했다. 달리오는 2010년대 중반 내내 그에게 유럽연합에 더 적극적인 부양책을 도입하라고 조언했다. 그러면 유럽 주가는 상승하고 유로화 가치는 떨어지게 된다. 당시 브리지워터는 대체로 유로화 하락에 베팅해왔다. 달리오는 곧 드라기의 걸어 다니는 광고판이 되었다. 달리오는 국내외 기자들에게 보낸 공개 보도 자료에 이렇게 썼다. "그는 중요한 순간마다 옳은 결정을 내렸고 그 덕분에 전 세계의 상황이 좋아졌다. 이제 세상 사람들은 분명 마리오 드라기를 과소평가해선 안 된다는 걸 알게 됐을 것이다."

달리오는 드라기를 찬양함으로써 ECB와 좋은 관계를 구축했을 뿐 아니라 유럽 자본에도 진출할 수 있었다. 달리오는 취리히에서 스위스 중앙은행 총재인 토머스 조던Thomas Jordan에게 다가갔다. 두 사람의 만남을 주선한 전 브리지워터 직원에 따르면, 달리오는 골골대는 유럽에서 스위스 경제를 분리하려 노력하던 조던에게 조언을 제공하는 정치적 수완을 발휘했다고 한다. 2015년 초 조던이 유로화에 고정된 스위스 프랑을 해방시켰을 때, 브리지워터는 떼돈을 벌었다.¹⁸

달리오가 가장 오랫동안 인연을 쌓아온 국가는 중국이었다. 그는 아들을 중학생 때 중국으로 보낸 후부터 베이징 지도층과 관계를 구축하기 위해 열심히 노력했다(중국어도 배우려고 했으나 많은 서양인이 그랬듯 좌절하고 포기했다). 그리고 사적인 동시에 직업적 목적으로 자주 중국을 방문하고 몇 주씩 머물며 중국투자공사 등 국가기관으로부터 수십억 달러의 투자를 유치해냈다. 어떤 회의에는 아내를 대동했고 또 어떤 회의에는 브리지워터의 최고 대리인들을 데려갔다. 2015년 달리오가 프린스를 데리고 간 한 출장에서 두 사람은 호텔이 아닌 국가 영빈관에 머물렀다. 프린스가 독감 비슷한 증상을 느끼기 시작하자 중국 정부 관리들은 그가 개인적으로 따로 치료받을 수 있게 도왔다. 같은 해 달리오는 시진핑 주석을 예우하는 백악관 국빈 만찬에 참석했다. 그가 "안전한 투자처는 없다"라고 한 공개 예측을 필사적으로 뒤집으려 노력한 걸 보면 이러한 관계를 의식하고 있었음이 틀림없다.

달리오는 중국투자공사 회장을 자신이 중국에 둔 자선단체의 대표로 고용했다가, 나중에는 코네티컷주 너머 브리지워터의 유일한 지부인 중국 지사의 대표직으로 승진시켰다. 언론 인터뷰에서 달리오는 중국 지도부를 시종일관 칭찬하는 노선을 고수했다. 그는 중국 지도부가 "매우 유능하다"고 계속 말했고, 때로는 이 말을 몇 번이고 반복했다. 또 달리오가 회사 안에서 말한 바에 따르면 중국 지도부는 그에게 항상 서슴지 않고 조언을 구했다고 한다.

합리적 관찰자라면, 그리고 심지어 중국인들의 눈으로 봐도 달리오는 전형적인 친중국 성향이었다. 따라서 그 점을 유리하게 활용할 수도 있었다. 달리오는 중국 자산에 역베팅해도 중국 정부가 추적할 수 없게, 브리지워터 자금을 역외에 예치할 방법을 알아보라고 신뢰의 서클에 지시했다. 그래야 달리오가 중국 경제의 하강에 베팅해도 아무도 모를 것이다.

∴

달리오의 접근 방식에는 투명하지 않은 요소가 하나 더 있었다. 그의 거대한 자동화 시스템(즉, 경제 기계)은 그가 홍보한 만큼 자동화되거나 기계화되지 않았다. 퓨어 알파의 투자금 중 무려 10퍼센트, 수십억 달러에 달하는 돈이 달리오의 직감과 아이디어, 즉 그의 명령에 따라 움직였다.[19] 그가 미국 달러를 매도 포지션에 두고자 하면 (금융 위기 이후 약 10년간 쭉 그래왔다가 실패했지만) 투자 직원들도 항상 달리오의 분부에 따라 거래했다. 규칙 중에서 가장 중요한 규칙은, 달리오가 원하는 것은 그대로 이루어진다는 것이었다.*

2017년을 앞두고, 몇몇 투자 임원들은 눈물과 스트레스, 해고로

---

* 달리오 및 브리지워터의 변호사들은 "일반적으로 브리지워터의 거래는 임의매매가 '아니라' 최고 투자책임자들의 승인을 거친다"라고 밝혔다.

얼룩진 한 해를 보내고도 성과가 부진하니 이대로는 안 되겠다 싶었다. 퓨어 알파는 그해 2퍼센트 상승에 그쳤는데, 이는 대부분 타 헤지펀드보다 훨씬 낮은 수익률이자 미국 전체 주가 상승률의 6분의 1에 불과했다. 투자팀의 일부 직원은 그 이유를 알 것도 같았다.

신뢰의 서클 회원들은 브리지워터의 투자 성과를 개선하길 바라는 마음으로 젠슨의 허락하에 달리오의 매매 패턴을 연구하기 시작했다. 그들은 사내 기록 보관소를 샅샅이 뒤져 달리오 개인의 투자 이력을 파악했다. 그리고 완벽한 데이터를 도출하기 위해 계산에 계산을 거듭했다. 마침내 모든 작업을 완료하고 달리오를 찾아갔다. 그중 한 젊은 직원이 대표로 달리오와 악수한 후 그에게 연구 결과를 전달했다. 결론적으로 달리오가 옳은 만큼이나 틀린 적도 많았다는 사실이 밝혀졌다. 특히 최근 그의 아이디어에 따라 거래한 실적은 거의 동전 던지기나 마찬가지였다.[20]

젠슨, 엘리엇 등 다들 조용히 앉아 달리오의 반응을 조마조마하게 기다렸다.

달리오는 종이를 꾸깃꾸깃 구겨서 집어 던졌다.

THE FUND

23

선물
The Gift

달리오는 밴쿠버까지 횡단비행을 하며 분주하게 지냈다. 그러나 현재 그의 관심사는 브리지워터의 투자가 아닌 자신의 브랜드였다. 그는 29년 전 오프라 윈프리와 인터뷰한 이후 대중 앞에 선보일 가장 중요한 기회를 앞두고 있었다.

달리오는 비즈니스, 예술, 과학 분야의 유명 인사들이 전 세계 청중에게 인생의 교훈을 설파하는 영향력 있는 강연 시리즈 TED2017의 연사로 뽑혔다. 그는 일론 머스크와 세레나 윌리엄스Serena Williams 같은 유명 인사들 사이에 16분의 연설 시간을 배정받고 몇 주 동안 준비했다. 주변인들이 보기에 달리오는 평소와 다르게 긴장한 듯했다. 분위기 반전을 꾀하던 그에게 이번 무대는 중요한 기회였다.

2017년 1월에는 달갑지 않은 관심이 쏟아졌다. 데이비드 매코믹과 아일린 머레이가 존 루빈스타인을 대신해 새 CEO로 발표되었고,

혼선이 끊이지 않는 경영진에 관한 새로운 뉴스 기사들이 이어졌다. 투자 측면에서 브리지워터는 경제 재앙을 경고할 수 있다는 또 다른 구실로 도널드 트럼프$^{Donald Trump}$의 당선을 반겼다. 그들은 고객들에게 트럼프의 승리로 다우존스 산업평균지수가 거의 2,000포인트 붕괴할 수 있다고 경고했다. 그렇다면 이는 과거 기록의 두 배가 넘는, 역사상 하루 사이의 가장 큰 하락 폭이 될 터였다. 그러나 결과는 반대로 나타나, 지수가 사상 최고치를 경신했다. 그 결과 퓨어 알파는 2016년을 겨우 2.1퍼센트 상승으로 마감해 5년 연속 한 자릿수 초반대의 수익률을 기록했다. 브리지워터의 주력 펀드만 빼고, 월스트리트 전역에서는 큰돈을 벌었다.

또한 달리오는 그의 경영 시스템에 대중의 시선이 새삼 따가워졌다는 걸 알게 되었다. 〈월스트리트저널〉은 프리OS 소프트웨어가 "달리오의 두뇌를 컴퓨터화하려는 시도"라고 설명한 모 직원의 인용문을 포함해, 프리OS 프로젝트를 다룬 장문의 기사를 보도했다.[1] 처음에는 브리지워터 내에서도 이 기사에 만족한 사람이 일부나마 있었다. 매코믹은 〈월스트리트저널〉 기자에게 "훌륭한 기사 잘 봤습니다… 당신의 날카로운 관점이 아주 돋보였습니다"라고 메일을 썼다. 그러나 달리오는 심기가 불편한 게 분명했다. 그는 프리OS 출시를 자신의 입으로 직접 공개하기를 바랐다. 설상가상으로 〈월스트리트저널〉 기사가 나간 후 다른 타블로이드 신문들은 이 발명품을 디스토피아의 일면으로 묘사했다(그중 한 머리기사의 제목은 "당신의 상사가 로봇이라면?"이었다). 달리오는 기분이 상했다. 달리오가 자신의 야망이 오해받고 있다며 불평을 멈추지 않자, 매코믹은 해당 기자에게 다시 이메일을 보내 칭찬을 철회했다. "당신의 기사를 더 자세히 읽어보니… 유감스럽게도 부정확하거나 편파적이라고 생각되는 인용문이 여럿 포함된 것 같습니다." 매코믹은 "우리는 조만간 더 구체적인 피드백으로 후속 조치를 취하겠습니다"라고 덧붙였다.[2]

후속 조치는 없었다. 대신 달리오는 차기 미국 대통령의 전략을 빌려, 언론을 자신의 공개적 방해꾼으로 취급했다. 2017년 1월 초, 그는 링크드인에 문제의 기사를 발췌해 "유행병 같은 언론의 거짓과 왜곡"이라고 비판하는 장문의 글을 게시했다.[3] 글의 주 내용은 사실을 바로잡는 것이라기보다는 본인의 한풀이에 가까웠다. 실제로 그는 사실의 부정확성과 관련해서는 아무것도 지적하지 않으면서 다음과 같이 불평했다. "기자들은 브리지워터에 프랑켄슈타인 박사가 경영하는 억압적이고 광기 어린 회사라는 이미지를 덧씌우려 한다. 하지만 사실 우리의 아이디어 능력주의는 수십 년 동안 근본적 진실성과 근본적 투명성을 통해 의미 있는 일과 의미 있는 관계를 수립하고 비교 불가의 성과를 냈다는 것이 증명되었다." 그는 독자들이 "브리지워터의 진실을 의심"해서는 안 된다고 주장하며, 신입 사원의 이직률이 "유독 높긴 하지만" 그 단계를 넘긴 이후 평균 재직 기간은 더 길다는 내부 데이터를 인용했다. 또 그는 브리지워터가 "모든 사람을 위한 곳은 아니지만, 일단 이곳과 맞는 사람에겐 최적의 직장"이라고 덧붙였다. 달리오에겐 당연히 기쁘게도, 그의 링크드인 게시물은 여론의 전환에 효험을 발휘했다. 기자들은 한 헤지펀드 억만장자가 언론을 공격하는 광경으로 초점을 선회했고, 링크드인 누리꾼들은 득달같이 브리지워터를 감싸기 시작했다.

수백 개의 긍정적인 댓글 중 하나는 "선한 싸움을 위해, 레이 파이팅"이라는 것이었다. 그 외에 "아마 '언론의자유'가 문제인 듯"이라는 댓글도 있었다.

자신만큼 브리지워터를 방어할 사람은 없다고 확신한 달리오는 가능한 한 많은 대중 앞에 직접 모습을 드러냈다. 먼저 그는 금융 주제를 다루면서도 직설적 보도보다 조회 수 늘리기에 더 집중하는 것으로 잘 알려진 웹사이트 〈비즈니스인사이더Business Insider〉의 편집장 헨리 블로짓Henry Blodget과 인터뷰했다. 블로짓의 말에 따르면, 달리오의 팀은 2017년 1월 1일에 먼저 연락을 취했고 인터뷰 내용을 웹사이트에 그대로 게시한다는 조건으로 2시간 30분짜리 인터뷰를 제안했다. 블로짓은 동의했다. 일주일 후 진행된 인터뷰에서 달리오는 단골 레퍼토리("우리는 아이디어 능력주의를 채택하며, 이는 놀라운 효과를 발휘한다.")와 함께 몇 가지 새로운 이야깃거리도 곁들였다.[4] 그는 어떤 문제를 투표에 부칠 때 다른 사람보다 자신의 투표에 더 큰 가중치가 부여되는 브리지워터의 관행을 이렇게 설명했다. "나는 1인 1표제가 위험하다고 생각한다. 모든 사람의 의사 결정력이 동등하다고 가정하기 때문이다." 그렇기는 하지만 그는 자신도 브리지워터의 경영 규칙을 준수한다고 말했다. "지위를 남용하고 규칙을 어기면 모든 신뢰를 잃게 되기 때문이다. 나는 한 번도 어떤 의결을 내 맘대로 뒤집은 적이 없다." 인터뷰 시점을 고려할 때 가장 이상했던 점은 달리오가 바로 전날 자신이 받았다던 한 직원의 이메일을 블로짓에게 소리 내어 읽어준 대목이었다. "'브리지워터와 대표님에게 축복이 있기를. 사랑합니다, 대표님. 즐거운 크리스마스 보내세요.'"

다시 말하건대, 그때는 1월이었다.

달리오는 CNBC에 출연해 자신의 애장 도서 세 권을 추천하는 등 몇 차례 더 방송에서 친근한 모습을 보여준 후, 드디어 대망의 TED2017에 나섰다. 밴쿠버 컨벤션 센터 무대에 오른 달리오는 하늘색 셔츠와 품이 낙낙한 카디건이 완벽히 잘 어울렸고 긴장감을 극복한 듯 보였다. 그는 마치 사랑하는 손자들과 놀러 나온 할아버지처럼 편안하고 친근한 모습으로 등장했다. 그는 무대 주위를 조금씩 왔다 갔다 하고 손짓을 곁들이며 청중과 자연스럽게 눈을 마주쳤다.

달리오는 헤드셋 마이크에 대고 이렇게 운을 떼었다. "여러분이 원하든 원하지 않든, 근본적 투명성과 알고리즘 기반의 의사 결정 시대가 빠르게 다가오고 있습니다. 이로써 우리의 삶은 달라질 것입니다."

달리오는 과거 수많은 인터뷰에서 했던 말과 똑같은 전개로 자신의 어린 시절을 간략히 훑었다. 그는 얼굴을 찡그리며 학교가 싫었다고 말했다. 그러다 12살 때 캐디로 일해 번 돈을 투자하기 시작하면서 주식시장에 매료되었다. 처음으로 매수한 주식은 노스이스트항공이었고, 이유는 단지 가격이 5달러도 안 되어서였다. 달리오는 "멍청한 전략이죠?"라고 말했다. 뒤편 TED 로고의 붉은 조명 빛 속에서 청중이 웃음을 터뜨렸다. 그는 전에 없던 유머 감각을 드러내며 확실히 자신을 낮추려는 듯한 미소를 지었다.

달리오의 어깨 너머르 스크린 화면이 켜지고 수십 년 전의 영상 클립들이 재생되었다. 그중에는 나중에 틀린 것으로 판명된, 달리오가 의회에서 자신만만하게 경제를 예측하는 장면도 있었다. 영상이 끝나기가 무섭게 달리오는 "지금 와서 보니까 '내가 참 건방진 놈이었구나' 싶습니다"라고 말했다. 청중은 아까보다 더 큰 소리로 웃었다.

달리오는 시간이 지나면서 자신의 관점을 똑똑한 사람들에게서 스트레스 테스트받게 하고 가장 믿음직한 아이디어만 살아남게 해야 한다는 것을 깨달았다고 말했다. 그러기 위해서는 주변의 모든 사람이 진실하고 투명해야 했다. 달리오는 숱 적은 정수리를 드러내며 뒤돌아서는 연단으로 가서 돋보기를 쓰고 다시 스크린 화면을 재생했다. "여러분께 저희 회의 장면을 보여드리고, 저희가 회의 때 활용하는 도트 컬렉터라는 도구를 소개하겠습니다."

강연 후반에는 '자기 평가력', '결과를 이끄는 추진력' 등 브리지워터의 평가 척도를 보여주는 도표로 가득 찬 또 다른 영상이 재생되었다.[5] 그 영상은 직원들이 1부터 10까지의 점수로 서로를 평가하는 모습을 보여주었다. 그는 각각의 실수가 (일단 해결되고 나면) '원칙'이라는 보석을 탄생시키는 퍼즐과도 같다고 말했다. "지난 25년 동안 저희는 이렇게 운영했습니다. 저희는 이러한 근본적 투명성을 바탕으로 일해왔으며, 주로 실수를 통해 이 모든 원칙을 모았습니다. 그다음에는 원칙들을 알고리즘으로 변환했습니다. 이것이 저희가 투자 사업을 운영하는 방식이자, 인사관리에도 적용하고 있는 방식입니다."

달리오는 모든 사람에게 근본적 투명성이 요구되는 시대를 예견하며 수미쌍관으로 마무리했다. "그렇게 된다면 제 생각엔 정말 멋진 세상이 될 것 같습니다. 제가 누린 성공만큼 여러분에게도 멋진 일이 되기를 바랍니다."

그는 양팔을 벌린 자세로 짧은 인사를 대신한 뒤 박수를 받으며 무대를 내려갔다.

∴

수백만 명이 그의 TED 강연을 시청했다. 마침 달리오의 인지도가 오르기 시작한 이때는 시기상으로도 완벽했다. 그가 세계적으로 유명해지기 직전에 자신의 이야기를 자신이 원하는 방식으로 전달할 통제권을 확고히 장악했기 때문이다.

2017년 가을, 달리오는 자서전 《원칙》을 출간했다.[6] 과거 월터 아이작슨이 쓰기를 바랐던 바로 그 책이지만 결국 대필 작가와 함께 직접 쓰기로 결정한 것이다. 2017년 9월, 《원칙》은 데뷔작을 발표한 작가로서는 누구도 비견할 수 없는 스포트라이트를 받으며 출간되었다. 동료 억만장자 중 6명이나 이 책을 공개적으로 추천했다(빌 게이츠: "레이 달리오가 내게 알려준 귀중한 지침과 통찰력을 이제는 여러분도 이 책을 통해 적용할 수 있다."). 자기계발의 대표주자 토니 로빈스는 이 책이 자신이 읽은 최고의 책 중 하나라고 말했다. 억만장자 마크 큐반Mark Cuban도 "《원칙》은 기업가가 지닐 수 있는 최고의 기술, 즉 어떤 경험도 교훈으로 승화시키는 법을 알려주는 지침서다"라고 칭찬했다. 하버드대 교수 로버트 케건은 〈뉴욕타임스〉에 달리오의 《원칙》이 "산업혁명에 버금가는 극적인 변화"를 가져올 것이라 말했다.[7]

달리오는 책 홍보를 통해 중요한 사상가로서의 위상을 더욱 확고히 할 수 있었다. 인기 팟캐스트 진행자 팀 페리스Tim Ferriss는 "투자계의 스티브 잡스, 레이 달리오"라는 주제로 그와 2시간 동안 인터뷰한 후 이렇게 말했다. "이 책을 아주 강력히 추천합니다. 저는 이 책을 읽고 인생의 의사 결정 방식, 비즈니스 관리 방식, 팀 간의 소통 방식, 그 외 수많은 측면에서 생각이 달라졌습니다."

트위터의 열혈 사용자인 달리오는 트위터에도 매일 '원칙'을 올렸다. 그는 트위터의 자기소개에 자신을 "실수 저지르기 전문가 professional mistake maker"라고 애교 있게 표현했다. 또 그는 다른 회사들도 '원칙'을 비롯해 브리지워터의 다양한 도구를 사용할 수 있게 소프트웨어를 개발 중이라는 소식도 자주 올렸다.

책이 출판된 후 몇 달간 브리지워터 직원들은 회사에서 달리오의 얼굴 보기가 힘들었다. 당시 달리오는 그 어느 때보다 브리지워터 이야기를 많이 했지만 실제로 브리지워터에 있는 시간이 줄었다는 사실은 아이러니했다.[8]

대신 책 홍보 투어가 달리오의 일상 업무가 되었다. 그는 몇 달 동안 인쇄 매체, 텔레비전, 팟캐스트 등 거의 모든 형태의 언론 인터뷰에 등장했다. 그리고 인터뷰를 거듭할수록 그의 자화자찬 수위는 더욱 높아지는 것 같았다. 달리오는 맨해튼의 한 회의실에서 아몬드와 생수를 옆에 두고 〈더타임스 The Times〉와 인터뷰하던 중 이렇게 말했다. "나는 세상을 바꾸고, 세상을 훨씬 더 살기 좋게 만들고, 사람들을 더욱 발전하게 할 방법을 발견했다."[9]

그는 이렇게 말을 이었다. "누군가가 암 치료제를 발견했다고 치자. '나만 알고 있을까, 아니면 세상에 내놓을까?'라는 생각이 들 것이다. 내가 '원칙'에 느끼는 감정이 딱 그러하다. 내가 세상에 선사할 수 있는 최고의 선물이다."

홍보 공세도 분명 책 판매에 도움이 되었지만, 달리오가 직접 자기 책을 구매한 양도 상당했다. 브리지워터는 이 책을 수천 권 사서 고객에게 발송했다. 달리오는 본사 앞뜰에서 여러 차례 출간 기념회를 열었고, 직원들과 그 가족들에게 각각 여러 권씩 나눠주었다. 이러한 물량 공세로 《원칙》은 〈뉴욕타임스〉의 메인 순위인 논픽션 주간 베스트셀러 목록까지는 아니어도 그보다 아래 격의 경영 부문 월간 베스트셀러 순위에서 1위를 차지했고, 실용서 및 기타 부문에서도 순위권에 진입했다. 어쨌든 브리지워터 웹사이트는 달리오의 공식 약력에 "〈뉴욕타임스〉 베스트셀러 1위 《원칙》의 작가"라는 한 줄을 더 보탰다.

아동을 위한 그림책 버전도 제작에 들어갔다.

달리오의 책이 언론에서 호들갑스러운 반응을 얻자 브리지워터 내부에서는 자기들끼리 킬킬거린 사람들도 있었다. 이 책의 처음 3분의 1은 달리오 본인과 브리지워터의 내력을 다뤘지만, 자서전의 불가피한 특성상 전체 사실의 일부만 드러냈다. 달리오는 개천에서 용 난 자수성가 과정을 돋보이게 했지만, 리브 가문의 도움과 아내 가문의 재산은 언급하지 않았다. 그는 "눈에 띄지 않고 싶었다"라고 말했는데, 이는 자신이 텔레비전 인터뷰, 잡지 소개글, 무수한 신문에 등장했다고 홍보하는 사람치고는 특히 이상한 자랑이었다. 또 금융 위기 이전 브리지워터의 투자에 대해서는 광범위하게 기술했지만 2010년 이후 비교적 부진한 성과에 대해서는 함구했다. 가장 눈에 띄는 점은 달리오가 무한 반복하던 은퇴 약속의 세부 내용, 즉

CEO들의 교체 행렬과 젠슨의 좌천 등이 새로운 시각으로 재구성되었다는 것이다. 그는 직접 책임을 진다는 구실을 내세웠지만, 이면에서는 주변의 CEO 후보들에게 자신을 대체하겠다는 꿈을 깨라며 그들을 깎아내렸다. "나는 젠슨에게 공동 CEO 겸 공동 CIO 역할을 동시에 맡김으로써 그에게 너무 무거운 짐을 지웠다는 것을 깨달았다." 그 두 역할은 달리오가 수년간 유지한 직함이기도 했다. 젠슨의 친구들에 따르면, 젠슨은 그 구절을 읽고 흠칫했다고 한다.

책의 대부분은 달리오가 자신의 삶과 일의 원칙이라고 이름 붙인 새로운 버전의 원칙으로 채워졌다. 달리오는 이 책을 "나의 모든 접근 방식을 이끄는 포괄적인 원칙"으로 "우리 브리지워터의 특이한 운영 방식을 자세히 보여줄" 의도라고 소개했다. 그는 책의 잠재 구매자들에게 보낸 이메일에서 이 원칙들을 "2011년의 원칙보다 훨씬 더 좋고 완성된 버전"이라고 일컬었다. 여기서 2011년 버전이란 〈딜브레이커〉 블로그에 유출되어 달리오를 원통하게 한 그 내용을 말한다.

달리오는 언급하지 않았지만 브리지워터의 사람들 대부분이 알 수 있었던 것은 《원칙》에 나열된 목록이 '원칙' 전문이 아니라 '원칙' 발췌문이었다는 것이다. 확실히 그 책에 브리지워터의 임직원 대부분에게 적용된 원칙이 모두 들어가 있지는 않다. 즉, 달리오가 예나 지금이나 고수하고 있는 대표적 원칙들의 일부가 누락되어 있었다. 새끼 영양을 사냥하는 하이에나 무리의 미덕도 언급되지 않았다. 《원칙》은 달리오가 그동안 가장 자주 사용한 일부 규칙, 그리고 그가 앞으로도 계속 수년간 회사 내부에 적용할 몇몇 규칙도 생략했다. 예를 들면 "스스로 망신당할 각오를 무릅쓰고라도 절실하게 진실을 추구해야 한다"는 책에 등장하지 않는다. 또 "불평은 환영하고 보상해야 할 일이다", "사람들에게 억지로 뭔가를 하게 할 순 없다" 등도 빠졌다.

또한 본래 '원칙' 중 하나인 "남의 사생활을 존중하라"도 삭제되었다.

브리지워터의 '원칙'이 《원칙》 속의 원칙으로 변신하는 과정은 어드벤처랜드에서 판타지랜드로 이동하는 것과 같았다(디즈니랜드에서 어드벤처랜드는 정글 탐험을, 판타지랜드는 환상의 세계를 각각 테마로 한다. - 옮긴이). 책에 새로 추가된 내용으로는 "많은 사람과 재즈를 연주하라", "일이 아닌 사람을 기준으로 보수를 지급하라", "훌륭한 협력 관계에서는 돈보다 배려와 관대함이 중요하다는 걸 기억하라", "휴식과 원기 회복을 위한 시간을 마련하라", "시스템보다 더 강력하거나, 대체할 수 없을 정도로 중요한 사람은 없다", "군중의 지배를 허용하지 마라", "원칙을 중단해야 할 드물고 극단적인 상황에서만 '계엄령'을 선포하라" 등이 있었다.

달리오가 세간의 선입견 중 책에서 정면으로 언급한 한 가지는 브리지워터가 사이비 종교 집단이라는 인식이었다. 그는 "사실 브리지워터가 성공한 이유는 사이비 종교 집단의 정반대이기 때문이다"라고 썼다. 그리고 "사이비 종교 집단은 무조건 복종하라고 요구한다. 하지만 스스로 생각하고 서로의 생각에 도전장을 내미는 것은 사이비 종교 집단에 반대되는 행동이자, 브리지워터에서 우리가 하는 일의 본질이다"라고 덧붙였다.

∴

브리지워터 내에서 달리오의 '원칙'을 액면 그대로 받아들이고 그의 아이디어에 도전할 만큼 낙관적인 사람이 있다면 그는 젠 힐리였다. 달리오가 '사탕발림' 원칙을 신설하도록 영감을 준 주인공이자 나중에 한 최고 임원이 자신의 신체를 부적절하게 만졌다고 고발했다가 취하한 그녀는 가장 진정한 '원칙' 신봉자에 가까웠다. 달리오는 여전히 그녀를 종종 수양딸이라고 불렀다.

달리오가 광범위한 책 홍보 투어를 마치고 다시 브리지워터에 눌러앉게 된 2018년 초, 힐리는 더 이상 프린스턴 대학교에서 바로 스카우트된 어린 여성이 아니었다. 그녀는 이제 몇 번 승진을 거쳐 후배들에게 존경받는 위치에 올랐다.

힐리는 여러 면에서 여전히 '원칙'에 결연했다. 그녀는 공적으로나 사적으로 '원칙'을 자주 인용했고, 한차례 이혼 후 금세 한 브리지워터 동료와 재혼해 회사 내에서 화제가 되었다. 이를 통해 브리지워터는 힐리 개인의 삶에서도 중요한 일부였다는 걸 확인할 수 있다. 그러나 힐리는 친구들에게 달리오의 전반적 태도에 지치기 시작했다고 토로했다. 이제 아이엄마가 된 그녀는 달리오가 항상 새로운 호통의 희생양을 찾는 것이 불편했고, 브리지워터가 가족적인 분위기라는 그의 평소 공언과 현실의 부조화에 머릿속이 복잡해졌다.

힐리는 그녀에 앞서 많은 선배들이 그랬듯 근본적 투명성의 가치를 가슴 깊이 믿었고, 그 투명성이 달리오와의 관계에까지 확장될 수 있으리라 생각했다. 달리오에게 필요한 것은 단순히 그가 진정 아끼는 사람에게서 진실을 듣는 것일지도 모를 일이었다. 그러면 그는 '원칙'에 신설된 한 규정대로 관대함과 배려를 보일 것이다.

    그녀는 달리오에게 자신의 진심을 쏟아 이메일을 썼고, 다른 여러 고위 임원들에게도 참조로 돌렸다.

발신: 젠 힐리
날짜: 2018년 4월 23일 월요일
수신: 레이 달리오
제목: 대표님, 부디 읽어주십시오

이 메일을 쓰는 이유는 대표님이 다른 사람들에게 미치는 영향을 인식하도록 도와드리고 싶어서입니다. 제가 보기에 지금 상황은 사실상 벌거벗은 임금님과 비슷해서, 저는 가능한 한 모든 방법으로 대표님께 진실을 알리고 돕는 것이 제 의무라고 생각합니다.

아래 키워드들은 대표님의 경영 방식으로 인해 주변 사람들이 평소에 받는 느낌을 정리한 것입니다.

쇠귀에 경 읽기.

자포자기.

대표님 눈높이에 성장/발전 가능성 없는, 즉 정체 상태인 직원으로 취급됨.

대표님 기준에 맞추느라 자신이 생각하는 정직성에 반하게 행동하고 그로 인한 정신적 갈등 및 분노/슬픔/좌절을 느낌.

어떤 직원들은 대표님에게서 학대/부당 대우를 받았다고 느꼈고, 실제로 PTSD 및 기타 질환을 진단받은 사람도 있음(신변 보호 차원에서 그들의 이름은 밝히지 않겠습니다).

개인적으로 저도 대표님께 위와 같은 감정을 느끼고 정말 힘들었기에 2014년 출산휴가를 신청하게 되었습니다. 대표님과 떨어져 지낸 시간과 상담 치료, 개인적 성찰 덕분에 저는 대표님이 제게 영향을 미친 방식 못지않게 스스로 제 행동을 변화시킬 수 있었습니다. 그 과정에서 저는 자존감을 회복하려 노력하는 동시에, 또 한편으로는 대표님이 저를 진정 이해하거나 있는 그대로의 저를 보지 못하리란 현실을 깨달아 정말 안타깝고 슬프기도 했습니다…

새로운 원칙으로 '책임을 져라'를 추가하면 어떨는지요. 누군가를 가혹하게 대했거나 다른 사람에게 부정적 영향을 미쳤다면 사과하고 앞으로 그러지 않겠다고 약속해주시는 겁니다…

사람들이 대표님에게 피드백을 보내면, 대표님은 예컨대 "나를 끌어내리고 나서 원하는 대로 다 하든가"라고 반응합니다. 내 뜻을 따르든지, 싫으면 나가라는 식이죠…

대표님이 자신의 성공을 홍보하고 부풀리는 반면 다른 사람들의 훌륭한 성과는 깎아내리거나 몰라본다면, 이는 무척 실망스러운 일일 뿐 아니라 진실도 아닙니다…

하루아침에 바꾸긴 힘드시겠지만, 당장 실천할 만한 가장 중요한 일을 다음과 같이 제안해보고자 합니다.

대표님도 위와 같은 결과들을 원치 않는다는 점을 인정하십시오.

대표님의 행동이 위와 같은 결과를 초래했다면 사과하십시오.

대표님에게 문제를 지적하거나 책임을 요구하는 사람들에게 마음을 열어주십시오…

이 문제를 앞으로 어떻게 진행하고 조율하면 좋을지 제게 알려주시기 바랍니다.

- 젠

힐리의 이메일을 받은 사람들은 대개 희망과 포기가 반씩 섞인 반응을 보였다. 개중에는 자신의 행동을 거침없이 지적해도 달리오가 달게 받아들일 사람은 힐리밖에 없다고 생각하는 이들도 있었다. 물론 그간의 역사를 보면 그럴 가능성은 희박했다. 하지만 힐리는 달리오와 관계가 돈독한 몇 안 되는 행운아 중 한 명이었다. 따라서 그녀가 자아가 강한 달리오를 좋은 말로 설득할 수 있을지도 모른다고 생각하는 게 마냥 터무니없는 일은 아니었다. 비록 설득이 통하지 않을 가능성도 만만찮았지만 말이다.

달리오의 대답은 두 가능성의 반반쯤이었다.

발신: 레이 달리오
날짜: 2018년 4월 27일 금요일
수신: 젠 힐리
제목: RE: 대표님, 부디 읽어주십시오

젠에게

자네 피드백에 진심으로 고맙게 생각하네. 자네는 분명 브리지워터에 애정이 각별하고, 자신이 최선이라 믿는 것을 위해 용감하게 싸우며, 내가 직면한 중요한 과제를 정확하게 지적하고 있구먼…
나는 누구에게도 상처를 주고 싶지 않고, 가끔은 진심으로 미안하게 생각한다는 걸 자네도 알 거라고 믿네. 나도 직원들과 브리지워터가 가급적 고통 없이도 발전할 수 있게 돕고 싶고, 계속 더 나은 방법을 찾아갈 수 있으리라고 확신하네. 문제는 개인이든 브리지워터든 고통을 겪게 하지 않고는 탁월한 위치에 오를 수 없고, 실제로 지금껏 나는 고통 없이 발전하는 사람을 본 적이 없다는 게야… 방금 한 말은 단순히 내 주관적 생각이 아니라 대부분의 사람들의 의견과 도트 컬렉터 결과를 통해 입증된 것일세…

나는 사람들의 자아를 무너뜨리는 것이 그들을 테스트하고 훈련하는 과정이라 생각해. 가장 중요한 건, 그들이 훌륭히 발전하려면 어느 정도 굴욕을 겪어봐야 하고, 브리지워터에서는 아주 높은 기준을 세울 필요가 있다는 것이지… 나와 함께 일하는 사람들은 대부분 자기가 "굉장히 많이 배우고 발전하고 있다"라고 말하지, "집어치워"라고 말하진 않거든…

내가 사과해야 한다는 말은 다른 사람들에게 고통을 줬으니 사과해야 한다는 뜻이겠지. 그게 자네가 말한 뜻이라면, 다시 설명하건대 나도 고통을 주고 싶진 않지만 그들을 도우려면 어쩔 수 없고 고통은 그 과정의 일부라고 믿는다네. 반면 내가 그들의 말을 이해하지 못해 사과해야 한다면, (우리의 생각 방식이 다르므로) 나도 종종 그럴 수 있다는 걸 알기에 사과할 의향이 있네.

그렇다면 이 모든 걸 해결하기 위해 나, 그리고 우리는 무엇을 해야 하겠나? 그 답을 찾기 위해 우리 모두 '원칙'을 살펴보는 것이 좋을걸세…

달리오의 답장에 힐리는 완전히 맥이 빠졌다. 그녀는 여전히 달리오에게 한 줄기 희망의 끈을 놓지 않았지만, 그의 사과는 기대에 한참 못 미쳤다. 나중에 그녀는 일종의 익스턴십externship으로, 브리지워터에 적을 유지하되 타 기관으로 파견 근무를 나갔다. 그 후로 다시는 브리지워터로 돌아오지 않았다. 이렇게 또 달리오는 진정한 '원칙' 신봉자 한 명을 떠나보냈다.*

---

* 힐리는 이 일화에 대해 자세히 언급하려 하지 않았다. 그녀는 이메일에서 "나는 예나 지금이나 달리오가 좋은 의도에서 그랬고 그의 행동은 관심에서 우러나온 것이었다고 믿는다"라고 썼다.

파트너십
The Partnership

달리오에게 옳은 말을 할 힘을 잃은 사람은 힐리만이 아니었다. 지난 몇 년간은 달리오가 '원칙'과 자신의 경영 시스템에 의문을 제기하는 것을 최소한 허용하는 척이라도 했지만,《원칙》의 출간으로 사실상 가능성은 영영 봉쇄되었다(이 책은 34개 언어로 출간되고 심지어 30분짜리 애니메이션 영상으로도 제작되었다). 10여 년 전 일련의 사내 이메일로 가볍게 시작된 달리오의 강령은 이제 묵직한 금과옥조가 되었다.

그는 책 출간으로 폭넓은 영향력과 국제적 명성을 얻으면서, 자신이 평민들에게 교훈을 전하는 고급 금융계의 특사라는 믿음이 더욱 공고해진 듯했다. 자신을 '경제 전문의'라고 부르던 그는 이제 비즈니스와 금융의 범위를 훌쩍 넘어서는 온갖 병폐의 치료사로 거듭났다. 그는 원하는 사람 누구에게든 기꺼이 성공의 열쇠를 제공하는 자비로운 억만장자였다. 그가 스스로 만든 이 캐릭터는 유명 부동산 투자자가 대통령에 당선되고 실리콘밸리의 수많은 유명 경영인들이 자기네가 개발한 아이폰 앱이 '세상을 바꾼다'고 자랑하던 시대상과도 부합했다.

《원칙》은 대학을 갓 졸업한 신입직이든 경력직이든, 브리지워터에 수많은 신규 입사자들을 유인하는 데 도움이 되었다. 한 전직 인재팀 임원은 "우리는 말 그대로 아메리칸드림을 팔고 있었다. 능력 있고 개방적인 사람은 누구나 환영한다고, 그들은 뭐든지 할 수 있을 거라고 독려했다"라고 말했다.

물론 숨은 실상은 더 복잡했지만 대외용 화법에서는 조금도 드러나지 않았다. 달리오는 계속 자신이 완벽하지 않다고 말하면서도, 한편으로는 사실상 전 세계에 브리지워터의 생활양식이라는 대체 현실이 완벽한 삶의 표상인 양 설득했다. 그리고 자신이 여전히 외부에 '아이디어 능력주의'의 낙원이라고 천명하는 브리지워터와 현실 속의 브리지워터에 닮은 구석이 있는지는 별로 의문시하지 않았다. 현실의 브리지워터가 '아이디어 능력주의'의 낙원이 아니더라도, 세상 사람들이 그렇다고 믿으면 된 것 아니겠는가?

브리지워터에서 꾸준히 기삿거리로 불거지는 주된 문제는 '원칙'보다 그들의 투자 부진과 관련이 있었다. 달리오의 한결같은 약세 베팅에 따른 손해, 장기간의 책 홍보 투어로 인한 관리 소홀, 그 외 기타 요인으로 퓨어 알파는 2017년에 단 1퍼센트 상승했고 2018년 상반기에도 소폭 상승에 그쳤다. 이 문제는 숨기려야 숨길 수도 없었으니, 투자자들의 인내심이 점점 고갈됐기 때문이다. 초기에 브리지워터는 주로 교직원 연기금과 기타 비정치 기관들의 돈을 관리했지만 이들 장기 고객 중 상당수가 돈을 회수하기 시작했다. 하지만 달리오는 다른 곳에서 새로운 돈줄을 찾았다. 골프 캐디 시절부터 그랬듯, 그는 자신의 인맥을 활용했다. 2018년 6월, 브리지워터는 중국 정부로부터 민간투자업을 허가받은 유일한 미국 헤지펀드가 되어 헤드라인을 장식했다. 이러한 움직임을 통해 브리지워터는 전체 관리 자금에서 국내 고객이 빠져나간 부분을 중국 자금으로 원활히 메울 수 있었다.

하지만 중국만으로는 부족했다. 그래서 달리오가 주목한 또 다른 강국은 러시아였다. 블라디미르 푸틴과의 만남이 실망스럽게 무산된 이후 달리오는 다른 방법을 모색했다. 그는 다시 러시아 국영 은행인 스베르방크와 접촉해 프리OS를 포함한 '원칙' 소프트웨어를 무료로 제공하겠다고 제안하는 등 관계를 구축하려 노력했다.

이번에는 달리오의 노력이 결실을 맺었다. 2018년, 브리지워터 내부에 달리오가 푸틴을 만나러 갔다는 소문이 퍼졌다.[1] 심지어 일부 최고위직 임원들도 사실 여부를 확신하지 못했고, 달리오는 부하 직원들이 직접 물어봐도 대답하지 않았다. 회사 안에서 달리오에게 무조건 동의하기보다 자신의 소신을 지키는 것으로 잘 알려진 캐런 카니올-탬버는 달리오가 도를 넘었다고 생각했다. 2018년 중반 카니올-탬버는 달리오를 앵무새처럼 따라 하던 그레그 젠슨의 뒤를 이어 공동 최고투자연구책임자를 맡고 있었다. 이제 그녀는 자신의 일자리냐, 도덕관이냐 하는 선택의 기로에 섰다.

처음에 카니올-탬버는 후자를 택했다. 사내 공청회 때 흥분한 그녀는 자리에서 일어나 달리오에게 목소리를 높였다. "그 전범을 데리고 어쩌시려고요?"

달리오는 그녀를 돌아보며 "너무 단순하게 생각하지 말게"라고 답하고는, '원칙'에 규정된 대로 감정을 억제하라고 말했다. 그는 "자네가 그렇게 똑똑하다면 왜 아직 부자가 되지 못했나?"라며 코웃음을 쳤다.

달리오의 이 말이 10년 전 폴 맥도웰이 계층 전문가에게서 높은 평가를 받았을 때 그에게 한 말과 똑같다는 걸 카니올-템버가 알았다면 그녀가 받은 충격도 덜했을지 모른다. 하지만 카니올-템버는 달리오가 자신을 깔아뭉개자 울컥했다. 급기야 사람들 앞에서 왈칵 대들었다. 그녀는 아무리 권력이 있어도 폭군 같은 사람은 그가 레이 달리오나 "히틀러"가 아니고서야 절대 두고 볼 수 없다고 말했다.

그녀의 비교 대상에 좌중의 직원들이 입을 틀어막았다.

그 후 회의는 흐지부지 마무리되었다. 뒤늦게 카니올-템버는 눈물을 흘리며 주위 동료들에게 이제 달리오에게 무슨 소리를 들을지 후폭풍이 두렵다고 토로했다. 회사 내에 카니올-템버에 대한 동정 여론이 일고 달리오는 악당으로 비치고 있다는 소문이 임원들의 귀에 전해졌다.

이 사건이 몇 년 전에 일어났다면 달리오는 분명 공개재판을 열고, 아마 자신과 카니올-템버 중 누가 옳은지 투표에 부쳤을 것이다. 그러나 그는 직원들에게서 자신이 옳다는 확답을 기어이 얻어내려고 전만큼 안달하지 않는 듯했다. 이제 그는 1,000여 명의 직원 못지않게 회사 밖에서 훨씬 더 많은 지지자를 확보해서, 아쉬울 게 없는 것처럼 보였다. 그는 또 한 번 길이 남을 역사적 재판을 열기보다 카니올-탬버와 사적으로 대화하는 쪽을 택했다. 모두가 들을 수 있는 파일이 투명성 라이브러리에 업로드되지 않은 걸로 보아 그들의 대화는 녹음되지 않은 듯했다.

그 후 달리오는 회사의 여러 사람들에게 이메일을 보내 "캐런과 이야기를 나눴고, 지금 그녀는 마음의 안정을 찾았다. 그녀는 지금의 일을 계속하고 싶다는 뜻을 밝혔다"라고 전했다.

카니올-탬버는 달리오에게서 계속 배울 기회를 얻게 되어 감사하다고 화답했다. 그녀는 얼마 후 지속가능성 부문 공동 최고투자책임자로 승진했다.[2] 신설된 직함치고는 꽤 높은 지위였는데, 카니올-탬버가 잡지 등에 실릴 때 그녀의 역량을 돋보이게 하려고 브리지워터 홍보팀이 만들어낸 자리였다. 이런 배려는 젠슨조차 누려본 적 없는 영예였다. 이렇게 달리오는 또 한 번 궁지에서 꿈틀꿈틀 빠져나왔다.

∴

반면에 카니올-탬버와 같은 해에 입사한 밥 엘리엇은 얼마 후 사직 고민에 빠졌다.

대학 졸업 후 다른 인생 경험 없이 브리지워터에 입사한 작고도 다부진 체격의 이 청년은 이제 여전히 브리지워터 말고는 다른 인생 경험이 별로 없는 평퍼짐한 중년이 되어가고 있었다. 브리지워터는 그의 일상생활에서 모든 면에 스며들었다. 그는 젠슨의 집에서 불과 몇 분 거리인 코네티컷주의 작은 마을로 이사했고, 그러다 보니 두 사람은 자주 마주칠 수밖에 없었다. 그동안 엘리엇이 바라본 젠슨은 어마어마한 부를 쌓았지만 달리오의 총애를 되찾지 못하고 존재감이 쪼그라든 채 브리지워터에 갇힌 신세였다. 엘리엇은 친구들에게 자신이 신뢰의 서클로 종신 계약을 맺은 탓에 탈출구가 없다고 한탄하곤 했다. 그의 오랜 친구들과 가족들은 그가 직장에서 실제로 무슨 일을 하는지 자세히 묻기를 오래전에 포기했다. 엘리엇은 6년 전인 2012년 〈뉴요커〉에 실린 "일단 기계의 작동 원리를 이해하고 나면…"이라는 자신의 인용구를 누군가가 꺼내면 움찔했다. 그는 여태까지 달리오의 대사를 계속 따라 해왔다.

엘리엇은 대학 졸업 후 바로 브리지워터에 입사해 달리오의 경제 조사를 돕는 연구원으로 일했다. 이제 30대 중반을 넘긴 이 청년은 직위는 높아졌지만 그에 따른 책임은 정확히 일치하지 않는다는 것을 인정해야 했다. 달리오는 엘리엇에게 "외환을 주제로 한 책"의 아이디어를 내라고 시켰다. 이 책은 외화에 투자하는 방법을 다룬 수백 페이지 분량의 자료 모음집으로, 달리오가 자기 회사의 투자와 관련된 중요 임무를 맡길 만큼 엘리엇을 신뢰했다는 것을 방증했다. 이 프로젝트는 수년이 걸렸다. 이 정도 임무를 완료했다면 엘리엇은 외환 주제에 있어서 브리지워터의 상주 전문가로 자리매김해야 옳겠지만, 달리오가 그에게 말하는 본새를 보면 꼭 그렇지만도 않았다. 엘리엇이 달리오에게 환거래 관련 아이디어를 제시했을 때 돌아온 대답은 "돼지$^{fat\ ass}$"라는 한마디였다.*

신체 묘사의 측면에서 달리오의 말이 완전히 틀린 건 아니었으

---

* 달리오 측 변호사는 달리오가 "회의에서 한 번도 엘리엇을 '돼지'라고 부른 적이 없다"라고 말했다.

므로 엘리엇에게 그 모욕은 특히 더 뼈아팠다.

엘리엇은 달리오에게 몇 차례 사직을 고민 중이라고 말했다. 달리오는 엘리엇이 자기 말을 그토록 개인적으로 받아들인 것에 깜짝 놀란 듯 "제정신이야?"라고 물었다. 그는 아무리 봐도 이곳이 평생직장이라면서, 엘리엇에게 심리 치료를 권했다.

엘리엇을 힘들게 한 것은 몇 마디의 독설이 전부가 아니었다. 달리오는 자서전을 출간한 후 거의 1년 내내 전 세계에 자신의 복음을 전파하느라 회사에 모습을 잘 드러내지 않았다. 그는 브리지워터 투자 업무에 일주일에 한 시간 정도만 할애했고, 대개 여행 중에 잠깐 전화로 연락할 뿐이었다. 환거래 책임자였던 엘리엇은 몇 주간 고민해서 내놓은 투자 아이디어를 달리오가 짧은 전화 한 통으로 퇴짜 놓기가 일쑤다 보니 이 일에 진력을 다할 의욕이 나지 않는다고 동료들에게 토로했다.

더욱이 달리오의 곁에서 오랜 세월을 보낸 엘리엇과 그의 주변 인들은 달리오의 투자 결정에서 특정 패턴을 읽을 수 있었다. 달리오의 분석은 추세 추종적trend-following 경향이 있었다. 즉, 시장에는 모멘텀이 있고 그 흐름에 미리 앞서나가는 것이 최선이라는 관점이었다. 이 관점은 완전히 무익하다고 치부할 것까진 아니지만 고루한 발상이었다. 브리지워터가 처음 설립될 때와 달리 이제는 추세 추종 펀드가 하나의 산업 자체를 형성한 터라, 이른바 모멘텀 매매 방식의 단물이 빠진 상태였다. 즉 달리오의 표현을 빌리자면, 알파가 남아나지 않게 되었다. 엘리엇은 2018년에 미국 달러를 낙관적으로 전망한 자신의 연구 결과를 달리오가 묵살했을 때 또 한 번

울화가 치밀었다. 달리오는 달러가 하락세라며, 투자팀의 안달에도 굴하지 않고 달러가 더 하락할 것이라는 자신의 본능을 밀고나갔다. 하지만 결국 달러 가치가 상승하는 바람에 브리지워터 펀드는 손실을 입었다.

따라서 달리오가 2018년 말 회사의 최고 임원들에게 새로운 거래를 제안했을 때 그는 이미 엘리엇이 독실한 '원칙' 신봉자가 아니라는 걸 알아챘다. 달리오는 여전히 현재진행 중인 은퇴 계획의 일환으로 자신의 회사 지분을 더 많이 처분하려 했다. 당장 현금이 필요한 건 아니었다. 그의 전 재산 가치는 174억 달러였지만, 그중 거의 절반인 90억 달러가 브리지워터 주식이었다.[3] 달리오 자신이나 남들이 그 가치를 얼마로 평가하든, 그 주식은 공개시장에서 거래되는 공모주가 아니었다. 따라서 달리오는 개인적으로 매수자를 찾아야 했으나, 멀리서 찾을 필요는 없었다.

달리오는 오랜 충성파들을 비공개회의에 불러 거부할 수 없을 제안을 하겠다고 말했다. 그것은 운 좋은 소수 중 한 명인, 브리지워터의 진정하고 순전한 소유주가 될 기회를 가리켰다. 그것도 달리오가 전현직 직원들에게 널리 나눠주던 유령 주식이 아니었다. 자신의 개인 계좌에서 직접 인출할 수 있는 진짜 브리지워터 자산이었다. 달리오처럼 회사 주인이 될 수 있는 일생일대의 기회였다. 달리오는 이를 "파트너십"이라고 불렀다.*

그가 말하는 파트너십은 참으로 특이했다. 달리오는 분명 자기

---

* 달리오 측 변호사는 "달리오는 파·트너십 아이디어를 추진하거나 홍보하지 않았다. 이는 고참 직원들의 아이디어였고 다른 많은 사람들도 찬성했다"라고 말했다.

네 최고 임원들이 이미 가진 돈으로 지분을 매수하는 것으로는 성이 안 찬 모양이었다. 그의 제안은 사실상 차용증도 쓰라는 셈이었다. 직원들은 향후 10년 치의 보너스까지 미리 끌어와 달리오의 지분을 매수해야 했고, 혹시 그 전에 브리지워터를 떠나게 되면 빚을 갚아야 했다. 여기서 달리오는 앞으로 10년간 브리지워터 지분의 가치가 더욱 상승할 것이라고 약속하면서 사실상 직원들의 미래를 저당 잡은 은행 역할을 했다.

하지만 향후 10년간 최고 임원 약 40명분의 보너스도 달리오의 지분을 완전히 매수하기에 충분하지 않았다. 그래서 달리오는 투자은행 JP모건으로부터 직원들이 각자 순 재산의 최대 10배까지 대출받을 수 있도록 알선해 놓았다. 대신 그 대출금은 오롯이 브리지워터의 주식 매수에만 쓸 수 있었다. 그 돈은 JP모건에서 달리오에게로 이체되고, 연 이자율은 약 5퍼센트로 예상되었다. 이를 해석할 방법은 한 가지밖에 없었다. 최고경영진이 자신이 가진 모든 것을 브리지워터에 거는 동시에, 그 과정에서 빚더미에 깊숙이 빠지게 되는 것이다. 이 여정에 달리오는 그들과 함께하지 않는다. 그는 자기 주식을 현금화하는 중이었다.[4]

진정한 '원칙' 신봉자들은 이 제안이 합당하고 미래의 재정적 측면에서도 현명한 방법이라 생각했다. 브리지워터만이 평생직장으로 가치 있다고 믿는 사람이라면 달리오의 뜻을 따르는 게 그 믿음을 보여줄 방법이었다. 많은 직원이 제안을 받아들였다. 하지만 엘리엇의 생각은 달랐다. 그가 보기에 이는 브리지워터 창립자를 위한 상납이었다. 엘리엇은 거절했다.

∴

　엘리엇은 달리오가 무시당해서 기분 나빠 할 것이라고 예상은 했지만 그렇게 격노할 줄은 전혀 몰랐다. 달리오는 완전히 돌변했다. 이제 엘리엇의 죄목에는 게으름을 넘어 멍청함까지 더해졌다. 두 사람은 종신 계약상 껌딱지처럼 붙어 지냈지만, 이제 엘리엇은 달리오가 데려온 최악의 직원이었다. 달리오는 주위에 사람이 많든 적든 없든, 수시로 엘리엇에게 똥멍청이라고 되뇌었다. 엘리엇의 도트 컬렉터는 달리오의 부정적 피드백, 그리고 표면상으로만 엘리엇의 친구이자 달리오의 뜻을 덥석 따르는 젠슨 등 동료들의 부정적 피드백으로 직격탄을 맞았다.
　엘리엇을 깊은 나락의 소용돌이에서 구해준 사람은 새로 만난 여자 친구였다. 그녀는 엘리엇이 오랫동안 마음에서 애써 밀어내려 했던 감정을 다시 불러일으켜 주었다. 그녀 역시 브리지워터에서 일하는 동료였다. 엘리엇의 직속 부하는 아니고 연구 부서의 평직원이었다. 그녀는 금발에 채구가 작고, 엘리엇보다 10살 어렸으며, 상당한 미인이었다. 처음에는 브리지워터에서의 생활 방식을 공감할 단짝이 생겨서 좋았다. 하지만 곧 엘리엇은 두 사람이 매우 다른 길을 걷고 있다는 것을 깨달았다. 그녀는 조직의 비주류였다. 대부분의 투자팀 직원과 달리 아이비리그 출신도 아니었을뿐더러 몇 안 되는 여직원 중 한 명이었다. 그런 그녀를 눈여겨본 사람은 엘리엇만이 아니었다. 그녀는 일을 시작하고 얼마 지나지 않아 친구들에게 젠슨이 그녀의 일에 지나치게 관심을 보여서 불편하다고 말했다. 그 후 젠슨의 참모 중 한 명도 데이트를 청했다. 동료 여직원들은 전 세계적으로 들끓던 미투#MeToo 운동에 새롭게 눈을 뜬 터라 그녀에게 조심하라고 경고했다. 그들의 말로는 일정한 패턴이 있다고 했다. 이를테면 데이트 요청을 너무 많이 받는다고 고충을 제기한 연구 부서의 여직원들은 다른 부서로 전근하라는 권유를 받았다. 그리고 다른 부서로 가고 나면 흔히 이 여직원들은 새 직무에 적합하지 않다는 구실로 곧 회사에서 분류 대상으로 묶여버리곤 했다.

그녀가 친구들과 브리지워터 임원들에게 말한 바에 따르면, 젠슨의 참모는 그녀에게 지나치게 집적거렸고 심지어 퇴근 후에도 차를 몰고 쫓아다녔다고 한다. 늦게까지 야근하던 어느 날 저녁, 그는 주변에 사람이 거의 없는 틈을 타 그녀를 회의실 구석으로 몰고 갔다. 그는 그녀 옆에 서서 지켜보았고, 그녀는 그의 압도적인 풍채에 무서워졌다. 겁에 질린 그녀는 그에게 한 발짝만 더 다가오면 신고하겠다고 말했다. 브리지워터의 보안 직원이 출동했고, 달리오의 최측근 중 한 명인 오스만 날반토글루Osman Nalbantoglu도 따라 나왔다. 그도 달리오 소유의 주식을 사서 빚을 진 임원 중 한 명이었다. 날반토글루는 그녀가 자기 차까지 안전하게 갈 수 있게 도와주었다.

이번 문제 제기로 그녀는 내부 법무팀에 진술할 기회를 얻었다. 그녀는 북받친 감정을 쏟아냈다. 그녀는 거절하기가 마냥 쉬운 일이 아니라고 말했다. 하급 직원이 상사의 말을 따르지 않으면 도트 컬렉터에서 낮은 평점을 받고 경력을 망치는 지름길로 직행할 위험이 있었다.

'원칙'에 기반한 평가 시스템은 직원의 경력과 비례해 투표권에 가중치를 두었으므로, 그녀의 의견은 선배들의 의견과 동등하게 취급되지 못했다. 그녀는 브리지워터에서 전해 들은 이야기들을 쏟아냈다. 여직원이 남직원과 단둘이 남겨질 때 느끼는 두려움, 음담패설에도 박자를 맞춰주는 척해야 한다는 압박감, 늦은 밤까지 진탕 술을 마시는 끊임없는 회식 등에 대한 이야기였다. 그녀는 자신이 들은 이야기 중에는 범죄로 간주될 만한 일도 포함되어 있다고 말했다.

그러자 이 마지막 대목에서 그녀는 엄중한 질책을 받았다. 사내 변호사는 그녀가 경찰에 신고하면 기밀 유지 협약 위반이 될 수 있다고 경고했다. 그녀는 브리지워터의 운영에 대한 세부 사항을 간접적으로라도 드러내는 사건을 외부에 발설해선 안 되었다.

대화가 이렇게 흘러가자 그녀는 흔들렸다. 결국 경찰에 신고도 하지 않았다. 그녀의 상사이자 전직 이스라엘군 장교 출신인 니르 바 데아Nir Bar Dea는 그녀를 불안에 떨게 한 남직원에게 상담 치료를 받고 이후 직장으로 복귀하라는 명령을 내릴 것이라고 말했다.[5] 따라서 그녀도 평소대로 다시 사무실로 출근해야 한다고 했다.

엘리엇은 2018년 초에 자신이 한 동료 직원과 사귀고 있다는 사실을 달리오가 어떻게 알아냈는지 도통 알 수 없었다. 하지만 엘리엇이 보기에 달리오는 그 소식을 접하고 엄청난 승리감에 젖은 듯했다. 달리오는 벽이 투명한 유리로 되어 거의 모두가 볼 수 있는 투자팀의 한 회의실로 엘리엇을 불러들였다. 어떻게 보면 달리오의 지론인 근본적 투명성에 충실했던 셈이다. 그레그 젠슨, 데이비드 매코믹, 밥 프린스도 와 있었다(프린스는 늘 그랬듯 거의 내내 침묵했다). 아일린 머레이는 전화로 회의에 참여했다.

달리오는 내내 미소를 머금은 채 심문을 시작했다. "섹스는 어땄나?"

질문은 꼬리에 꼬리를 물었다.

"어디서 했지?"

"좋으면 좋았다고 왜 진작 우리한테 말해주지 않았나?"

뒤로 등을 기댄 달리오는 겉으로는 편안해 보였다. 그 자리에 있는 사람이나 밖에서 유리창 너머로 구경하는 사람이나, 달리오가 이 순간을 기다려왔다는 건 누구나 알 수 있었다.

달리오는 "더 일찍 말했어야지. 사내 연애 규정을 잊어버렸나?"라고 말했다. 이는 해고도 가능한 규정 위반 행위였다. 신뢰의 서클 멤버도 예외가 아니었다. 고로 이는 종신 직원을 해고할 흔치 않은 기회였다.

거의 같은 시간에 엘리엇의 여자 친구도 나름의 시련을 겪는 중이었다. 그녀의 상사인 바 데아가 나타나서 책상 위에 달력을 툭 던졌다. "날짜들 다 표시해."

그녀가 물었다. "무슨 날짜요?"

"섹스한 날짜."

그녀는 달력을 밀치고 눈물을 가리며 재빨리 나갔다. 그녀는 윗선의 요구가 상상할 수 없을 만큼 모욕적이라고 생각했다. 바 데아는 주말에도 연락해서는 달력에 표시하는 걸 잊지 말라고 재촉했다("월요일까지 달력에 표시 안 하면 끝장인 줄 알아."). 그녀는 끝내 거절했다. 재판이 열린다 해도 궐석재판이 되었을 것이다.

그러나 사실 그녀의 협조는 전혀 필요하지 않았다. 달리오와 함께 유리 벽 사무실에 갇힌 엘리엇이 전부 실토했기 때문이다. 그는 동료와 사귀고 있었다고 인정했다. 하지만 이어서 직원 절반이 사내 연애 중이지 않냐고 항변했다. 달리오는 고개를 저었다. 두 사람이 같이 잤으면 회사에 바로 자진해서 알렸어야 한다는 것이다. 엘리엇은 자신이 알기로 그것이 모두가 지키는 규칙은 아니라고 말했다.

달리오는 엘리엇을 해고했다.⁶

거기서 끝이 아니었다.

브리지워터는 근본적으로 투명한 곳이므로 달리오는 수많은 직원에게 엘리엇이 떠난다는 이 중요한 소식을 알려야 했다. 직원 100명 이상이 참석하고 수백 명이 구내방송으로 듣는 공청회에서 달리오는 날반토글루와 나란히 서서 엘리엇의 사직을 발표했다.

회의장 안이 웅성거리는 소리로 가득 찼다.

달리오가 발표했다. "이유는 합의상 밝히지 않겠습니다. 근데 정말, 정말 잘못된 일이었단 말이죠."

날반토글루가 얼른 막았다. "아, 좀! 말하지 마세요. 사생활이잖아요."*

---

* 달리오 및 브리지워터의 변호사는 엘리엇이 사내 연애 사실을 공개하지 않고, 거짓말하고, 진실을 숨기고, "증거인멸을 위해 동료들의 부정행위를 허위로 폭로"한 혐의로 해고되었다고 말했다. 변호사는 엘리엇의 해고가 "적절한 직장 내 조사에 따른 결과"라고 주장했다. 반면 엘리엇은 이렇게 말했다. "펀드 운용 방법을 놓고 달리오와 몇 년간 갈등을 겪어 브리지워터를 떠났다. 사내 연애 사실을 비공개했다는 이유로 해고했다는 회사 측 주장은 브리지워터 고위 경영진을 포함해 동료 간 연애가 흔했다는 현실을 무시한 것이다." 또한 엘리엇은 덧붙였다. "한 여성을 추적하고, 몇 시간 동안 심문하고, 그녀의 사적 관계에 대한 세부 사항을 구체적으로 진술하도록 강요하는 것이 '적절한 직장 내 조사'로 간주되는 곳은 브리지워터밖에 없을 것이다. 그러한 행동이 오늘날 직장의 표준과 비교해 얼마나 비정상적인지 그들이 모른다는 사실 자체만으로도 이미 말 다 한 것이다."

그가 원하는 건 뭐든지
Anything He Wants

브리지워터의 파트너십은 이전에 밥 프린스와 그레그 젠슨을 회사 빚에 묶어둔 패턴을 답습한 것 이상의 의미가 있었다. 많은 사람들이 달리오가 회사 주식을 현금화하려 한다는 것을 분명히 알았다.

그 이유에는 확실히 그의 나이도 한몫했다. 2019년 여름에 달리오는 70세가 되었고, 직전 10년간은 그의 은퇴 계획과 '원칙'의 시스템화 문제로 거의 내내 바람 잘 날이 없었다. 이제 점점 그는 자기계발 베스트셀러 작가 겸 헤지펀드 전문가로서 세간의 주목을 받으며 외부에서 시간을 보내는 게 더 즐거운 듯했다. 전 세계적으로 강연 의뢰가 쏟아졌고, 그 주제는 금융에 국한되지 않았다. 그는 샌프란시스코에서 열린 테크크런치 디스럽트^{TechCrunch Disrupt} 행사에서, 프리OS의 계속된 실패를 감안하면 놀랍게도 다름 아닌 '기술'을 주제로 연설했다. 그다음 줄을 길게 선 많은 방문객을 대상으로 책 사인

회를 열었다. 그는 〈테크크런치〉와의 인터뷰에서 "더 이상의 성공은 원치 않는다. 돈도 필요 없다"라고 말했다.¹ 이 기사를 쓴 기자는 두 문단 뒤에 "레이 달리오가 얼마 전 내 눈을 똑바로 바라보며 그렇게 말했을 때, 나는 그의 진심을 알 수 있었다"라는 사견을 보탰다.

달리오는 이처럼 진정성을 보여주려 노력했지만, 그 어떤 강연과 인터뷰에서도 브리지워터의 폭탄급 변화는 언급하지 않았다. 그가 자주 거론하던 근본적 투명성의 정수이자 수천 건의 회의 기록을 보관한 투명성 라이브러리가 폐기된 것 말이다.

브리지워터는 전 미국 법무부 차관 제이미 고어릭Jamie Gorelick을 고문으로 고용해 자신들의 시스템을 보여주었다. 그녀는 기록 보관을 문제로 지적했다. 소송에서 강제로 파헤쳐질 수 있는 녹음, 녹화 자료를 보관하는 건 법적으로 최악의 관행이라는 것이다. 고어릭은 투명성 라이브러리를 폐쇄하든지, 아니면 적어도 누군가가 불리하게 비칠 수 있는 자료만이라도(즉, 대부분) 제거하라고 지시했다. 이제 테이프는 일부만 보관하고, 회의의 녹화 빈도도 훨씬 줄이기로 했다. 더 이상 회사의 내막을 엿듣거나, 달리오와 다른 사람들 몰래 뒷담화한 부하 직원이 조사받는 일도 불가능해졌다.

어떻게 보면 투명성 라이브러리가 더 이상 존재하지 않아도 별 상관없었다. 대중의 머릿속에는 계속 존재했기 때문이다. 달리오나 브리지워터 측은 투명성 라이브러리의 폐기 사실을 굳이 외부에 밝히지 않았다. 그리고 계속 근본적 투명성을 이야기했다. 그는 관행은 포기해도 이야기는 절대 포기할 수 없는 모양이었다.

∴

달리오가 밖에서 '원칙'을 자화자찬하며 세월을 보내자 젠슨으로서는 안심이었다. 오랫동안 달리오 밑에서 돈 잘 버는 노예처럼 사는 것도 끝나간다는 희망이 보이기 시작했기 때문이다. 많은 주변인들이 나가떨어지는 가운데서도 꿋꿋이 남은 공동 CEO 데이비드 매코믹 역시 곧 자신이 스타가 될 차례라고 생각하며 이 시기를 즐겼다. 그는 이참에 자신을 "레이 조련사Ray whisperer"라고 일컬었다.

이런 배경을 뒤로하고 2019년 6월 9일 저녁은 매코믹의 인생에서 개인적으로나 직업적으로나 절정이 될 운명이었다. 장소는 코네티컷주 그리니치 해변에 있는, 전통적으로 뉴잉글랜드의 극소수 회원을 위한 전용 사교장 벨 헤이븐 클럽Belle Haven Club이었다. 건물 꼭대기에는 성조기가 밝은 여름 햇살을 받으며 펄럭였다. 계단식 현관과 새하얀 발코니로 둘러싸인 이 클럽은 《위대한 개츠비》의 한 장면을 연상하게 했다. 정계와 재계의 유명 인사들이 모여 매코믹과 정치인 겸 금융인 디나 파월Dina Powell의 결혼을 축하했다. 파월은 정말이지 매력 넘치는 여성이었다. 이 유능한 신부는 갈색 생머리, 호리호리한 몸매, 이집트계 특유의 자연적 혈색 등 외모도 돋보였을 뿐 아니라 경력상으로도 영향력을 다져온 인물이었다. 그녀는 두 차례 백악관에서 근무했고(가장 최근에는 이방카 트럼프Ivanka Trump의 오른팔이었다) 현재는 골드만삭스의 고위 임원이었다. 그야말로 권력자 커플의 대관식이었다.

그날의 파티는 부부가 자리를 마련하지도 않았고, 실제 결혼식도 아니었다. 그들은 나일강의 요트 위에서 열린 결혼식을 포함해 이미 두 번의 식을 치렀다. 그러나 달리오는 자신도 나서서 뭔가 해주고 싶다고 했다. 그래서 벨 헤이븐에서 날짜를 잡아 내빈 수백 명에게 초대장을 보냈다. "레이와 바버라 달리오가 데이비드와 디나의 이번 결혼을 축하하는 자리에 당신을 초대합니다."

저녁 분위기가 멋지게 무르익고 있었다. 롱아일랜드 사운드의 탁 트인 전망 속에서 야외 칵테일파티가 열렸다. 내빈들이 연회장 안으로 들어와 보니, 분위기를 띄우기 위해 섭외된 재즈 가수 해리 코닉 주니어Harry Conrick, Jr.가 와 있었다. 그는 피아노로 재즈 스탠더드 넘버를 연주하며 부자 손님들을 즐겁게 했다.

만찬 후에는 행복한 커플에게 축하한다는 둥 서로를 만나 얼마나 행운이냐는 둥 전형적인 덕담이 이어졌다. 파월은 자신의 경력 중 몇 가지 재미있는 에피소드를 밝혔는데, 그중 하나는 트럼프 대통령이 집무실에서 브리핑 출력물 대신 지도와 차트를 요구했다는 것이었다. 사람들은 웃음을 터뜨렸다. 이때까지만 해도 불길한 징조는 보이지 않았다.

달리오는 축사하기 위해 일어나서는 아이폰을 꺼내 저장해둔 메모를 읽기 시작했다. 그는 말을 더듬었고 내용은 거의 형식적이었지만, 몇몇 손님은 진지하고 감동적으로 받아들였다. 그는 매코믹을 가장 신뢰할 수 있는 친구 중 한 명이자 떠오르는 인재라고 소개했다. 나중에 몇몇 참석자들은 마치 자기 아들을 위한 축사처럼 훈훈한 분위기였다고 술회했다.

달리오가 파월을 언급하기 전까지는 그랬다.

"데이비드는 원하는 건 뭐든지 될 수 있습니다. 미국 대통령이 될

지도 몰라요. 게다가 대단한 짝을 찾았어요. 미국 최고의 파티걸party girl이잖아요."

잘나가던 분위기에 갑자기 찬물이 끼얹어졌다. 손님들은 서로의 얼굴을 돌아보며 자신들이 방금 달리오의 말을 제대로 들은 건지, 아니면 그가 농담한 건지 몰라 당황했다(참고로 그는 유머 감각이 뛰어난 편은 아니었다). 세계 최고 부자 중 한 명이자 이 파티의 주최자가 방금 신부를 기껏해야 잘 노는 여자, 최악의 경우 매춘부로 해석되는 단어로 표현했단 말인가?

매코믹과 파월은 둘 다 각자의 방식으로 눈치껏 행동해야 한다는 걸 알고 표정 관리를 했다. 실제로 파월은 당황하고 상처받았으며, 매코믹은 격노했다. 달리오의 입에서 그런 말이 나온 게 놀랄 일은 아니었지만(매코믹은 회사에서 달리오의 더 심한 말도 들어봤다) 이 모든 외부 손님 앞에서 인내심을 테스트하는 건 완전히 차원이 달랐다. 그는 달리오가 한 말에 대해 나중에 동료들에게 "어떻게 그런 말을?"이라며 격분을 쏟아냈다. 이후 매코믹은 그 사건이 달리오와의 관계에서 전환점이 되었다고 말했다.

'원칙'을 조문 그대로 받아들인다면, 매코믹은 젠슨이 몇 년 전 그랬던 것처럼 달리오와 공개 담판을 지어야 했을 것이다. 다른 사람을 몰래 뒷담화하는 것보다 더 나쁜 일은 없기 때문이다. 하지만 매코믹은 젠슨의 실수에서 교훈을 얻었다. 매코믹은 파티 이후 다른 사람에게 달리오를 비난할 때마다 녹음 장치가 켜져 있는지 꼭 확인했다.

결과적으로 매코믹은 조심하길 잘했다. 모든 낌새로 보건대 그는 곧 달리오의 새로운 표적이 될 운명이었기 때문이다. 이미 사내에서 알 만한 사람은 다 아는 사실이었지만, 2019년 초 공동 CEO 아일린 머레이는 달리오에게 올해가 그녀의 마지막 해가 될 것이라고 말했다. 그녀는 그동안 친구들에게 지쳤다고 토로해왔다. 특히 누구를 고용하고 해고하는 문제에서 달리오가 매번 놓는 퇴짜에 지친 데다, 그동안 상상 이상의 많은 돈을 벌었으니 미련도 없었다. 이로써 매코믹이 단독 CEO로 유력해졌다. 초창기에 달리오 대신 화장실 바닥의 소변 사건을 조사한 사람으로서는 10년도 안 돼 장족의 발전을 한 셈이다. 그러나 위험도 따랐다. 매코믹은 달리오가 늘 최측근 중 한 명에게 모욕을 줄 구실을 찾는 반복적인 패턴을 알아챘다. 따라서 언제든 흐름이 바뀔 수 있다는 것을 잘 알았다.

(그럴 만한 이유가 있었다. 파월과의 결혼에 앞서 이혼한 적이 있는 매코믹은 위자료 때문에 2,200만 달러라는 연봉을 무시할 수 없었다.)

그에 반해 브리지워터는 돈 걱정이 없었다. 달리오가 국경을 넘나들며 투자금을 모은 덕에 2019년 중반에는 사상 최고치에 가까운 1,600억 달러를 운용했다. 그러나 외부인들의 생각은 점점 더 싸늘해져갔다. 〈블룸버그비즈니스위크Bloomberg Businessweek〉는 브리지워터의 한 고객인 캘리포니아주 북부의 샌와킨 카운티 연기금에 관한 기사를 실었다. 그리고 그 제목, "배보다 배꼽이 더 큰 수수료에 지친 작은 카운티가 레이 달리오의 헤지펀드를 버리다"가 거의 모든 것을 말해주었다.[2] 이는 수치상 확실히 나타났다. 샌와킨 연기금은 브리지워터에 연간 3.39퍼센트의 고정 수수료를 지불했지만 평균 수익률은 3.1퍼센트에 불과했다. 샌와킨 연기금에 벌어준 것보다 브리지워터가 더 많은 돈을 가져간 것이다.[3] 실망한 고객은 샌와킨 연기금만이 아니었다. 눈에 띄진 않아도 은근히 쏠쏠한 수익을 안겨주며 한때 브리지워터와 전성기를 함께한 싱가포르 대화은행UOB도 프라이빗 뱅킹 고객들에게 자신들의 투자사 중 하나인 브리지워터가 "우리에게 별로 좋은 성과를 내주지 못하는 곳"이니 발을 뺄 것을 권유했다.[4]

달리오의 고질적인 경제 비관론도 브리지워터의 투자 문제에 일조했다.[5] 달리오는 2020년 대선 전에 경기 침체 확률을 40퍼센트로 예측했지만, 시장은 계속 상승했다. 2019년 8월에 퓨어 알파는 6퍼센트 하락했다.

오랜 고객들이 빠져나가자, 매코믹은 새 고객을 찾고 기존 투자자들이 화나지 않게 하기 위해 무엇이든 하기로 했다. 매코믹은 브리지워터의 성소수자 직원들이 구내에 무지개 깃발을 게양하게 해달라고 했을 때 카타르와 바레인 등 중동 고객을 불쾌하게 할 수 있다며 반대했다. 그는 중국과도 지속적으로 사업을 추진했다. 또 사우디아라비아와 긴밀한 관계를 맺어야 한다고 강력히 주장했다. 규모가 크고 수익성 좋은 고객 중 하나는 사우디아람코Saudi Aramco로, 사우디 왕족이 소유한 국영 석유 대기업이었다. 적잖은 브리지워터 직원들이 이 관계가 위험하고 나아가 비윤리적이라고 생각했다. 사우디아람코는 여러 인권침해 사건 중에서도 특히 언론인 자말 카슈끄지Jamal Khashoggi의 피살을 조종한 것으로 알려진 모하메드 빈 살만Mohammed bin Salman 왕세자가 사실상 통제하고 있는 회사였기 때문이다. 하지만 또 다른 달러를 벌 수 있다는 가능성이 이 모든 걸 상쇄했다. 매코믹은 파월이 백악관에서 근무할 때 함께 사우디를 방문한 적이 있었다. 그리고 그는 브리지워터가 사우디의 인권침해에 침묵해야 사우디 자금이 계속 유입될 것이라 주장했다.

동시에 매코믹과 브리지워터는 점점 저가 상품도 팔기 시작했다. 몇 년 동안 브리지워터는 한 번에 투자금을 최소 1억 달러씩 유치하곤 했지만, 이제는 한 재간접펀드로부터 겨우 25만 유로를 건네받았다. 브리지워터에서 아무 재간접펀드나 다 받는 건 아니었다. 고객 중에는 아마 가장 짭짤한salty 재간접펀드일 스카이브리지캐피털SkyBridge Capital도 있었다(세계 최대 헤지펀드 회동인 SALT스카이브리지대안투자, SkyBridge Alternatives Conference라는 콘퍼런스를 매년 열고 있다. - 옮긴이). 스카이브리지캐피털의 공동 창립자이자 전 트럼프 행정부 관료 출신인 앤서니 스카라무치Anthony Scaramucci는 "미국 치과의사는 누구나 2만 5,000~5만 달러의 헤지펀드 포트폴리오를 가질 수 있다"라고 자기 회사를 광고했다.

한 가지 확실한 점으로, 이는 예전의 브리지워터답지 않은 면모였다.

∴

불과 몇 년 전만 해도 회사에 이 정도의 큰 변화가 일었다면 달리오는 전부 알았을 것이다. 하지만 이제는 거의 눈치채지도 못하는 듯했다. 그가 자주 말했듯, 그는 몇 년 전에 투자 영역을 사실상 정복했다. 한술 더 떠 그는 말 그대로 투자 관련 책을 한 권 썼고 두 권 더 작업 중이었다. 그렇게 몇 달이 지나면서 그는 회사 내부보다 외부에서 유명세를 즐기는 데 더 집중하는 듯했다.

억만장자 헤지펀드 매니저들은 종종 선거에 입후보하는 정치인에게 기부하거나 혹은 스스로 출마하기도 하지만, 달리오는 오랫동안 더 이타적 목표를 추구하는 사람으로 자처했다. 그의 공개 발언들은 그가 자신을 최고의 자선가 겸 현자, 혹은 어쩌면 그저 인플루언서로 여긴다는 인상을 풍겼다. 그와 바버라 달리오는 코네티컷 주지사와 함께 엄청난 플래시 세례를 받으며 지역 고등학교들에 1억 달러를 기부할 의사를 발표하고는 이를 "코네티컷주를 위한 파트너십"이라고 불렀다.[6]

또한 그는 생면부지의 《원칙》 팬들과 활발히 소통하느라 끊임없이 트위터 활동을 늘렸다. 그리고 2019년 가을에는 다음 세 가지를 포함한 추가 원칙을 발표했다.

> **진정 훌륭한 관계**(예: 결혼 생활이나 돈독한 협력 관계)를 맺고 유지하는 비결은 그 관계가 가장 중요하다고 확고히 믿는 것이다.
>
> 당신이 맺은 관계의 가치를 평가하려면, 자신에게 가장 중요한 가치와 원칙이 조화를 이루는지 곰곰이 생각하고 정말 중요한 것과 덜 중요한 것의 우선순위를 정하라.
>
> 모든 좋은 관계의 핵심은 첫째, 상대와 서로 어떻게 지낼 것인지, 특히 의견 차이를 어떻게 표출하고 극복할 것인지 조율하는 것이고 둘째, 당신이 상대에게 바라는 것보다 훨씬 많이 베푸는 것이다.

수십 년 동안 영향력 있는 공인 이미지를 구축해온 달리오의 노력이 분명 빛을 보고 있었다. 그는 래퍼 숀 '디디' 콤스Sean "Diddy" Combs가 자신에게 "성공을 한 단계 더 높이 끌어올릴 수 있도록" 멘토가 되어달라고 요청했다는 트윗을 올렸다. 트윗에는 두 사람이 대화하는 54초짜리 영상도 포함되었다.[7]

또한 달리오는 기네스 팰트로가 진행하는 〈구프goop〉라는 팟캐스트에 출연했다. 팰트로는 "레이가 하는 모든 일에는 영적인 측면이 있군요"라고 가볍게 말했다.

팰트로 앞에서 달리오는 브리지워터가 신중한 신뢰도 중심의 의사 결정 시스템을 통해 공정성을 무엇보다 우선시한다며 또 한 번의 홍보 유세를 이어갔다. "제 기억에 저는 의사 결정에서 투표수로 이긴 적이 없습니다. 신뢰도에 기반한 의사 결정을 제 권력을 이용해 뒤집은 적도 없고요."

"한 번도요?" 팰트로가 물었다.

"한 번도요."

인터뷰 막바지에 팰트로는 달리오에게 대선 출마를 권했다.

한편 회사 안에서 달리오는 다른 비즈니스 거물들도 저마다 자기네 회사에서 '원칙'을 사용할지 고려하고 있다며 자랑했다. 특히 빌 게이츠와 일론 머스크가 '원칙'에 기반한 성격 테스트를 받은 후 이 테스트의 유용성을 발견했다고 했다. 달리오에 따르면 도인처럼 생긴 트위터의 공동 창립자 잭 도시Jack Dorsey도 또 한 명의 열성적 '원칙' 채택자가 되었다. 도시가 산속에 있는 자기 집으로 그를 초대해 '원칙'을 개인적으로 문의했다는 것이다. 이때 달리오에게 도시의

자유분방한 기질이 옳은 모양이었다. 2019년 9월 달리오가 유명 연예인의 단골 출몰지이자 환각제와 질펀한 밤샘 파티로 잘 알려진 사막 축제인 버닝맨Burning Man에 나타난 게 그 증거다.

달리오는 기자들의 사진 촬영에도 임했고, 버닝맨에서 찍은 사진을 트위터에 올렸다. 홀치기염색을 한 나팔바지와 푸른 깃털 장식이 달린 알록달록한 외투가 마치 한밤중에 〈록키 호러 픽처 쇼〉를 관람하러 가다가 길을 잃은 모양새였다. 그가 사막에 얼마나 머물렀는지는 확실치 않다(트위터 사진에서 그의 옷은 깨끗했지만 같이 사진 찍은 옆의 남자는 모래 범벅이었다). 하지만 그가 정말 버닝맨에 참가했다는 인상을 주기엔 충분했다. 그는 트위터에 이렇게 적었다. "분위기가 끝내줬고 놀랍도록 독창적이었다! 내년에 가실 분이 있다면 새벽 1시에서 5시 사이를 추천한다."

이 트윗은 수천 개의 좋아요를 받았고 "레이 달리오는 회사 밖에서도 최고로 멋진 삶을 사는구나" 등의 반응을 이끌어냈다. 반면 어떤 이는 "버닝맨은 공식적으로 죽었다"라고 썼다.

∴

그러나 달리오가 전 세계를 돌며 일상생활에 '원칙'을 적용하는 것이 얼마나 가치 있는지 널리 전파하는 동안, 그 '원칙'을 기반으로 하는 소프트웨어는 여전히 엉망이었다.

그것이 달리오의 '원칙'이 처한 명백한 현실이었다. 브리지워터는 운용 자금의 총액에서 봤을 때 비대한 금융 재벌이 되었고, 거기에는 창립자의 공이 컸다. 그는 자신의 말에 귀를 기울이는 누구에게나 '원칙'과 브리지워터의 근본적 투명성 문화를 '이야기하는' 데는 능숙했지만, 자신의 강령이 날이 갈수록 쇠약해지고 있다는 것을 인정할 수 없거나 인정하고 싶어 하지 않는 듯했다. 그랬다간 자신의 실수를 인정하는 셈이 될 텐데, 실수를 인정하는 것은 달리오 본인은 꽤 잘한다고 주장하는 행위지만 주위 직원들이 보기엔 달리오가 몹시 싫어하는 행위였다. 게다가 이는 실수 중에서도 최악의 실수로 느껴질 것이다. 자기 밑에서 일하는 사람들조차 '원칙'을 사용하길 원치 않는다고 만천하에 알려야 하기 때문이다.

이는 달리오가 (모두 자신의 창조물에서 파생한) 아이패드 앱들을 개발하느라 얼마나 많은 돈을 썼는지를 감안하면 더욱 도드라진다. 그는 브리지워터 측에 도트 컬렉터, 코치 시스템, 고통 버튼 같은 도구에 연간 800만 달러의 사용료를 지불해달라고 요청했다. 직원들은 달리오가 그들에게 사용하라고 강요한 제품에 회삿돈을 달라고 하자 당황하며 그 요청을 거절할 구실을 찾느라 고민했다.*

이처럼 달리오가 세상에 알린 브리지워터에서의 생활 방식과 현실 속 브리지워터 간의 격차는 갈수록 커졌다.

지난 몇 년간 수백만 달러의 급여를 받으며 일하던 데이비드 페루치의 인내심도 2019년 말에는 마침내 한계에 달했다. 그래도 시끄럽게 주목을 받으며 떠나는 건 원치 않은 듯했다. 그랬다간 그동안 자신의 성과가 얼마나 하찮았는지가 눈에 띌 것이기 때문이다. 대신 그는 달리오와의 계약에 따라 브리지워터 업무는 그만두되 브

---

* 달리오 측 변호사는 "브리지워터 직원들이 자신들의 고유문화를 이어가길 원치 않는다는 것은 사실이 아니다"라고 말했다.

리지워터 소속으로는 계속 남았다. 그래서 그는 브리지워터 사무실에서 근래 자신의 컴퓨터 과학 연구에 대해 인터뷰하면서도 달리오, 브리지워터, '원칙'과 관련해서는 전혀 언급하지 않았다. 브리지워터도 페루치도 그의 사직을 언급하거나 공개적으로 시인하지 않았다.

'원칙'에 컴퓨터 과학을 적용하는 데 10년을 바친 또 한 명인 폴 맥도웰도 결국 자신의 작업이 헛수고였다는 것을 받아들였다. 그는 브리지워터를 떠날지 말지 괴로운 고민에 빠졌다. 브리지워터는 맥도웰에게 성공의 전환점이었고, 이곳을 떠난다면 그의 경력 자체도 끝날 가능성이 컸다. 캐나다인 특유의 낙천성 때문인지, 아직 순수하게 '원칙' 소프트웨어를 완성할 가능성을 기대했는지, 그저 급여를 계속 받고 싶었던 건지, 아무튼 맥도웰은 2019년까지는 계속 머물렀다. 그는 브리지워터에 총 11년간 재직했다. 그는 브리지워터에서 과학에 기반한 자기개선을 이룰 수 있으리라는 믿음으로 입사했지만, 이제는 녹초가 된 자신만을 발견한 채 이곳 생활을 마무리하게 되었다. 그는 이후 브리지워터를 고객으로 하는 한 컨설팅사로 들어갔다. 그가 세계 최대의 헤지펀드에 들어가기 전에 한 일과 비슷했으니 사실상 원점으로 돌아온 셈이다. 맥도웰이 떠난 후, 그가 10년 가까이 이끌어온 6주간의 '원칙' 오리엔테이션 과정은 헌신짝처럼 폐지되었다. 대신 신입 사원들은 며칠간의 형식적인 신입 교육만 받았다. 이제 그들 앞에 서서 진실 공장 브리지워터의 가치를 칭송하는 사람은 아무도 남지 않았다.

맥도웰은 브리지워터에서의 마지막 날에 슬퍼하지 않았다. 그저 실패자가 된 기분이었다.

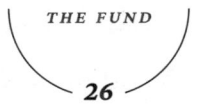

영웅이 없는 시대
No Heroes

폭설 경보가 뉴스를 도배한 2020년 12월 17일 오후, 데번 달리오는 늘 붐비는 그리니치 쇼핑가에서 2016년형 아우디를 몰고 있었다. 레이와 바버라 부부의 네 아들 중 장남이자 그 자신도 아이아빠였던 데번은 브리지워터를 포함해 아버지의 직장에서 대부분의 경력을 보냈다. 그러다가 얼마 전 독립하여 아버지의 지원을 받아 소규모 투자회사를 차렸다.

현지 시각 오후 4시 직전, 데번의 차가 중앙선을 가로질러 미끄러져 쇼핑센터를 고속으로 들이받았다. 경찰이 도착했을 때는 그을은 매장에서 시커먼 연기가 뿜어져 나오고 있었다.

데번 달리오는 42세의 나이로 현장에서 즉사했다.[1]

레이 달리오의 메일함은 고인의 명복을 비는 메일로 가득 찼고, 심지어 그의 회사를 박차고 나가다시피 한 사람들도 위로의 말을 전했다. 비탄에 빠진 아버지는 아들이 사망한 다음 날 트위터에 "저희 가족은 여러분 한 분 한 분께 개인적으로 감사드리는 바입니다"라고 글을 남겼다. 그는 또 다른 트윗에서 "저는 가족과 조용히 생각할 시간이 필요해서 지금은 여러분과 활발히 소통할 수 없음을 양해 부탁드립니다"라고 덧붙였다.

약 2주 후 달리오는 아들의 사망 이후 자신의 초기 '원칙' 중 하나인 "고통 + 자기성찰 = 발전"을 다시금 반추하게 됐다고 세상에 알렸다. 그는 링크드인에 이렇게 적었다. "이 경험으로 사물의 상대적 중요성을 깨닫는 계기가 되었습니다. 따라서 고통스러웠지만, 많은 걸 배웠고 또 배우는 중입니다. 덕분에 다른 사람들을 더 많이 돕고, 전보다 한결 고통이 줄었으며, 훨씬 건설적인 시간을 보내게 되었습니다."

그리고 그는 덧붙였다. "더 이상 아들 이야기는 하지 않겠습니다."

6주 후, 달리오는 아들 이야기를 재개했다. 그는 후속 링크드인 게시물에서, 더 깊이 생각해보니 '원칙'이 특히 비통한 시기에 도움이 되었다는 것을 깨달았다고 말했다.

∴

달리오의 비극적 소식에 이목이 쏠리자 그가 올라선 설교단에는 더욱 강렬한 후광이 비쳤다. 어릴 때 수년간 남의 가정에서 추수감사절을 보내던 외동아이는 이제 그에게서 자신을 발견하는 수백만 명의 아이콘이 되었다. 그는 자서전의 인기에 힘입어 트위터상 가장 인기 있는 기업인 중 한 명이 되었고, 링크드인에서는 팔로워 수가 약 250만 명에 달했다. 스포트라이트를 바라지 않는다고 오랫동안 주장했던 사람치고는 놀라운 수의 지지 기반이었다.

대중 앞에서의 레이 달리오는 상보적으로 보이지는 않지만 종종 동시에 작용하는 두 가지 특성을 드러냈다. 그는 자신의 원칙을 전파해 다른 사람들이 더 나은 삶을 살도록 돕기를 열망하는 너그러운 억만장자였다. 또 한편으로 본인이 대중에 주장한 바에 따르면, 그는 항상 공격받는 입장이었으므로 자기주장의 정당성을 반복해서 강조해야만 했다.

이러한 대체 현실은 2020년 초 〈월스트리트저널〉 기사에서 일목요연하게 설명되었다. 이 기사는 달리오가 브리지워터의 지배권을 넘길 가능성을 끊임없이 내비쳤으면서도 결코 떠날 기미가 보이지 않는다고 지적하며 이렇게 기술했다. "레이 달리오는 자신이 창립한 헤지펀드 브리지워터를 이양할 10년간의 계획을 세웠다. 이제 10년이 지났다. 하지만 그는 여전히 수장을 맡고 있다."[2] 또 그 기사는 전 공동 CEO인 아일린 머레이가 퇴직 조건을 놓고 회사와 갈등을 빚고 있다고 보도했다. 두 사실 모두 특별히 주목할 만하지도, 새삼스럽지도 않았다. 전자의 경우, 달리오는 이미 지난 10년간 인터뷰에서 은퇴 계획을 수없이 언급했고 후자의 경우, 브리지워터 임원들이 잡음을 일으키며 떠나는 일은 다반사였기 때문이다. 달리오는 잦은 임원 교체가 승계자 후보 중 부적격자를 거르는 과정이라고 종종 말했다.

또 기사는 달리오가 경영권 다툼으로 시간을 보내는 동안 브리지워터의 투자 실적은 계속 정체기였다고 지적했다. 브리지워터는 종종 자신들과 주식시장이 엄밀한 비교 대상이 아니라고 말했지만,

(위험 분산용으로 간주되는) 채권 비중을 늘려도 그들의 성과는 별반 나아지지 않았다. 지난 11년 중 7년 동안 투자자들은 브리지워터가 자랑하는 주력 펀드보다 주식과 채권을 60 대 40 비율로 분산투자하는 표준 포트폴리오 공식을 따르는 편이 더 나았을 뻔했다.

달리오가 한때 자신의 성배라고 부르던 것은 말라가고 있었다.

기사가 게재되고 이틀 후, 달리오는 "〈월스트리트저널〉의 왜곡과 가짜 뉴스"라는 제목의 게시물을 링크드인에 올리며 공개적으로 격분을 표출했다.[3] 그는 기사에 "사실과 다른 오류가 가득하다"라고 주장하며(하지만 〈월스트리트저널〉은 그의 불만 사항을 검토한 결과 그러한 오류가 없다고 판단했다) "우리나라에 영웅이 없는 이유"를 보여주는 하나의 예시라고 했다.

달리오는 거기서 멈추지 않았다. 그는 링크드인에서 자신의 글에 모르는 이들이 달아놓은 수백 개의 댓글을 파고들었고, 일부 댓글에 개별적으로 직접 답했다. 기자의 편을 든 한 누리꾼은 달리오의 반박이 "인신공격"에 의지하며 "의심스러우리만치 사실이 빈약"하다고 쓰고는, "권력자 아무개가 즐겨 쓰는 전형적 전략"을 연상시킨다고 했다. 물론 그 아무개란 명백히 트럼프 대통령을 가리킨다. 달리오는 "판단할 판사가 없는 상황에서 이 많은 사실을 일일이 짚고 싶지 않았다"라고 답했다. 다른 누리꾼에게는 "원칙에 입각한 경영 방식은 내게 매우 중요하다. 나는 우리 사회를 위협하는 나쁜 행위들이 만연하는 것을 결코 묵과할 수 없다"라고 대댓글을 달았다.

또 다른 누리꾼에게는 "나는 여간해서는 상처받지 않는다. 내가 걱정하는 것은 나 자신이 아니다. 이 시스템이 걱정스러울 뿐이다"

라고 썼다.

달리오의 분노는 배후에서 더 폭발해, 〈월스트리트저널〉의 편집장에게도 직접 연락했다. 그는 특히 자신과 머레이 사이에는 큰 불화가 없었다며 정정 보도를 요구했지만, 받아들여지지 않았다.

6개월 후, 머레이는 달리오를 필두로 브리지워터에 1억 달러 규모의 성차별 소송을 제기했다. 그녀는 브리지워터가 "자신들의 이익에 부합할 때는 공개적으로 투명성을 표방하지만, 회사 이미지에 불리할 것 같은 사실을 공개하는 사람들은 엄중히 처벌하려 한다"고 비난했다. 그리고 브리지워터가 "대단히 위선적"이라는 진술을 덧붙였다.

소송 내용은 자신이 남성 동료들보다 적은 급여를 받았다는 것이었다. 그러나 결국 법정 밖에서 합의로 마무리되었다.

∴

초유의 아시아발 바이러스가 언론에서 보도되기 시작했을 때, 달리오는 뉴스보다 한발 앞섰어야 했을 것이다. 그는 수십 년 동안 중국 정부 기관들과 사실상 그 누구도 필적할 수 없을 긴밀한 관계를 맺고 투자를 유치해왔으며, 중국과 그들의 문화를 이해하는 자신만의 능력을 자주 자랑했다. 월가에 바이러스에 관한 정보를 어느 정도 알아낼 능력이 있는 누군가가 있다면 그 사람은 달리오가 되었어야 옳다.

하지만 몇 년 만에 역대급으로 시장을 뒤흔들 만한 뉴스가 중국에서 나오는 가운데, 달리오는 지금 이 상황을 전혀 해석할 수 없다고 공언했다. 1월에 그는 링크드인에 "나와 브리지워터는 이 바이러스와 '팬데믹'이 얼마나 어디까지 확산될지 모르며, 경제와 시장에 미칠 영향도 알지 못한다"라고 글을 올렸다.[4] 2주 후 그는 브리지워터에 수십억 달러를 투자한 국영 기관들이 소재한 아부다비로 날아가 코로나바이러스의 영향이 생각보다 훨씬 과장된 것 같다고 말했다. 그는 아부다비에서 열린 한 회의에서 "아마 1~2년 후면 모든 사람의 예상을 훌쩍 넘어설 만큼 크게 반등할 것"이라고 말했다.

특히 한결같은 종말론적 예측으로 유명해진 사람인 그가 낙관론으로 선회하기엔 부적절한 시기였다. 코로나바이러스는 확산되었고, 시장의 반응은 끔찍했다. 2020년 3월 중순, 브리지워터는 완전히 수직 낙하 중이었다. 애태우는 투자자들에게 제공한 브리지워터 측 추정치에 따르면, 퓨어 알파는 3개월도 안 되는 사이 14~21퍼센트 하락했다. 어떤 시장 환경에서든 수익을 창출한다던 올웨더는 약 12퍼센트 증발했다. 달리오가 투자자들에게 보낸 서한에서 "지금같이 변동성 높은 장에서는 무엇이든 정확한 수치화가 불가하므로 이 수치를 완전히 믿지는 말라"라고 썼듯, 실제 수치는 더 나빴을 가능성도 있다.[5]

서한에서 달리오는 펀드의 손실에 거의 책임감을 내비치지 않았다. "이번 실적에 대해 개인적 의견을 밝히자면, 내가 원한 바는 아니지만 현재 상황으로서는 충분히 예상했을 만한 결과다." 그는 브리지워터가 "정상적인 위험관리"를 하고 있으므로 코로나바이러스의 위험 속에서도 시장 상승에 계속 베팅했다고 말했다. 그리고 "이번에 위험관리 프로세스는 계획대로 작동"했다고 적었다.

하지만 그의 해명은 많은 투자자들에게 공허하게 들린 듯하다. 브리지워터의 부자 고객들은 세계 최대 헤지펀드가 2008년 금융 위기 이후 시장의 가장 중대한 고비에 휘청이는 모습을 보고는 다시 투자금을 회수하기 시작했다.

코로나 확진자 수가 증가하자 전 세계가 셧다운에 들어갔다. 브리지워터도 부분적으로 문을 닫고 대부분의 직원에게 재택근무령을 내렸다. 이렇게 팬데믹은 수년간의 임원 교체, 내부 재판, 공개 교수형, 비밀 합의로도 달성하지 못한 그 어려운 일을 해냈으니, 드디어 달리오의 몸을 브리지워터에서 장기간 빠져나오게 한 것이다. 달리오는 본사에서 나왔고, 약 50명의 최소 필수 인원만이 모니터와 기타 장비를 챙겨 들고 회사 본부를 대신할 숲속의 임시 천막 안으로 들어갔다.

회사에 남은 모든 직원은 달리오가 실제로 본사에 있지 않다는 사실을 금방 알아차렸지만, 그가 정확히 어디 있는지는 소문만 무성했다. 한 전 직원에 따르면, 달리오가 팬데믹 형국으로부터 최대한 멀리 떨어진 곳에서 요트를 타며 시간을 보내는 중이라고 했다. 또 다른 사람들은 달리오가 그리니치 집에서 유유자적하게 몸을 숨기고 있다고 생각했다. 그게 사실이라면 70대 노인으로서 전염병을 예방하기에 나쁘지 않은 조치였다. 그가 적어도 한동안 집에 있었다는 증거로, 달리오는 자택에 전문가 수준의 영상 스튜디오를 설치하기 위해 브리지워터 직원 몇 명을 호출했다. 그 후 달리오는 집에서 브리지워터가 돌아가는 상황에 그때그때 개입할 수 있게 되었다. 또한 달리오는 이 방송설비를 팬데믹 시국에서도 '원칙'의 가치를 찬양하는 텔레비전 인터뷰를 계속할 목적으로도 사용했다.

직원 수천 명이 몇 년간 사례 연구를 보아온 것처럼 달리오가 카메라 화면을 통해 브리지워터를 지켜보는 동안, 그에겐 무슨 볼거리가 있었을까? 이제 '원칙'은 달리오가 오랜 세월 제시해온 문자 그대로의 처방이라기보다는 환상, 혹은 더 좋게 표현하자면 하나의 교훈집에 가까워졌다. 그가 공개적으로 주장한 만큼 '원칙'이 브리지워터의 투자에 직접적 영향을 미친 적도 없었지만, 이제는 투자 이외의 부서에서도 빠르게 폐기되었다.

10년 이상 브리지워터에서 직원 평가 시스템의 주축이었던 도트 컬렉터는 거의 몰라볼 정도로 변했다. 그들은 2020년에 피평가자 외에 다른 사람은 볼 수 없는 광범위한 범주의 기밀 도트를 새로 도입했다. 이로써 이제 비판적이든 긍정적이든 피드백을 다른 모든 사람 모르게 제공할 수 있게 되었고, 이 경우에는 점수 몰아주기가 불가능했다(이 새로운 기밀 도트는 회사의 재량에 따라 삭제할 수도 있었다). 내부에서 이 조치는 법적 및 홍보상의 이유 때문이라고 했다. 그들은 예컨대 한 임원에게 '상식'이 부족하다는 이유로 부정적 도트가 부여되었다는 것을 언론이나 규제 당국이 알아차릴 가능성을 안고 가는 건 너무 위험하다고 판단했다. 이유야 어찌 됐든 결과는 분명했다. 도트 컬렉터는 사그라지고 있었다.

전 세계가 재택근무에 익숙해지는 가운데서도, 달리오는 계속 '원칙'을 활발히 홍보했다. 하지만 그가 알았든 몰랐든 그의 책이 출간된 후 3년간, 세상을 구한다는 해법을 숱하게 제시한 사업가들의 자비로움 속에 숨겨진 자만감은 곱지 않은 시선을 받았다. 제프 베이조스Jeff Bezos와 마크 저커버그Mark Zuckerberg 등 유명 기술 기업 CEO들은 자기네 플랫폼의 폐해 때문에 의회에 불려가 증언해야 했다. 긴 근무시간과 술로 질펀한 회사 야유회로 각각 구현된 '열심히 일하고 열심히 놀자'는 브리지워터의 사고방식은 몰인정한 구시대의 유물이 되었다. 대안적 사실(트럼프의 한 참모가 거짓말falsehood을 'alternative fact'라고 에둘러 표현해 화제가 된 신조어. - 옮긴이)을 구실로 언론과 싸움을 즐기던 트럼프 대통령은 재선에 실패했다.

몇 달이 지나 팬데믹이 장기화되었고, 10년 이상 브리지워터 직원들의 행동 규범을 규율해온 관리 시스템은 더 급속도로 소멸해갔다. 프리OS라는 컴퓨터화된 평가 도구를 주기적으로 사용하는 직원은 행여 있다 해도 극소수였다. 수십 년 동안 브리지워터에서의 생활양식을 특징지은 재판과 공개 교수형은 중단되었다. 나아가 달리오가 독립적 의견을 제시하는 하급 직원에게 자주 면박을 주던 주간 회의 "세계에서는 지금 무슨 일이 일어나는가?"조차 노트북 화면으로 펼쳐지는 필수 시청 텔레비전 쇼로 전락했다. 그동안 직원들을 앞에 줄지어 앉혀놓고 마치 제단 위의 사제처럼 상석에 앉아 있던 달리오는 이제 〈할리우드 스퀘어스Hollywood Squares(연예인 출연자들이 3×3 큐브 안에 들어가 진행되는 게임 쇼. - 옮긴이)〉의 초대형 확장판에 출연한 가장 재미없는 게스트처럼 줌zoom 회의 화면 구석의 네모 칸에 몸통 없이 머리만 나올 뿐이었다. 줌 회의 화면 속은 평준화되고 평등주의적이었다. 달리오가 오랫동안 자신의 회사에서 실천 중이라고 주장해온 평등주의를, 이제 그는 마지못해 정말로 따르게 되었다. 누구든지 음 소거를 누를 수 있는 상황에서, 달리오는 전만큼 남을 윽박지르기가 어려워졌다.

팬데믹 속에서도 달리오는 브리지워터가 항상 '원칙'과 함께한다는 이야기 전개를 바꾸지 않았고, 다른 사람들에게도 '원칙'을 채택하도록 독려했다.

그는 브리지워터 및 많은 회사에서 사용 중인 화상회의 도구 줌에 자신의 소중한 도트 컬렉터를 통합하려는 최후의 노력에 다시 집중했다. 줌 회의와 도트 컬렉터는 찰떡궁합일 것 같았다. 다른 많은 회사에서는 이미 직원들이 영상 화면을 통해 동료들과 소통하는 데 익숙해진 터라, 다들 똑같은 화면을 통해 서로를 평가하는 도트 컬렉터를 약간의 수정만으로 도입할 수 있을 듯했다. 모든 직원의 원격 근무를 허용한 암호화폐 거래소 코인베이스Coinbase에서 인사 및 정보기술 부서의 일부 직원을 대상으로 도트 컬렉터를 시험 사용해 보았다. 즉각적으로 부정적인 반응이 일었다. 그들은 도트 컬렉터가 "해로운 직장 문화를 초래"했다며 이를 쓰지 말자는 청원을 올렸다. 코인베이스 CEO는 시험 사용한 도트 컬렉터가 좋았다고 옹호했지만(그나마 나중에 정식 사용은 하지 않았다), 도트 컬렉터의 장점 때문이 아니라 회사에서 도트 컬렉터를 사용한 사람이 워낙 적어서 불만을 고려할 가치도 거의 없었기 때문이다.[6]

달리오가 수년 동안 이야기해온, 브리지워터의 난삽한 평가 시스템을 크고 작은 기업들에 광범위하게 도입하려던 그의 궁극적 목표도 마찬가지로 실패했다. 프린시플어스PrinciplesUS라는 프로그램은 원래 직원들에게 '원칙'을 교육하기 위한 한 달간의 워크숍으로 계획되었다. 여기에는 직원들을 공식 '원칙 코치'로 한 단계 더 발전시키기 위한 정교한 자격 인증 과정도 포함되었다.

달리오는 자택에서 '원칙' 상품을 구매할 고객을 찾기 위해 회전식 명함꽂이를 돌렸지만 아무에게도 팔지 못했다. 달리오가 한때 집에 방문한 적도 있는 트위터의 잭 도시는 자기 회사를 떠났고, 마이크로소프트의 빌 게이츠도 마찬가지였다. 세일즈포스Salesforce 공동 창립자인 마크 베니오프Marc Benioff도 달리오의 제안을 거절했다. 어떤 유명 회사도 '원칙'을 채택하겠다는 계약에 공개적으로 서명하지 않았다.

대중 앞에서 체면도 안 서고 팬데믹으로 몸도 옴짝달싹할 수 없던 달리오는, 다시 자신을 둘러싼 이야기 전개 방식을 바꾸기 시작했다. 그는 갑자기 빈부 격차에 관심을 보였다. 그리고 트윗을 늘려 일론 머스크에게 대답 없는 메시지 하나를 보냈다("옳소, 일론!…."[7]). 그는 심지어 한 대법관의 사망에 대해서도 트윗을 올렸지만, 본인을 거의 순교자처럼 표현하는 습관은 여전했다. "우리는 루스 베이더 긴즈버그Ruth Bader Ginsburg가 영웅이었다는 데 대부분이 동의할 수 있는 보기 드문 시점에 있는 것 같다. 이것이 중요한 이유는, 지금 우리는 누군가를 영웅이라고 합의하지 못하는 사회에 살고 있기 때문이다. 대부분 걸출한 사람들은 반대자들이 깎아내리고 무너뜨리려 안달이어서, 요즘 사회에는 영웅이 없다."[8]

그가 위대한 경세가라는 스스로 쌓아온 이미지를 내세워 어디서나 가장 자주 공언한 주제는 경제가 중대한 위기에 처했다는 것이었다.

팬데믹이 덮친 지 얼마 안 되어, 달리오는 재난이 코앞으로 다가

왔다고 수십 년간 예측하던 원래 습관으로 되돌아왔다. 2020년 12월 CNN 인터뷰에 출연한 그는 지난 500년의 역사를 연구한 결과 혁명이 잠재적으로 가까워졌을 뿐 아니라 더 이상 국가의 평화와 조화를 당연시할 수 없게 되었다고 말했다.[9] 그는 텔레비전, 팟캐스트, 링크드인, 심지어 전 재무장관 행크 폴슨 Hank Paulson과의 인터뷰 등 거의 모든 매체에 등장해 미국이 '내전'의 위험에 처했다는 의견을 피력했다. 한술 더 떠 〈뉴욕타임스〉의 칼럼니스트 토머스 프리드먼 Thomas Friedman과의 인터뷰에서는 어깨를 으쓱하며 "역사를 통해 내전과 혁명에는 목적이 있다는 것"을 알 수 있고, 그리하여 구질서가 신질서로 개혁된다고 말했다.[10]

달리오가 팬데믹 초기인 2020년 3월부터 11월까지 별로 언급하지 않은 주제는 브리지워터였다. 아마 이는 단순히 그의 몸이 회사에서 멀어져서라기보다는, 충성파 세력이 점점 약화되고 있는 현실 때문이었을 것이다. 아일린 머레이는 떠났다. 달리오의 모욕적인 결혼 축사에 여전히 앙금이 남은 데이비드 매코믹은 탈출구를 찾고 있었다. 그레그 젠슨은 재판 사건 이후 달리오에 대한 믿음을 잃고 누가 봐도 달리오가 부재중인 시간을 즐겼다. 달리오의 곁을 한 번도 떠난 적이 없는 밥 프린스는 팬데믹 기간에 자신의 교회 일로 바쁘게 지냈다. 브리지워터 가족은 이산가족이 되었다.

설령 달리오의 몸이 브리지워터에 있었더라도, 그가 그곳에서 지휘하던 군대는 이미 뿔뿔이 흩어진 뒤였다. 원칙 대장, 정치국 등은 숲속의 천막에서는 쓸모가 없었다. 그중 많은 사람들이 활동이 중단되거나 제 발로 나갔다. '원칙'의 필수 수업도, 치러야 할 시험도, 낙제생 망신 주기도 없어졌다. 브리지워터가 창립자의 교훈을 절대 잊지 않기 위해 수년간 재판을 녹화해온 전통적인 사례 연구도, 가능한 한 빨리 없애라는 법률고문의 조언 때문에 상당수가 투명성 라이브러리에서 사라졌다.

어쩌면 가장 충격적인 것은, 지금까지 그토록 많은 에너지를 쏟은 평가 도구들을 달리오 본인조차 거들떠보지 않게 되었다는 것이다. 물론 이를 결코 공개적으로 암시한 적은 없지만 말이다. 그가 '원칙'을 기반으로 발명한 첫 작품 도트 컬렉터는 (전에는 사용하지 않는 사람들에게 해고하겠다고 으름장을 놓았지만) 더 이상 사용되지 않았다. 2020년 말 한 직원이 내부 데이터를 뽑아보니 달리오조차 그해 5월 이후 누구에게도 점수를 매기지 않았다는 사실이 발견되었다.

아직도 굳이 도트 컬렉터를 들여다보는 사람이 있어서 이 사실이 발견된 것만 해도 분명 마지막 남은 근본적 투명성의 수확이라 할 만했다.

∴

이 시기에 달리오와 대화한 사람들은 그가 다음에 무얼 해야 할지 확신이 없어 보였다고 말했다. 달리오는 브리지워터가 '원칙'을 역사의 저편으로 묻어두는 걸 허용할 수 없거나 원치 않았을 것이다. 그는 동료들에게 자신의 유산을 진단하고 싶다고 말했다. 그리고 자신과 브리지워터, '원칙'의 실제 이야기를 보여줄 다큐멘터리를 촬영하기 위해 팀원들을 모았다.

달리오는 다큐멘터리가 단순히 자신의 독백만으로 이루어지지는 않을 것이라고 했다. 그는 가까운 동료들에게 자신이 실제로 어떤 사람이었는지 세상에 알릴 수 있도록 브리지워터 직원들의 추천사를 넣고 싶다고 했다. 그리고 자신이 답하고 싶은 중요한 질문을 제시했다.

"내가 자네들에게 도움을 줬나, 아니면 상처를 줬나?"

그는 덧붙여 말했다.

"걱정하지 말고 사실대로 말해주게."

맺는 글

레이 달리오는 팬데믹 초기에나 말기에나 자신의 '원칙'을 공유하려는 눈에 보이는 열정으로 가득 차 있었고, 세계가 너도나도 '원칙'을 원하고 있음을 최대한 보여주려 했다. 브리지워터 내부인들의 생각은 달랐지만, 그는 대중의 지지를 결코 저버리지 않고자 했다.

이 점은 그의 접근 방식이 지니는 버그라기보다 그 특징이었다. 동시에 달리오와 브리지워터가 근본적 투명성, 의미 있는 삶, 의미 있는 관계를 주창하는 세계 최고의 실천가로서 대중의 명성을 유지할 수 있었던 핵심 이유이기도 했다. 성문화되고 널리 홍보된 '원칙'은, 브리지워터에서 일어나는 끔찍하고 기묘한 일들이 대외에 유출될 때 오히려 자신들의 접근 방식이 의도대로 작동하고 있다고 반론을 표명할 수 있는 방패막이로 기능했다. 실제로 제임스 코미의 사임, 그레그 젠슨과 달리오 간 관계의 와해, 직원들의 재판, 무한 반복되는 임직원의 퇴사 등 내부의 어떤 부침에 대해서든 브리지워터와 그 대표자들은 해당 사건이 자신들의 경영 시스템이 딱 계획대로 실행되고 있다는 증거라고 해명했다. 달리오가 자주 말했듯, 고통에 자기성찰이 더해지면 발전이 되었다.

반면 브리지워터의 돈벌이에는 고통이 없었다. 그들의 운용 자산은 약 1,600억 달러에서 최고치를 찍고 팬데믹 이후 1,300억 달러로 천천히 줄었지만, 다른 어떤 경쟁사보다 확연히 규모가 컸고 세계 어디서나 기꺼이 투자금이 모였다. 따라서 규모는 전보다 줄었을지 몰라도 여전히 세계 최대의 헤지펀드라고 볼 수 있다. 그리고 그들의 주력 펀드가 몇 년간 글로벌 시장의 흐름에 뒤처졌어도 대체로 마이너스 수익은 면했으므로, 고객에게 절댓값 기준으로는 수익을 창출했다고 떳떳이 말할 수 있었다. 그들의 펀드가 그토록 오래 지속된 것은 달리오와 브리지워터의 공이었다. 그리고 그 오랜 실적 덕분에, 브리지워터의 전성기는 사실 달리오가 유명해지기 훨씬 전에 지나갔음에도 그들의 역사적 평균 성과는 대체로 훌륭하게 유지되었다. 달리오가 은퇴를 앞두고 내부 협상을 계속하는 동안 브리지워터를 자신의 "재산권"이라고 부르기 시작한 것도 놀랄 일이 아니었다.[1]

2020년 말, 달리오의 성공을 깔끔하게 정리한 사례가 있었다. LCH인베스트먼트LCH Investments는 자체 분석 결과 브리지워터가 창립 이래 다른 어떤 펀드사보다 많은, 무려 465억 달러의 투자수익을 벌어들였다고 결론지었다. 물론 LCH는 브리지워터와 비교 대상이 된 다른 펀드 회사들은 그 역사가 비교적 짧기에 누적 수익 측면에서 브리지워터가 유리한 출발점에 있다는 전제를 분명히 밝혔다. 하지만 그 약간의 차이에 주목하는 이는 많지 않았다. 이 틈을 타 〈비즈니스인사이더〉는 브리지워터를 "역대 최고의 성과를 낸 헤지펀드"라고 평했다.

브리지워터에는 세계적으로 유명해진 '원칙'을 잣대로 자신을 테스트하고 싶어 하는 구직자들의 지원 물결이 이어졌다. 브리지워터 측의 자평에 따르면 거의 누구나 입사할 자격이 있었다. 브리지워터가 한 포커 챔피언을 미상의 직위에 고용했다고 발표한 후, 회사의 투자분석책임자는 〈뉴욕타임스〉에 다음과 같이 자랑스럽게 말했다. "우리는 식물학자, 정치학자, 로즈 장학생, 운동선수 등… 아주아주 다양한 사람들을 발굴해 고용한다."[2]

달리오 밑에서 일하면서 겪는 더 복잡한 삶의 현실을 아는 사람들은 이를 함구하느라 많은 노력을 기울였다. 많은 사람이 브리지워터를 떠날 때 월가의 표준 관행인 기밀 유지 협약에 서명했지만, 일부는 가욋돈을 받는 대가로 더 특이하고 엄격한 비방 금지 계약에도 동의했다. 이곳에서 근무한 경험에 대해 일말의 부정적 발언도 못 하게 막는 것이다. 아무리 반격할 수단이 있고 브리지워터의 속성을 잘 아는 사람들이라도, 공개 석상에서는 상투적인 모범 답안만 이야기했다. 그동안 갈아온 칼을 퇴임 후에 빼든 아일린 머레이도 직전 퇴임식에서는 임원들에게 "이곳은 가족적인 분위기"라고 말했다. 또 브리지워터에서 중간에 나가떨어진 사람들을 "자신의 약점을 직면하는 것이 불편한 사람들"이라고 일축했다.

달리오는 자서전을 출간한 후에도 계속해서 자신의 이미지, 특히 자신의 인생사를 윤색했다. 2021년 월간지 〈리더스Leaders〉와의 인터뷰에서 밝힌 그의 구술사는 그야말로 '쿨하기' 그지없었다. 기사에서 한 임원은 수십 년 전 달리오를 처음 만난 기억을 이렇게 설명했다. "달리오는 발가락부터 엉덩이까지 깁스를 한 한쪽 다리를 의자에 받치고 있었다. 날씨는 더웠지만, 그는 며칠 동안 씻지 않은 것처럼 보였다. 처음에 나는 그가 장난감 같은 걸 밟고 미끄러져 다리가 부러진 줄 알았다. 나중에 알고 보니 낙하산 사고였다."

달리오는 자신의 경력을 통해 배운 최고의 교훈 중 하나가 겸손이라고 말했다. 왜냐하면 "우리의 전체 문화는… 자존심이나 연공서열, 계층구조, 사내 정치도 아닌… 최선의 답에 도달하겠다는 일념을 중심으로 구축되었기 때문"이다.

그의 마지막 한마디는 이랬다. "이러한 우리 문화를 브리지워터 전 직원은 아주 좋아한다."

∴

파크 애비뉴에 살던 리브 가문의 영광은 이제 대부분 사라졌다. 젊은 레이 달리오를 여러모로 도와줬던 리브 가족은 세대를 넘어 상속된 부가 허무하게 사라질 수 있다는 것을 고생 끝에 깨달았다. 그들의 세 아들은 이혼, 경마, 투자 실패 등 전형적인 이유로 가족 재산을 탕진했다. 레이와 함께 유럽을 여행한 리브 가족의 큰손자 고든은 의문의 교통사고로 사망했다. 바이킹과 미시도 손자가 세상을 떠난 지 얼마 안 되어 생을 마감했다. 얼마 후 파크 애비뉴 740번지의 복층 아파트는 팔렸고, 그들이 남긴 희귀한 가구는 대부분 소더비

경매에 나왔다.

리브 가족의 손자 중 한 명은 금융계에 종사했지만 어려움을 겪었다. 고든보다 네 살 어린 바클리 손다이크 리브에게는 형과 같은 결점이 하나도 없었다. 그는 월스트리트의 트레이더로 일련의 헤지펀드 회사에서 근무했다. 그러나 경력 중반기에 이르러 운이 다하고 그가 다니는 회사가 갑자기 인수되었다. 58세의 투자 분석가에게 재취업은 녹록지 않았다.

그는 순간 레이 달리오를 떠올렸다. 소싯적 두 사람은 몇 년간 추수감사절과 크리스마스를 같이 식사하며 보냈고, 동종 업계에 종사한 만큼 나중에는 직업적으로도 친분을 유지했다. 리브는 달리오가 자기네 가족에게서 배운 백개먼 게임을 여전히 즐긴다는 소식도 들었다. 리브는 브리지워터 웹사이트에 들어가 자신에게 자격도 맞고 나름 무난해 보이는 한자리를 찾았다. 그는 달리오에게 이메일을 써서 안부 인사와 함께 면접 기회를 달라고 부탁했다.

금방 답신이 왔다.

> 자네가 그 일에 적합한 자격을 갖추고 있다면, 자네 이력서는 그 자체로 돋보일걸세. 나는 누가 지원하든 인사 부서의 고유 업무에 간섭하지 않는다네.
> 우리 집 개가 지원해도 난 봐주지 않겠네.[3]
>
> — 레이

한때 회사 발코니에서 목을 매다는 망상에 시달려 치료를 받던

조 스위트는 브리지워터를 떠난 후 몇 년 사이 놀라운 환생을 경험했다. 그는 정신과 약물을 완전히 끊었다. 그는 브리지워터를 나와 코네티컷주를 떠난 후 새사람으로 거듭났다고 했다.

스위트는 달리오의 평가 도구에 대중이 열광하는 모습을 보고 내내 괴로웠다. 달리오가 인터뷰에서 '원칙'의 경이로움을 설파할 때마다 몸서리를 쳤다. 그는 브리지워터의 평가 도구가 직원들을 각자 최대한 쓸모를 발휘하게끔 적재적소로 분류한다는 발상을 뒤엎는 살아 있는 반증이었다. 이제 스위트는 브리지워터의 '원칙' 소프트웨어가 그에게 부적합 판정을 내린 바로 그 분야인 조달 부문의 고위직을 맡았다. 그는 부하 직원 10명을 두고 브리지워터 시절보다 더 많은 급여를 받았다.

스위트는 더 이상 병원에서 우울증 진단을 받지는 않았지만, 브리지워터의 옛 동료들 소식을 들으면 우울해지곤 했다. 이제 그가 탄탄한 직장에 취직하여 더 나은 기반을 갖추고 나자 전 동료들이 종종 그에게 연락해왔다. 스위트가 보기에 그들은 과거의 자신처럼 허망함에 빠져 있는 듯했다. 스위트는 그 모든 혹독한 피드백을 잊으라는 말 외에는 옛 동료들에게 딱히 해줄 말이 없었다. 그는 달리오 본인만 제외하고, 브리지워터의 철학을 받아들인 대부분의 사람들이 더 불행해진 것 같다고 생각했다.

스위트가 말했다. "악순환은 언제 끝날까? 새 직원들을 데려와 그들의 삶을 망치는 관행은 언제 멈출까? 달리오의 부는 언제쯤 사라질까?"

달리오의 부는 사라지기는커녕 증대되었다. 회사의 수수료 수입 중 그에게 흘러가는 몫 덕분에 그는 2020년에 개인적으로 약 5억 달러를 벌었고, 2021년에는 더 많이 벌었다. 타블로이드 신문들은 달리오가 맨해튼 펜트하우스에 대형 철제 정자가 완비된 야외 테라스를 지을 계획이라고 보도했다.[4]

반대로 계속 저물어가는 것은 '원칙'이었다. 달리오는 각각 두 번째와 세 번째 저서인 《금융 위기 템플릿》과 《변화하는 세계 질서》를 출간했지만, 첫 저서만큼 큰 반향을 일으키지는 못했다(엄밀히 말해 그 책들에 수록된 많은 자료는 몇 년 전 온라인에 무료로 게시되었다). 텔레비전 방송 출연은 별로 없었고, 새로운 TED 강연도 없었으며, 친구 찰리 로즈와의 최근 인터뷰는 로즈가 성희롱 스캔들로 CBS에서 방출된 까닭에 온라인으로만 공개되었다.

2021년 4월 달리오는 와튼 스쿨 교수 애덤 그랜트가 유료로 디자인과 홍보에 도움을 준 가운데, 일생의 업적을 대중에 알리기 위해 오랫동안 공들인 프린시플유PrinciplesYou를 출시했다. 마치 '원칙'을 요술 거울로 비춘 듯한 프린시플유는 기본적으로 '원칙'을 우려내서 개발한 성격 테스트로, 이미 온라인에서 무료로 제공되었다. 프린시플유는 첫 출시 발표부터 극적이었다. 제품 개발에 참여한 한 연구원은 "가장 최신의 성격 과학 연구를 기반으로 한다"라며 "특유의 강점은 브리지워터 직원들에게서 수년에 걸쳐 관찰된 실제 행동들을 놀랍도록 정확히 예측하는 능력"이라고 말했다.

프린시플유에 뒤이어 '의미 있는 관계 컬렉션the meaningful relationships

collection'도 출시되었다. 이는 79달러짜리 맞춤형 카드 게임 세트로, 달리오가 홍보 영상에서 말했듯 (그리고 다들 짐작할 수 있듯) "의미 있는 관계를 촉진"한다고 한다. 달리오는 게임 한 팩당 34달러이지만 세트 구매 시 79달러의 할인가로 판매될 것이라고 말했다. 그리고 초도 물량 1,000세트에는 15달러로 살 수 있는 쿠폰 코드("레이")를 제공했다. 그는 링크드인 게시물에 "여러분이 이 제품을 무료로 얻기보다 직접 돈 주고 구매했는지 궁금하다"라고 썼다.

2021년 말 브리지워터는 '원칙' 소프트웨어의 구축을 전담해온 남은 직원 대부분을 비공개 조치로 해고했다. 이 소프트웨어를 개발한 사람들의 계산에 따르면 10년 넘게 들인 개발 비용, 최소 1억 달러가 물거품이 된 셈이었다.

달리오가 자신과 브리지워터에 관해 제작하겠다던 다큐멘터리는 아직 공개되지 않았다.

∴

아일린 머레이는 '원칙'의 영광이 시드는 것에 전혀 속상하지 않았다. 그녀는 달리오가 준 《원칙》을 전혀 읽어본 적 없다고 친구와 가족에게 자랑하듯 말하곤 했다. 그녀는 책을 포장도 뜯지 않고 선반에 처박아두었다.

머레이가 브리지워터에 소송을 제기하자, 브리지워터 출신 망명자들은 저마다 엇갈린 감정을 느꼈다. 어떤 사람들은 그녀를 상황에 따라 어느 편에든 달라붙을 수 있는 기회주의자로 보았다. 자신에게 유리할 땐 브리지워터 문화의 추악한 면에 가담하고, 그렇지 않을 땐 아무런 책임 없이 브리지워터 문화를 거부한다는 것이다. 반면에 또 다른 사람들은 퇴사한 지 한참 지나서도 달리오와 '원칙'을 계속 설파하는 제임스 코미 등과 달리[5] 머레이는 퇴사한 임원 중에서 가장 독립적 사고를 지닌 사람이었다고 평했다.

머레이를 계속 존경한 사람 중 한 명은 폴 맥도웰이었다. 브리지워터를 떠난 후로 그는 만감이 교차했지만 대체로 부정적 감정이 더 컸다. 그의 새로운 컨설팅 일은 흐지부지 끝났다. 여유 시간이 많아진 그는 웨스트포트에서 보낸 시간을 몇 주 동안 곱씹었다. 자신을 변호하기 위해 더 적극적으로 싸웠어야 했나 하는 생각으로 스스로를 괴롭히는 시간을 제외하면 그는 옛날 몬티 파이선Monty Python의 코미디 영화를 계속 떠올렸다(몬티 파이선은 1960년대부터 활동한 영국의 전설적인 코미디언 그룹이며, 여기서 언급하는 영화는 〈라이프 오브 브라이언〉을 가리킴. - 옮긴이). 그 촌극에서 십자가에 매달린 한 늙은 로마인 죄수는 웃는 얼굴로 "새로 온 죄수에게 제정신을 못으로 박아주시오"라고 간수들에게 촉구한다. 이제 맥도웰은 그 장면이 더 이상 웃기지 않았다.

브리지워터 시절을 반추하며 깊은 상념에 빠진 맥도웰을 보자 그의 아내도 마음이 괴로웠다. 그녀는 맥도웰이 치유에 시간이 필요한 "레이디에이션 병Ray-diation sickness(cf: Radiation sickness: 방사선 병. - 옮긴이)"에 걸렸다고 말했다. 맥도웰의 아내는 학대받는 지역 여성을 돕는 자원봉사자로, 자신이 그간 만난 학대받은 여성들과 남편에게 공통점이 있다고 생각했다. 학대받은 여성들은 가해자에게서 벗어난 지 오랜 시간이 지나도 마음의 안정을 완전히 되찾지 못하는 경향이 있었다.

맥도웰 부부는 코네티컷주에 있는 집을 팔고 캐나다로 영구 귀국하기로 결심했다. 이렇게 맥도웰은 15년 전 토론토의 눈밭에서 세계 최대 헤지펀드에 취직한 행운이 믿기지 않아 털썩 주저앉으며 시작된 인생의 한 페이지를 공식적으로 마감했다.

맥도웰은 코네티컷주를 떠나기 전 2021년 가을, 아일린 머레이의 모친 장례식에 참석했다. 팬데믹으로 많은 사람이 지난 18개월 동안 떨어져 있었기 때문에 이번 장례식은 전현직 브리지워터 직원 간 일종의 재회 자리와도 같았다. 맥도웰은 거의 내내 가장자리에 비켜선 채 머레이가 조문객 수백 명의 조문을 받는 모습을 지켜보았다. 마침내 머레이가 맥도웰이 서 있는 가장자리 쪽으로 걸어왔다. 그간 자신이 달리오에 대해 속으로만 쌓아온 감정을 죄다 공개적으로 폭로한 머레이가 다가오자 맥도웰에게 억누를 수 없는 감정이 밀려왔다. 브리지워터를 떠난 이래 처음으로 옷깃에 땀방울이 떨어지고, 목이 바짝바짝 마르며, 맥박이 빨라졌다.

머레이는 전 브리지워터 동료들 사이를 돌며 인사를 나눴다. 퇴사 후에도 여전히 힘들어하는 맥도웰 앞에 서자, 그가 지금 어떤 심정인지 정확히 꿰뚫은 듯했다.

머레이는 맥도웰의 어깨에 손을 얹고 가까이 다가와 귓가에 나지막이 속삭였다. "당신도 폭군 아버지 모시느라 고생했어요."

곧 그녀는 다음 조문객에게 발걸음을 옮기며 인사했다. "아무쪼록 잘 지내요."

∴

한때 머레이를 가까운 멘토로 여겼던 카티나 스테파노바는 그 자리에 없었다. 머레이에게 감사한 마음이 없어서가 아니었다. 그녀는 오래전 달리오가 음란한 뱃노래를 부르는 동안 화장실에 웅크려 숨어 있게 도와준 머레이에게 감사하는 마음을 결코 잊은 적이 없었다. 그러나 스테파노바는 아직도 자신을 얼음공주라는 부정적 별명으로 기억하는 브리지워터 사람들 앞에 얼굴을 비치고 싶지 않았다.

스테파노바가 조용히 지내야 했던 또 다른 이유는 그녀의 경력이 순탄치 않았기 때문이다. 브리지워터를 떠난 후 시작한 헤지펀드 마토캐피털은 가시밭길을 걸었다. 그녀는 투자자들에게 자신의 펀드를 사실상 브리지워터 2.0으로 홍보했지만, 최근 몇 년 동안 실수익이 제자리걸음에 머물며 분투한 브리지워터 1.0만큼이나 실적이 안 좋기는 마찬가지였다. 2019년 4월에 마토캐피털은 업계 평균에 비하면 썩 대단하진 않아도 나름 준수한 수준인 2억 3,500만 달러를 운용했으나 그해 말에는 2,000만 달러 미만으로 줄었다. 직원들도 대부분 그만두거나 해고되었다.

회사가 비틀거리자 스테파노바는 달리오의 특징적 전술을 또 하나 빌렸으니, 바로 떠벌리기 작전이었다. 그녀는 〈인스티튜셔널인베스터〉와의 인터뷰에서 어떤 억만장자 투자자가 마토캐피털에 10억 달러 이상을 투자하기로 했다고 자랑했다. 그녀는 투자자의 실명을 밝히지 않았지만, 그 돈은 이미 회사에 입금되어 있다고 주장했다. 그러나 잡지사에서 추가 확인을 요청하자 꽁무니를 뺐다. "구체적인 내용은 말하고 싶지 않다. 지금 우리에게 최선은 사람들의 시선을 끌지 않는 것이다." 그다음 그녀는 명예훼손 전문 변호사를 고용해 잡지에 보도 중단을 요구하는 서한을 보냈다.

결국 투자는 성사되지 않았고, 스테파노바는 의문의 10억 달러를 완전히 해명하지도 못했다. 그녀는 기사가 시선을 끄는 바람에 투자자가 발을 뺐다고 주장했다.

그녀는 굴하지 않고 여전히 친구들에게 억만장자가 되겠다는 포부를 내비쳤다. 이번에 도전한 분야는 암호화폐였다. 그녀는 보도자료를 통해 자신의 NFT 상품을 발표하고 NFT를 "가상현실의 금광"에 비유했다. 이 보도문에서는 스테파노바가 마토캐피털의 CEO라는 점보다 암호화폐의 오랜 애호가라는 점이 더 부각되었다. 거기서 그녀는 "마토캐피털은 패밀리오피스family office(고액 자산가들이 개인 자산을 운용할 목적으로 설립한 자산운용사. - 옮긴이)와 기관투자자들에 상당한 수익을 안겨드린다"라고 말했다.[6]

다만 자신이 이전에 브리지워터에서 근무한 경력은 언급하지 않았다.

∴

달리오의 저질 결혼 축사를 받은 주인공 디나 파월은 데이비드 매코믹이 브리지워터에서 벗어날 활로를 찾도록 도와주었다. 정치권에서 오래 활동한 파월은 남편에게 그가 나고 자란 펜실베이니아주에서 2022년 공화당 상원 경선에 출마하라고 독려했다.

그런데 달리오가 일을 복잡하게 만들었다. 2021년 11월 말 CNBC의 앵커 앤드류 로스 소킨Andrew Ross Sorkin과의 인터뷰에서 그는 중국에 관해 한 상투적인 질문을 받았다. 소킨은 요즘 중국의 인권 문제가 각종 언론의 머리기사를 장식하는 가운데, 중국에 투자하는 입장에서 이런 논란을 어떻게 생각하냐고 물었다. 달리오는 몇 년간 중국통을 자처해온 터라 시의적절한 질문이었다.

달리오는 잠시 카메라 방향에서 눈을 떼고는 무지를 고백했다. "저는 그 주제에는 전문가가 아닙니다… 정부 방침이 가장 중요합니다."

그는 문법이 일부 불완전한 문장으로 다소 횡설수설하다가 혼잣말하듯 되물었다. "우리나라도 인권 문제 등 별별 일이 벌어지는데, 미국에도 투자하지 말까요?"

소킨이 대답했다. "물론 미국에서도 온갖 일들이 벌어집니다… 그러나 저는 중국에서 일어나는 일들은 미국과는 차원이 다르다고 생각합니다. 미국 국민은 정부로 인해 사망하거나 실종되진 않잖아요."

달리오는 긴장한 듯 웃고는 중국의 접근 방식을 단순히 엄격한 부모에 비유한 것이라고 말했다.

초부유국이나 초강대국 앞에서 꼬리를 내리는 태도는 달리오, 브리지워터, 매코믹에게는 새삼스러운 일이 아니었지만, 달리오의 인터뷰는 막 시작된 매코믹의 선거운동에 악취 폭탄처럼 떨어졌다. 그 후보는 '미국 우선주의'라고 적힌 어깨띠를 둘러야 할 사람이었다.

달리오가 CNBC와 인터뷰하고 며칠 후, 디나 파월은 기자들에게 새로운 이야기를 흘리기 시작했다. 금융 뉴스 통신사인 블룸버그의 두 기자가 미끼를 물었다. 그들이 "상원 경선을 앞둔 브리지워터 CEO, 중국 문제로 달리오와 충돌"이라는 제목으로 쓴 머리기사는 미상의 날짜에 매코믹의 유령 주식을 정산하는 자리에서 "매코믹은 달리오와 수년간 중국 문제로 자주 논쟁을 벌였다고 말했으며, 측근에 따르면 그는 달리오의 견해에 동의하지 않았다"라고 보도했다.[7] 매코믹을 아는 많은 사람들은 그가 중국 문제에 있어서 달리오의 의견에 그렇게 솔직하게, 그것도 여러 번 반대했을 리가 없다고 생각했다. 매코믹은 몇 주 후 브리지워터에서 사임했다.

한때 자신을 "레이 조련사"라고 부르던 미국 상원 의원 후보 데이비드 매코믹은 그 후 몇 달간 브리지워터나 달리오라는 단어를 입 밖으로 거의 꺼내지 않았다. 그는 선거운동 중 자신을 한 "투자회사" 출신의 "사업가"라고만 표현했다. 그가 브리지워터에서의 경력과 관련해 가장 집중적으로 지적받은 점은, 브리지워터가 펜실베이니아주 교사 연기금에 평범한 수준의 수익밖에 내지 못했다는 것이었다. 이 연기금은 브리지워터의 투자 실적이 목표에 미치지 못했음에도 브리지워터에 5억 달러 이상을 지불했다. 매코믹의 경쟁자이자 방송인 닥터 오즈로 잘 알려진 메흐메트 오즈$^{Mehmet\ Oz}$는 "우리는 5억 달러의 청구서에 갇혀 있지만, 매코믹과 그의 동료들은 5억 달러의 수수료를 가져간다"라고 외쳤다.

오즈는 경선에서 근소한 차로 승리했지만 총선에서 패했다. 보도에 따르면 매코믹은 2024년에 재출마를 고려 중이라고 했다.(2024년 펜실베이니아주 상원 의원 선거에서 매코믹은 밥 케이시 주니어 민주당 후보를 0.22퍼센트포인트 차로 누르고 당선되었다. - 옮긴이)

∴

2022년 후반, 달리오가 수년간 예고해온 두 가지 중요한 계획이 현실이 되었다. 그해 10월 4일, 브리지워터는 마침내 창립자가 회사 지배권을 양도했다고 발표했다. 새 CEO로는 밥 엘리엇의 여자 친구에게 성생활을 심문했던 니르 바 데아가 낙점되었다.[8] 퇴직 비용은 공식 발표된 적 없으나, 브리지워터가 달리오에게 매년 10억 달러를 지급하는 것으로 추산된다.[9] 이미 그보다 몇 배나 많은 부를 쌓은 억만장자에게도 엄청난 연금이었다. 브리지워터는 보도 자료를 통해 이제 달리오가 단순히 멘토, 이사회의 일원, "우리 공동체의 중요한 한 명"으로만 남는다고 발표했다. 이 발표로 전 세계에 달리오의 경력이 마침표를 찍었다는 뉴스 기사가 쇄도했다. 브리지워터 내부에서는 광범위한 안도감이 일었다.

달리오는 딱 하루 만에 회사의 발표에 반박하는 글을 게시했다. 그는 트위터에 "의심의 여지를 남기지 않기 위해 말하자면, 나는 은퇴하는 게 아니다"라고 올렸다.[10] "투자는 내가 12살 때부터 해온 가장 매력적인 일이므로 죽을 때까지 포기하지 않을 것이다. 그리고 멘토링과 자선 활동을 통해 내가 제공할 수 있는 지식을 나누겠다. 그것이 내가 할 수 있는 가장 의미 있는 일이다." 그는 계속해서 언론 인터뷰에 자주 얼굴을 내밀었다.

달리오가 대학 졸업 후부터 예언한 세계경제의 붕괴는, 안 그래도 10년 주기로 늘 찾아왔듯 그해 가을에 찾아왔다. 이번에는 팬데믹 이후 위험할 정도로 과열된 경제와 러시아의 우크라이나 침공이 인플레이션을 부채질했고, 주식, 채권, 그 외 다른 금융자산도 사실상 모두 폭락했다. 미국 주식은 하락장에 돌입했고, 그해 10월에 퓨어 알파는 18퍼센트 상승했다.

브리지워터에서 시장 움직임을 적시에 포착한 공로는 어쩌면 마땅하게도 그레그 젠슨에게 돌아갔다. 결국 젠슨은 자신을 불시에 내동댕이친 멘토보다 더 오래 버텼다. 그가 '원칙'에 충성해서였는지, 회사에 진정 헌신해서였는지, 아니면 단지 브리지워터에 임원들이 끊임없이 새로 들어오고 불명예스럽게 나가는 와중에 가장 꿋꿋이 인내했기 때문인지는 알 수 없다. 어쨌든 그는 퓨어 알파의 급등과 함께 세계 최대 헤지펀드의 투자를 담당하는 회사의 간판으로 인정받게 되었다. 브리지워터는 투자자들에게 보낸 서한에서 자신들의 실적을 자랑하며, 현재 예비 투자자들이 몰리는 바람에 당분간 다시 퓨어 알파의 신규 자금을 받지 않겠다고 발표했다. 서한에서 밝힌 이번 호실적 전환의 비결 중 하나는 달리오가 직접 참여하지 않는 새로운 투자 위원회를 구성했다는 점이었다.

젠슨은 달리오에게서 브리지워터의 투자 방식을 설명하는 법을 배웠겠지만, 실제로는 거의 써먹지 않았다. 2021년 후반 젠슨은 한 인터뷰에서 말했다. "알고리즘은 인간 지능과 인공지능의 조합이다. 갈수록 알고리즘에서 기계의 중요성이 더욱 커지고 있다. 지금은 기계와 인간의 비중이 반반이라면, 10년 후에는 인간이 차지하는 비중이 10~20퍼센트로 줄어들 것이다." 그 외에 구체적인 설명은 없었다.

젠슨은 인턴으로 브리지워터에 입사한 이래 그토록 기다려온 혼자만의 스포트라이트를 즐겼고, 모든 전언에 따르면 자신의 성공을 거하게 축하했다. 고교 시절부터 사귀어온 젠슨의 아내는 브리지워터가 사만다 홀랜드에게 합의금을 지불한 사실을 알게 된 후 그와 이혼했다. 하지만 젠슨은 자녀들과는 여전히 돈독히 지내며, 그들에게 언론 보도를 믿지 말라고 말했다. 또 그는 모교인 다트머스 대학교의 최상위 기부자였다.

물론 중간에 시련도 겪었지만, 젠슨은 입이 떡 벌어지는 부를 쌓았다. 그는 권세 있는 한 변호사와 재혼하면서 앵귈라에서 식을 치렀다. 결혼식 참석자들은 미식축구 팀 뉴욕 제츠의 전용기를 타고 와서 포시즌스 호텔에 공짜로 머물렀다. 젠슨은 종종 개인 제트기를 타고 코네티컷주 해안 근처의 심블 아일랜드라는 섬에 있는 사유지로 날아가곤 했다.

밥 프린스도 의외로 젠슨과 함께 공동 최고투자책임자로서 달리오보다 오래 남았다. 그는 달리오가 초창기에 고용한 주요 임원 중 한 명이었고 이제 억만장자가 되었다. 프린스는 유서 깊은 이 회사의 신성한 공간에 아무런 감회도 내보이지 않았다. 그는 2021~2022년 브리지워터 본사를 매각하는 새 프로젝트를 감독하느라 바빴다. 젠슨도 더 전통적인 형태의 새 건물을 신축할 때가 왔다는 데 동의했다. 두 사람은 달리오의 감독 아래 맞춤 설계되고 브리지워터의 역사를 말해준다고 알려진 악명 높은 토템 기둥, 즉 배턴을 베어내기로 했다. 앞으로 신입 사원들은 이 기념비를 둘러싸고 자신의 약점을 고해성사하지 않아도 될 것이다.

그러나 모든 전통이 깨진 건 아니었다. 2022년 마지막 몇 달간 공동 최고투자책임자인 젠슨과 프린스는 브리지워터의 투자 기조를 비관론 쪽으로 유지했지만, 연말에 글로벌 시장은 급등했다. 많은 이익을 날린 퓨어 알파는 그해를 겨우 9.5퍼센트 상승으로 마감했고, 이듬해 1분기에 3퍼센트 손실을 봤다. 투자 실적의 연이은 기복은 아마 달리오가 브리지워터에 남긴 가장 영구적인 유산이었을 것이다.

∴

2022년 5월 말의 어느 흐린 저녁, 레이와 바버라 달리오는 몹시 지친 모습으로 뉴욕의 존 F. 케네디 국제공항에 도착했다.

적어도 약 220억 달러 가치의 재산을 가진 사람이 일반 비행기의 비즈니스석을 타고 왔으니 소박한 입국 풍경이었다. 하지만 최근 몇 달 동안 달리오는 예전의 영향력을 발산하지 못했다.

달리오 부부는 스위스에서 매년 열리는 세계 엘리트의 모임, 세계경제포럼에 참석한 후 뉴욕으로 돌아오는 중이었다. 지난 몇 년 동안 달리오는 꽉 찬 군중 앞에서 기조연설을 했지만, 이번에는 주최 측 기자와 한 팟캐스트만 사전 녹화했다. 다보스 현지에서 CNBC 방송에 출연한 그는 평소의 레퍼토리대로, 세계경제가 부채 위기에 처해 있고 이는 최악을 경험하기 전까지는 해결되지 않을 것이라 예측했다.[11]

한 다른 다보스 참석자가 달리오 부부가 스위스에서 귀국하는 항공편을 같이 탔다. 그는 브리지워터의 오랜 팬이자 《원칙》을 읽은 독자이며 금융가로, 같은 비행기에 달리오가 탄 것을 보고 뛸 듯이 기뻤다. 뉴욕에 도착한 그는 9시간의 비행 끝에 취리히 시각으로 자정이 다 될 무렵 레이와 바버라가 도와줄 운전기사도 없이 단둘이 공항 수화물 수취대에 서 있는 것을 보고 더욱 감명받았다. 아내가 짐을 기다리는 동안 레이는 옆에서 6달러짜리 짐 카트 대여 기계를 만지작거리며 사용법을 알아내려 하고 있었다.

다보스 참석자는 그 광경에 매료되었다. 그가 보아하니 지친 여행자들 가운데 그들 주위에 멀뚱멀뚱 서 있는 세계 최고의 부자 중 한 명을 아무도 알아보지 못했다. 달리오는 그저 힘없이 늘어진 머리칼에 피곤한 기색이 역력한 평범한 72세 노인으로 보였고, 몸집이 작고 머리를 잘 매만진 아내 옆에서 수화물 수취대가 다시 움직이길 기다리고 있었다. 그에겐 이미 다른 짐도 있었다는 걸 눈치챈 사람은 아무도 없었을 것이다. 그는 아들을 잃었고, 회사에서 중심적 위치를 잃었으며, 희미해져가는 '원칙'의 광채 속에서 자신의 정체성도 잃고 있었다.

달리오 역시 누군가가 자기를 지켜보고 있다는 것을 알 리가 없었다. 그날의 교훈을 영상에 담을 녹화 장치나 카메라도 없었고, 그의 곁에서 교훈을 배워야 할 직원들도 없었다.

마침내 수화물 수취대가 돌자 달리오는 무게 때문에 약간 삐거덕거리는 거대한 여행 가방 두 개를 끌어내어 짐 카트에 툭 놓고는 보도블록 쪽으로 걸어갔다.

다보스 참석자는 그의 뒷모습을 감탄하며 지켜보았다. '이제 달리오는 소박하게 사는구나'라고 생각하면서.

후기

레이와 나

고양이 교미 얘기가 나올 예정이니 먼저 양해를 구한다.

2010년, 나는 스물세 살이었고 맨해튼의 이스트 6번 스트리트에 있는 이스트 빌리지에 살고 있었다. 이곳은 똑같이 생긴 인도 식당들이 밀집해 카레 거리로 더 잘 알려져 있었다. 각 식당은 저마다 시선을 끌고 음식을 팔기 위해 목소리 크고 경쟁심 강한 종업원을 고용했다. 그들의 소음은 위층까지 전해졌다. 내가 살던 집은 엘리베이터 없는 방 3개짜리 아파트였다. 여기서 우리는 커플 한 쌍을 포함해 총 4명이 살았고, 누가 식료품 비용을 적게 냈다는 둥 늘 말이 많았다. 내가 주로 시간을 보낸 내 침실은 침대가 벽 세 면과 맞닿았다. 창밖으로는 확실한 입구는 없지만 항상 뭔가가 영업 중인 으슥하고 전형적인 뉴욕 뒷골목이 보였다. 해가 지면 밤마다 끔찍한 통곡 소리가 합창처럼 울려 퍼졌다. 나는 몇 달간 또 한 명의 외로운 맨해튼 주민이거나 인도 음식을 잘못 먹고 위장에 탈이 난 누군가가 내는 소리인 줄 알았다. 나중에 알고 보니 소리의 장본인은 발정 난 고양이들이었다.

이제 다들 기억도 못 하겠지만, 그 시기는 딱히 호황의 시작점으로 느껴지지는 않았다. 내 친구들과 그들의 부모님 중 상당수가 실직했다. 나도 〈월스트리트저널〉 인턴에 합격하기 전 여름, 일자리를 구하지 못해 잠시 코네티컷주 교외에 있는 본가로 돌아가야 했다. 나는 언론사에서 유일하게 일자리를 얻어 보도 자료를 퇴고하는 일 등을 맡았다. 그리고 셰이퍼 맥주에 에즈라브룩스 호밀 위스키를 타서 5달러에 파는 근처 술집에서, 지금 생각하면 부끄러울 정도로 많은 시간을 보냈다.

나는 뉴욕 거주법이 제대로 준수되는 아파트로 이사하고 싶어 그해 봄에 적어도 50군데의 일자리에 지원했다. 평소처럼 여러 곳에 기사를 쓰는 외에도 은행, 컨설팅 회사, 법률사무소, 적어도 한 곳의 연예 기획사, 그리고 브리지워터라는 헤지펀드사에도 입사 지원서를 보냈다.

내가 그때 정확히 왜 브리지워터에 지원했는지, 셰이퍼 맥주 탓인지 아무래도 기억나지가 않는다. 저장된 이메일을 통해 기억을 더듬자면, 나는 2010년 봄에 브리지워터의 하급 '관리직'에 지원했다. 채용 담당자는 "우리는 당신의 특정 기술이나 직무 전문성보다 당신이 어떤 생각을 하는지, 어떤 사람인지, 무엇을 가치 있게 여기는지를 더 중요시합니다"라고 말했다. 기술이나 전문성에서 내세울 게 없는 나로서는 다행스러운 일이었다.

나는 두 번의 전화 면접을 예약했다. 그중 한 번은 고양이 합창이 시작되는 저녁 7시로 예정되었다. 내 흐릿한 기억으로, 그때 나는 면접관이 내 작은 방 뒤에서 들리는 야옹 소리를 지적하지 않기를 바랐다. 그리고 다행히 그녀는 지적하지 않았다. 나는 나중에 "진정 흥미진진한 두 쌍의 대화"였다는, 지금 기억하기로 상당한 과장을 섞은 감사 메일을 보냈다.

그러나 일자리는 얻지 못했다.

2년 후, 면접관 중 한 명이 나를 링크드인의 1촌에 추가했다. 나는 그녀가 누구인지 알아내려고 메일함을 뒤져야 했다.

그 무렵 나는 헤지펀드를 다루는 투자 전문지 〈앱솔루트리턴〉에서 일하며 브리지워터의 많은 것을 알았다(적어도 내 생각에 브리지워터는 그저 또 하나의 펀드사가 아니라, '세상에 둘도 없는 펀드사the fund'였다). 브리지워터는 세계 최대 규모이자 어쩌면 가장 비밀스러운 헤지펀드였다. 창립자 레이 달리오는 약간 특이한 인물로 알려졌다. 나는 그때 브리지워터 관련 심층 기사를 내보내는 문제로 달리오와 옥신각신 중이었다. 이 기사에는 한 브리지워터 전 임원이 "나는 기본적으로 브리지워터가 사이비 종교 집단이라고 생각한다. 외딴곳에 위치하고, 카리스마 넘치는 리더가 지휘하며, 자신들만의 교리가 있다"라고 한 말이 인용되어 있었다. 결국 내 기사는 세상 빛을 보지 못했다.

2012년 크리스마스 직전에 브리지워터의 다른 채용 담당자에게서 연락이 왔다. 이번에 그들은 자신들의 경제 연구를 편집할 직원이 필요하니 나보고 면접을 보자고 했다. 그때쯤 나는 헤지펀드들이 인생 역전의 부를 얻을 기회라는 걸 알게 되었고, 모험을 걸어볼 가치가 있는 일이라고 생각했다. 면접 과정에는 편집 테스트, MBTI 성격 테스트, "직장 성격검사"가 포함되었고, 내 고향에서 불과 몇 분 거리인 브리지워터 본사도 방문해야 했다.

나는 몇 번의 면접 후 기권했다. 그 일을 하려면 코네티컷주에서 거의 살다시피 해야 하고, 뉴욕까지 장거리 버스를 타야 하며, 내 사회생활이 타격을 받을 게 뻔했기 때문이다. 나는 채용 담당자에게 그렇게 알렸다. 그녀는 "브리지워터로서는 안타까운 소식이지만 우리는 당신의 결정을 이해하며 지금까지 시간을 내주어 진심으로 감사드린다"라고 답했다.

나는 이 일이 나중에 레이 달리오에게 공개적으로 꼬투리 잡힐 것이라고는 전혀 짐작도 못 했다.

내가 달리오와 처음으로 대화한 것은 2015년 중반으로, 〈월스트리트저널〉에 다시 들어간 후였다. 나는 중국에 대한 그의 관점을 다룬 "거대 헤지펀드사 브리지워터, 중국에 대한 관점 뒤집어: '안전한 투자처는 없다'"라는 제목의 머리기사를 공동 작성했다(앞서 본문에서도 언급한 바 있다). 우리의 주된 정보원은 브리지워터가 월가에 널리 배포한 〈일일 보고서〉였다.

기사가 나간 후 달리오가 내게 사적으로 말한 내용은 언론계의 관행상 밝힐 수 없지만, 그의 반응이 썩 좋지는 않았다는 정도만 말해두겠다. 그때 나는 의기소침하기는커녕 희열을 느꼈다. 나는 다른 많은 선후배 기자들도 그랬듯, 그토록 중요한 위치의 인물이 어쨌든 시간을 내서 내게 반응했다는 사실에 우쭐해졌다.

그는 분명 내 후속 기사를 훨씬 더 불쾌해했으니, 바로 그레그 젠슨과의 갈등을 파헤친 특집 기사였다. 이렇게 우리 둘의 관계는 얽히고설키기 시작했다. 나는 내가 들은 소문들, 즉 인턴들을 스트립쇼에 초대한다든지 성추행을 합의금으로 해결한다든지 등에 관한 자세한 내용을 듣고 싶어서 달리오에게 메일을 보냈다. 그러면 그는 구두나 서면으로 불쾌하다는 반응을 보이곤 했다. 한 이메일에서 그는 내 기사를 "저질 쓰레기"라고 불렀고, 뒤에는 "서로 좋게 협력할 수 있었는데 우리 관계가 이런 식이 되어버려 유감"이라는 말로 마무리했다. 그 후로도 우리는 간헐적으로 설전을 주고받았다. 물론 그는 분명 참을 수 없었을 것이다.

나도 어쩔 수 없긴 마찬가지였다. 한동안 브리지워터는 세계에서 기삿감 찾기가 가장 쉬운 헤지펀드였다. 그곳에서 벌어진 수많은 원색적인 사건들이 녹화되고 사내에 널리 전파되었기 때문이다. 심지어 달리오 본인도 기자에게 정보를 주는 '근원'이었다. 내게 전화해(그는 거의 항상 홍보 담당자를 곁에 두고 통화했다) 이 기사, 저 기사를 맹비난할 때면 그는 필연적으로 다른 기삿감이 될 만한 새로운 소식도 함께 알려주곤 했다. 2016년 말 브리지워터 본사 인터뷰에서 화이트보드 앞에 서서 프리OS의 아이디어를 설명한 사람도 다름 아닌 달리오였다. 그때 그는 맨 위에는 (선으로 막대기 모양처럼 표현된) 자신을, 그 밑에는 자신에게서 출발하는 명령을 나타내는 화살표를 그려넣었다.

나는 그때 폴 맥도웰이 옆 대기실에 앉아 내 앞에서 프리OS를 시연하기 위해 부름을 받을 준비를 하고 있었다는 걸 몇 년 후에야 알게 되었다. 하지만 그가 불려 나올 일은 결코 없었다. 달리오 혼자 몇 시간 동안 이야기를 이어갔기 때문이다.

나는 2017년 1월 달리오가 내가 프리OS에 관해 쓴 글을 링크드인에 언급한 걸 보고 그가 뭔가를 오해하고 있지 않나 생각하기 시작했다. 기사 원문보다 긴 그의 게시물은 내 글을 "가짜 뉴스"로 치부하고, 결코 일어나지도 않은 여러 가지 황당한 일들을 내 탓으로 돌렸다. 달리오는 기사를 공동 작성한 나와 동료가 그를 인터뷰했고 그때 "기사 내용이 옳다는 데 상호 동의하지 않는 한 해당 기사를 내보내지 않기로 동의했다"라고 썼다. 나는 그런 적이 없었다. 또 그는 나와 동료가 특정 직원들과 이야기한 적이 없으며 "브리지워터 본사 안을 둘러본" 적도 없다고 주장했다. 사실 나는 브리지워터 본사 안을, 그것도 달리오 본인과 같이 둘러보았다. 그리고 그는 내가 결코 입 밖으로 낸 적도 없는 질문들을 인용했다.

그는 나를 브리지워터에 취업하지 못해 일종의 복수심에 불탄 구직자로 묘사했다.

그때쯤 나는 '원칙' 중에 "진실을 믿어라"라는 항목이 있음에도 달리오는 진실을 억제하기 위해 많은 노력을 기울인다는 것을 깨달았다. 그는 나를 비롯한 기자들에게 제보하는 사람들을 마녀사냥하듯 수색하려 했고 막대한 금액을 들여 자기네 직원들을 감시했지만, 내가 알기로는 범인 찾기에 실패했다. 그는 내 직장까지 찾아와 편집자들에게 내가 브리지워터를 취재하지 못하게 하라고 압박했다. 한번은 내가 평등 급여를 요구하는 한 고위 여성 임원에 대해 나름 온건한 기사를 썼더니, 달리오는 "여기 두 사람이 주고받은 문자가 있다"면서 그녀와 나 사이에 오갔다는 조작된 문자 기록을 공개했다. 그 문자는 사실이 아니었다. 공개된 내용은 내가 그녀의 거절을 무시하고 그녀를 집요하게 추적한 것처럼 보이게 편집되었다. 나는 공개적으로 무의미한 싸움에 휘말리지 말라는 상부의 요청에 따라 실제 문자 메시지를 공개하지 않았다.

그즈음에 내 친구들은 나와 관련된 유료 구글 광고를 발견했다. 그 광고는 브리지워터 웹사이트로 들어가, 나를 개인적으로 비난하는 보도 자료로 연결되었다.

나는 달리오나 브리지워터의 어느 누구에게도 적대감을 품고 있지 않다. 달리오와 나는 거의 40년의 나이 차가 나지만, 우리는 즐겁게 서로의 가족 이야기를 나눈 적도 있다. 언젠가 그는 내게 아들 대하듯 다이어트 콜라를 따라주었는데, 이는 그간 억만장자들을 만나본 내 경험에 비추어볼 때 친절한 행위에 속했다. 2020년 초 그가 과거 브리지워터에 지원한 내 이력을 장황하게 공개 비난한 후 어느 일요일 아침, 나는 문제를 수습하기 위해 그에게 메일을 썼다. "당신이 제 이력에 유독 헷갈리시는 듯하니, 이쯤 해서 제가 직접 해명하겠습니다." 나는 연구 편집자 자리에 지원한 내 과거를 설명했다. 그리고 이렇게 덧붙였다. "그냥 제 생각일 뿐이지만, 제 오래된 기억으로는 브리지워터 면접에서 만난 모든 분들이 내내 직업의식이 투철하고 친절했습니다."

그는 45분 후 오타 섞인 답장을 보냈다. "롭에게. 내 말은 그 전 2010년에 당신이 석사 소지자 모집에 지원했다가 불합격한 때를 가리킨 것이오. 당시 자료를 아직도 보관하고 있으니, 우리가 거기까지 파고들자면 난 기꺼이 대외에 공개하겠소."

그날이 언제 올지 기대된다.

감사의 글

브리지워터 취재 초기에 나는 한 익명의 발신자에게서 유난히 풍부한 정보가 담긴 메일을 받았다. 나는 그 메일을 성별을 알 수 없는 이름인 제이미라는 가명으로 저장했다. 후에 나는 실제 정체를 아는 수많은 정보원을 내 노트에서 익명으로 지칭할 때 제이미라는 이름을 사용했다. 수백 명의 제이미가 더 자세한 이야기를 들려주고픈 공통된 열망으로 법적 위험을 무릅쓰고 내가 이 책을 쓰는 데 도움을 주었다. 어떤 제이미는 이 대화를 하게 되어 다행이라 여겼고, 어떤 제이미는 방어적이었다. 또 화를 낸 제이미, 그저 재미있어한 제이미도 있었다. 한 제이미는 이렇게 말했다. "브리지워터 이야기의 가장 큰 장점은, 전혀 과장하지 않아도 막장 스토리를 만들 수 있다는 것이다."

그 모든 제이미에게 이 책을 바친다.

내 목표는 과거와 현재의 모든 브리지워터 관계자들을, 그들이 이 책에 얼마나 관여했든 상관없이 정중하고 정확하게 다루는 것이었다.

나는 2009년 인턴으로 〈월스트리트저널〉에 입사해 경력의 대부분을 그곳에서 보내다가 2022년 말 〈뉴욕타임스〉로 자리를 옮겼다. 몇 년 전까지 〈월스트리트저널〉의 샌프란시스코 지국에 근무하면서 그동안 훨씬 발전한 나 자신을 발견하게 되어 다행이었다. 애비게일 서머빌은 인턴을 마친 후 이 책의 연구 보조원 역할을 맡았지만, 그녀는 그저 연구 보조원이라 부르기엔 아까울 만큼 정리 전문가, 심리 치료사, 홍보대사, 기분 전환 예술가, 저술가, 정신 건강 돌보미까지 척척 해내는 멀티플레이어였다. 그녀는 이 모든 역할을 훌륭하게 해냈다.

셀 수 없이 많은 〈월스트리트저널〉 편집자들이 브리지워터의 7년간의 이야기를 구성하기까지 힘을 보탰다. 편집장 맷 머레이는 온갖 노력으로 취재를 방해하려던 레이 달리오를 포함한 브리지워터 사람들에게 직접 나서서 우리의 보도 활동을 항상 옹호해주었다. 릭 브룩스, 댄 켈리, 매튜 로즈는 장문의 머리기사를 써야 하는 가장 까다로운 임무를 능히 처리했다. 나의 직속 상사들인 브래드 레이건, 제프 로고, 러셀 애덤스, 댄 피츠패트릭은 내가 만날 똑같은 헤지펀드로 새 기사를 써내도 별로 지겨운 기색을 내비치지 않았다. 한때 그들의 상사였던 데니스 버먼은 내게 불평 좀 그만하라고 늘 잔소리했다(하지만 전혀 효과가 없었다). 에마 무디는 대학 시절부터 내 멘토이자 균형추였다. 〈뉴욕타임스〉의 프리타 다스, 데이비드 엔리크, 모린 패럴, 엘렌 폴록은 훌륭한 편집 능력을 발휘함은 물론 내게 현명한 조언과 격려도 아끼지 않았다.

나의 첫 브리지워터 관련 기사를 함께 작성했던 브래들리 호프는 내가 이 책을 시작할 수 있게끔 불을 지폈고, 레이첼 레비는 그 불이 꺼지지 않도록 독려해줬다. 또 두 사람 모두 내게 매우 귀중한 정보를 알려줄 사람들을 연결해줬다. 엘리엇 브라운, 리즈 호프먼, 트립 미클, 에릭 슈와첼 등 동료 기자들은 이 책을 쓰면서 용기보다 좌절을 더 자주 맛본 내게 힘을 불어넣어 주었다. 금융 역사에 정통한 제이슨 즈와이그는 풍부한 피드백으로 책의 앞 장들을 첨삭해주었다. 고교 동창 4인방인 에밀리, 헐리, 제스, 샘은 이 책의 사전 주문을 통해 열렬한 지지를 보여주었다.

이 이야기는 다른 기자들의 앞선 보도 활동에서 큰 도움을 받았다. 이를테면 나의 전 동료인 〈앱솔루트리턴〉의 미셸 셀라리에, 로렌스 델레비니, 〈인스티튜셔널인베스터〉의 스티븐 타우브, 〈뉴요커〉의 존 캐시디, 〈뉴욕〉 매거진의 케빈 루스, 〈뉴욕타임스〉의 알렉산드라 스티븐슨, 맷 골드스타인, 그리고 어디에나 빠지지 않는 듯한 킵 맥대니얼 등을 언급하고 싶다. 내 모교인 듀크 대학교의 연구 사서들도 대가 없이 귀중한 지원을 제공했고, 내 친구 패트릭 매켄지도 자신의 모교인 하버드 경영대학원의 온라인 자료실에 접근할 수 있는 권한을 바탕으로 내게 도움을 주었다. 벤 칼린은 몇 달에 걸쳐 열심히 사실 확인 업무를 수행해줬다.

나의 뛰어난 저작권 대리인인 CAA의 데이비드 라라벨은 이 이야기의 흥행 잠재력을 즉시 알아보고는, 몇 년 동안 황무지 같은 문

학계를 막막하게 헤매던 나를 곁에서 지지해주었다. 그는 나를 세인트마틴 출판사와 연결해주었고, 그곳에서 이 책의 담당 팀이 된 리즈 블레이스, 미셸 캐시먼, 로라 클라크, 아드리아나 코아다, 젠 엔델린, 다이애나 프로스트, 가비 갠츠, 트레이시 게스트, 메릴 레바비, 존 모로니, 가이 올드필드, 폴 슬레븐, 도리 와인트라우브, 조지 위트는 이 책에 전심전력을 기울였다. 나는 그들이 이 책을 불굴의 의지로 무사히 마치리란 믿음을 한 번도 잃지 않았다. 편집장인 팀 바틀렛은 거의 50년 치의 이야기들을 책 한 권 분량으로 압축하는 가장 고된 일을 해냈다. 케빈 라일리는 철저한(따라서 그는 분명 녹초가 됐겠지만) 퇴고 작업과 법적 절차를 언제나 힘든 기색 없이 잘 맡아주었다. 프로노이 사카르는 이 책을 초창기부터 옹호했고 제목 짓는 데도 도움을 주었다. 디자인을 맡은 롭 그롬의 놀랍도록 멋진 표지는 내가 속으로만 생각해둔 표지 아이디어와 너무 흡사해서, 내가 경력을 시작한 이래 처음으로 피드백 메모를 하나도 붙이지 않았다.

나는 이 책을 쓰면서 관계자들에게 내가 다섯 남매 중 막내로 자라서 혼나는 데는 단련돼 있다고 종종 안심시키곤 했다. 나는 내게 철면피 같은 성격과 피해의식을 동시에 심어준 도니, 데비, 디나, 빌 등 형제자매들에게 감사와 불만을 동시에 표하고 싶다. 특히 훨씬 더 위대한 유산, 즉 나의 그 모든 꿍한 생각을 무시할 수 있는 마음을 물려주신 부모님 아서 코플랜드 박사와 주디 코플랜드에게도 감사를 전한다. 부모님, 사랑합니다.

- 롭 코플랜드

출처에 대한 참고 사항

다른 작가나 언론인과 마찬가지로 나는 글을 쓸 때 되도록 인용된 사람의 실명을 표기하려 노력한다. 그러나 브리지워터의 기밀 유지 협약 때문에 이 책의 많은 사례, 심지어 긍정적이거나 중립적인 사건에 나오는 인물도 익명으로 처리해야 했다. 브리지워터 직원이라면 누구나 서명해야 하는 13페이지 분량의 기밀 유지 협약에는 "재직 중이든 이후든 브리지워터와 그들의 현재 및 이전 계열사, 이사, 임원, 주주, 직원, 고객을 어떤 방식으로든(브리지워터의 사업과 관련이 있든 없든)[1] 직간접적으로 비방해서는 안 된다"라고 명시되어 있다. 이 계약은 "기밀 정보"를 논하는 것을 전면 금지하는데, 이 문서에서 정의하는 기밀 정보란 "비공개 정보(구두, 서면, 또는 컴퓨터 및 기타 매체에 포함된 정보)"를 가리킨다. 심지어 사무실에 비치된 커피 브랜드를 공개해도 다른 곳에서 이미 보도된 경우가 아닌 이상 소송당할 위험에 처할 수 있다.

브리지워터에 소송을 제기했다가 나중에 합의로 해결한 한 전직 직원은 합의 당시의 분위기를 "공포와 위협의 도가니"로 표현했다. 그 외에도 은밀히 내게 비슷한 심정을 토로한 사람이 많았다.

브리지워터에 이 책의 출간 계획을 알린 후, 나는 몇몇 전직 직원들이 통상 비방 금지 계약이라는 것에 의해 추가 합의금을 받고 나(또는 그 외 어떤 언론인들)와 대화하지 않기로 한 것으로 알고 있다. 달리오는 2014년 인터뷰에서 브리지워터가 역사상 "사소한" 소송 세 건만 처리했다고 말했지만,² 나는 그들이 법정까지 가지 않기 위해 막대한 합의금을 지불해왔다는 것을 안다.

브리지워터 측에 내 원고에 포함될 정보를 고지한 후 사실 확인을 거치던 중, 이야기에 등장하는 몇몇 사람들(이 책의 정식 인터뷰 대상자로 인용되는 데 사전에 동의한 사람들 포함)은 자신들이 브리지워터로부터 인터뷰 철회 압력을 받았다며 내게 자기 부분을 빼달라고 요청했다. 나는 허심탄회하게 이야기를 들려준 사람들에게 해를 끼칠 수 있겠다는 생각이 들어, 이 글 뒤에 나오는 참고 문헌에 그 어떤 전현직 직원의 이름도 넣지 않기로 했다. 따라서 이 책에 실명이 거론된 사람들은 인터뷰한 사람 중 일부에 불과하다.

레이 달리오는 원래 인터뷰를 마다할 사람이 절대 아니지만, 이 책에 관해서는 인터뷰 요청을 거듭 거절했다. 그는 내게 다음의 말로 시작되는 메일을 썼다. "당신은 진실을 전달하기보다 당신이 쓰고 싶은 이야기를 의도적으로 조각조각 짜깁기하기를 좋아하죠. 그 습관이 오랜 전력을 통해 입증되었다는 건 본인도 잘 알 거요. 따라서 난 당신이 이번에도 그럴 것이라고 생각하오. 당신에 대한 내 판단이 옳은지 그른지 당신과 논쟁하고 싶지는 않소. 나는 단지 내 생각, 그리고 이 문제에 대처하고자 내가 앞으로 할 일을 확실히 밝히고 싶을 뿐이오."

얼마 지나지 않아 브리지워터와 달리오는 유수의 로펌을 한둘도 아닌 세 군데나 고용해, 출판사에 아직 쓰지도 않은 책에 관한 협박성 편지를 보냈다. 편지는 알맹이 없는 인신공격이 주 내용이었고, 그들은 책의 사실 확인 사항을 자세히 알려달라고 자꾸 요구했다. 그리고 나와 출판사에 수십억 달러를 청구하는 소송을 제기하겠다고 위협했다. 사실 확인 담당자가 브리지워터 및 달리오의 대리인에게 모든 사실 확인 목록을 보냈더니, 우리는 공개용이 아닌 기밀용을 전제로 일련의 답변을 받았다. 나는 기밀로 유지하라는 이 조건에 동의한 적 없다. 아무튼 그들의 답변은 나와 사실 확인 담당자, 내 책 전체를 향한 비난이 주를 이루었다고만 말해두겠다. 답변의 상당수는 브리지워터의 위업을 이해하기에는 내가 너무 무지하다는 주장으로 귀결되었다. 개중에는 사실 확인 사항을 직접 해명하는 답변도 있었는데, 나는 적절한 경우 이들을 본문, 각주, 미주에 집어넣었다.

달리오는 자신의 결점 중 하나가 형편없는 "단순 암기력"이라고 공개적으로 반복해서 말했다. 그러나 이 책의 사실 확인에 대해 그가 변호사들을 통해 보낸 피드백을 보면, 그는 편의에 따라서 굉장한 기억력을 소환할 수 있는 게 분명했다. 종종 내가 긍정적이거나 중립적인 일화를 언급하면 달리오 및 브리지워터의 대변인은 정확하다고 인정했다. 그러나 썩 기분 좋지 않은 사실을 기술하면 그들은 자신들이 맞고 나는 틀렸다고 주장하든지, 아니면 그저 질문들을 완전히 무시했다. 그들은 내가 브리지워터의 장기 실적을 충분히 인정하지 않는다고 끊임없이 불평했다. 그러면서도 달리오의 대중 인지도가 부상하고 '원칙'이 급격히 확장된 시기로서 이 책의 대부분을 차지하는 지난 14년간의 부진한 성과에 대해서는 유의미한 대응을 하지 않았다.

브리지워터 및 달리오의 대변인들(이 책을 쓰는 동안 각기 다른 네 군데의 홍보 회사 포함)은 내가 얻은 정보의 출처를 알려달라고 나와 출판사에 반복해서 압력을 가했고, 나아가 자기네 전현직 직원들에게 말 한마디만 걸어도 법적 위험에 처할 수 있다고 경고했다.

브리지워터 역사상 크고 작은 사건들이 기록된 투명성 라이브러리가 어떤 형태로든 아직도 존재한다면 그 기록 보관소에는 오직 브리지워터만이 접근할 수 있다. 이 책의 몇몇 등장인물들은 브리지워터에 기록 파일을 보여달라고 요청하면 해당 사건을 가장 정확히 서술할 수 있을 것이라고 내게 일러주었다. 그래서 나는 요청했지만, 아무런 응답도 받지 못했다(몇몇 사례에서 브리지워터는 공개용 영상 클립을 보여주었지만 워낙 심하게 편집되어 홍보물에 가까웠다). 또한 나는 브리지워터에 현 직원들과의 공식 인터뷰를 잡아달라고 계속 요청했으나 거부당했다. 언론인 로렌스 라이트Lawrence Wright가 사이언톨로지교의 놀라운 역사를 쓴 《정화Going Clear》의 한 대목이 떠오를 수밖에 없는 일이었다. "기자는 인터뷰에 응할 의향이 있는 사람과만 이야기할 수 있다. 이 교회가 내 보도에 품는 불만이 무엇이든, 그들은 자기네를 좋게 얘기할 만한 사람들만 나와 대화할 수 있게 제한하기 때문

에 취재에 많은 한계가 따른다."³

달리오가 나와 내 글을 공개적으로 공격했음에도, 나는 이 책에서 짧은 후기 속 외에는 등장인물로 나 자신을 집어넣지 않기로 했다. 내가 단독 혹은 공동으로 작성한 몇몇 기사가 이 책의 본문에 언급되어 있지만, 그 기사에 대한 달리오의 반응이 맥락의 이해에 필요한 경우에 한해 포함했다. 증거에 따르면 달리오는 브리지워터 관련 보도가 칭찬성이 아니면 어느 기자에게든 항상 분노하는 성향이 있다.

지난 10여 년 동안 달리오와 브리지워터는 많은 문헌과 저서에 소재로 등장했다. 이들을 집필한 학자나 작가는 자신의 독자적 생각을 따랐다지만, 사실 그들의 결과물은 이미 기존에 많이 다뤄진 내용인 데다 달리오의 시선을 거쳐 상당히 여과되었다는 점에서 대체로 단어의 분량에 비해 통찰력은 기대 이하였다. 주목할 만한 예외 중 하나는 경영학자 에드워드 헤스Edward Hess가 쓴《학습 아니면 죽음Learn or Die》으로, 이 책은 브리지워터의 한 최신 평가 시스템을 광범위하고 공정하게 설명한다. 또한 마니트 아후자의 저서《알파 마스터》도 다른 출처에서는 보기 힘든 많은 세부 정보가 담겨 도움이 되었다. 하버드 경영대학원의 2013년 사례 연구에 첨부된 브리지워터 측의 촬영 영상도 그들의 단면을 흥미롭게 보여주었다.

나는 달리오의 자서전을 시쳇말로 '서브트윗subtweeted(특정인을 지칭하지 않고 비난하는 트윗. - 옮긴이)'하는 책을 쓸 생각이 아니었다. 나는 이 책을 그저 별개의 한 작품으로 생각한다. 그렇기는 하지만 저서《원칙》, 그리고 전현직 브리지워터 직원들에게서 입수한 약 10년에 걸친 사내 '원칙' 편람들은 이 책의 집필에 꽤 유용하고 중요한 자료였다. 이들은 초창기의 어떤 날짜나 수치를 확인할 때 아주 유용했지만, 달리오와 브리지워터에 관해 내가 특히 흥미롭다고 생각한 부분들은 대개 중요한 기밀 사항을 빼서 어물쩍 처리되거나, 아니면 아예 통째로 누락된 경우가 더 많았다. 그 예를 들자면 수백 가지는 되지만 두 가지만 짚고 가자면, 먼저 파크 애비뉴에 살던 리브 가족은 언급되지 않았다. 그리고 달리오와 (여전히 상처가 아물지 않은) 젠슨 간의 불화는 《원칙》에서 "아이디어 능력주의로 의견 불일치를 해소하는 브리지워터 방식을 사랑하는 사람들"이라는 식으로 요약되었다. 달리오는 그 두꺼운 책을 쓰면서 브리지워터의 지난 10년간 투자 실적이 결코 훌륭하지 않았다는 사실은 전혀 인정하지 않았으며, 브리지워터의 거래 시스템을 설명할 때는 그 특유의 모호한 태도로 일관했다.

 나는 종종 달리오의 글을 어떻게 생각하냐는 질문을 받는다. 그러면 항상 솔직하게 《원칙》이 자서전이라고 대답한다. 오롯이 저자의 관점에만 의존한다는 것이 《원칙》에 득이 되는 이점인 동시에 그 책의 궁극적 한계라는 사실은 명명백백하기 때문이다.

일러두기

1   *Pulitzer Prize–winning*: James B. Stewart, *Disneywar: Intrigue, Treachery and Deceit in the Magic Kingdom* (Simon & Schuster, 2005).

들어가는 글

1   *Federal Reserve chief Ben Bernanke*: "Bernanke Talked to Rubin, Others as Credit Crunch Turned Worse in August," Associated Press, October 3, 2007.
2   *A week after McDowell's phone call*: Terry Keenan, "Wall Street Wise Men," *New York Post*, December 21, 2008.
3   *at its core, a machine*: John Cassidy, "Mastering the Machine: How Ray Dalio Built the World's Richest and Strangest Hedge Fund," *New Yorker*, July 18, 2011.
4   *Bridgewater had leapfrogged*: "*Alpha* Magazine Announces 2009 Hedge Fund 100, the World's Largest Hedge Funds" (press release), April 21, 2009.
5   *top-most believable person*: 달리오 측 변호사는 '신뢰도'의 기준치 같은 건 없다고 말했다. 또한 이 시스템은 반복적 개발 방법을 따랐으며, 달리오에게 '특별한 이득이나 권한'을 부여하지 않게끔 설계되었다고 덧붙였다.

01 어느 망할 놈의 회사

1   "*an aging member*": Cassidy, "Mastering the Machine."
2   *a new species of coral*: "Deepwater Canyons 2012: Pathways to the Abyss," National Oceanic and Atmospheric Administration, September 10, 2012.

3   *pack of hyenas*: Ray Dalio, *Principles* (self-published spiral-bound edition, 2011).
4   *a glowing* Fortune *profile*: Brian O'Keefe, "Inside the World's Biggest Hedge Fund," *Fortune*, March 19, 2009.
5   *second leg to the crisis was coming*: 이 예측은 완전히 빗나간 것으로 판명되어, 달리오는 자서전에서 2009년 전체를 흐지부지 처리하고 2008년에서 2010년으로 건너뛰었다.
6   *an electronic repository*: Kevin Roose, "The Billion-Dollar Aphorisms of Hedge-Fund Cult Leader Ray Dalio," *New York*, April 8, 2011.
7   *swiftly meet the shredder*: 달리오 및 브리지워터 측 변호사들은 스테파노바의 사례 연구를 직원들과 지원자들에게 보여준 이유가 "브리지워터의 문화를 전달하고 모든 직원에게 그 사건에 대해 토론할 기회를 주기 위해서"였다고 말했다. 그들은 "동정심을 표하는 지원자라고 낮은 점수를 주거나 부적격자로 분류하는 일은 절대 없었으며, 동정을 결코 나쁜 특성으로 간주하지도 않았다"라고 덧붙였다.
8   *She herself*: 달리오 측 변호사는 "고통 + 자기성찰 = 발전" 사건이 녹화되기 전에 달리오가 스테파노바의 임신 사실을 들은 기억이 나지 않는다고 말했다고 했다. 또한 테이프를 재생한 것은 입사 지원자들이 브리지워터의 기업 문화를 미리 이해할 수 있도록 돕기 위해서였다고 했다.

02 미시와 바이킹

1   *a grand multicourse affair*: Barclay Leib, 필자와의 인터뷰.
2   *glass chandelier*: French furniture auction, Sotheby's, 2011.
3   *home to more billionaires*: *Park Avenue: Money, Power & the American Dream*, directed by Alex Gibney (Jigsaw Productions, 2012).
4   *chairman emeritus*: "George Carr Leib; Led Banking House," *New York Times*, June 22, 1974.
5   *grew up on*: Obituary, *Palm Beach Post*, September 4, 2002.
6   *Mo Dale*: Ray Dalio, interview with Stephen J. Dubner, Freakonomics Radio, April 8, 2018.
7   *"a very strong man"*: Ray Dalio, "In Depth with Graham Bensinger," interview with Graham Bensinger, July 31, 2021.
8   *Lacking his father's*: O'Keefe, "Inside the World's Biggest."
9   *newspapers*: Ray Dalio, *Principles: Life and Work* (Simon & Schuster, 2017).

10 *as a caddy*: "Ray Dalio, One of the World's Wealthiest Men, Got His Start Carrying Clubs," *Golf*, November 15, 2017.
11 *been a farm*: "Long Island Journal," *New York Times*, September 30, 1984.
12 *For $6 a bag*: Jack D. Schwager, *Hedge Fund Market Wizards: How Winning Traders Win* (John Wiley & Sons, 2012).
13 *One frequent golfer*: Ray Dalio, "Masters in Business," interview with Barry Ritholtz, October 22, 2020.
14 *French burgundies*: Elin McCoy, "How a Wall Street Exec Became the Ultimate Burgundy Wine Collector," Bloomberg, December 2, 2015.
15 *caddies avoided*: Rick Coltrera, 필자와의 인터뷰.
16 *she remained enchanted*: Barclay Leib (pseudonym: David von Leib), *Not My Grandfather's Wall Street: Diaries of a Derivatives Trader* (American Star Books, 2015).
17 *he couldn't imagine*: Dalio, "In Depth with Graham Bensinger."
18 *a C average*: Dalio, *Principles* (2011).
19 *"a very good community college"*: Gary Winnick, 필자와의 인터뷰.
20 *Post cereal company*: "Long Island University History," Long Island University.
21 *straight A's*: Maneet Ahuja, *The Alpha Masters* (Wiley, 2012).
22 *made money in*: Dalio, *Principles* (2011).
23 *"an easy game"*: Cassidy, "Mastering the Machine."
24 *a new identity*: 나소 카운티 사무소, 필자와의 인터뷰.
25 *"a capitalistic higher calling"*: Daniel Huang, "Former NYSE Traders Look Back on the Old Days," *Wall Street Journal*, September 1, 2014.
26 *he was enthralled*: Ahuja, *Alpha Masters*.
27 *a bearish sign*: Schwager, *Hedge Fund Market Wizards*.
28 *reconciling his intuition*: Ibid.
29 *he once won*: "In Memoriam," *St. Paul's School Alumni Horae*, Summer 2018.
30 *rarely less*: "Building the Foundation: Business Education for Women at Harvard University: 1937–1970," Baker Library at Harvard Business School.
31 *it would later become*: Duff McDonald, *The Golden Passport: Harvard Business School, the Limits of Capitalism and the Moral Failure of the MBA Elite* (Harper Business, 2017).
32 *Most students were significantly older*: Ken Freeman, interview with Abigail Summerville.

33 *avoided being drafted*: Dalio, *Principles* (2017).
34 *typically modeled themselves*: Joel Peterson, interview with Abigail Summerville.
35 *"In some ways"*: Ibid.
36 *He was wrong*: Ahuja, *Alpha Masters*.
37 *Dalio learned that*: Ray Dalio, "Ray Dalio Breaks Down His 'Holy Grail,'" interview with Investopedia, April 27, 2019.
38 *real-world case studies*: McDonald, *Golden Passport*.
39 *like puzzles*: Edward D. Hess, *Learn or Die: Using Science to Build a Leading-Edge Learning Organization* (Columbia Business School Publishing, 2014).
40 *Dalio marched*: Mike Kubin, 필자와의 인터뷰.
41 *were exciting*: "Class Notes: '73," compiled by Wayne R. Vibert, *Harvard Business School Bulletin*, 1974.
42 *"Good Luck, Ray"*: Ibid.
43 *a salary of*: Dalio, *Principles* (2017).
44 *expanded into*: Vartanig G. Vartan, "Dominick to Quit Retail Brokerage," *New York Times*, July 31, 1973.
45 *Many of Dalio's trades*: Dalio, *Principles* (2011).
46 *he later told*: Ray Dalio, 스탠퍼드 경영대학원에서의 인터뷰, 2019년 4월 19일.
47 *found his way*: Ahuja, *Alpha Masters*.
48 *ranchers gave him*: Roose, "Billion-Dollar Aphorisms."
49 *slugged his boss*: Cassidy, "Mastering the Machine."
50 *expected to be fired*: Dalio, "In Depth with Graham Bensinger."
51 *brought a stripper*: Ibid.
52 *paid to get naked*: Roose, "Billion-Dollar Aphorisms."
53 *Now almost twenty-six*: Hess, *Learn or Die*.
54 *Leib would head*: Leib, 필자와의 인터뷰.
55 *two-bedroom apartment*: "Ray Dalio: Hedge Fund Master," American Academy of Achievement.
56 *hosting parties*: "Class Notes: '73," compiled by Larry Schwoeri, *Harvard Business School Bulletin*, 1975.
57 *HBS alumni bulletin*: Ibid.
58 *buyers in other countries*: 달리오 측 변호사는 그가 리브 가족에게 돈을 요구한 적이

없다고 말했다.
59 *a business that intended*: Ahuja, *Alpha Masters*.
60 *Dalio told Leib*: Leib, 필자와의 인터뷰.
61 *"It was more"*: Ray Dalio, 미국 공로 아카데미American Academy of Achievement에서의 인터뷰, 2012년 9월 12일.
62 *advisory work*: Roose, "Billion-Dollar Aphorisms."
63 *livestock, meat, grain*: Dalio, *Principles* (2011).
64 *Leib was intrigued*: Leib, 필자와의 인터뷰.
65 *an art museum*: Enid Nemy, "A Whitney Who Shuns Glamour for a Life of Quiet Satisfaction," *New York Times*, June 30, 1974.
66 *spoke little English*: Dalio, *Principles* (2011).

03 확실한 장담

1 *Dalio felt free*: Ahuja, *Alpha Masters*.
2 *The newlyweds lived*: Dalio, 미국 공로 아카데미에서의 인터뷰.
3 *Barbara gave birth*: Dalio, *Principles* (2017).
4 *his heaviest overcoat*: Leib, 필자와의 인터뷰.
5 *Vanderbilt parlayed*: Nemy, "Whitney Who Shuns."
6 *squandered on parties*: Arthur T. Vanderbilt II, *Fortune's Children: The Fall of the House of Vanderbilt* (William Morrow, 2001).
7 *its three thousand restaurants*: "A Brief McHistory," McSpotlight, compiled by the McInformation Network.
8 *snack-food giant Nabisco*: Ahuja, *Alpha Masters*.
9 *He wrote articles*: "A Perpetual Motion Machine: An Oral History of Bridgewater Associates' Leadership Transition," *Leaders*, October/November/December 2021.
10 *in notebooks*: O'Keefe, "Inside the World's Biggest."
11 *tabulated the results*: Hess, *Learn or Die*.
12 *He checked against history*: Schwager, *Hedge Fund Market Wizards*.
13 *small bets*: Hess, *Learn or Die*.
14 *market commentary letter*: Ahuja, *Alpha Masters*.
15 *Bunker Hunt*: Dalio, *Principles* (2017).

16 *calling himself an economist*: The Unemployment Crisis and Policies for Economic Recovery, Before the Joint Economic Committee, Congress of the United States, 97th Cong., 2nd sess., October 15, 20, and November 24, 1982, statement of Raymond T. Dalio.

17 *Markets were turbulent*: Laurel Graefe, "Oil Shock of 1978–79," Federal Reserve History, November 22, 2013.

18 *Dalio saw it differently*: Jonathan Fuerbringer, "High Rates Called Drag on Recovery," *New York Times*, March 1, 1982.

19 *"There is no hope"*: Small Business Failures: Hearing Before the Subcommittee on Antitrust and Restraint of Trade Activities Affecting Small Business of the Committee on Small Business, U.S. House of Representatives, 97th Cong., 2nd sess., June 25, 1982, testimony of Raymond T. Dalio.

20 *Contrary Opinion Forum*: "Prior Years' Speakers: 1982," Contrary Opinion Forum.

21 *"Why can't doom"*: "Barron's Mailbag: Depression or Delusion?," *Barron's*, October 19, 1992.

22 *a joint committee of Congress*: Unemployment Crisis and Policies, statement of Dalio.

23 *"Following the economy"*: Ibid.

24 *"more grim than"*: Ibid., speaker: Representative Parrin J. Mitchell.

25 *Not many analysts*: "Some Analysts See Depression in '83, but Not as Bad as '30s," *Wall Street Journal*, December 31, 1982.

26 *"I can say"*: Dalio, interview at Stanford Graduate School of Business.

27 *the recession ended*: Tim Sablik, "Recession of 1981–82," Federal Reserve History, November 22, 2013.

28 *"What Is a Jeweler?"*: Cassidy, "Mastering the Machine."

29 *the best thing*: Lawrence Delevingne and Michelle Celarier, "Ray Dalio's Radical Truth," *Absolute Return*, March 2, 2011.

30 *a matrix*: Hilda Ochoa-Brillembourg, 필자와의 인터뷰.

31 *Sharpe ratio*: Gregory Zuckerman, *The Man Who Solved the Market: How Jim Simons Launched the Quant Revolution* (Portfolio, 2019).

32 *"What the hell"*: 존스 측 한 대변인은 "존스의 억양이나 목소리가 아니다"라고 말했다.

33 *protect the retirement savings*: Hilda Ochoa-Brillembourg, 필자와의 인터뷰.

34 *railroad bond prices*: Robert McGough, "Fair Wind or Foul?," *Financial World*, May 2,

1989.
35 *She hadn't heard*: Ochoa-Brillembourg, 필자와의 인터뷰.
36 *relative performance*: Ahuja, *Alpha Masters*.
37 *Dalio agreed to manage*: Ochoa-Brillembourg, 필자와의 인터뷰.

04 퓨어 알파

1 *Dalio donned blue jeans*: Robert McGough, "Here's a Happy Thought," *Forbes*, February 9, 1987.
2 *the largest one-day drop*: Tim Metz, Alan Murray, Thomas E. Ricks, and Beatrice E. Garcia, "The Crash of '87: Stocks Plummet 508 amid Panicky Selling," *Wall Street Journal*, October 20, 1987.
3 *young traders wandering about*: Jason Zweig, "Remembering Black Monday: 'It Was Relentless,'" *Wall Street Journal*, September 29, 2017.
4 *Bridgewater's accounts were up*: McGough, "Fair Wind or Foul?"
5 *Jones had $250 million*: "Lights! Camera! Buy! Sell! 'Trader' Stars Real Trader," *USA Today*, November 24, 1987.
6 *an estimated $100 million*: Randall Smith, "After a Dazzling Early Career, a Star Trader Settles Down," *New York Times*, March 5, 2014.
7 *weekend estate*: "Lights! Camera! Buy! Sell!"
8 *a return to television*: "Foreigners Taking Over America," *Oprah Winfrey Show*, season 3, episode 121388, December 13, 1988.
9 *he had hired*: "Streit Takes Position at Bridgewater Group After Leaving Barnes & Co.," *Securities Week*, July 20, 1987.
10 *He assumed that*: 달리오 및 브리지워터의 변호사들은 이 7억 달러가 자문 수수료도 포함된 것이라고 말했다.
11 *His Mercedes*: 달리오 측 변호사는 이를 사실무근이라고 진술했다.
12 *institutional investors controlled*: Peter F. Drucker, "Reckoning with the Pension Fund Revolution," *Harvard Business Review*, March 1991.
13 *Rusty Olson*: Russell L. Olson, *The School of Hard Knocks: The Evolution of Pension Investing at Eastman Kodak* (RIT Cary Graphic Arts Press, 2005).
14 *More than half*: Ibid.

15 *"the corruption of the economic soul"*: McGough, "Fair Wind or Foul?"
16 *a coming depression in 1988*: Steve Coll, "The Long Shadow of Black Monday," *Washington Post*, February 28, 1988.
17 *a three-year recession*: Jay McCormick, "Expect a Recession? Avoid Stocks," *USA Today*, January 1, 1989.
18 *back to depression*: Alan Abelson, "Up & Down Wall Street," *Barron's*, November 5, 1990.
19 *the drum of depression*: Floyd Norris, "Market Watch: Listening for a Scary Word: Depression," *New York Times*, January 13, 1991.
20 *tweaked his call*: Dan Dorfman, "Modern-Day Version of Depression Looms, Pro Says," *USA Today*, August 28, 1992.
21 *"it is a depression"*: Ray Dalio, "Depression, Not Recession-That, Contends a Seasoned Observer, Is What We're In," *Barron's*, October 12, 1992.
22 *Kodak could reduce the risk*: Olson, *School of Hard Knocks*.
23 *"If you can do this thing"*: Ahuja, *Alpha Masters*.
24 *"A new way of thinking"*: Cassidy, "Mastering the Machine."
25 *Prince made friends easily*: Bruce Currie, interview with Abigail Summerville.
26 *"I'm learning so much"*: Ibid.
27 *Burgess shared*: Mark Collins, interview with Abigail Summerville.
28 *"Then he pushed it aside"*: Justin Rohrlich, "Meet the Billionaire Investor Whose Advice Can Make You Really Rich," *Maxim*, April 20, 2018. 달리오 측 변호사는 〈맥심〉이 보도한 이 일화가 사실과 다르다고 말했다.
29 *Microsoft Excel*: "The All Weather Story," Bridgewater Associates.
30 *yellow legal pads*: "Perpetual Motion Machine."
31 *feet on the desk*: Bob Prince, "In Depth with Graham Bensinger," interview with Graham Bensinger, November 11, 2020.
32 *"a fire-breathing dragon"*: Ibid.
33 *"You trust yourself too much"*: Robert Kegan and Lisa Laskow Lahey, *An Everyone Culture: Becoming a Deliberately Developmental Organization* (Harvard Business Review Press, 2016).
34 *"hedge portfolio"*: Ahuja, *Alpha Masters*.
35 *big hit*: 달리오의 한 변호사는 브리지워터가 항상 "고객과 합의한 기준을 뛰어넘는 방

식으로 자금을 관리하려 노력했고, 또 꾸준히 그래왔다"라고 말했다.

36 *hedge funds dated to 1949*: Sebastian Mallaby, *More Money Than God: Hedge Funds and the Making of a New Elite* (Penguin Press, 2011).
37 *"magic"*: Ibid.
38 *disastrous stock picks*: Ibid.
39 *Soros was hauled*: Saul Hansell, "A Primer on Hedge Funds: Hush-Hush and for the Rich," *New York Times*, April 14, 1994.
40 *"Frankly"*: Thomas L. Friedman, "House Panel Given a Lesson in Hedge Funds," *New York Times*, April 14, 1994.
41 *"top 5 percent"*: Dalio, *Principles* (2017).
42 *Alpha was what*: 알프에는 복잡한 위험 조정도 포함된다.
43 *she had noticed*: Ochoa-Brillembourg, 필자와의 인터뷰.
44 *No longer convinced*: 세계은행은 결국 브리지워터의 다른 상품에 재투자했다.
45 *Australia*: Marc Faber, 필자와의 인터뷰.
46 *became an acolyte*: Cassidy, "Mastering the Machine."
47 *"Holy Grail"*: Dalio, "Ray Dalio Breaks Down."
48 *"a very disciplined approach"*: Faber, 필자와의 인터뷰.
49 *"A lot of people think"*: Dalio, "Ray Dalio Breaks Down."
50 *a bear market coming*: Dan Dorfman, "Dollar, Rate Woes Have Bears Sharpening Their Claws," *USA Today*, June 24, 1994.
51 *a "blow-off phase"*: Marlene Givant Star, "U.S. Markets Seen as Peaking," *Pensions & Investments*, July 10, 1995.
52 *"deflationary implosion"*: Sara Webb, Michael Sesit, and Sara Cailan, "Industrials Lose 112 Points on Troubles Abroad-Global Stocks Slide on Fears over Economies," *Wall Street Journal*, August 12, 1998.
53 *add more data points*: Dalio, *Principles* (2017).
54 *Larry Summers called Dalio*: Larry Summers, 필자와의 인터뷰.
55 *Treasuries went on*: Aswath Damodaran, "Historical Returns on Stocks, Bonds and Bills: 1928–2020," NYU Stern School of Business, January 2021.
56 *Tulsa professor Richard Burgess*: 프린스는 나중에 모교에서 연설 중 브리지워터가 버제스의 거래 모델을 수면 위로 끌어올렸다고 말했다고, 당시 한 연설 참석자가 회상했다.
57 *Britt Harris*: "All Weather Story."

58 *virtually his entire*: Martin Steward, "Risk Parity: The Truly Balanced Portfolio," *IPE*, June 2012.

59 *Dalio made $225 million*: 달리오가 앞으로 얼마나 부를 축적할지 참고로 말하자면, 2005년 그의 연 수입이 1억 9,000만 달러로 떨어졌을 때 이 금액은 추후 15년간 그의 연 수입 중 최저액에 해당했다.

60 *fishing expeditions*: Cassidy, "Mastering the Machine."

61 *snowboarded in Vermont*: O'Keefe, "Inside the World's Biggest."

62 *a new headquarters*: Ahuja, *Alpha Masters*.

63 *he hated*: Ianthe Jeanne Dugan and Anita Raghavan, "The Atlas of New Money," *Wall Street Journal*, December 16, 2006.

64 *"Yuck"*: Ibid.

65 *"Maturity is the ability"*: "Perpetual Motion Machine."

05 근본 원인

1 *forty-six years old*: Barry B. Burr, "Harris Exiting Verizon," *Pensions & Investments*, November 15, 2004.

2 *son of a Baptist preacher*: Steven Brull, "Return of the Native," *Alpha*, January 23, 2009.

3 *could no longer run the firm*: Burr, "Harris Exiting Verizon."

4 *a close friend*: Brull, "Return of the Native."

5 *Dalio said publicly*: "Ray Dalio Taps Britt Harris to Fill Newly Created CEO Position at Bridgewater Associates" (press release), *Business Wire*, November 5, 2004.

6 *Dalio remained president*: Burr, "Harris Exiting Verizon."

7 *became a Bridgewater client*: "The World's Smallest US $74 Billion Manager," *Global Investor*, October 2004.

8 *"'hell on Earth'"*: 브릿 해리스가 보낸 날짜 미상의 이메일.

9 *His father had died*: Brull, "Return of the Native."

10 *Harris recalled*: Ibid.

11 *"After six months of reflection"*: Craig Karman, "Major Texas Pension Makes a Big Push into Hedge Funds," *Wall Street Journal*, July 14, 2007.

12 *treatment for depression*: 해리스는 브리지워터에서의 업무가 우울증의 "주원인은 아

니었다"라면서도, "상상 이상으로 몰입정한 몇몇 사람들이… 확실히 정신 건강에 도움이 되지 않은 건 사실"이라고 밝혔다.

13 *"A good manager needs"*: Dalio, *Principles* (2017).
14 *issue log*: Richard Feloni, "Ray Dalio Started Bridgewater in His Apartment and Built It into the World's Largest Hedge Fund. Here Are 5 Major Lessons He's Learned over the Past 44 Years," *Business Insider*, July 2, 2019.
15 *Dalio often cited*: Dalio, *Principles* (2011).
16 *all those aware*: Dalio, *Principles* (2011).
17 *logged by a bystander*: Roose, "Billion-Dollar Aphorisms."
18 *A newly promoted Bridgewater manager*: Ray Dalio, *Principles* (self-published, 2009).
19 *"So what is success?"*: Ibid.
20 *early version of The Principles*: Ibid.
21 *"I know I'm pretty extreme"*: Ibid.
22 *a draft version*: Ibid.
23 *Dalio went on*: Ibid.
24 *"getting through to"*: Hess, *Learn or Die*.
25 *The Principles imposed doctrine*: Dalio, *Principles* (2009).
26 *he later announced*: Ibid.
27 *They memorized*: 달리오의 한 변호사는 "우리가 알기로 원칙을 외운 사람은 아무도 없으며, 만약 있다면 원칙의 개수를 감안할 때 상당히 고됐을 것"이라고 말했다.

06 큰일

1 *an awkward tendency*: Chris Cueman, 필자와의 인터뷰.
2 *He excelled*: Greg Jensen, 브리지워터 공식 약력.
3 *Jensen joined a fraternity*: Greg Jensen, "'Unparalleled Excitement' Reigns at Zeta Psi," *Hanover Zete*, Winter 1995.
4 *One poster*: Ryan Victor, "'Rush Terrorists' Irresponsible," *Dartmouth*, October 4, 1993.
5 *replacing the kegerator*: Jensen, "'Unparalleled Excitement.'"
6 *a family friend in China*: Dalio, *Principles* (2009).
7 *Environmental science*: Abby Schultz, "Mark Dalio and OceanX Combine Science

and Storytelling," *Barron's*, March 26, 2019.

8   *Paul, was bipolar*: Barbara Hoffman, "I'm a Bipolar Man-and Katie Holmes Is Playing Me in a Movie," *New York Post*, February 18, 2016.
9   *internal crisis indicator*: Chidem Kurdas, "Fed Decision Doesn't Settle Dilemma," *HedgeWorld News*, September 20, 2006.
10 *He saw established Western economies*: Sandra Ward, "Bipolar Disorder," *Barron's*, June 13, 2005.
11 *sucking strongly on a straw*: Gerry van Wyngen, "Cycle 'About to Turn,'" *Business Review Weekly*, October 6, 2005.
12 *Dalio personally earned*: Julie Anderson and Julie Creswell, "In the Race for Riches, Hedge Fund Managers Top Titans of Wall Street," *New York Times*, April 24, 2007.
13 *published the following day*: David Leonhardt, "Worth a Lot, but Are Hedge Funds Worth It?," *New York Times*, May 23, 2007.
14 *Dalio spoke to another reporter*: Sandra Ward, "Liquidity, Leverage and Their Looming Risks," *Barron's*, May 28, 2007.
15 *gunslingers, such as John Paulson*: Gregory Zuckerman, "'Greatest Trade': How You Can Make $20 Billion," *Wall Street Journal*, November 15, 2009.
16 *They viewed speculation*: Alberto Mingardi, "George Soros, Speculator and Proud," EconLog, March 15, 2014.
17 *"This is not an economic crisis"*: Barry Dunstan, "A Mighty Purge Is Under Way," *Australia Financial Review*, August 17, 2007.
18 *Bridgewater forecast the damage as minor*: Chidem Kurdas, "Recent Losses No Bloodbath, but Worse May Come," *HedgeWorld News*, August 9, 2007.
19 *Any fallout*: Dunstan, "Mighty Purge."
20 *Eric Clapton*: "Arts, Briefly: Secret Clapton Concert in the Works," *New York Times*, June 13, 2007.
21 *"If the economy goes down"*: Cassidy, "Mastering the Machine."
22 *Dalio showed up at the meeting*: "How Bridgewater Navigated the 2008 Financial Crisis," Bridgewater Associates, 2018.
23 *startling bank president Timothy Geithner*: Dalio, *Principles* (2017).
24 *future treasury secretary*: 몇 달 후 백악관에 입성한 가이트너는 달리오를 이용해 자신의 상사 앞에서 입지를 굳혔다. 가이트너는 팀원들에게 주요 은행들의 파산을 막는

데 공적 자금이 얼마나 필요한지 계산하게 한 후 〈일일 보고서〉 한 부를 들고 오바마 대통령의 집무실로 향했다. 오바마 대통령이 읽은 기사에는 이렇게 쓰여 있었다. "우리도 동의한다! 규제 당국은 훌륭하게도 이번 스트레스 테스트를 위해 자신들이 무슨 일을 했는지 자세히 설명하고 결과를 산출한 수치를 공개했다. 그들은 사실상 우리가 한 대로 정확히 똑같이 했다."

25 *stood to benefit*: 달리오의 한 변호사는 이렇게 말했다. "달리오가 고위 관료들을 만난 것은 사실이지만, 민간인과 고위 관료가 접촉하는 일은 업계 전반에 흔하다. 게다가 정부 관료들은 기밀 정보를 누설하지 않고, 민간인도 기밀 정보로 이익을 취해서는 안 된다는 프로토콜을 상호 준수하고 있다. 이러한 만남에 있어서 브리지워터는 규정을 준수하고 증권거래위원회로부터 철저한 감사를 받는다. 또한 시장에서 브리지워터의 매매는 98퍼센트가 자동화로 이루어지며, 드물게 시스템에서 벗어나는 경우에는 그 이유를 기록하고 감사를 받는다."
26 *shorted the U.S. dollar*: Cassidy, "Mastering the Machine."
27 *the average hedge fund lost 18 percent*: "Hedge Funds Took a Serious Hit in 2008," Associated Press, January 12, 2009.
28 *ended the year up roughly 9 percent*: Gregory Meyer, "Managed Futures Gained, Left Hedge Funds in Dust in 2008," Dow Jones Newswires, January 9, 2009.
29 *ended up making $780 million*: Louise Story, "Above the Storm: Some Fund Managers Rake It In," *International Herald Tribune*, March 26, 2009.
30 *world's largest hedge fund*: "*Alpha* Magazine Announces 2009."

07 록아웃

1 *Dalio's personal assistant*: Kathleen O'Grady, "What Ray Dalio Taught Me About Authentic Leadership and Taxidermy," Authentic Leadership Advisors.
2 *looked toward the doors*: Eileen Murray, "Things I Didn't Learn in School," interview with Paul Podolsky, January 27, 2021.

08 남다른 회사

1 *depression mode*: Kip McDaniel, "Is Ray Dalio the Steve Jobs of Investing?," *Chief Investment Officer*, December 13, 2011.

2   *Dalio believed*: O'Keefe, "Inside the World's Biggest."
3   *Jen Healy*: 당시 힐리는 결혼 전이어서 성이 펠젤Pelzel이었다. 그러다 결혼 후 성이 힐리로 바뀌었다. 편의상 이 책에서는 그녀를 힐리로만 지칭했다.
4   *"my daughter"*: 달리오 측 변호사는 달리오가 젠 힐리를 자기 딸이라고 언급한 적이 없다고 주장했다. 또한 힐리도 그런 말을 들은 적이 없다고 말했다.
5   *an unflattering new sweater*: 힐리가 이메일에서 밝힌 바에 따르면, 흉측한 스웨터는 가상의 상황으로 논의한 하나의 예일 뿐이었다고 한다. 반면에 당시 그녀와 대화한 다른 두 동료는 힐리가 한 동료의 옷에 대해 실제로 보인 반응이라고 진술했다.
6   *a squiggly doodle*: Alex Howe, "Behold the All-Important Squiggle That Guides the Decisions at the Biggest Hedge Fund in the World," *Business Insider*, November 4, 2011.
7   *Those who leaned too heavily*: 달리오 측 변호사는 비판적 피드백을 제공하지 않은 것이 보너스에 미친 영향은 "사실상 없다"라고 말했다.
8   *these two parts of the brain*: Ray Dalio, Twitter, June 11, 2019.
9   *Dalio once called it*: Ray Dalio, "Principle of the Day," LinkedIn.
10 *Through meditation*: Mary Swift, "Billionaire Ray Dalio Credits Meditation for Success," *Transcendental Meditation*, November 28, 2014.
11 *subsidize meditation classes*: Richard Feloni, "The World's Largest Hedge Fund Reimburses Employees Half the Cost of $1,000 Meditation Lessons," *Business Insider*, November 10, 2016.
12 *He compared himself to the Dalai Lama*: Dalio, *Principles* (2017).
13 *The accompanying question read*: 브리지워터 내부 문서.
14 *took hours to complete*: Bess Levin, "Bridgewater Associates Suggests Fate Worse than Firing in Store for Hyenas Caught Cheating on Day-Long Principles Exam," *Dealbreaker*, April 2012.
15 *a deck of sixty-seven cards*: Devon Scheef, "Deck for Success," *Training & Development* 47, no. 9 (September 1993).
16 *"one of the chosen ones"*: 밥 아이킨저가 벤 칼린에게 보낸 이메일. 아이킨저는 노쇠해서 기억이 잘 나지 않는다고 말했다. 그는 자신과 관련된 다른 사건들이 사실일 수도 있으나, 본인은 기억하지 못한다고 말했다.
17 *bucketed people*: Richard Feloni, "These Are the Personality Tests You Take to Get a Job at the World's Largest Hedge Fund," *Business Insider*, August 26, 2016.
18 *was graded an ENTP*: Ray Dalio, Twitter, October 8, 2018.

19 *Apple's first mouse*: Betsy Mikel, "How the Guy Who Designed 1 of Apple's Most Iconic Products Organizes His Office," *Inc.*, January 24, 2018.
20 *he quit*: 아이킨저는 자신이 그만둔 게 아니라, 달리오와 브리지워터가 더 이상 그의 서비스를 이용하지 않기로 했다고 밝혔다.
21 *carried out only in his coffin*: Rob Copeland and Bradley Hope, "Bridgewater, World's Largest Hedge Fund, Grapples with Succession," *Wall Street Journal*, March 26, 2016.
22 *Dalio wrote to warn*: Randall W. Forsyth, "Will We Be Zimbabwe or Japan?," *Barron's*, May 23, 2009.
23 *277 in total*: Delevingne and Celarier, "Ray Dalio's Radical Truth."
24 *Tom Adams*: Copeland and Hope, "Bridgewater, World's Largest."
25 *Julian Mack*: Bob Goldsborough, "McKinsey's Julian C. Mack Selling Winnetka Home," *Chicago Breaking Business*, June 14, 2020.
26 *one-third of employees*: Ray Dalio, "Company Culture and the Power of Thoughtful Disagreement," interview with Andrew Ross Sorkin, New York Times DealBook conference, December 12, 2014.
27 *"In the five years"*: 아놀드의 "브리지워터에서 피어오르는 연기" 이메일 본문은 상당히 길다. 여기서는 발췌해서 실었다.
28 *Prince had amassed a debt*: 달리오와 브리지워터 측 변호사들은 프린스가 달리오에게 "거액의 빚"을 진 적이 없다고 주장했다. 그들은 프린스에게 스톡옵션이 있었고 이를 행사하기 위해 한 은행에서 1,000만 달러를 빌린 뒤 주식 배당금으로 대출을 갚았다고 말했다. 프린스의 대변인은 자세한 내용을 밝히기를 거부했다.
29 *megachurch*: Ted Loos, "The Spiritual and Spectacular Meet at an Ultramodern Community Center in Connecticut," *New York Times*, October 16, 2015.
30 *In 2010*: Russell Sherman, "Bridgewater Fact Check," email to Rob Copeland, March 3, 2016.
31 *"minister/mentor"*: Cassidy, "Mastering the Machine."
32 *For $7 million per year*: James Comey, "Executive Branch Personnel Public Financial Disclosure Report," U.S. Office of Government Ethics, June 2013.
33 *"godfather"*: Rob Copeland and Bradley Hope, "The World's Largest Hedge Fund Is Building an Algorithmic Model from Its Employees' Brains," *Wall Street Journal*, December 22, 2016.

09 수사관 코미

1. *landed in the headlines*: Dan Eggen and Paul Kane, "Gonzales Hospital Episode Detailed," *Washington Post*, May 16, 2007.
2. *"ski partner"*: Richard Feloni, "Billionaire Investor Ray Dalio Explains How to Avoid Micromanaging," *Business Insider*, November 10, 2014.
3. *a "chirper"*: Copeland and Hope, "World's Largest Hedge Fund."
4. *could dole out*: 달리오 측 변호사는 달리오가 코미를 "짹짹거리는 사람"이라고 부른 적이 없다고 주장했다.
5. *one Principle laid out*: '원칙'은 다음과 같이 이어진다. "기회만 주어지면 부정행위를 저지를 사람은 당신의 상상 이상으로 많다. 그리고 남들과 '공정하게' 나눠 가지는 것과 자신이 더 많은 몫을 가져가는 것 중 고르라면 대부분의 사람들은 후자를 택할 것이다. 따라서 아무리 사소한 부정행위도 용납할 수 없는 가운데서 행복과 성공을 누리려면 자제력이 필수다. 보안 통제는 개인의 진실성을 의심하는 사심 섞인 모욕이 아니라 직무상 필요한 수단으로 보아야 한다."
6. *A former FBI official*: Arthur Cummings, LinkedIn profile.
7. *Even including an attachment*: *Bridgewater Associates, LP vs. Lawrence Minicone and Zachary Squire*, American Arbitration Association Employment Arbitration Tribunal, exhibit 1, July 14, 2020.
8. *more than 1 million job applications*: Enguerran Loos, "How Selective Are Bain, BCG and McKinsey Through the Application Process?," *CaseCoach*, August 5, 2019.
9. *hundreds of new hires*: Alexandra Stevenson and Matthew Goldstein, "Bridgewater, World's Biggest Hedge Fund, Is Said to Be Slowing Hiring," *New York Times*, July 17, 2016.
10. *hot-button issues*: Delevingne and Celarier, "Ray Dalio's Radical Truth."
11. *dental records*: Courtney Comstock, "Here's Another Example of Ray Dalio's Weird Bridgewater 'Pursuit of Truth' Management Style," *Business Insider*, March 2, 2011.
12. *the whiteboard case*: Copeland and Hope, "Bridgewater, World's Largest."
13. *Ray-man*: Sam Jones and Dan McCrum, "The Billionaire Ray-man Who Plays by His Own Rules," *Financial Times*, March 2, 2012.
14. *an email arrived from Dalio*: Ray Dalio, email to David Manners-Weber et al., Wednesday, September 14, 2011, 4:14 p.m.

10 공격

1 *The blog introduced*: Bess Levin, "Bridgewater Associates: Be the Hyena. Attack the Wildebeest," *Dealbreaker*, May 10, 2010.
2 *He told the reporter*: Michael Corkery, "Money Talks: A Hedge-Fund King Philosophizes on Truth and Weasels," *Wall Street Journal*, June 19, 2010.
3 *The hedge fund's holdings*: Michael Corkery, "Big Win for a Big Bear," *Wall Street Journal*, October 22, 2010.
4 *A leveraged version*: Delevingne and Celarier, "Ray Dalio's Radical Truth."
5 *over $3 billion personally*: Ibid.
6 *Dalio still seemed to smart*: Cassidy, "Mastering the Machine."
7 *circle of journalists*: 그러한 기자 중 한 명이었던 〈포춘〉의 캐럴 루미스Carol Loomis는 수십 년 동안 거의 매일 버핏과 대화를 나누었고, 〈포춘〉에서 근무하는 가운데서도 버핏의 주주 서한을 무료로 편집해주었다.
8 *The next issue*: McDaniel, "Is Ray Dalio the Steve Jobs?"
9 *The next publication*: Ben Austen, "The Story of Steve Jobs: An Inspiration or a Cautionary Tale?," *Wired*, July 23, 2012.
10 *Word came back*: 달리오 측 변호사는 "달리오는 자신의 전기를 원한 적도, 아이작슨에게 전기를 써달라고 부탁한 적도 없다"라고 주장했다.
11 *Dalio's disappointment showed*: 몇몇 전직 브리지워터 직원들은 아이작슨이 달리오의 전기를 써달라는 요청을 받자 거절했다는 말을 들었다고 말했다. 아이작슨은 그런 요청을 들었는지 기억나지 않는다고 말했다.
12 *Dalio was a donor*: "Dalio Philanthropies," InfluenceWatch.
13 *Aspen Institute*: "New Trustees Elected to Aspen Institute Board," Aspen Institute, May 5, 2010.
14 *McCormick rang him up*: Walter Isaacson, 필자와의 인터뷰.
15 *television host Charlie Rose*: Ray Dalio, interviewed by Charlie Rose, *Charlie Rose*, October 20, 2011.
16 *Off set*: Charlie Rose, 필자와의 인터뷰.
17 *"I was enormously busy"*: Ibid.
18 *review the copy*: Maneet Ahuja, 필자와의 인터뷰. 아후자는 책에서 인터뷰한 모든 사람에게 동일한 조건을 적용했다고 말했다.
19 *Ahuja accepted his demand*: 아후자는 자신의 책을 위해 인터뷰한 다른 헤지펀드 매니

저들에게도 같은 조건을 제시했다고 말했다.

20 *chaperoned into Bridgewater meetings*: 그랜트는 너무 바빠 필자와의 인터뷰에 응할 수 없다고 말했다. 대신 그는 이메일에서 "나는 한 사회학자로서 내 독자적 판단에 따라 브리지워터의 문화를 분석했다"라고 답했다.
21 An Everyone Culture: Kegan and Laskow Lahey, *Everyone Culture*.
22 Originals: Adam Grant, *Originals: How Non-Conformists Move the World* (Penguin, 2016).
23 *edited clips*: Ibid.

11 진실 공장

1 *"success conditioning"*: Tony Robbins, "Personal Power: A 1990s Infomercial Featuring Tony Robbins and Fran Tarkenton," YouTube, April 19, 2021.
2 *a recruitment archetype*: Cassidy, "Mastering the Machine."
3 *Kuran told*: Kent Kuran, email to HR_ExitInterviews, Vincius Silva, Wednesday, August 4, 2010, 3:33 p.m.
4 *Karniol-Tambour*: 카니올-탬버는 그녀의 결혼 후 성이고, 당시 그녀는 미혼이었다.

12 섹스, 거짓말 그리고 비디오테이프

1 *Griffin Financial Aid Office*: "Financial Aid Office Renamed in Honor of Ken Griffin," *Harvard Gazette*, October 10, 2014.
2 *for $400 million*: "Harvard Receives Its Largest Gift," *Harvard Gazette*, June 3, 2015.
3 *First conceived*: "HBS History," Baker Library at Harvard Business School.
4 *HBS case studies*: "The HBS Case Method," Harvard Business School.
5 *accustomed to being pitched*: Heidi K. Gardner, 필자와의 인터뷰.
6 *in a housing project*: Paul Podolsky, *Things I Didn't Learn in School* (podcast), January 21, 2021.
7 *shot in the head*: Ibid.
8 *"Everything looks bigger"*: Ray Dalio, Twitter, October 19, 2018.
9 *The videos attached*: Jeffrey T. Polzer and Heidi K. Gardner, *Bridgewater Associates (Multimedia Case)* (Harvard Business Publishing, May 10, 2013).
10 *a campfire event*: Stevenson and Goldstein, "Bridgewater's Ray Dalio Spreads."

11 *old antagonist*: Levin, "Bridgewater Associates Suggests Fate."
12 *the leaker*: Internal Bridgewater employee Principles Test.
13 *Jensen's own conclusions*: Ibid.
14 *Why is Jim Leaving?*: 2012년 10월 3일 오후 1시 50분, 제임스 코미가 브리지워터에 보낸 이메일. 이 이메일은 원래 코미가 2012년 2월 26일에 몇몇 부서장에게 보낸 것으로, 올해가 브리지워터에서의 마지막 해가 될 것 같다는 내용을 담고 있었다. 그는 결심을 굳힌 후 자신의 입장을 밝히고자, 2012년 10월 3일 전 직원에게 이메일을 재전송했다.
15 *"I will be better"*: 코미가 FBI 국장으로 취임했을 때 달리오, 젠슨, 매코믹은 취임식에 초대되었다. 머레이는 초대되지 않았다. 달리오는 당시 "오바마 대통령은 제임스 코미만큼 진실하고 도덕적 지침이 되는 인물을 찾을 수 없었다"라고 말했다.

13 기계

1 *Time named the*: Paul Volcker, "The World's 100 Most Influential People: 2012," *Time*, April 18, 2012.
2 *An urgent message*: Kubin, 필자와의 인터뷰.
3 *the remains*: William J. Broad, "A New Ship's Mission: Let the Deep Sea Be Seen," *New York Times*, September 17, 2020.
4 *This latest expedition*: *Monster Squid: The Giant Is Real*, directed by Leslie Schwerin (Discovery Channel and NHK, 2013).
5 *He had earned*: Lori Spechler, "Wall Street's Highest Paid Hedge Fund Managers," CNBC, March 30, 2012.
6 *"As with human bodies"*: Ray Dalio, "How the Economic Machine Works," YouTube, 2013.
7 *animating philosophies*: William Skidelsky, "Niall Ferguson: 'Westerners Don't Understand How Vulnerable Freedom Is,'" *Guardian*, February 19, 2011.
8 *Ferguson's hope burst*: Niall Ferguson, 필자와의 인터뷰.
9 *the notes he'd jotted*: Niall Ferguson, "Ghosts in the Machine: Notes on 'How the Economic Machine Works-Leveragings and Deleveragings,'" internal Greenmantle document, 2012.
10 *Transport for London*: Tommy Wilkes, "Transport for London Tunnel Cash into

Hedge Funds," *Reuters*, December 6, 2012.

11 *he told clients*: Juliet Chung, "Bridgewater to Launch New Hedge Fund," *Wall Street Journal*, February 4, 2013.
12 *"planful transition"*: Copeland and Hope, "Bridgewater, World's Largest."
13 *Dot Collector*: Hess, *Learn or Die*.
14 *a local Singaporean paper*: Lee Su Shyan, "Hedge Fund Boss and His 'Radical' Philosophy," *Straits Times*, October 14, 2014.
15 *Texas Teacher*: "The Face on the Wall Street Milk Carton," *Grant's Interest Rates Observer*, October 6, 2017.
16 *most expensive single-family home*: 정보통에 따르면 달리오는 이 주택을 한 유한책임회사를 통해 구매했다고 한다.
17 *home sale*: 달리오는 코퍼비치팜을 한 유한책임회사를 통해 구매했지만 실거주 여부는 확실하지 않다.
18 *ray's rules*: *CBS This Morning*, January 30, 2014.

14 프린스

1 *legal trouble*: Ben Fox Rubin, "Accretive Health Reaches $2.5 Million Settlement with Minnesota," *Wall Street Journal*, July 30, 2012.
2 *In June 2013*: Ray Dalio, "Triangulate Your View: Ray and Bridgewater Face Ray's Mortality," Principles app, undated.
3 *he made $815 million*: Stephen Taub, 필자에게 보낸 이메일. June 22, 2022.
4 *Bridgewater lent*: 밥 프린스의 채무와 마찬가지로 젠슨의 채무도 당시 달리오가 대부분 소유하고 지배했던 브리지워터 또는 관련 법인에서 비롯되었을 것이다.
5 *The group agreed*: 달리오 및 브리지워터 측 변호사는 젠슨이 대출 담보를 설정하거나 집을 저당 잡힌 적이 없다고 주장했다. 변호사는 "달리오의 지분을 다른 사람에게 이전하는 광범위한 과정의 일환으로, 젠슨이 브리지워터 주식을 매입함으로써 자기 소득의 일부를 회사에 투자하기로 약속한 건 사실"이라고 말했다.
6 *an 83-page treatise*: Corkery, "Money Talks."
7 *swelled to 110 pages*: Delevingne and Celarier, "Ray Dalio's Radical Truth."
8 *one printed version*: Dalio, *Principles* (2011).
9 *"like a psychologist"*: Katherine Burton and Saijel Kishan, "Dalio's Quest to Outlive

Himself," Bloomberg, August 10, 2017.

10 *Talked up*: 달리오의 한 변호사는 미래의 책에 대해 다음과 같이 말했다. "회사 내에서 끊임없이 거론되었다는 건 전혀 사실이 아니다… 이 프로젝트는 원칙의 실천 Principles in Action이라는 앱으로 발전했다. 이 앱은 현재 수만 명의 월 사용자를 보유하고 있으며, iOS 앱 스토어에서 6,000명 이상의 평가자로부터 평점 4.9점(5점 만점)을 받고 있다."

11 *more than twenty years*: Catherine Clifford, "4 Keys to Launching a Successful Business, According to This Entrepreneur Who Sold Siri to Steve Jobs," CNBC, May 24, 2017.

12 *Ferrucci said publicly*: Steve Lohr, "David Ferrucci: Life After Watson," *New York Times*, May 6, 2013.

13 *Dalio's pay in 2014*: Taub, 필자에게 보낸 이메일.

14 *Dalio would tell self-help proponent*: Emily Canal, "Why Bridgewater Founder Ray Dalio Believes His Company Is Like an 'Intellectual Navy SEALs,'" *Inc.*, September 20, 2017.

15 *on her bare knee*: 클라인은 이 일이 기억나지 않는다고 말했다.

16 *Healy decided*: 힐리는 이메일 인터뷰에서 다음과 같이 썼다. "나는 직원 관계 문제가 모두 기밀로 유지될 것이라 기대했다. 나는 내가 얽힌 모든 직원 관계 문제가 브리지워터 측에서 훌륭히 해결되었고 정확히 내가 바라던 대로 처리되었다고밖에는 이 문제에 대해 (긍정이든 부정이든) 달리 할 말이 없다." 그녀는 이 일화에서 세부 정보가 부정확하다고 덧붙이는 한편, 구체적으로 밝히기는 거부했다.

17 *a settlement worth $1 million*: Rob Copeland, "Bridgewater Paid Over $1 Million to Employee Pushed Out After Relationship with Dalio's Protégé," *Wall Street Journal*, November 7, 2017.

18 *Greg Jensen was paid*: Taub, 필자에게 보낸 이메일.

15 사랑하는 사람들을 저격하라

1 *a bipartisan agreement*: Jon Prior and Kevin Cirilli, "Leaders Reach Housing Finance Deal," *Politico*, March 11, 2014.

2 *without permission*: Leanna Orr, "The Untold Story of Katina Stefanova's Marto Capital," *Institutional Investor*, March 2, 2020.

3   *a second case*: Ibid.

16 인공지능

1   *before year-end 2014*: 캠벨은 브리지워터에서 자신의 재직 시기가 부정확하다고 말하는 한편 구체적으로 정정하지는 않았다.
2   *tech spooks*: Danny Fortson, "Palantir, the Tech Spooks Who Found bin Laden, Are Helping BP Find Oil," *Sunday Times*, October 26, 2019.
3   *first step*: David Ferrucci et al., "Building Watson: An Overview of the DeepQA Project," *AI Magazine*, Fall 2010.
4   *Ferrucci and his team*: 페루치는 인터뷰를 거부했다. 다만 대변인에 따르면, 페루치는 사전을 이용해 성격 속성의 정의를 찾았다고 주장했다.
5   *Dalio's system*: 페루치의 대변인은 페루치가 "달리오의 '원칙' 논리가 매우 일관적"이며, "달리오의 개방적이고 투명하며 능력주의적인 평가 시스템 아이디어가 설득력 있는 접근법"이라 생각했다고 말했다.
6   *At a sit-down with Dalio*: 페루치의 대변인은 "페루치와 달리오는 평소에도 의견 충돌이 꾸준히 있었고 공개적으로 논쟁을 벌였다. 때로 해결책을 찾기도, 못 찾기도 했으나 항상 서로와 각자의 의견을 존중했다"라고 썼다.
7   *Ferrucci's eyes welled up*: 페루치의 대변인은 페루치의 기분이 상했다는 이 일화가 "왜곡된 이야기"라고 말했다. 그리고 "페루치와 달리오는 평소에도 의견 충돌이 꾸준히 있었고 공개적으로 논쟁을 벌였으나… 항상 서로와 각자의 의견을 존중했다"라고 덧붙였다.
8   *Elemental Cognition*: Will Knight, "Watson's Creator Wants to Teach AI a New Trick: Common Sense," *Wired*, May 9, 2020.

17 원칙 이탈

1   *Switzerland's central bank*: Neil MacLucas and Brian Blackstone, "Swiss Move Roils Global Markets," *Wall Street Journal*, January 15, 2015.
2   *one sizable hedge fund*: Katherine Burton, "Swiss Franc Trade Is Said to Wipe Out Everest's Main Fund," Bloomberg, January 18, 2015.
3   *leveraged version*: Katy Dowden, "Absolute Return Top 40: January 2015," *Absolute*

Return, February 17, 2015.

4 *celebrate in style*: "Bridgewater's 40th Anniversary," Bridgewater Associates, 2018.

5 *"It is a gift"*: "Bridgewater Celebrates Its 40th Anniversary," Bridgewater Associates, October 4, 2022.

6 *another civil war*: Victoria Cavaliere, "Bridgewater Founder Ray Dalio Says the US Is on the 'Brink of a Terrible Civil War' Because of Wealth Gaps and Political Partisanship," *Insider*, January 24, 2021.

7 *"economic doctor"*: Rob Copeland, Bradley Hope, and James T. Areddy, "Bridgewater to Launch Big Investment Fund in China, Three Decades in the Making," *Wall Street Journal*, September 8, 2017.

8 *one-party rule*: Wataru Yoshida, Mayuko Tani, and Tomomi Kukuchi, "A Legacy of Controversy and Accomplishment," *Nikkei Asia*, March 26, 2015.

9 *"iconic hero"*: Joyce Hooi, "Remembering a True Giant of History," *Business Times*, March 24, 2015.

10 *the men discussed*: Dalio, *Principles* (2017).

11 *The Russian leader, Lee said*: Dalio, "In Depth with Graham Bensinger."

12 *Herman Gref*: 나중에 그레프는 미국의 러시아 제재 명단에 올랐다.

13 *a 2019 video*: Ray Dalio, interview with Jim Haskel, August 6, 2019.

14 *Dalio first visited China*: Ray Dalio, "Looking Back on the Last 40 Years of Reforms in China," LinkedIn, January 3, 2019.

15 *local family in Beijing*: Ibid.

16 *the two squinted*: Ibid.

17 *"I will donate"*: 달리오가 이 약속을 지켰는지, 지켰다면 어떤 방식이었는지는 확실히 밝혀지지 않았다. 2014년 달리오는 비공공기관인 베이징-달리오공공복지재단Beijing Dalio Public Welfare Foundation을 설립했다.

18 *Wang's apparent aim*: "The devil, or Mr. Wang," *The Economist*, March 26, 2015.

19 *The country was expanding*: Josh Chin and Gillian Wong, "China's New Tool for Social Control: A Credit Rating for Everything," *Wall Street Journal*, November 28, 2016.

20 *"culture of sincerity"*: Stanley Lubman, "China's 'Social Credit' System: Turning Big Data into Mass Surveillance," *Wall Street Journal*, December 20, 2016.

21 *"self-criticism"*: Choi Chi-yuk, "China's Politburo Holds Two-Day Self-Criticism Session as Xi Jinping Garners Fresh Pledges of Fealty," *South China Morning Post*,

December 27, 2017.

22 *The crown jewel*: Copeland, Hope, and Areddy, "Bridgewater to Launch."
23 *a client note*: Ray Dalio and Mark Dinner, *Daily Observations*, March 11, 2015.
24 *bled out slowly*: Stephen Taub, "Bridgewater Funds Suffer Setback in Second Quarter," *Institutional Investor's Alpha*, July 21, 2015.
25 *"Our views about China"*: Rob Copeland and Mia Lamar, "Giant Hedge Fund Bridgewater Flips View on China: 'No Safe Places to Invest,'" *Wall Street Journal*, July 22, 2015.
26 *Chinese hackers*: Copeland, Hope, and Areddy, "Bridgewater to Launch."
27 *a statement backtracking*: Rob Copeland, "Bridgewater Backpedals on China Call," *Wall Street Journal*, July 23, 2015.
28 *No high heels*: 하이힐 금지 규정은 성차별 논란으로 폐지되었다.
29 *"martial law"*: Ray Dalio, Twitter, February 15, 2023.
30 *a new Principle*: Copeland and Hope, "World's Largest Hedge Fund."
31 *company charter*: Burton and Kishan, "Dalio's Quest."
32 *written into the charter*: 달리오 측 변호사는 젠슨이 다시 CEO가 되는 것을 공식적으로 금지하지 않았다고 주장했다.

18 존재의 방식

1 *boasted seven bedrooms*: Katie Warren, "A Former Apple and Bridgewater Exec Is Selling His Mexico Mansion for $20 Million," *Insider*, July 8, 2019.
2 *"He never delved deep"*: Walter Isaacson, *Steve Jobs* (Simon & Schuster, 2011).
3 *the two never spoke*: Ibid.
4 *a client letter*: Julia La Roche, "Here's Why the World's Most Successful Hedge Fund Just Hired a Tech Titan as Co-CEO," *Business Insider*, March 10, 2016.
5 *His interviewer was*: 케건은 인터뷰를 거절했다. 그는 이메일에서 "브리지워터나 달리오를 칭찬하는 어조를 취한 것이 부끄럽지 않다"라고 썼다.
6 *Kegan peered down*: Ray Dalio, interview with Robert Kegan, Milken Institute, May 2, 2016.
7 *Dalio bragged*: 브리지워터 고객 회의 참석자의 진술.
8 *"Me"*: Ibid.

19 피드백 순환고리

1. *desk at Bridgewater*: 스위트의 사무실은 본관이 아닌 별관에 있었다.

20 우리 편

1. *Stefanova described herself*: Orr, "Untold Story of Katina."
2. *one finance magazine wrote*: Ibid.
3. *market research*: Sue Chang, "If Recession Strikes, Central Banks Might Be Out of Ammo," *MarketWatch*, February 19, 2016.
4. *she told one interviewer*: "Voice of Experience: Katina Stefanova, CEO & CIO, Marto Capital," *Glass Hammer*, May 26, 2016.
5. *a fawning column*: Katina Stefanova, "What It's Like to Work for Ray Dalio," *Institutional Investor*, September 11, 2017.
6. *didn't return the call*: 필자가 쓴 2017년 11월 〈월스트리트저널〉 기사는 브리지워터가 젠슨과 합의에 의한 관계를 맺다가 해고된 여성에게 화해금을 지급했고, 이후 다른 여직원도 젠슨이 자신을 더듬었다고 브리지워터에 신고한 적이 있다고 보도했다. 또한 동 기사는 달리오가 앞 사건으로 젠슨을 문책했다고 주장한 사실도 게재했다. 젠슨은 성명을 통해 "내 행동을 비난한 〈월스트리트저널〉의 보도는 부정확하고 외설적"이라고 주장했지만, 그와 브리지워터 둘 다 해당 기사가 허위라는 언급은 하지 않았다. 〈월스트리트저널〉은 "이 문제를 잘 아는 사람들"인 두 여성의 말을 인용하면서 그들의 이름은 밝히지 않았다.

21 "레이, 이건 종교예요"

1. *"golden touch"*: Robert Landgraf and Frank Wiebe, "Investment Firms; Hedge Fund Staff Head for Door," *Handelsblatt*, July 21, 2016.
2. *fund was down*: Stephen Taub, "Losses Mount at Bridgewater's Flagship Fund," *Institutional Investor*, July 6, 2016.
3. *would fire Mundie*: 몇 달 후 달리오는 결정을 번복해, 먼디를 고문으로 남겼다. 브리지워터의 한 변호사는 먼디가 어떤 직책으로든 계속 남았다고 말했다.
4. *"not a cultural fit"*: Ray Dalio, "Changes in Bridgewater's Management Roles," LinkedIn, March 1, 2017.

22 신뢰의 서클

1 *public filings*: U.S. Securities and Exchange Commission, Form ADV, Bridgewater Associates.
2 *Ackman drilled*: Julia La Roche, "Here's Ray Dalio's Attempt at Explaining How He Makes Money," *Business Insider*, February 12, 2015.
3 *a layup*: William Alden, "Ackman and Dalio, Two Hedge Fund Titans, Size Each Other Up," *New York Times*, February 12, 2015.
4 *one admirer*: Michelle Celarier, "Jim Grant Is a Wall Street Cult Hero. Does It Matter If He's Often Wrong?," *Institutional Investor*, September 18, 2019.
5 *full issue*: "Face on the Wall Street Milk Carton."
6 *Grant would spend the day*: Jim Grant, 필자와의 인터뷰.
7 *on and off calls*: Jim Grant, interview with Kelly Evans, CNBC, October 13, 2017.
8 *Bits wrong*: 블룸버그 칼럼니스트 맷 레빈Matt Levine은 그랜트의 기사에 반응해 "브리지워터의 부정행위 여부는 입증 불가"라는 제목의 기고문을 쓰고는, "브리지워터가 이상하다는 건 맞지만 그랜트가 주장한 방향으로는 아니다"라고 결론지었다. 레빈은 이렇게 덧붙였다. "브리지워터가 뒤에서 무슨 일을 하는지 의심의 눈길을 보낸 사람이 그랜트가 처음은 아니었고, 아마 그의 의심은 당연할지도 모른다. 그러나 그랜트의 우려 중 구체적인 내용은 대부분 잘못된 것으로 보인다."
9 *his crescendo*: Paul Kiel, "'The World's Largest Hedge Fund Is a Fraud,'" ProPublica, December 18, 2008.
10 *David Einhorn*: 아인혼의 대변인은 아인혼이 이 만남을 다르게 기억한다고 말했다.
11 *Tiny group*: 달리오 및 브리지워터 측 변호사들은 자신들이 "가장 귀중한 자산 중 하나인 지적재산(즉, 투자법과 투자 전략)을 보호하고, 회사의 경쟁 우위를 확보하며, 이로써 고객들에게 가치를 제공할 수 있도록 최선을 다하고 있다"라고 주장했다. 그들은 소수 정예인 신뢰의 서클을 두고 "음침하고 사악한" 면이 있다고 주장하는 것은 오해의 소지가 있으며, 자신들이 고객의 기대와 요구에 따라 "책임 있게 업계 표준 비즈니스 관행"을 따른다고 말했다.
12 *"Single spreadsheet"*: 달리오와 브리지워터의 변호사들은 젠슨이 이와 같은 말을 한 기억이 없다며, "그런 말은 워낙 터무니없어서 웬만한 사람이라면 젠슨이 그렇게 말할 리가 없다는 것을 알 것이다"라고 말했다. 그들은 "브리지워터의 시스템은 '스프레드시트 하나'로 결코 복제할 수 없을 만큼 무수한 데이터를 처리하는 매우 복잡한 기능의 고급 소프트웨어로 운영된다"라고 부연했다.

13 *The other side*: 달리오 측 변호사는 이렇게 밝혔다. "모의 투자는 다양한 연륜의 직원들이 금전적 손실의 위험 없이 자신들의 아이디어를 뽐낼 기회였다. 공동 CIO 세 명도 만장일치로 모의 투자를 찬성했고, 그들 모두 '직원들의 실력을 워낙 우습게 평가해서' 찬성한 건 절대 아니었다."

14 *express an investment idea*: 달리오는 수백만 달러의 손실을 입고 결국 모의 투자를 종료했다.

15 *Soft power*: 6장 25번 각주 참조.

16 *Oil insight*: 달리오 및 브리지워터의 변호사들은 다음과 같이 주장했다. "브리지워터의 경쟁우위는 글로벌 경제와 시장을 탄탄하게 연구하고 이해한 후 이를 체계화된 투자 전략으로 전환하는 것이다. 지난 20년 동안 석유는 퓨어 알파의 위험 배분(2퍼센트 미만)과 지금까지 기록상 수익(5퍼센트 미만) 양쪽에서 비교적 작은 비중을 차지했다. 또한 브리지워터의 전체 시스템과 마찬가지로 브리지워터의 석유 거래 전략도 자동화되어 있으며, 공개적으로 이용 가능한 데이터를 기반으로 한다."

17 *Alliances abroad*: 6장 25번 각주 참조.

18 *When Jordan*: 달리오 측 변호사는 그가 조던을 만난 기억이 없다고 했다.

19 *Billions of dollars*: 달리오 및 브리지워터의 변호사들은 "수십억 달러 규모의 투자 결정이 달리오의 '직감과 아이디어'만으로 내려졌다는 것은 완전히 사실무근"이라고 말했다.

20 *Trading on his ideas*: 달리오 및 브리지워터의 변호사들은 달리오의 거래 실적 연구가 진행된 적도, 이를 논의할 회의가 열린 적도 없다고 말했다.

23 선물

1 *"make Ray's brain into a computer"*: Copeland and Hope, "World's Largest Hedge Fund."

2 *McCormick added*: 매코믹의 이메일은 〈월스트리트저널〉 기사를 공동 작성한 이 책의 필자에게 보낸 것이다.

3 *social networking site LinkedIn*: 달리오의 링크드인 게시물은 2,698단어로, 문제의 기사 자체보다 훨씬 길었다. Ray Dalio, "The Fake and Distorted News Epidemic and Bridgewater's Recent Experience with *The Wall Street Journal*," LinkedIn, January 3, 2017.

4 *In the interview*: Henry Blodget, "Business Insider Interview: Ray Dalio," *Business*

Insider, January 7, 2017.

5   *another video played*: 눈에 띄는 오타로, '사고의 자질'이라는 항목의 하위 범주 중 하나인 '실용적 사고Practical Thinking'가 'Practial Thinking'으로 표기되었다.

6   *autobiography, Principles: Life and Work*: 달리오의 변호사는 달리오가 처음에는 책에 자전적 이야기를 넣지 않고 '원칙'에 대해서만 쓰려 했으나 편집자의 설득으로 집어넣게 되었다고 밝혔다.

7   *"as the industrial revolution"*: Alexandra Stevenson and Matthew Goldstein, "Principles: Ray Dalio," *New York Times*, September 8, 2017.

8   *had a certain irony*: 달리오의 부재에도 불구하고, 혹은 어쩌면 그의 부재 덕분에 브리지워터의 펀드는 그해 손실로 치닫던 하락세를 반전시켰다. 주력 상품인 퓨어 알파는 약 1퍼센트의 수익률을 기록하며 양의 수익률을 연속해서 이어갔다.

9   *"make people better"*: Josh Glancy, "Interview: I Got It All Wrong... and Made Billions, Says Ray Dalio," *Sunday Times*, December 24, 2017.

24 파트너십

1   *gone to visit Putin*: 러시아가 우크라이나를 침공하기 전 2021년 12월, 팟캐스터 렉스 프리드먼Lex Fridman과의 인터뷰에서 달리오는 푸틴에 대해 "그는 매우 인기 있고 강력한 지도자였기에 민선으로 대통령이 되었으며 소련 붕괴 후 러시아에 평화와 안정을 가져왔다. 그는 러시아가 주요 경제 강국은 아니지만 주요 군사 강국이라는 이점을 활용해 국익을 추구하는 강력한 지도자다"라고 말했다.

2   *She was not long after promoted*: 달리오의 변호사는 달리오가 카니올-탬버의 홍보나 매체 출연에 일절 관여하지 않았다고 말했다.

3   *Dalio didn't immediately*: 달리오 측 변호사는 이 금액에 이의를 제기했다.

4   *He was cashing out*: 달리오 측 변호사는 파트너십의 금전적 조건에 대한 질문에 답변을 거부했다. 그는 "직원들이 달리오에게 빚을 지게 되는 구조는 전혀 아니었다"라고 말했다.

5   *Attend therapy*: 젠슨의 참모는 이메일 인터뷰에서 엘리엇이 해당 여직원과 사귄다는 의심 때문에 그와 언쟁을 벌였다고 말했다. 그는 엘리엇과 여직원이 그들의 상사에게 보고하지 않고 교제 중이라고 의심하여 어느 날 회사의 공식 행사 후 그녀를 따라갔다고 주장했다(나중에 엘리엇은 두 사람의 교제가 그 이후에야 시작되었다고 브리지워터에 밝혔다). 젠슨의 참모는 회사에서 휴가 명령을 받긴 했지만 치료 명령은 받지 않았다

고 말했다.
6 *fired Elliott*: 엘리엇의 당시 여자 친구는 퇴직금과 합의금을 받고 퇴사했고, 그 조건으로 자신의 경험을 외부에 발설할 수 없었다. 그녀가 퇴사하기 직전 공동 CEO인 데이비드 매코믹은 갑작스레 직접 그녀에게 찾아와, 만약 그녀가 합의를 어기면 평생 소송에 시달릴 것이라고 말했다.

25 그가 원하는 건 뭐든지

1 *"I don't want money"*: Gregg Schoenberg, "Citizen Ray: Bridgewater's Ray Dalio Is the Wise Uncle You Wished You Had," *TechCrunch*, August 1, 2019.
2 *in the headline*: Katherine Burton, "Ray Dalio's Hedge Fund Dumped by Tiny County Fed Up by Fees Sapping Return," Bloomberg, January 24, 2019.
3 *keeping more money*: 브리지워터는 연기금 담당자들에게 보낸 서한에서 "지난 몇 년 동안 자신들의 실적이 약했음"을 인정했지만, 조만간 "위험한 상황"이 다가올 것이라고 경고했다. 그래도 어쨌든 샌와킨 카운티 연기금은 퓨어 알파 투자에서 발을 뺐다.
4 *"not really done well of us"*: David Ramli, "Dalio's Bridgewater Falls Out of Favor at UOB Private Bank," Bloomberg, December 3, 2019.
5 *dark economic outlook*: 달리오는 비관론을 쭉 고수했다. 2019년 후반에 그는 링크드인에 "세상은 미쳤고 시스템은 망가졌다"라는 제목의 공개 게시물을 올렸다. 이 게시물은 전 세계 언론에 널리 실렸다.
6 *"Partnership for Connecticut"*: 파트너십은 1년도 안 되어 깨졌다. 학교 측 대표자가 제기한 소송 자료에 따르면, 레이 달리오는 자선 계획을 맡게 된 담당자에게 전화로 "그쪽은 말 그만하고" 바버라 달리오가 시킨 대로만 하라고 말했다고 한다.
7 *two men speaking*: 석 달 후 달리오는 트위터에 "숀 (디디) 콤스는 내 영웅이다"라는 글을 올렸다.

26 영웅이 없는 시대

1 *died at the scene*: 그리니치 경찰은 이 사망 사건을 사고사로 결론지었다.
2 *the piece said*: Rachael Levy and Rob Copeland, "Ray Dalio Is Still Driving His $160 Billion Hedge-Fund Machine," *Wall Street Journal*, January 31, 2020.
3 *"Fake and Distorted News"*: Ray Dalio, "*The Wall Street Journal*'s Fake and Distorted

News," LinkedIn, February 2, 2020.

4   *on LinkedIn in January*: Ray Dalio, "Our Early Thinking on the Coronavirus and Pandemics," LinkedIn, January 30, 2020.

5   *"in this volatile environment"*: Bradley Saacks, "Read the 2-page note billionaire Ray Dalio just sent investors laying out his coronavirus game plan," *Business Insider*, March 18, 2020.

6   *were moot*: Brian Armstrong, Twitter, June 10, 2022.

7   *"Right on, Elon!"*: Ray Dalio, Twitter, August 27, 2020.

8   *"want to discredit them"*: Ray Dalio, Twitter, September 23, 2020.

9   *appearance on CNN*: Matt Egan, "This Billionaire Warns That America's Massive Wealth Gap Could Lead to Conflict," CNN, December 22, 2020.

10 *"revolutions have a purpose"*: "A Conversation with Ray Dalio and Tom Friedman," YouTube, October 12, 2020, Milken Global Conference.

맺는 글

1   *No wonder that*: Rob Copeland and Maureen Farrell, "Hedge Fund Billionaire Extracts Billions More to Retire," *New York Times*, February 20, 2023.

2   *"We hire botanists"*: Steve Friess, "From the Poker Table to Wall Street," *New York Times*, July 27, 2018.

3   *"my dog were applying"*: 나중에 바클리 리브는 재정 형편이 더 나빠지고 나서 달리오에게 다시 이메일을 보내 월가 역사의 일부이기도 한 로어 맨해튼의 유서 깊은 트리니티 교회에서 소장 중인 약 75년 된 유화를 살 생각이 없냐고 물었다. 달리오는 그 그림을 사기로 동의했고, 이를 호의를 베푸는 차원이었다고 밝혔다.

4   *at his Manhattan penthouse*: Emily Smith, "Billionaire Ray Dalio in Legal Brawl over Penthouse," *New York Post*, March 10, 2022.

5   *the end of their employment*: 코미는 2018년 베스트셀러 《더 높은 충성심 A Higher Loyalty: Truth, Lies, and Leadership》을 통해, 자신이 달리오 덕분에 더 훌륭한 리더가 되는 방법을 배웠다고 서술했다. "나는 어려운 대화를 피하고 사람들에게 그들의 약점과 개선 방법을 알려주지 않음으로써 그들의 성장 기회를 앗아가고 있었다. 나의 지나친 배려심은 알고 보니 비겁할 뿐 아니라 이기적이었다."

6   *"with substantial assets"*: Marto press release, May 30, 2022.

7 *"knowledge of the matter"*: Sridhar Natarajan and Katherine Burton, "Bridgewater CEO Clashes with Dalio over China Before Senate Race," Bloomberg, December 4, 2021.
8 *New CEO*: 바 데아는 다른 임원 한 명과 잠시 공동 CEO였는데, 그 임원은 브리지워터의 표현으로 '계획적 전환' 과정에서 얼마 후 사임했다.
9 *The cost*: Copeland and Farrell, "Hedge Fund Billionaire Extracts Billions."
10 *he tweeted*: Ray Dalio, Twitter, October 5, 2022.
11 *Davos on CNBC*: "'Cash is still trash' says Bridgewater Associates' Ray Dalio," CNBC, May 24, 2022.

출처에 대한 참고 사항

1 *"business of Bridgewater"*: *Bridgewater vs. Minicone and Squire*, American Arbitration Association Employment Arbitration Tribunal, exhibit 1, July 14, 2020.
2 *only three "frivolous" lawsuits*: William Alden, "Bridgewater's Ray Dalio Says Taping Employees Has Legal Benefits," *New York Times*, December 11, 2014.
3 *"more favorable testimony"*: Lawrence Wright, *Going Clear: Scientology, Hollywood, and the Prison of Belief* (Knopf, 2013).

원칙의 배신

초판 1쇄 인쇄 2025년 6월 11일
초판 1쇄 발행 2025년 6월 25일

지은이 롭 코플랜드
옮긴이 임경은
펴낸이 고영성

책임편집 유형일
저작권 주민숙, 한연

펴낸곳 (주)상상스퀘어
출판등록 2021년 4월 29일 제2021-000079호
주소 경기 성남시 분당구 성남대로43번길 10, 하나EZ타워 307호
팩스 02-6499-3031
이메일 publication@sangsangsquare.com
홈페이지 www.sangsangsquare-books.com

ISBN 979-11-94368-33-5 (03330)

· 상상스퀘어는 출간 도서를 한국작은도서관협회에 기부하고 있습니다.
· 이 책은 저작권법에 따라 보호를 받는 저작물이므로 무단 전재와 복제를 금지하며,
  이 책 내용의 전부 또는 일부를 사용하려면 반드시 저작권자와 상상스퀘어의 서면 동의를 받아야 합니다.
· 파손된 책은 구입하신 서점에서 교환해드리며 책값은 뒤표지에 있습니다.